U0133412

吕思勉史学经典

中国文化史
中国政治思想史

吕思勉 著

中国文史出版社

图书在版编目（CIP）数据

中国文化史；中国政治思想史／吕思勉著．--北京：中国文史出版社，2018.9
（吕思勉史学经典）
ISBN 978-7-5205-0408-9

Ⅰ.①中… Ⅱ.①吕… Ⅲ.①文化史—中国 ②政治思想史—中国
Ⅳ.①K203②D092

中国版本图书馆 CIP 数据核字（2018）第 149771 号

责任编辑：秦千里

出版发行：**中国文史出版社**
社　　址：北京市西城区太平桥大街 23 号　邮编：100811
电　　话：010—66173572　66168268　66192736（发行部）
传　　真：010—66192703
印　　装：廊坊市海涛印刷有限公司
经　　销：全国新华书店
开　　本：710×1010　1/16
印　　张：18.75
字　　数：366 千字
版　　次：2018 年 9 月北京第 1 版
印　　次：2018 年 9 月第 1 次印刷
定　　价：798 元（全 10 册）

出版说明

　　吕思勉（1884—1957）是中国现代杰出的历史学家，与陈垣、陈寅恪、钱穆并称为"史学四大家"（严耕望语）。他一生向学，阅书无数（二十四史通读数遍），著作宏富，"以史学名家而兼通经、子、集三部，述作累数百万言，淹博而多所创获者，吾未闻有第二人。"（谭其骧语）而尤以史学著作影响深远，比较受读者喜爱的经典包括：通史类的《白话本国史》《中国通史》，断代史类的《先秦史》《秦汉史》《三国史话》《两晋南北朝史》《隋唐史》《中国近代史》，专史类的《中国文化史》《中国政治思想史》。本套《吕思勉史学经典》将这些著作基本收入，仅《中国通史》因与《白话中国史》和《中国文化史》在内容上多有重复而舍弃。

　　《白话本国史》是吕思勉先生的成名作，也是中国历史上第一部用白话文写成的中国通史。该书由商务印书馆初版于1923年9月，以进化论史观贯穿全书，以社会史为发力重点，超越以政治史为主要内容的传统史学，别开生面，名震一时，之后一版再版，成为二三十年代发行量最大的中国通史，长期被用做大学教材和青年自修的读物。

　　顾颉刚评价：

　　　　编著中国通史的人，最易犯的毛病，是条例史实，缺乏见解，其书无异变相的《纲鉴辑览》或《纲鉴易知录》之类，极为枯燥。及吕思勉出，有鉴于此，乃以丰富的史识与流畅的笔调来写通史，方为通史写作开一个新的纪元。

　　　　《白话本国史》四册，书中虽略有可议的地方，但在今日尚不失为一部极好的著作。

　　余英时说：

　　　　吕思勉的通史很实在。关于陈垣和吕思勉两位大家，我是读他们的著作长大的，受益之多，不在任何前辈（如陈寅恪）之下。

　　经过时间的淘洗，该书这些年重又焕发出夺目的光芒，成为热门读物，散发着经典的魅力。

完成《白话本国史》和《中国通史》之后，吕思勉接受弟子钱穆的建议，开始致力于《国史长编》的撰写。长编依照断代为史、分编成书的体例，分先秦史、秦汉史、两晋南北朝史、隋唐五代史、宋辽金元史和明清史分别撰写，每一个部分都单独成书，而贯通之后即一部大型的中国通史。吕先生笔耕30余年，竭尽平生所学，生前出版了《先秦史》（1941，开明书店）《秦汉史》（1947，开明书店）《两晋南北朝史》（1948，开明书店），身后两年出版了辞世前抱病校阅的《隋唐五代史》（1959，中华书局）。令人太息的是《宋辽金元史》和《明清史》未能毕其功，给中国史学留下巨大的遗憾。

著名历史学家严耕望先生评价这四部断代史道：

> 每部书前半综述这一时代的政治发展概况，后半部就社会、经济、政制、学术、宗教各方面分别论述。前半有如旧体纪事本末，尚较易为功；后半虽类似正史诸志，而实不同。除政制外，无所凭藉，无所因袭，所列章节条目虽尚不无漏略，但大体上已很周匝赅备，皆采正史，拆解其材料，依照自己的组织系统加以凝聚组合，成为一部崭新的历史著作，也可说是一种新的撰史体裁。其内容虽不能说周瞻匝密，已达到无憾无憾的境界；但以一人之力能如此面面俱到，而且征引繁复，扎实不苟，章节编排，篇幅有度，无任性繁简之病，更无虚浮矜夸之病。此种成就，看似不难，其实极不易。若只限于一个时代，自然尚有很多人能做得到，但他上起先秦，下迄明清，独立完成四部，宋以下两部亦已下过不少功夫，此种魄力与坚毅力，实在令人惊服。我想前辈成名史学家中，除了诚之先生，恐怕都难做得到。

《三国史话》是大历史学家写的一本小册子，写得喜闻乐见，以丰富的历史和文学知识还原历史真相，纠正了《三国演义》中广为传播的史实谬误，为曹操、魏延等若干被丑化的人物辩诬平反。书中的文章1939年开始在上海科学书店出版的《知识与趣味》连载。1943年由上海开明书店结集发行。后来，吕先生又写了些相关的文章，一并收入。

《中国近代史》为吕思勉先生中国近代史著述的精选集，包括中国近代史讲义、中国近世文化史补编和日俄战争。《日俄战争》曾于1928年由商务印书馆出过单行本。书中内容虽分别写于不同时期，有交叉，有延续，但每部分都是组成中国近代史这个整体不可或缺的部分。吕先生虽为一不为外扰、恬淡为乐的纯粹学者，但身处山河残破、外寇欺凌的时代，其家国情怀沛然于纸上。

《中国文化史》原是吕先生抗日战争时期在"孤岛"上海光华大学授课时的讲稿。分为婚姻、族制、政体、阶级、财产、官制、选举、赋税、兵制、刑法、实业、货币、衣食、住行、教育、语文、学术、宗教等18章。作者自云："此书之意，欲求中国人于现状之所由来，多所了解。故叙述力求扼要，行文亦力求浅显。又多引各种社会科学成说，以资说明。"实则该书内容科学严谨，广博独到，对中国文化做了完整而精炼的描述，堪称学术性与通俗性结合的典范之作，深受学界好评。此书原作为《中国通史》的上册由开明书店在1940年初版发行。

　　《中国政治思想史》原名《中国政治思想史十讲》，是1935年吕先生在上海光华大学的演讲，由吕先生的女儿吕翼仁记录，初刊于《光华大学半月刊》（1935.12—1936.12）。作者厚积薄发，以深厚的史学功力"把几千年来的政治思想先综括之而作一鸟瞰"，做了时期与派别的划分，进而对先秦至近代的政治思想予以梳理和辨析，其中不少论断新颖独特，引人思考。因为面向大学生，文字通俗浅近，条理分明，一些难懂的或易于引起误解的地方都有专门的解释。

　　1957年，顾颉刚闻知吕先生逝世，即在日记里写下盖棺之论："全国中精熟全史者唯此一人。"吕先生平生勇猛精进，呕心沥血，立志写就中国全史，以期说明"中国的社会总相"。他留下的这些经典，是历史爱好者的宝贵精神财富，值得珍视。

目 录

中国文化史

中国政治思想史

中国文化史

序

我在上海光华大学，讲过十几年的本国史。其初系讲通史。后来文学院长钱子泉先生说：讲通史易与中学以下的本国史重复，不如讲文化史。于是改讲文化史。民国二十七年，教育部颁行大学课程；其初以中国文化史为各院系一年级必修科，后改为通史，而注明须注重于文化。大约因政治方面，亦不可缺，怕定名为文化史，则此方面太被忽略之故。用意诚甚周详。然通史讲授，共止 120 小时，若编制仍与中学以下之书相同，恐终不免于犯复。所以我现在讲授，把他分为两部分：上册以文化现象为题目，下册乃依时代加以联结，以便两面兼顾。此意在本书绪论中，业经述及了。此册系居孤岛上所编，参考书籍，十不备一；而时间甚为匆促。其不能完善，自无待言。但就文化的各方面加以探讨，以说明其变迁之故，而推求现状之所由来；此等书籍，现在似尚不多，或亦足供参考。故上册写成，即付排印，以代钞写。不完不备之处，当于将来大加订补。此书之意，欲求中国人于现状之所由来，多所了解。故叙述力求扼要，行文亦力求浅显。又多引各种社会科学成说，以资说明。亦颇可作一般读物；单取上册，又可供文化史教科或参考之用。其浅陋误缪之处，务望当代通人，加以教正。

民国二十八年九月二十八日　吕思勉识

第一章　婚　姻

家庭的起源

《易经》的《序卦传》说："有天地，然后有万物；有万物，然后有男女；有男女，然后有夫妇；有夫妇，然后有父子；有父子，然后有君臣。"这是古代哲学家所推想的社会起源。他们以为隆古的社会，亦像后世一般，以一夫一妇为基本，成立一个家庭，由此互相联结，成为更大的组织。此等推想，确乎和我们根据后世的制度，以推想古代的情形的脾胃相合。所以几千年来，会奉为不刊之典。然而事实是否如此，却大是一个疑问了。

自有历史以来，不过几千年，社会的情形，却已大有改变了。设使我们把历史抹杀了，根据现在的情形，去臆测周、秦、汉、魏、唐、宋时的状况，那给研究过历史的人听了，一定是一场大笑话，何况邃古之事，去今业已几万年几十万年呢？不知古代的真相，而妄以己意推测，其结果，必将以为自古至今，不过如此。实系因缘起灭的现象，都将认为天经地义，不可变更。这就将发生许多无谓的争执，不必要的保守，而进化的前途被其阻碍了。所以近几十年来，史前史的发现，实在是学术上的一个大进步。而其在社会组织方面，影响尤大。

据近代社会学家所研究：人类男女之间，本来是没有什么禁例的。其后社会渐有组织，依年龄的长幼，分别辈行。当此之时，同辈行之男女，可以为婚，异辈行则否。更进，乃于亲族之间，加以限制。最初是施诸同母的兄弟姊妹的。后来渐次扩充至凡同母系的兄弟姊妹，都不准为婚，就成所谓氏族了。此时异氏族之间，男女仍是成群的，此一群之男，人人可为彼一群之女之夫；彼一群之女，人人可为此一群之男之妻；绝无所谓个别的夫妇。其后禁例愈繁，不许相婚之人愈多。于是一个男子，有一个正妻；一个女子，有一个正夫。然除此之外，尚非不许与其他的男女发生关系。而夫妻亦不必同居；其关系尚极疏松。更进，则夫妻必须同居一夫一妻，或一夫多妻，关系更为永久，遂渐成后世的家庭了。所以人类的婚姻，是以全无禁例始，逐渐发生加繁其禁例，即缩小其通婚的范围，而成为今日的形态的。以一夫一妻的家庭，为原始的男女关系，实属错误。

主张一夫一妻的家庭，为男女原始关系的形态的，不过说：人类是从猿猴进化而来的，猿猴已有家庭，何况人类？然谓猿猴均有家庭，其观察本不正确。详见李安宅译《两性社会学》附录《近代人类学与阶级心理》第四节。商务印书馆本。即舍此勿论，猿猴也是人类祖先的旁支，而非其正系。据生物学家之说，动物的聚居，有两种形式：一如猫虎等，雌雄同居，以传种之时为限；幼儿成长，即与父母分离；是为家庭动物。一如犬马等，其聚居除传种外，兼以互相保卫为目的；历时可以甚久，为数可以甚多；是为社群动物。人类无爪牙齿角以自卫，倘使其聚居亦以家庭为限，在隆古之世，断乎无以自存；而且语言也必不会发达。所以原始人类的状况，我们虽不得而知，其为社群而非家庭，则殆无疑义。猿类的进化不如人类，以生物界的趋势论，实渐走上衰亡之路，怕正以其群居本能，不如人类之故。而反说人类的邃初，必与猿猴一样，实未免武断偏见了。何况人类的性质，如妒忌及性的羞耻等，均非先天所固有。此观小孩便可知。动物两性聚居，只有一夫一妻、一夫多妻两种形式，人类独有一妻多夫，尤妒忌非先天性质之明证。母爱亦非专施诸子女等，足以证明其非家庭动物的，还很多呢。

现代的家庭，与其说是源于人的本性，倒不如说是源于生活情形。道德不道德的观念，根于习惯；习惯源于生活。据社会学家所考究：在先史时期，游猎的阶级极为普遍。游猎之民，都是喜欢掠夺的，而其时可供掠夺之物极少，女子遂成为掠夺的目的。其后虑遭报复，往往掠夺之后，遗留物件，以为交换。此时的掠夺，实已渐成为贸易。女子亦为交换品之一。是为掠夺的变相，亦开卖买的远源。

掠夺来的女子，是和部族中固有的女子地位不同的。她是掠夺她的人的奴隶，须负担一切劳役。此既足以鼓励男子，使之从事于掠夺，又婚姻之禁例渐多，本部族中的女子，可以匹合者渐少，亦益迫令男子从事于向外掠夺。所以家庭的起源，是由于女子的奴役；而其需要，则是立在两性分工的经济原因上的。与满足性欲，实无多大关系。原始人除专属于他的女子以外，满足性欲的机会，正多着呢。

游猎之民，渐进而为畜牧，其人之好战斗，喜掠夺，亦与游猎之民同，凡畜牧之民，大抵兼事田猎。而其力且加强，因其食物充足，能合大群；营养佳良，体格强壮之故。牧群须人照管，其重劳力愈甚，而掠夺之风亦益烈。

只有农业是源于搜集的，最初本是女子之事。低级的农业，亦率由女子任其责。其后逐渐发达，成为生活所必资。此时经济的主权，操于女子之手。土田室屋及农具等，率为女子所有。部族中人，固不愿女子出嫁；女子势亦无从出嫁；男子与女子结婚者，不得不入居女子族中，其地位遂成为附属品。此时女子有组织，男子则无，或虽有之而不关重要。所以社会上有许多公务，其权皆操于女子之手，如参与部族会议，选举首长等。此时之女子，亦未尝不从事于后世家务一类的事务，然其性质，亦为公务，与后世之家务，迥乎不同。实为女子的黄金时代。所谓服务婚的制度，即出现于此时。因为结婚不能徒手，而此时的男子，甚为贫乏，除劳力之外，实无可以为聘礼之物之故。

其后农业更形重要，男子从事于此者益多。驯致以男子为之主，而女子为之辅。于是经济的主权，再入男子之手。生活程度既高，财产渐有盈余，职业日形分化。如工商等业，亦皆为男子之事。个人私产渐兴，有财富者即有权力，不乐再向女子的氏族中作苦，乃以财物偿其部族的损失，而娶女以归。于是服务婚渐变为买卖婚，女子的地位，又形低落了。

我国古代婚姻制度

以上所述，都是社会学家的成说。返观我国的古事，也无乎不同。《白虎通义·三皇篇》说，古代的人，"知其母而不知其父"，这正是古代的婚姻，无所谓夫妇的证据。人类对于男女性交毫无限制的时代，去今已远，在书本上不易找到证据。至于辈行婚的制度，则是很明白无疑的。《礼记·大传》说宗子合族之礼道："同姓从宗合族属，异姓主名治际会。名著而男女有别。其夫属乎父道者，妻皆母道也；其夫属乎子道者，妻皆妇道也。谓弟之妻为妇者，是嫂亦可谓之母乎？名者，人治之大者也，可无慎乎？"这正是古代婚姻但论辈行一个绝好的遗迹。这所谓同姓，是指父系时代本氏族里的人。用现在的话来说，就是老太爷、老爷、少爷们。异姓，郑《注》说："谓来嫁者。"就是老太太、太太、少太太们。从宗，是要依着血系的支分派别的，如先分为老大房、老二房、老三房，再各统率其所属的房分之类，参看下章自明。主名，郑《注》说："主于妇与母之名耳。"谓但分别其辈行，而不复分别其支派。质而言之，就是但分为老太太、太太、少太太，而不再问其孰为某之妻，孰为某之母。"谓弟之妻为妇者，是嫂亦可谓之母乎"，翻作现在的话，就是："把弟媳妇称为少太太，算作儿媳妇一辈，那嫂嫂难道可称为老太太，算作母亲一辈么？"如此分别，就可以称为男女有别，可见古代婚姻，确有一个专论辈行的时代，在周代的宗法中，其遗迹还未尽泯。

夏威夷人对于父、伯叔父、舅父，都用同一的称呼。中国人对于舅，虽有分别，父与伯叔父，母与伯叔母，从母，也是没有分别的。伯父只是大爷，叔父、季父，只是三爷、四爷罢了。再推而广之，则上一辈的人，总称为父兄，亦称父老。老与考为转注，《说文》。最初只是一语，而考为已死之父之称。下一辈则总称子弟。《公羊》何《注》说："宋鲁之间，名结婚姻为兄弟。"僖公二十五年。可见父母兄弟等，其初皆非专称。资本主义的社会学家说：这不是野蛮人不知道父与伯叔父、舅父之别，乃是知道了而对于他们仍用同一的称呼。殊不知野蛮人的言语，总括的名词虽比我们少，个别的名词却比我们多。略知训诂的人皆知之。如古鸟称雌雄，兽称牝牡，今则总称雌雄，即其一例。既知父与伯叔父、舅父之别，而仍用同一的称呼，这在我们，实在想不出这个理由来。难者将说：父可以不知道，母总是可以知道的，为什么母字亦是通称呢？殊不知大同之世，"人不独亲其亲，不独子其子"，生物学上的母虽止一个，社会学上的母，在上一辈中，是很普遍的。父母之恩，不在生而在养，生物学上的母，实在是无甚关系的，又何必特立专名呢？然则邃初所谓夫妇之制和家庭者安在？《尔雅·释亲》：兄弟之妻，"长妇谓稚妇为娣妇，娣妇谓长妇为姒妇，"这就是现在的妯娌。而女子同嫁一夫的，亦称先生者为姒，后生者为娣。这也是辈行婚的一个遗迹。

社会之所以有组织，乃是用以应付环境的。其初，年龄间的区别，实在大于两性间的区别。后来受文化的影响，此等区别，才渐渐转变。《商君书·兵守篇》说，军队的组织，以壮男为一军，壮女为一军，男女之老弱者为一军，其视年龄的区别，仍重于两性的区别。所以组织之始，是按年龄分辈分的。而婚姻的禁例，亦起于此。到后来，便渐渐依血统区别了。其禁例，大抵起于血缘亲近之人之间。违犯此等禁例者，俗语谓之"乱伦"，古语则谓之"鸟兽行"，亦谓之"禽兽行"。惩罚大抵是很严重的。至于扩而充之，对母方或父方有血缘关系之人，概不许结婚，即成同姓不婚之制。中国古代的姓，相当于现在社会学上所谓氏族，参看下章。

同姓不婚的理由，昔人说是"男女同姓，其生不蕃"。《左氏》僖公二十三年郑叔詹说。"美先尽矣，则相生疾。"同上，昭公七年郑子产说。又说是同姓同德，异姓异德。《国语·晋语》司空季子说。好像很知道遗传及健康上的关系的。然（一）血族结婚，有害遗传，科学上的证据古人未必知。（二）而氏族时代所谓同姓，亦和血缘远近不符。（三）至谓其有害于健康，当时更无此说。然则此等都是后来附会之说，并不是什么真正的理由。以实际言，此项禁例，所以能维持久远的，大概还是由于《礼记·郊特牲》所说的"所以附远厚别"。因为文化渐进，人和人之间，妒忌之心，渐次发达，争风吃醋的事渐多，同族之中，必有因争色而致斗乱的，于是逐渐加繁其禁例，最后，遂至一切禁断。而在古代，和亲的交际，限于血缘上有关系的人。

异姓间的婚姻，虽然始于掠夺，其后则渐变为卖买，再变为聘娶，彼此之间，无复敌意，而且可以互相联络了。试看春秋战国之世，以结婚姻为外交手段者之多，便可知《郊特牲》附远二字之确。这是同姓不婚之制，所以逐渐普遍，益臻固定的理由。及其既经普遍固定之后，则制度的本身，就具有很大的威权，更不必要什么理由了。

妒忌的感情，是何从而来的呢？前文不是说，妒忌不是人的本性么？然两性间的妒忌，虽非人之本性，而古人大率贫穷，物质上的缺乏，逼着他不能不生出产业上的嫉妒来。掠夺得来的女子，既是掠夺者的财产，自然不能不努力监视着她。其监视，固然是为着经济上的原因，然他男子设或与我的奴隶发生性的关系，就很容易把她带走，于是占有之欲，自物而扩及于人，而和此等女子发生性的关系，亦非得其主人许可，或给以某种利益，以为交换不可了。如租赁、借贷、交换等。《左氏》襄公二十八年，庆封与卢蒲嫳易内；昭公二十八年，祁胜与邬臧通室；现在有的地方，还有租妻之俗；就是这种制度的遗迹。再进，产业上的妒忌，渐变成两性间的妒忌，而争风吃醋之事遂多。内婚的禁忌，就不得不加严，不得不加密了。所以外婚的兴起，和内婚的禁止，也是互为因果的。

掠夺婚起于游猎时代，在中国古书上，也是确有证据的。《礼记·月令》《疏》引《世本》说：大昊始制嫁娶以俪皮为礼。托诸大昊，虽未必可信，而俪皮是两鹿皮，见《公羊》庄公二十二年何《注》，这确是猎人之物。古婚礼必用雁，其理由，怕亦不过如此。又婚礼必行之昏时，亦当和掠夺有关系。

中国农业起于女子，捕鱼在古代，亦为女子之事，说见第十一章。农渔之民，都是食物饶足，且居有定地的，畋猎对于社会的贡献比较少，男子在经济上的权力不大，所以服务婚之制，亦发生于此时。赘婿即其遗迹。《战国·秦策》说：太公望是齐之逐夫，当即赘婿。古代此等婚姻，在东方，怕很为普遍的。

《汉书·地理志》说：齐襄公淫乱，姑姊妹不嫁。"于是下令国中：民家长女不得嫁，名曰巫儿，为家主祠，嫁者不利其家。民至今以为俗。"把此等风俗的原因，归诸人君的一道命令，其不足信，显而易见。其实齐襄公的姑姊妹不嫁，怕反系受这种风俗的影响吧？《公羊》桓公二年，有楚王妻媦之语。何《注》：媦，妹也。可见在东南的民族，内婚制维持较久。

《礼记·大传》说："四世而缌，服之穷也。五世祖免，杀同姓也。六世亲属竭矣，其庶姓别于上庶姓见下章而戚单于下单同殚，婚姻可以通乎？系之以姓而弗别，缀之以族而弗殊，虽百世而婚姻不通者，周道然也。"然则男系同族，永不通婚，只是周道。自殷以上，六世之后，婚姻就可以通的。殷也是东方之国。《汉书·地理志》又说燕国的风俗道："初太子丹宾养勇士，不爱后宫美女，民化以为俗，至今犹然。宾客相过，以妇侍宿。嫁娶之夕，男女无别，反以为荣。后稍颇止，然终未改。"不知燕丹的举动，系受风俗的影响，反以为风俗源于燕丹，亦与其论齐襄公同病。而燕国对于性的共有制维持较久，则于此可见。燕亦是滨海之地。然则自东南至于东北，土性肥沃，水利丰饶，农渔二业兴盛之地，内婚制及母系氏族，都是维持较久的。父系氏族，当起于猎牧之民。此可见一切社会制度，皆以经济状况为其根本原因。

人类对于父母亲族，总只能注意其一方，这是无可如何的。所以在母系氏族内，父方的亲族，并不禁止结婚；在父系氏族内，母方的亲族亦然；且有两个氏族，世为婚姻的。中国古代，似亦如此。所以夫之父与母之兄弟同称舅，夫之母与父之姊妹同称姑。可见母之兄弟，所娶者即父之姊妹。并非亲姊妹，不过同氏族的姊妹行而已。而我之所嫁，亦即父之氏族中之男子，正和我之母与我之父结婚同。古代氏族，又有在氏族之中，再分支派的。如甲乙两部族，各分为一二两组。甲一之女，必与乙二之男结婚，生子则属于甲二。甲二之女，必与乙一之男结婚，生子则属于甲一。乙组的女子亦然。此系最简单之例，实际还可以更繁复。如此，则祖孙为同族人，父子则否。中国古代，似亦如此。所以祭祀之礼："孙可以为王父尸，子不可以为父尸。"《礼记·曲礼》。殇与无后者，必从祖祔食，而不从父祔食。《礼记·曾子问》。

近亲结婚，在法律上本有禁令的，并不限于父系。如《清律》："娶己之姑舅两姨姊妹者，杖八十，并离异。"即是。然因此等风俗，根深柢固，法律就成为具文了。

古代所谓同姓，是自认为出于同一始祖的。在父系氏族，则为男子。在母系氏族，则为女子。虽未必确实，他们固自以为如此。同姓与否，和血缘的远近，可谓实无关系。然他们认为同姓则同德，不可结婚，异姓则异德，可以结婚，理由虽不确实，办法尚觉一致。至后世所谓同姓，则并非同出于一源；而同出于一源的，却又不必同姓。如王莽，以姚、妫、陈、田皆黄、虞后，与己同姓，令元城王氏，勿得与四姓相嫁娶。《汉书·莽传》。而王䜣、孙咸，以得姓不同，其女转嫁为莽妻。《汉书·䜣传》。此等关系，后世都置诸不论了。所谓同姓异姓，只是以父系的姓，字面上的同异为据，在理论上，可谓并无理由，实属进退失据。此因同姓不婚之制，已无灵魂，仅剩躯壳之故。总而言之，现在的所谓姓氏，从各方面而论，都已毫无用处，不过是社会组织上的老废物罢了。参看下章自明。

婚礼中的聘礼，即系卖买婚的遗迹，古礼称为"纳征"。《礼记·内则》说："聘则为妻，奔则为妾。"《曲礼》说："买妾不知其姓则卜之。"则买妾是真给身价的，聘妻虽具礼物，不过仅存形式，其意已不在于利益了。

古代婚礼，传于后世的，为《仪礼》中的《士昏礼》。其节目有六：即（一）纳采，男氏遣使到女氏去求婚。（二）问名，女氏许婚之后，再请问许婚的是哪一位姑娘。因为纳采时只申明向女氏的氏族求婚，并未指明哪一个人之故。（三）纳吉，女氏说明许婚的系哪一位姑娘之后，男氏归卜之于庙。卜而得吉，再使告女氏。（四）纳征，亦谓之纳币。所纳者系玄纁束帛及俪皮。（五）请期，定吉日。吉日系男氏所定，三请于女氏，女氏不肯定，然后告之。（六）亲迎，新郎亲到女氏。执雁而入，揖让升堂，再拜奠雁。女父带着新娘出来，交结他。新郎带着新娘出门。新娘升车，新郎亲为之御。车轮三转之后，新郎下车，由御者代御。新郎先归，在门首等待。新娘车至，新郎揖之而入。如不亲迎的，则新郎三月后往见舅姑。亲迎之礼，儒家赞成，墨家是反对的，见《礼记·哀公问》《墨子·非儒篇》。是为六礼。亲迎之夕，共牢而食，合卺而酳。古人的宴会，猪牛羊等，都是每人一份的。夫妻则两个人合一份，是谓同牢。把一个瓢破而为两，各用其半，以为酒器，是为合卺。这表示"合体，同尊卑"的意思。其明天，"赞妇见于舅姑。"又明天，"舅姑共飨妇。"礼成之后，"舅姑先降自西阶宾阶，妇降自阼阶。"东阶，主人所行。古人说地道尊右，故让客人走西阶。表明把家事传给她，自己变做客人的意思。此礼是限于适妇的，谓之"著代"，亦谓之"授室"。若舅姑不在，则三月而后庙见。《礼记·曾子问》说："女未庙见而死，归葬于女氏之党，示未成妇。"诸侯嫁女，亦有致女之礼，于三月之后，遣大夫操礼而往，见《公羊》成公九年。何《注》说："必三月者，取一时，足以别贞信。"然则古代的婚礼，是要在结婚三个月之后，才算真正成立的。若在三月之内分离，照礼意，还只算婚姻未完全成立，算不得离婚。这也可见得婚姻制度初期的疏松。

礼经所说的婚礼，是家族制度全盛时的风俗，所以其立意，全是为家族打算的。《礼记·内则》说："子甚宜其妻，父母不悦，出。子不宜其妻，父母曰：是善事我，子行夫妇之礼焉，没身不衰。"可见家长权力之大。《昏义》说："成妇礼，明妇顺，又申之以著代，所以重责妇顺焉也。妇顺也者，顺于舅姑，和于室人，而后当于夫；以成丝麻布帛之事；以审守委积盖藏。是故妇顺备而后内和理，内和理而后家可长久也，故圣王重之。"尤可见娶妇全为家族打算的情形。

《曾子问》说："嫁女之家，三夜不息烛，思相离也。"这是我们容易了解的。又说："取妇之家，三日不举乐，思嗣亲也。"此意我们就不易了解了。原来现代的人，把结婚看作个人的事情，认为是结婚者的幸福，所以多有欢乐的意思。古人则把结婚看作为家族而举行的事情。儿子到长大能娶妻，父母就近于凋谢了，所以反有感伤的意思。《曲礼》说："昏礼不贺，人之序也。"也是这个道理。此亦可见当时家族主义的昌盛，个人价值全被埋没的一斑。

当这时代，女子遂成为家族的奴隶，奴隶是需要忠实的，所以贞操就渐渐的被看重。"贞妇"二字，昉见于《礼记·丧服四制》。春秋时，鲁君的女儿，有一个嫁给宋国的，称为宋伯姬。一天晚上，宋国失火，伯姬说："妇人夜出，必待傅姆。"傅姆是老年的男女侍从。必待傅姆，是不独身夜行，以避嫌疑的意思。傅姆不至，不肯下堂，遂被火烧而死。《春秋》特书之，以示奖励。《公羊》襄公三十年。此外儒家奖励贞节之说，还有许多，看刘向的《列女传》可知。刘向是治鲁诗的，《列女传》中，有许多是儒家相传的诗说。

秦始皇会稽刻石说："饰省宣义，有子而嫁，倍死不贞。防隔内外，禁止淫泆，男女洁诚。夫为寄豭，杀之无罪，男秉义程。妻为逃嫁，子不得母，咸化廉清。"按《管子·八观篇》说："闾闬无阖，外内交通，则男女无别矣。"又说："食谷水，巷凿井；场圃接，树木茂；宫墙毁坏，门户不闭，外内交通；则男女之别，无自正矣。"《汉书·地理志》说：郑国土陋而险，山居谷汲，男女亟聚会，故其俗淫。这即是秦始皇所谓防隔内外。乃是把士大夫之家，"深宫固门，阍寺守之，男不入，女不出"的制度见《礼记·内则》推广到民间去。再嫁未必能有什么禁令，不过宣布其是倍死不贞，以示耻辱，正和奖励贞节，用意相同。寄豭是因奸通而寄居于女子之家的，杀之无罪；妻为逃嫁，则子不得母；其制裁却可谓严厉极了。压迫阶级所组织的国家，其政令，自然总是助压迫阶级张目的。

虽然如此，罗马非一日之罗马，古代疏松的婚姻制度，到底非短期间所能使其十分严谨的。所以表显于古书上的婚姻，要比后世自由得多。《左氏》昭公元年，载郑国徐吾犯之妹美，子南业经聘定了她，子皙又要强行纳聘。子皙是个强宗，国法奈何不得他。徐吾犯乃请使女自择，以资决定。这虽别有用意，然亦可见古代的婚嫁，男女本可自择。不过"男不亲求，女不亲许"见《公羊》僖公十四年必须要有个媒妁居间；又必须要"为酒食以召乡党僚友"《礼记·曲礼》以资证明罢了。婚约的解除，也颇容易。

前述三月成妇之制，在结婚三个月之后，两造的意见觉得不合，仍可随意解除，这在今日，无论哪一国，实都无此自由。至于尚未同居，则自然更为容易。《礼记·曾子问》说："昏礼：既纳币，有吉日，女之父母死，则如之何？孔子曰：婿使人吊。如婿之父母死，则女之家亦使人吊。婿已葬，婿之伯父，致命女氏曰：某之子有父母之丧，不得嗣为兄弟，使某致命。女氏许诺，而弗敢嫁，礼也。婿免丧，女之父母使人请，婿弗取而后嫁之，礼也。女之父母死，婿亦如之。"一方等待三年，一方反可随意解约，实属不近情理。迂儒因生种种曲说。其实这只是《礼记》文字的疏忽。孔子此等说法，自为一方遭丧而一方无意解约者言之。若其意欲解约，自然毫无限制。此乃当然之理，在当日恐亦为常行之事，其事无待论列，故孔子不之及。记者贸然下了"而弗敢嫁，礼也"六字，一似非等待不可的，就引起后人的误会了。

离婚的条件，有所谓七出，亦谓之七弃〔（一）无子。（二）淫佚。（三）不事舅姑。（四）口舌。（五）盗窃。（六）嫉妒。（七）恶疾〕。又有所谓三不去〔（一）尝更三年丧不去。（二）贱取贵不去。（三）有所受无所归不去〕，与五不娶并列〔（一）丧妇长女。（二）世有恶疾。（三）世有刑人。（四）乱家女。（五）逆家女〕，见于《大戴礼记·本命篇》，和《公羊》庄公二十七年何《注》，皆从男子方面立说。此乃儒家斟酌习俗，认为义所当然，未必与当时的法律习惯密合。

女子求去，自然也有种种条件，为法律习惯所认许的，不过无传于后罢了。观汉世妇人求去者尚甚多如朱买臣之妻等，则知古人之于离婚初不重视。夫死再嫁，则尤为恒事。这是到宋以后，理学盛行，士大夫之家，更看重名节，上流社会的女子，才少有再嫁的，前代并不如此。《礼记·郊特牲》说："一与之齐，终身不改，故夫死不嫁。"这是现在讲究旧礼教的迂儒所乐道的。然一与之齐，终身不改，乃是说不得以妻为妾，并非说夫死不嫁。《白虎通义·嫁娶篇》引《郊特牲》，并无"故夫死不嫁"五字；郑《注》亦不及此义；可见此五字为后人所增。郑《注》又说："齐或为醮。"这字也是后人所改的。不过郑氏所据之本，尚作齐字，即其所见改为醮字之本，亦尚未窜入"故夫死不嫁"五字罢了。此可见古书逐渐窜改之迹。

后世男子的权利，愈行伸张，则其压迫女子愈甚。此可于其重视为女时的贞操，及其贱视再醮妇见之。女子的守贞，实为对于其夫之一种义务。以契约论，固然只在婚姻成立后、持续时为有效，以事实论，亦只须如此。所以野蛮社会的风俗，无不是如此的，而所谓文明社会，却有超过这限度的要求。此无他，不过男权社会的要求，更进一步而已。

女子的离婚，在后世本较古代为难，因为古代的财产带家族共有的意思多，一家中人，当然都有享受之分。所以除所谓有所受无所归者外，离婚的女子，都不怕穷无所归。后世的财产，渐益视为个人所有，对于已嫁大归之女，大都不愿加以扶养；而世俗又贱视再醮之妇，肯娶者少；弃妇的境遇，就更觉凄惨可怜了。法律上对于女子亦未尝加以保护。如《清律》："凡妻无应出及义绝之状而出之者，杖八十。虽犯七出，有三不去而出者，减二等，追还完聚。"似乎是为无所归的女子特设的保护条文。然追还完聚之后，当如何设法保障，使其不为夫及夫之家族中人所虐待，则绝无办法。又说："若夫妻不相和谐而两愿离者不坐。"不相和谐，即可离异，似极自由。然夫之虐待其妻者，大都榨取其妻之劳力以自利，安能得其愿离？离婚而必以两愿为条件，直使被虐待者永无脱离苦海之日。而背夫私逃之罪，则系"杖一百，从夫嫁卖"。被虐待的女子，又何以自全呢？

彻底言之：现在所谓夫妇制度，本无维持之价值。然进化非一蹴所可几，即制度非旦夕所能改。以现在的立法论，在原则上当定：（一）离婚之诉，自妻提出者无不许。（二）其生有子女者，抚养归其母，费用则由其父负担。（三）夫之财产中，其一部分应视为其妻所应得，离婚后当给与其妻。（四）夫妻异财者勿论。其同财者，嫁资应视为妻之私财，离婚时给还其妻；其业经销用者应赔偿。这固不是根本解决的办法，然在今日，立法上亦只得如此了。而在今日，立法上亦正该如此。

古书中所载的礼，大抵是父系家庭时代的习惯风俗。后世社会组织，迄未改变，所以奉其说为天经地义。而因此等说法被视为天经地义之故，亦有助于此制度之维持。天下事原总是互为因果的。但古书中的事实，足以表示家族主义形成前的制度的亦不少，此亦不可不注意。

《礼记·礼运》："合男女，颁爵位，必当年德。"《管子·幼官篇》，亦有"合男女"之文。合男女，即《周官》媒氏及《管子·入国篇》的合独之政。《周官》媒氏："凡男女自成名以上，皆书年月日名焉。令男三十而娶，女二十而嫁。中春之月，令会男女。于是时也，奔者不禁，谓不备聘娶之礼，说见下。司男女之无夫家者而会之。"合独为九惠之政之一。其文云："取鳏寡而和合之，与田宅而家室之，三年然后事之。"此实男女妃合，不由家族主持，而由部族主持之遗迹。其初盖普遍如此。到家族发达之后，部族于通常之结婚，才置诸不管，而只干涉其违法者，而救济其不能婚嫁者了。

当男女婚配由部族主持之世，结婚的年龄，和每年中结婚的季节，都是有一定的。婚年：儒家的主张，是男三十而娶，女二十而嫁。《礼记·曲礼》《内则》等篇，都是如此。《大戴礼记·本命篇》说，这是中古之礼。太古五十而室，三十而嫁。《墨子·节用》《韩非子·外储说右下》则说男二十而娶，女十五而嫁。结婚的年龄，当然不能斠若画一。王肃说：男十六而精通，女十四而能化，自此以往，便可结婚；所谓三十、二十等，乃系为之极限，使不可过。又所谓男三十，女二十，不过大致如此，并非必以三十之男，配二十之女。其说自通。见《诗·摽有梅疏》。《大戴礼记》说：三十而室，二十而嫁，天子庶人同礼。《左氏》说：天子十五而生子；三十而室，乃庶人之礼。《五经异义》。贵族生计，较庶人为宽裕，结婚年龄，可以提早，说亦可通。至《墨子》《韩非子》之说，则系求蕃育人民之意，古代此等政令甚多，亦不足怪。所可怪者，人类生理今古相同，婚配的要求，少壮之时，最为急切，太古时何以能迟至五十、三十？

按罗维（Robert H. Lowie）所著的《初民社会》吕叔湘译，商务印书馆本，说巴西的波洛洛人（Bororo），男女性交和结婚，并非一事。当其少年时，男女之间，早已发生性的关系，然常是过着浪漫的生活，并不专于一人。倒是年事较长，性欲较淡，彼此皆欲安居时，才择定配偶，相与同居。按人类的性质，本是多婚的。男女同居，乃为两性间的分工互助，实与性欲无甚关系。波洛洛人的制度，实在是较为合理的。社会制度，往往早期的较后期的为合理。这是因以往的文化，多有病态，时期愈晚，病态愈深之故。中国太古之世，婚年较晚的理由，也可以借鉴而明了。人类性欲的开始，实在二七、二八之年。自此以往，更阅数年，遂臻极盛。此系中国古说，见《素问·上古天真论》。《大戴礼记》《韩诗外传》《孔子家语》等说皆同。

根于生理的欲念，宜宣泄不宜抑压。抑压之，往往为精神病的根源。然后世将经济上的自立，责之于既结婚的夫妇，则非十余龄的男女所及；又教养子女之责，专由父母任之，亦非十余龄的男女所能；遂不得不将结婚的年龄展缓。在近代，并有因生计艰难，而抱独身主义的。性欲受抑压而横溢，个人及社会两方面，均易招致不幸的结果。这亦是社会制度与人性不能调和的一端。倘使将经济及儿童教养的问题，和两性问题分开，就不至有此患了。所以目前的办法在以节育及儿童公育，以救济迟婚及独身问题。

结婚的季节，《春秋繁露》说："霜降逆女，冰泮杀止。"《循天之道篇》。《荀子》同《大略篇》。王肃说：自九月至正月，见《诗·绸缪疏》。其说良是。古人冬则居邑，春则居野，参看第六、第十四章。结婚的月份，实在是和其聚居的时期相应的。仲春则婚时已过，至此而犹不克婚，则其贫不能备礼可知，所以奔者不禁了。

婚姻之外的现象

多妻之源，起于男子的淫侈。生物界的事实，两性的数目，常大略相等。婚姻而无禁例，或虽有禁例而不严密则已，若既限定对于法定的配偶以外，不许发生性的关系，而又有若干人欲多占异性为己有，则有多占的人，即有无偶的人。所以古今中外，有夫妇之制的社会，必皆以一夫一妻为原则。但亦总有若干例外。

古代贵族，妻以外发生性的关系的人有两种：一种是妻家带来的，谓之媵。一种是自己家里所固有的，谓之妾。后世媵之实消灭，故其名称亦消灭，但以妾为配偶以外发生性的关系之人之总称。媵之义为送，即妻家送女的人，并不限于女子，如伊尹为有莘氏媵臣是。与婿家跟着新郎去迎接新娘的御相同。媵御的原始，实犹今日结婚时之男女傧相，本无可发生性的关系的理由。后来有特权的男子，不止娶于一家，正妻以外的旁妻，无以名之，亦名之曰媵，媵遂有正妻以外之配偶之义。古代的婚姻，最致谨于辈行，而此规则，亦为有特权者所破坏。娶一妻者，不但兼及其娣，而且兼及其姪，于是有诸侯一娶九女之制。取一国则二国往媵，各以姪娣从。

一娶九女之制，据《白虎通义·嫁娶篇》说，天子与诸侯同。亦有以为天子娶十二女的，如《春秋繁露·爵国篇》是。此恐系以天子与诸侯同礼为不安而改之。其实在古代，天子诸侯，在实际上，未必有多大的区别。《礼记·昏义》末节说：天子有一后，三夫人，九嫔，二十七世妇，八十一御妻。按《昏义》为《仪礼·士昏礼》之传，传文皆以释经，独《昏义》此节，与经无涉；文亦不类传体；其说在他处又无所见；而适与王莽立后，备和、嫔、美、御，和人三，嫔人九，美人二十七，御人八十一之制相合；见《汉书·莽传》。其为后人窜入，自无可疑。《冠义》说："无大夫冠礼而有其昏礼？古者五十而后爵，何大夫冠礼之有？"五十而后娶，其为再娶可知。诸侯以一娶九女之故，不得再娶，《公羊》庄公十九年。大夫若亦有媵，安得再娶？管氏有三归，孔子讥其不俭，《论语·八佾》：包咸云：三归，娶三姓女。即系讥其僭人君之礼。所以除人君以外，是绝无媵的。至于妾，则为家中的女子，得与家主相接之义。

家族主义发达的时代，门以内的事情，国法本不甚干涉。家主在家庭中的地位，亦无人可以制裁他。家中苟有女奴，家主要破坏她的贞操，自无从加以制裁。所以有妾与否，是个事实问题，在法律上，或者并无制限。然古代依身份而立别的习惯，是非常之多的，或有制限，亦未可知。

后世等级渐平。依身份而立区别的习惯大半消除，娶妾遂成为男子普遍的权利了。虽然如此，法律上仍有依身份之贵贱，而定妾之有无多寡的。如《唐书·百官志》：亲王有孺人二，媵十；二品媵八；国公及三品媵六；四品媵四；五品媵三。《明律》：民年四十以上无子者，方听娶妾，违者笞四十。但此等法律，多成具文，而在事实上，则多妻之权利，为富者所享受。嫡庶之别，古代颇严。因为古代等级，本来严峻，妻和妾一出于贵族，一出于贱族，其在社会上的身份，本相悬殊之故。后世等级既平，妻妾之身份，本来的相差，不如前代之甚，所以事实上贵贱之相差亦较微。仅在法律上、风俗上，因要维持家庭间的秩序，不得不略存区别而已。

《颜氏家训》说："江左不讳庶孽，丧室之后，多以妾媵终家事。河北鄙于侧室，不预人流，是以必须重娶，至于三四。"这是江左犹沿古代有媵不再娶的旧风，河北就荡然了。但以妾媵终家事，必本有妾媵而后能然。如其无之，自不能不再娶。再娶自不能视之为妾。《唐书·儒学传》说："郑余庆庙有二妣，疑于祔祭，请于有司。博士韦公肃议曰：古诸侯一娶九女，故庙无二适。自秦以来有再娶，前娶后继皆适也，两祔无嫌。"自秦以来有再娶，即因封建破坏，无复一娶九女及三归等制度之故。韦公肃之议，为前娶后继，皆为适室礼文上的明据。但从礼意上说，同时不能有二嫡的，所以世俗所谓兼祧双娶，为法律所不许。大理院解释，以后娶者为妾。

人类的性质，本来是多婚的。男女皆然。虽由社会的势力加以压迫，终不能改变其本性。所以压迫之力一弛，本性随即呈露。在现社会制度之下，最普遍而易见的，是为通奸与卖淫。通奸，因其为秘密之事，无从统计其多少。然就现社会和历史记载上观察，实可信其极为普遍。卖淫亦然。社会学家说："凡是法律和习惯限制男女性交之处，即有卖淫之事，随之出现。"

史家推原卖淫之始，多以为起于宗教卖淫。王书奴著《中国倡伎史》生活书店本亦力主此说。然原始宗教界中淫乱的现象，实未可称为卖淫。因为男女的交际，其初本极自由。后来强横的男子，虽把一部分女子占为己有，然只限于平时。至于众人集会之时，则仍须回复其故态。所以各个民族，往往大集会之时，即为男女混杂之际。如郑国之俗，三月上巳之日，于溱洧两水之上，招魂续魄，拂除不祥，士女往观而相谑，《韩诗》说，据陈乔枞《三家诗遗说考》。《史记·滑稽列传》载淳于髡说："州闾之会，男女杂坐。行酒稽留，六博投壶，相引为曹。握手无罚，目眙不禁。前有堕珥，后有遗簪。""日暮酒阑，合尊促坐。男女同席，履舄交错。杯盘狼籍。堂上烛灭，主人留髡而送客。罗襦襟解，微闻薌泽。"又如前文所引的燕国"嫁娶之夕，男女无别"都是。宗教上的寺院等，也是大众集会之地；而且是圣地；其地的习惯，是不易破坏的。《汉书·礼乐志》说：汉武帝立乐府，"采诗夜诵。"颜师古《注》说："其言辞或秘，不可宣露，故于夜中歌诵。"按《后汉书·高句骊传》说：其俗淫。暮夜辄男女群聚为倡乐。高句骊是好祠鬼神的，而乐府之立，亦和祭礼有关。然则采诗夜诵，怕不仅因其言辞或秘吧？

男女混杂之事，后世所谓邪教中，亦恒有之，正和邪有何标准？不过古代之俗，渐与后世不合，则被目为邪而已。然则宗教中初期的淫乱，实不可谓之卖淫。不过限制男女交际的自由，往往与私有财产制度伴随而起。既有私有财产，自有所谓卖买；既有所谓卖买，淫亦自可为卖买的标的。在此情形之下，本非卖买之事，变为卖买的多了，亦不仅淫之一端。

卖淫的根源，旧说以为起于齐之女闾。其事见于《战国策》的《东周策》。《东周策》载一个辩士的话道："国必有诽誉。忠臣令诽在己，誉在上。齐桓公宫中七市，女闾七百，国人非之，管仲故为三归之家，以掩桓公非，自伤于民也。"则市与女闾，确为淫乐之地。《商君书·垦令篇》说："令军市无有女子。"又说："轻惰之民，不游军市，则农民不淫。"亦市为淫乐之地之一证。女闾则他处无文。按《太平御览》引《吴越春秋》说："勾践输有过寡妇于山上，使士之忧思者游之，以娱其意。"今本无。亦即女闾之类。女闾，盖后世所谓女户者所聚居。女户以女为户主，可见其家中是没有壮男的。《周官》内宰："凡建国，佐后立市。"《左氏》昭公二十年，晏婴说："内宠之妾，肆夺于市。"则古代的市，本由女子管理。所以到后来，聚居市中的女子还很多。市和女闾，都不过因其为女子聚居之所，遂成为纵淫之地罢了。其初，也未必是卖淫的。

卖淫的又一来源，是为女乐。女乐是贵族家里的婢妾，擅长歌舞等事的，令其"执技以事上"。婢妾的贞操，本来是没有保障的，自不因其为音乐队员而有异。封建制度破坏，贵族的特权，为平民所僭者甚多，自将流布于民间。《史记·货殖列传》说：赵国的女子，"鼓鸣瑟，跕屣，现在的拖鞋，在古时为舞屣。游媚贵富，入后宫，遍诸侯。""郑、卫俗与赵相类。"又说："今夫赵女郑姬，设形容，揳鸣琴，揄长袂，蹑利屣，目挑心招，出不远千里，不择老少者，奔富厚也。"即其事。倡伎本来是对有技艺的人的称谓，并非专指女子。所以女子有此等技艺的，还特称为女伎。然其实是性的诱惑的成分多，欣赏其技艺的成分少。于是倡伎转变为女子卖淫者的称谓，其字也改从女旁了。即娼妓。男子之有技艺者，不复称娼伎。为倡伎之女子，本系婢妾之流，故自古即可卖买。《战国策·韩策》说："韩卖美人，秦买之三千金。"其证。后世当娼妓的，也都是经济上落伍的人，白然始终是可以卖买的了。资本的势力愈盛，遂并有买得女子，使操淫业以谋利的。

古代的女伎，系婢妾所为，后世政治上还沿袭其遗制，是为乐户。系以罪人家属没入者为之。唐时，其籍属于太常。其额设的乐员，属于教坊司。此系国家的女乐队员，但因其本为贱族，贞操亦无保障，官员等皆可使之执技荐寝以自娱，是为官妓。军营中有时亦有随营的女子，则谓之营妓。民间女子卖淫的，谓之私娼。在本地的称土娼，在异乡的称流娼。清世祖顺治十六年，停止教坊女乐，改用内监。世宗雍正七年，改教坊司为和声署。是时各地方的乐户，亦皆除籍为民。于是在法律上除去一种贱族，亦无所谓官妓。但私娼在当时则是无从禁止的。律例虽有"举贡生员，宿娼者斥革"的条文，亦不过为管束举贡生员起见而已，并非禁娼。

古代掠夺婚姻的习惯，仍有存于后世的。赵翼《陔余丛考》说："村俗有以婚姻议财不谐，而纠众劫女成婚者，谓之抢亲。《北史·高昂传》：昂兄乾，求博陵崔圣念女为婚，崔不许。昂与兄往劫之。置女村外，谓见曰：何不行礼？于是野合而归。是劫婚之事，古亦有之。然今俗劫婚，皆已经许字者，昂所劫则未字，固不同也。"按《清律》："凡豪势之人，强夺良家妻女，奸占为妻妾者绞。配与子孙、弟侄、家人者，罪亦如之。"此指无婚姻契约而强抢的。又说："应为婚者，虽已纳聘财，期未至，而男家强娶者，答五十。"指主婚人。"女家悔盟，男家不告官司强抢者，照强娶律减二等。"此即赵氏所谓已经许字之女，照法律亦有罪，但为习俗所囿，法律多不能实行。又有男女两家，因不能负担结婚时的费用，私相协议，令男家以强抢的形式出之的。则其表面为武力的，内容实为经济的了。抢媳等事，亦自古即有。《潜夫论·断讼篇》云："贞洁寡妇，遭直不仁世叔、无义兄弟，或利其聘币，或贪其财贿，或私其儿子，则迫胁遣送，有自缢房中，饮药车上，绝命丧躯，孤捐童孩者。"又有"后夫多设人客，威力胁载者"。这其中，亦含有武力的、经济的两种成分。

卖买婚姻，则无其名而有其实。《断讼篇》又说："诸女一许数家，虽生十子，更百赦，勿令得蒙一，还私家，则此奸绝矣。不则髡其夫妻，徙千里外剧县，乃可以毒其心而绝其后。"《抱朴子·弭讼篇》，述其姑子刘士由之论说："末世举不修义，许而弗与。讼阋秽缛，烦塞官曹。今可使诸争婚者，未及同牢，皆听义绝，而倍还酒礼，归其币帛。其尝已再离，一倍裨聘，_{裨即现}在赔偿的赔字。其三绝者，再倍裨聘。如此，离者不生讼心，贪者无利重受。"葛洪又申说自己的意见道："责裨聘倍，贫者所惮，丰于财者，则适其愿矣。后所许者，或能富殖，助其裨聘，必所甘心。然则先家拱默，不得有言，原情论之，能无怨叹乎？"葛洪之意，要令"女氏受聘，礼无丰约，_{谓不论聘财多少。}皆以即日报版。又使时人署姓名于别版，必十人以上，以备远行及死亡。又令女之父兄若伯叔，答婚家书，必手书一纸。若有变悔而证据明者，女氏父母兄弟，皆加刑罚罪"。可见汉晋之世卖买婚姻之盛。后世契约效力较强，此等事无人敢做，但嫁女计较聘礼，娶妻觊觎妆奁，其内容还是一样的，此非经济制度改变，无法可以改良了。

后世的婚姻，多全由父母做主，本人概不与闻，甚至有指腹为婚等恶习，_见《南史·韦放传》。按《清律》，指腹为婚有禁。这诚然是很坏的。然论者遂以夫妇之道苦，概归咎于婚姻的不自由，则亦未必其然。人之性，本是多婚的，男女皆然，所以爱情很难持之永久。

即使结婚之时，纯出两情爱慕，绝无别种作用掺杂其间，尚难保其永久，何况现在的婚姻，有别种作用掺杂的，且居多数呢？欲救夫妇道苦之弊，与其审慎于结婚之时，不如宽大于离婚之际，因为爱情本有变动，结婚时无论如何审慎，也控制不住后来的变化的。习俗所以重视离婚，法律也尽力禁阻，不过是要维持家庭。然家庭制度，实不是怎么值得维持的东西，参看下章可明。

统观两性关系，自氏族时代以后，即已渐失其正常。其理由：因女子在产育上，所负的责任较男子为多。因而其斗争的力量，较男子为弱。不论在人类凭恃武力相斗争，或凭恃财力相斗争的时代，女子均渐沦于被保护的地位，失其独立而附属于男子。社会的组织，宜于宽平坦荡，个个人与总体直接。若多设等级，使这一部分人，隶属于那一部分人，那不公平的制度就要逐渐发生，积久而其弊愈深了。

近代女权的兴起

近代女权的渐渐伸张，实因工业革命以来，女子渐加入社会的机构，非如昔日蛰居家庭之中，专做辅助男子的事情之故。女子在产育上多尽了责任，男子就该在别一方面多尽些义务，这是公道。乘此机会压迫女子，多占权利，是很不正当的。而欲实行公道，则必自铲除等级始。所以有人说：社群制度是女子之友，家庭制度是女子之敌。然则"女子回到家庭去"的口号，当然只有开倒车的人，才会去高呼了。人家都说现在的女学生坏了，不如从前旧式的女子，因其对于家政生疏了，且不耐烦。殊不知这正是现代女子进步之征兆。因为对于家政生疏，对于参与社会的工作，却熟练了。这正是小的、自私的、自利的组织，将逐渐破坏；大的、公平的、博爱的制度，将逐渐形成的征兆。贤母良妻，只是贤奴良隶。此等教育，亦只好落伍的国家去提倡。我们该教一切男女以天下为公的志愿，广大无边的组织。

第二章 族 制

亲族关系的起源

人是非团结不能生存的。当用何法团结呢？过去的事情，已非我们所能尽知；将来的事情，又非我们所能预料。我们现在只能就我们所知道的，略加说述而已。

在有史时期，血缘是人类团结的一个重要因素。人恒狃于其所见闻，遂以此为人类团结唯一的因素，在过去都是如此，在将来也非如此不可了。其实人类的团结，并非是专恃血缘的。极远之事且勿论，即上章所说的以年龄分阶层之世，亦大率是分为老、壮、幼三辈，间有分为四辈的，但以分做三辈为最普通。《礼记·礼运》说："使老有所终，壮有所用，幼有所长。"《论语·雍也篇》说："老者安之，朋友信之，少者怀之。"亦都是分为三辈。而不再问其人与人间的关系的。当此之时，哪有所谓夫妇、父子、兄弟之伦呢？《礼记·礼运》说：大同之世，"人不独亲其亲，不独子其子。"左氏载富辰的话，也说"大上以德抚民，其次亲亲，以相及也"。僖公二十四年可见亲族关系，是后起的情形了。

人类愈进步，则其分化愈甚，而其组织的方法亦愈多。于是有所谓血族团体。血族团体，其初必以女子为中心。因为夫妇之伦未立，父不可知；即使可知，而父子的关系，亦不如母子之密之故。如上章所述，人类实在是社群动物，而非家庭动物。所以其聚居，并不限于两代。母及同母之人以外，又有母的母，母的同母等。自己而下推，亦是如此。逐渐成为母系氏族。每一个母系氏族，都有一个名称，是即所谓姓。

一姓总有一个始祖母的，如殷之简狄，周之姜嫄即是。简狄之子契，姜嫄之子稷，都是无父而生的。因为在传说中，此等始祖母，本来无夫之故。记载上又说她俩都是帝喾之妃，一定是后来附会的。契、稷皆无父而生，见《诗·玄鸟》《生民》。《史记·殷周本纪》所载，即是诗说。据陈乔枞《三家诗遗说考》所考证，太史公是用鲁诗说的。姜嫄、简狄，皆帝喾之妃，见《大戴礼记·帝系篇》。《史记·五帝本纪》，亦用其说。

女系氏族的权力，亦有时在男子手中。参看下章。此即所谓舅权制。此等权力，大抵兄弟相传，而不父子相继。因为兄弟是同氏族人，父子则异氏族之故。我国商朝和春秋时的鲁国、吴国，都有兄弟相及的遗迹。鲁自庄公以前，都一代传子，一代传弟，见《史记·鲁世家》）。这是由于东南一带，母系氏族消灭较晚之故，已见上章。

由于生业的转变，财产和权力都转入男子手中，婚姻非复男子入居女子的氏族，而为女子入居男子的氏族，见上章。于是组织亦以男为主，而母系氏族遂变为父系氏族。商周自契稷以后，即奉契稷为始祖，便是这种转变的一件史实。

族制的变迁

族之组织，是根据于血缘的。血缘之制既兴，人类自将据亲等的远近，以别亲疏。一姓的人口渐繁，又行外婚之制，则同姓的人，血缘不必亲，异姓的人，血缘或转相接近。所谓族与姓，遂不得不分化为两种组织。族制，我们所知道的，是周代的九族：（一）父姓五服以内。（二）姑母和她的儿子。（三）姊妹和她的儿子。（四）女儿和她的儿子。是为父族四；（五）母的父姓，即现在所谓外家。（六）母的母姓，即母亲的外家。（七）母的姊妹和她们的儿子。是为母族三；（八）妻之父姓。（九）妻之母姓。是为妻族二。这是汉代今文家之说，见于《五经异义》。《诗·葛藟疏》引。《白虎通义·宗族篇》同。古文家说，以上自高祖，下至玄孙为九族，此乃秦汉时制，其事较晚，不如今文家所说之古了。然《白虎通义》又载或说，谓尧时父母妻之族各三，周贬妻族以附父族，则今文家所说，亦已非极古之制。《白虎通义》此段，文有脱误，尧时之九族，无从知其详。然观下文引《诗》"邢侯之姨"，则其中该有妻之姊妹。总而言之，族制是随时改变的，然总是血缘上相近的人，和后世称父之同姓为族人，混同姓与同族为一不同，则是周以前所同的。九族中人，都是有服的。其无服的，则谓之党。《礼记·奔丧》郑《注》。是为父党、母党、妻党。

同姓的人，因人口众多，血缘渐见疏远，其团结是否因此就松懈了呢？不。所谓九族者，除父姓外，血缘上虽然亲近，却不是同居的。同姓则虽疏远而仍同居，所以生活共同，利害亦共同。在同居之时，固有其紧密的组织；即到人口多了，不能不分居，而彼此之间，仍有一定的联结，此即所谓宗法。宗法和古代的社会组织，有极大的关系。今略述其制如下：

（一）凡同宗的人，都同奉一个始祖。均系此始祖之后。

（二）始祖的嫡长子，为大宗宗子。自此以后，嫡长子代代承袭，为大宗宗子。凡始祖的后人，都要尊奉他，受他的治理。穷困的却亦可以受他的救济。大宗宗子和族人的关系，是不论亲疏远近，永远如此的，是谓大宗"百世不迁"。

（三）始祖之众子，嫡长子以外之子。皆别为小宗宗子。其嫡长子为继祢小宗。继祢小宗的嫡长子为继祖小宗。继祖小宗的嫡长子为继曾祖小宗。继曾祖小宗的嫡长子为继高祖小宗。继祢小宗，亲兄弟宗事他。受他治理，亦受他救济。继祖小宗，从兄弟宗事他。继曾祖小宗，再从兄弟宗事他。继高祖小宗，三从兄弟宗事他。至四从兄弟，则与继六世祖之小宗宗子，亲尽无服，不再宗事他。是为小宗"五世则迁"。以一人之身论，当宗事与我同高、曾、祖、考四代的小宗宗子及大宗宗子。故曰："小宗四，与大宗凡五。"

（四）如此，则或有无宗可归的人。但大宗宗子，还是要管理他，救济他的。而同出于一始祖之人？设或殇与无后，大宗的宗子，亦都得祭祀他。所以有一大宗宗子，则活人的治理、救济，死人的祭祀问题，都解决了。所以小宗可绝，大宗不可绝。大宗宗子无后，族人都当绝后以后大宗。

以上是周代宗法的大略，见于《礼记·大传》的。《大传》所说大宗的始祖，是国君的众子。因为古者诸侯不敢祖天子，大夫不敢祖诸侯，《礼记·郊特牲》谓不敢立其庙而祭之。其实大宗的始祖，非大宗宗子，亦不敢祭。所以诸侯和天子，大夫和诸侯，大宗宗子和小宗宗子，小宗宗子和非宗子，其关系是一样的。所以国君的众子，要别立一宗。郑《注》又推而广之，及于始适异国的大夫。据此，宗法之立，实缘同出一祖的人太多了，一个承袭始祖的地位的人，管理有所不及，乃不得不随其支派，立此节级的组织，以便管理。迁居异地的人，旧时的族长，事实上无从管理他。此等组织，自然更为必要了。观此，即知宗法与封建，大有关系。因为封建是要将本族的人，分一部分出去的。有宗法的组织，则封之者和所封者之间，就可保持着一种联结了。然则宗法确能把同姓中亲尽情疏的人联结在一起。他在九族之中，虽只联结得父姓一族。然在父姓之中，所联结者，却远较九族之制为广。怕合九族的总数，还不足以敌他。而且都是同居的人，又有严密的组织。

母系氏族中，不知是否有与此相类的制度。即使有之，其功用怕亦不如父系氏族的显著。因为氏族从母系转变到父系，本是和斗争有关系的。父系氏族而有此广大严密的组织，自然更能发挥其斗争的力量。我们所知，宗法之制以周代为最完备，周这个氏族，在斗争上是得到胜利的。宗法的组织，或者也是其中的一个原因。

有族制以团结血缘相近的人，又有宗法以团结同出一祖的人，人类因血族而来的团结，可谓臻于极盛了。然而当其极盛之时，即其将衰之候。这是什么原因呢？

社会组织的变化，经济实为其中最重要的原因。当进化尚浅之时，人类的互助，几于有合作而无分工。其后虽有分工，亦不甚繁复。大家所做的事，既然大致相同，又何必把过多的人联结在一起？所以人类联结的广大，是随着分工的精密而进展的。分工既密之后，自能将毫不相干的人，联结在一起。此等互相倚赖的人，虽然彼此未必相知，然总必直接间接，互相接触。接触既繁，前此因不相了解而互相猜忌的感情，就因之消除了。所以商业的兴起，实能消除异部族间敌对的感情。分工又是使个性显著的。有特殊才能的人，容易发挥其所长，获得致富的机会。氏族中有私财的人逐渐多，卖买婚即于此时成立。说见上章。于是父权家庭成立了。

孟子说：当时农夫之家，是五口和八口。说者以为一夫上父母下妻子；农民有弟，则为余夫，要另行授田。《梁惠王》及《滕文公》上篇。可见其家庭已和现在普通的家庭一样了。士大夫之家，《仪礼·丧服传》说大功同财，似乎比农民的家庭要大些。然又说当时兄弟之间的情形道："有东宫，有西宫，有南宫，有北宫，异居而同财。有余则归之宗，不足则资之宗。"则业已各住一所屋子，各有各的财产，不过几房之中，还保有一笔公款而已。其联结实在是很薄弱的，和农夫的家庭，也相去无几了。

在当时，只有有广大封土的人，其家庭要大些。这因为（一）他的原始，是以一氏族征服异氏族，而食其租税以自养的，所以宜于聚族而居，常作战斗的戒备。只要看《礼记》的《文王世子》，就知道古代所谓公族者，是怎样一个组织了。后来时异势殊，这种组织，实已无存在的必要。然既已习为故常，就难于猝然改革。这是一切制度都有这惰性的。（二）其收入既多，生活日趋淫侈，家庭中管事服役的奴仆，以及技术人员，非常众多，其家庭遂特别大。这只要看《周官》的《天官》，就可以知道其情形。然此等家庭，随着封建的消灭，而亦渐趋消灭了。虽不乏新兴阶级的富豪，其自奉养，亦与素封之家无异，但毕竟是少数。于是氏族崩溃，家庭代之而兴。家庭的组织，是经济上的一个单位，所以是尽相生相养之道的。相生相养之道，是老者需人奉养，幼者需人抚育。这些事，自氏族崩溃后，既已无人负责，而专为中间一辈所谓一夫一妇者的责任，自然家庭的组织，不能不以一夫上父母下妻子为范围了。几千年以来，社会的生活情形，未曾大变，所以此种组织，迄亦未曾改变。

从以上所述，可见族制的变迁，实以生活为其背景；而生活的变迁，则以经济为其最重要的原因。因为经济是最广泛，和社会上个个人都有关系；而且其关系，是永远持续，无时间断的。自然对于人的影响，异常深刻，各种上层组织，都不得不随其变迁而变迁；而精神现象，亦受其左右而不自知了。

在氏族时代，分工未密，一个氏族，在经济上，就是一个自给自足的团体。生活既互相倚赖，感情自然容易密切。不但对于同时的人如此，即对于以往的人亦然。因为我所赖以生存的团体，是由前人留诒下来的。一切知识技术等，亦自前辈递传给后辈。这时候的人，其生活，实与时间上已经过去的人关系深，而与空间上并时存在的人关系浅。尊祖、崇古等观念，自会油然而生。此等观念，实在是生活情形所造成的。后人不知此理，以为这是伦理道德上的当然，而要据之以制定人的生活，那就和社会进化的趋势背道而驰了。

大家族、小家庭等字样，现在的人用来，意义颇为混淆。西洋人学术上的用语，称一夫一妇，包括未婚子女的为小家庭；超过于此的为大家庭。中国社会，（一）小家庭和（二）一夫上父母下妻子的家庭，同样普遍。（三）兄弟同居的，亦自不乏。（四）至于五世同居，九世同居，宗族百口等，则为罕有的现象了。赵翼《陔余丛考》，尝统计此等极大的家庭第四种见于正史孝义、孝友传的：《南史》三人，《北史》十二人，《唐书》三十八人，《五代史》二人，《宋史》五十人，《元史》五人，《明史》二十六人。自然有（一）不在孝义、孝友传，而散见于他篇的；（二）又有正史不载，而见于他书的；（三）或竟未见记载的。然以中国之大，历史上时间之长，此等极大的家庭，总之是极少数，则理有可信。此等虽或由于伦理道德的提倡，顾炎武《华阴王氏宗祠记》："程朱诸子，卓然有见于遗经。金元之代，有志者多求其说于南方，以授学者。及乎有明之初，风俗淳厚，而爱亲敬长之道，达诸天下。其能以宗法训其家人，或累世同居，称为义门者，往往而有。"可见同居之盛，由于理学家的提倡者不少。恐仍以别有原因者居多。《日知录》："杜氏《通典》言：北齐之代，瀛、冀诸刘，清河张、宋，并州王氏，濮阳侯族，诸如此辈，将近万室。《北史·薛允传》：为河北太守，有韩马两姓，各二千余家。今日中原北方，虽号甲族，无有至千丁者。户口之寡，族姓之衰，与江南相去复绝。"陈宏谋《与杨朴园书》："今直省惟闽中、江西、湖南，皆聚族而居，族各有祠。"则聚居之风，古代北盛于南，近世南盛于北，似由北齐之世，丧乱频仍，民皆合族以自卫；而南方山岭崎岖之地进化较迟，土著者既与合族而居之时相去未远；流移者亦须合族而居，互相保卫之故。似可认为古代氏族的遗迹，或后世家族的变态。

然氏族所以崩溃，正由家族潜滋暗长于其中。此等所谓义门，纵或有古代之遗，亦必衰颓已甚。况又有因环境的特别，而把分立的家庭硬行联结起来的。形式是而精神非，其不能持久，自然无待于言了。《后汉书·樊宏传》，说他先代三世共财，有田三百余顷。自己的田地里，就有陂渠，可以互相灌注。又有池鱼，牧畜，有求必给。"营理产业，物无所弃。这是因其生产的种类较多之故。课役童隶，各得其宜。"分工之法。要造器物，则先种梓漆。简直是一个大规模的生产自给自足的团体。历代类乎氏族的大家族，多有此意。此岂不问环境所可强为？然社会的广大，到底非此等大家族所能与之相敌，所以愈到后世，愈到开化的地方，其数愈少。这是类乎氏族的大家族，所以崩溃的真原因，毕竟还在经济上。但在政治上，亦自有其原因。因为所谓氏族，不但尽相生相养之道，亦有治理其族众之权。在国家兴起以后，此项权力，实与国权相冲突。所以国家在伦理上，对于此等大家族，虽或加以褒扬，而在政治上，又不得不加以摧折。所谓强宗巨家，遂多因国家的干涉，而益趋于崩溃了。

略大于小家庭的家庭，第二、第三种。表面上似为伦理道德的见解所维持，历代屡有禁民父母在别籍异财等诏令，可参看《日知录》卷十三《分居》条。实则亦为经济状况所限制。因为在经济上，合则力强，分则力弱，以昔时的生活程度论，一夫一妇，在生产和消费方面，实多不能自立的。

儒者以此等家庭之多，夸奖某地方风俗之厚，或且自诩其教化之功，就大谬不然了。然经济上虽有此需要，而私产制度，业已深入人心，父子兄弟之间，亦不能无分彼此。于是一方面牵于旧见解，迫于经济情形，不能不合；另一方面，则受私有财产风气的影响，而要求分；暗斗明争，家庭遂成为苦海。试看旧时伦理道德上的教训，戒人好货财、私妻子，而薄父母兄弟之说之多，便知此项家庭制度之岌岌可危。

制度果然自己站得住，何须如此扶持呢？所以到近代，除极迂腐的人外，亦都不主张维持大家庭。如李绂有《别籍异财议》，即其一证。至西洋文化输入，论者更其提倡小家庭而排斥大家庭了。然小家庭又是值得提倡的吗？

不论何等组织，总得和实际的生活相应，才能持久。小家庭制度是否和现代人的生活相应呢？历来有句俗话，叫作"养儿防老，积谷防饥"。可见所谓家庭，实以扶养老者、抚育儿童为其天职。然在今日，此等责任，不但苦于知识之不足，如看护病人，抚养教育儿童，均需专门知识。实亦为其力量所不及。兼日力财力言之。如一主妇不易看顾多数儿童，兼操家政。又如医药、教育的费用，不易负担。在古代，劳力重于资本，丁多即可致富，而在今日，则适成为穷困的原因。因为生产的机键，自家庭而移于社会了，多丁不能增加生产，反要增加消费。如纺织事业。儿童的教育，年限加长了，不但不能如从前，稍长大即为家庭挣钱，反需支出教育费。而一切家务，合之则省力，分之则多费的，如烹调，浣濯。又因家庭范围太小，而浪费物质及劳力。男子终岁劳动，所入尚不足以赡其家。女子忙得和奴隶一般，家事还不能措置得妥贴。于是独身、晚婚等现象，相继发生。这些都是舶来品，和中国旧俗，大相径庭，然不久，其思想即已普遍于中流社会了。

凡事切于生活，总是容易风行的，从今以后，穷乡僻壤的儿女，也未必死心塌地甘做家庭的奴隶了。固然，个人是很难打破旧制度，自定办法的。而性欲出于天然，自能把许多可怜的儿女，牵入此陈旧组织之中。然亦不过使老者不得其养，幼者不遂其长，而仍以生子不举等人为淘汰之法为救济罢了。这种现象，固已持续数千年，然在今日，业经觉悟之后，又何能坐视其如此呢？况且家庭的成立，本是以妇女的奴役为其原因的。在今日个人主义抬头，人格要受尊重的时代，妇女又何能长此被压制呢？

资本主义的学者，每说动物有雌雄两性，共同鞠育其幼儿，而其同居期限，亦因以延长的，以为家庭的组织，实根于人类的天性，而无可改变。姑无论其所说动物界的情形，并不确实。即使退一步，承认其确实，而人是人，动物是动物；人虽然亦是动物之一，到底是动物中的人；人类的现象，安能以动物界的现象为限？他姑弗论，动物雌雄协力求食，即足以哺育其幼儿，人，为什么有夫妇协力，尚不能养活其子女的呢？或种动物，爱情限于家庭，而人类的爱情，超出于此以外，这正是人之所以为人，人之所以异于动物。

论者不知人之爱家，乃因社会先有家庭的组织，使人之爱，以此形式而出现，正犹水之因方而为圭，遇圆而成璧；而反以为人类先有爱家之心，然后造成家庭制度；若将家庭破坏，便要"疾病不养，老幼孤独，不得其所"，《礼记·乐记》："强者胁弱，众者暴寡；智者诈愚，勇者苦怯；疾病不养，老幼孤独，不得其所，此大乱之道也。"这真是倒果为因。殊不知家庭之制，把人分为五口八口的小团体，明明是互相倚赖的，偏使之此疆彼界，处于半敌对的地位，这正是疾病之所以不养，老幼孤独之所以不得其所。无后是中国人所引为大戚的，论者每说，这是拘于"不孝有三，无后为大"之义，《孟子·离娄上篇》。而其以无后为不孝，则是迷信"鬼犹求食"，《左氏》宣公四年。深虑祭祀之绝。殊不知此乃古人的迷信，今人谁还迷信鬼犹求食来？其所以深虑无后，不过不愿其家之绝；所以不愿其家之绝，则由于人总有尽力经营的一件事，不忍坐视其灭亡，而家是中国人所尽力经营的，所以如此。家族之制，固然使人各分畛域，造成互相敌对的情形，然此自制度之咎，以爱家者之心论：则不但（一）夫妇、父子、兄弟之间，互尽扶养之责。（二）且推及于凡与家族有关系的人，如宗族姻亲等。（三）并且悬念已死的祖宗。（四）以及未来不知谁何的子孙。前人传给我的基业，我必不肯毁坏，必要保持之，光大之，以传给后人，这正是极端利他心的表现。利他心是无一定形式的，在何种制度之下，即表现为何种形式。然而我们为什么要拘制着他，一定只许他在这种制度中表现呢？

继承之法

以上论族制的变迁，大略已具。现再略论继承之法。一个团体，总有一个领袖。在血缘团体之内，所谓父或母，自然很容易处于领袖地位的。父母死后，亦当然有一个继承其地位的人。

女系氏族，在中国历史上，可考的有两种继承之法：（一）是以女子承袭财产，掌管祭祀。前章所述齐国的巫儿，即其遗迹。这大约是平时的族长。（二）至于战时及带有政治性质的领袖，则大约由男子尸其责，而由弟兄相及。

殷代继承之法，是其遗迹。

男系氏族，则由父子相继。其法又有多端：（一）如《左氏》文所说："楚国之举，恒在少者。"这大约因幼子恒与父母同居，所以承袭其遗产。蒙古人之遗产，即归幼子承袭。其幼子称斡赤斤，译言守灶。（二）全十承袭其父之威权地位，则自以长子为宜，而事实上亦以长子为易。（三）又古代妻妾，在社会上之地位亦大异。妻多出于贵族。妾则出于贱族，或竟是无母家的。古重婚姻，强大的外家及妻家，对于个人，是强有力的外援；如郑庄公的大子忽，不婚于齐，后来以无外援失位。对于部族，亦是一个强有力的与国，所以立子又以嫡为宜。周人即系如此。以嫡为第一条件，长为第二条件。后来周代的文化，普行于全国，此项继承之法，遂为法律和习惯所共认了。然这只是承袭家长的地位，至于财产，则总是众子均分的。《清律》：分析家财、田产，不问妻、妾、婢生，但以子数均分。奸生之子，依子量与半分。无子立继者，与私生子均分。所以中国的财产，不因遗产承袭而生不均的问题。这是众子袭产，优于一子袭产之点。

无后是人所不能免的，于是发生立后的问题。宗法盛行之世，有一大宗宗子，即生者的扶养，死者的祭祀，都可以不成问题，所以立后问题，容易解决。宗法既废，势非人人有后不可，就难了。在此情形之下，解决之法有三：（一）以女为后。（二）任立一人为后，不问其为同异姓。（三）在同姓中择立一人为后。（一）于情理最近，但宗祧继承，非徒承袭财产，亦兼掌管祭祀。以女为后，是和习惯相反的。春秋时，郑国以外孙为后，其外孙是莒国的儿子，《春秋》遂书"莒人灭郑"，见《公羊》襄公五、六年。按此实在是论国君承袭的，乃公法上的关系，然后世把经义普遍推行之于各方面，亦不管其为公法、私法了。既和习惯相反，则觊觎财产的人，势必群起而攻，官厅格于习俗，势必不能切实保护。本欲保其家的，或反因此而发生纠纷，所以势不能行。（二）即所谓养子，与家族主义的重视血统，而欲保其纯洁的趋势不合。于是只剩得第（三）的一途。法律欲维持传统观念，禁立异姓为后，在同姓中并禁乱昭穆之序，谓必辈行相当，如不得以弟为子等。其实此为古人所不禁，所谓"为人后者为之子"，见《公羊》成公十五年。于是欲人人有后益难，清高宗时，乃立兼祧之法，以济其穷。一人可承数房之祀。生子多者，仍依次序，分承各房之后。依律例：大宗子兼祧小宗，小宗子兼祧大宗，皆以大宗为重，为大宗父母服三年，为小宗父母服期。小宗子兼祧小宗，以本生为重，为本生父母服三年，为兼祧父母服期。此所谓大宗，指长房，所谓小宗，指次房以下，与古所谓大宗小宗者异义。世俗有为本生父母及所兼祧之父母均服三年的，与律例不合。

宗祧继承之法，进化至此，可谓无遗憾了。然其间却有一难题。私有财产之世，法律理应保护个人的产权。他要给谁就给谁，要不给谁就不给谁。为后之子，既兼有承袭财产之权利，而法律上替他规定了种种条件，就不啻干涉其财产的传授了。于是传统的伦理观念和私有财产制度发生了冲突。到底传统的伦理观念是个陈旧不切实际的东西，表面上虽然像煞有介事，很有威权，实际上已和现代人的观念不合了。私有财产制度，乃现社会的秩序的根柢，谁能加以摇动？于是冲突之下，伦理观念乃不得不败北而让步，法律上乃不得不承认所谓立爱，而且多方保护其产权。《清律例》：继子不得于所后之亲，听其告官别立。其或择立贤能，及所亲爱者，不许宗族以次序告争，并官司受理。至于养子，法律虽禁其为嗣，实际上仍有之。亦不得不听其存在，且不得不听其酌给财产。亦见《清律例》。因为国家到底是全国人民的国家，在可能范围内，必须兼顾全国人民各方面的要求，不能专代表家族的排外自私之念。在现制度之下，既不能无流离失所之人；家族主义者流，既勇于争袭遗产，而怯于收养同宗；有异姓的人肯收养他，国家其势说不出要禁止。不但说不出要禁止，在代表人道主义和维持治安的立场上说，无宁还是国家所希望的。既承认养子的存在，在事实上，自不得不听其酌给遗产了。这也是偏私的家族观念，对于公平的人道主义的让步。也可说是伦理观念的进步。

假使宗祧继承的意思，而真是专于宗祧继承，则拥护同姓之男，排斥亲生之女，倒也还使人心服。因为立嗣之意，无非欲保其家，而家族的存在，是带着几分斗争性质的。在现制度之下，使男子从事于斗争，确较女子为适宜，这并非从个人的身心能力上言，乃是从社会关系上言。这也是事实。无如世俗争继的，口在宗祧，心存财产，都是前人所谓"其言蔼如，其心不可问"的。如此而霸占无子者的财产，排斥其亲生女，就未免使人不服了。所以国民政府以来，有废止宗祧继承，男女均分遗产的立法。这件事于理固当，而在短时间内，能否推行尽利，却是问题。

旧律，遗产本是无男归女，无女入官的。近人笔记云："宋初新定《刑统》，户绝资产下引《丧葬令》：诸身丧户绝者，所有部曲、客女、奴婢、店宅、资财，并令近亲转易货卖，将营葬事，及量营功德之外，余财并与女。无女均入以次近亲。无亲戚者，官为检校。若亡人在日，自有遗嘱处分，证验分明者，不用此令。此《丧葬令》乃《唐令》，知唐时所谓户绝，不必无近亲。虽有近亲，为营丧葬，不必立近亲为嗣子，而远亲不能争嗣，更无论矣。虽有近亲，为之处分，所余财产，仍传之亲女，而远亲不能争产，更无论矣。此盖先世相传之法，不始于唐。"按部曲，客女，见第四章。入官非人情所愿，强力推行，必多流弊，或至窒碍难行。如隐匿遗产，或近亲不易查明，以致事悬不决，其间更生他弊等。归之亲女，最协人情。然从前的立嗣，除祭祀外，尚有一年老奉养的问题。而家族主义是自私的。男系家族，尤其以男子为本位，而蔑视女子的人格。女子出嫁之后，更欲奉养其父母，势实有所为难。所以旧时论立嗣问题的人，都说最好是听其择立一人为嗣，主其奉养、丧葬、祭祀，而承袭其遗产。这不啻以本人的遗产，换得一个垂老的扶养，和死后的丧葬祭祀。

今欲破除迷信，祭祀固无问题，对于奉养及丧葬，似亦不可无善法解决。不有遗产以为交易，在私有制度之下，谁肯顾及他人的生养死葬呢？所以有子者遗产男女均分，倒无问题，无子者财产全归于女，倒是有问题的。所以变法贵全变，革命要彻底。枝枝节节而为之，总只是头痛医头，脚痛医脚的对症疗法。

姓氏与世系

姓氏的变迁，今亦须更一陈论。姓的起源，是氏族的称号，由女系易而为男系，说已见前。后来姓之外又有所谓氏。什么叫作氏呢？氏是所以表一姓之中的支派的。如后稷之后都姓姬，周公封于周，则以周为氏；其子伯禽封于鲁，则以鲁为氏；国君即以国为氏。鲁桓公的三子，又分为孟孙、叔孙、季孙三氏是。始祖之姓，谓之正姓，氏亦谓之庶姓。正姓是永远不改的，庶姓则随时可改。因为同出于一祖的人太多了，其支分派别，亦不可无专名以表之，而专名沿袭太久，则共此一名的人太多，所以又不得不改。改氏的原因甚多，此只举其要改的根本原理。此外如因避难故而改氏以示别族等，亦是改氏的一种原因。

《后汉书·羌传》说：羌人种姓中，出了一个豪健的人，便要改用他的名字做种姓。如爰剑之后，五世至研，豪健，其子孙改称研种，十三世至烧当，复豪健，其子孙又改称烧当种是。这正和我国古代的改氏原理相同。假如我们在鲁国，遇见一个人，问他尊姓，他说姓姬。这固然足以表示他和鲁君是一家。然而鲁君一家的人太多了，鲁君未必能个个照顾到，这个人，就未必一定有势力，我们听了，也未必肃然起敬。假若问他贵氏，他说是季孙，我们就知道他是赫赫有名的正卿的一家。正卿的同族，较之国君的同姓，人数要少些，其和正卿的关系，必较密切，我们闻言之下，就觉得炙手可热，不敢轻慢于他了。这是举其一端，其余可以类推。如以技为官，以官为氏，问其氏，即既可知其官，又可知其技。所以古人的氏，确是有用的。至于正姓，虽不若庶姓的亲切，然婚姻之可通与否，全论正姓的异同。所以也是有用的。

顾炎武《原姓篇》说：春秋以前，男子称氏，女子称姓，在室冠之以序，如叔隗、季隗之类。出嫁，更冠以其夫之氏族，如宋伯姬、赵姬、卢蒲姜之类。在其所适之族，不必举出自己的氏族来，则亦以其父之氏族冠之，如骊姬、梁嬴之类。又有冠之以谥的，如成风、敬姜之类。这不是男子不论姓，不过举氏则姓可知罢了。女子和社会上无甚关系，所以但称姓而不称其氏，这又可以见得氏的作用。

贵族的世系，在古代是有史官为之记载的。此即《周官》小史之职。记载天子世系的，谓之帝系；记载诸侯卿大夫世系的，谓之世本。这不过是后来的异名，其初原是一物。又瞽矇之职，"讽诵诗，世奠系。"疑当作奠世系。《注》引杜子春说：谓瞽矇"主诵诗，并诵世系"。世系而可诵，似乎除统绪之外，还有其性行事迹等。颇疑《大戴礼记》的《帝系姓》，原出于小史所记；《五帝德》则是原出于瞀瞢所诵的。自然不是完全的。这是说贵族。至于平民，既无人代他记载，而他自己又不能记载，遂有昧于其所自出的。《礼记·曲礼》谓买妾不知其姓，即由于此。然而后世的士大夫，亦多不知其姓氏之所由来的。这因为谱牒掌于史官，封建政体的崩溃，国破家亡，谱牒散失，自然不能知其姓氏之所由来了。

　　婚姻的可通与否，既不复论古代的姓，新造姓氏之事亦甚少。即有之，亦历久不改。阅一时焉，即不复能表示其切近的关系，而为大多数人之所共，与古之正姓同。姓遂成为无用的长物，不过以其为人人之所有，囿于习惯，不能废除罢了。然各地方的强宗巨家，姓氏之所由来，虽不可知，而其在实际上的势力自在。各地方的人，也还尊奉他。在秦汉之世，习为固然，不受众人的注意。汉末大乱，各地方的强宗巨家，开始播迁，到了一个新地方，还要表明其本系某地方的某姓；而此时的选举制度，又重视门阀；于是又看重家世，而有魏晋以来的谱学了。详见第四章。

第三章　政　体

部族时代

社会发达到一定的程度，国家就出现了。在国家出现之前，人类团结的方法，只靠血缘，其时重要的组织，就是氏族，对内的治理，对外的防御，都靠着它。世运渐进，血缘相异的人，接触渐多，人类的组织，遂不复以血统相同为限，聚居一地方的，亦不限于血统相同的人。于是氏族进而为部落。统治者的资格，非复族长而为酋长。其统治亦兼论地域，开国家领土的先河了。

从氏族变为部落，大概经过这样的情形。在氏族的内部，因职业的分化，家族渐渐兴起。氏族的本身，遂至崩溃。各家族非如其在氏族时代绝对平等，而有贫富之分。财富即是权力，氏族平和的情形，遂渐渐破坏，贫者和富者之间，发生了矛盾，不得不用权力统治。其在异氏族之间，则战斗甚烈。胜者以败者为俘虏，使服劳役，是为奴隶。其但征收其贡赋的，则为农奴。农奴、奴隶和主人之间，自然有更大的矛盾，需要强力镇压。因此，益促成征服氏族的本身发生变化。征服氏族的全体，是为平民。其中掌握事权的若干人，形成贵族。贵族中如有一个最高的首领，即为君主的前身。其初是贵族与平民相去近，平民和农奴、奴隶相去远。其后血统相同的作用渐微，掌握政权与否之关系渐大，则平民与农奴、奴隶相去转近，而其与贵族相去转远。参看下章。但平民总仍略有参政之权，农奴和奴隶则否。

政权的决定，在名义上最后属于一人的，是为君主政体。属于较少数人的，是为贵族政体。属于较多数人的，是为民主政体。这种分类之法，是出于亚里斯多德（Aristotle）的。虽与今日情形不同，然以论古代的政体，则仍觉其适合。

氏族与部落，在实际上，是不易严密区分的。因为进化到部落时代，其内部，总还保有若干氏族时代的意味。从理论上言，则其团结，由于血统相同，虽实际未必相同，然苟被收容于其团体之内，即亦和血统相同的人，一律看待。而其统治，亦全本于亲族关系的，则为氏族。其不然的，则为部落。因其两者杂糅，不易区别，我们亦可借用《辽史》上的名词，称之为部族。见《营卫志》。至于古代所谓国家，其意义全和现在不同。古所谓国，是指诸侯的私产言之。包括（一）其住居之所，（二）及其有收益的土地。大夫之所谓家者亦然。古书上所谓国，多指诸侯的都城言。都城的起源，即为诸侯的住所。诸侯的封域以内，以财产意义言，并非全属诸侯所私有。其一部分，还是要用以分封的。对于此等地方，诸侯仅能收其贡而不能收其税赋。其能直接收其税赋，以为财产上的收入的，亦限于诸侯的采地。《尚书·大传》说："古者诸侯始受封，必有采地。其后子孙虽有罪黜，其采地不黜，使子孙贤者守之世世，以祀其始受封之人，此之谓兴灭国，继绝世。"即指此。采地从财产上论，是应该包括于国字之内的。《礼记·礼运》说："天子有田以处其子孙，诸侯有国以处其子孙。"乃所谓互言以相备。说天子有田，即见得诸侯亦有田；说诸侯有国，即见得天子亦有国；在此等用法之下，田字的意义，亦包括国；国字的意义，亦包括田。乃古人语法如此。

今之所谓国家，古无此语。必欲求其相近的，则为"社稷"两字或"邦"字。社是土神，稷是谷神，是住居于同一地方的人所共同崇奉的。故说社稷沦亡，即有整个团体覆灭之意。邦和封是一语。封之义为累土。两个部族交界之处，把土堆高些，以为标识，则谓之封。引申起来，任用何种方法，以表示疆界，都可以谓之封。如掘土为沟，以示疆界，亦可谓之封。故今辽宁省内，有地名沟帮子。帮字即邦字，亦即封字。上海洋泾浜之浜字，亦当作封。疆界所至之地，即谓之邦。古邦字和国字，意义本各不同。汉高祖名邦，汉人讳邦字，都改作国。于是国字和邦字的意义混淆了。现在古书中有若干国字，本来是当作邦字的。如《诗经》里的"日辟国百里""日蹙国百里"便是。封域可以时有赢缩，城郭是不能时时改造的。国与域同从或声，其初当亦系一语，则国亦有界域之意。然久已分化为两语了。古书中用国字、域字，十之九，意义是不同的。

贵族政体和民主政体，在古书上，亦未尝无相类的制度。然以大体言之，则君权之在中国，极为发达。君主的第（一）个资格，是从氏族时代的族长沿袭而来的，所以古书上总说君是民之父母。其（二）则为政治或军事上之首领。其（三）则兼为宗教上之首领。所以天子祭天地，诸侯祭社稷等，《礼记·王制》。均有代表其群下而为祭司之权，而《书经》上说："天降下民，作之君，作之师。"《孟子·梁惠王下篇》引。君主又操有最高的教育之权。

君主前身，既然是氏族的族长，所以他的继承法，亦即是氏族族长的继承法。在母系社会，则为兄终弟及，在父系社会，则为父死子继。当其为氏族族长时，无甚权利可争，而其关系亦小，所以立法并不十分精密。《左氏》昭公二十六年，王子朝告诸侯，说周朝的继承法，嫡庶相同则论年，"年钧以德，德钧则卜。"两个人同年，是很容易的事情，同月、同日、同时则甚难，何至辨不出长幼来，而要用德、卜等漫无标准的条件？可见旧法并不甚密。《公羊》隐公元年何《注》说："礼：嫡夫人无子，立右媵。右媵无子，立左媵。左媵无子，立嫡姪娣。嫡姪娣无子，立右媵姪娣。右媵姪娣无子，立左媵姪娣。质家亲亲先立娣，文家尊尊先立姪。《春秋》以殷为质家，周为文家。嫡子有孙而死，质家亲亲先立弟，文家尊尊先立孙。其双生，质家据见立先生，文家据本意立后生。"定得非常严密。这是后人因国君的继承，关系重大而为之补充的，乃系学说而非事实。

周厉王被逐，宣王未立，周召二公，共和行政，凡十四年。主权不属于一人，和欧洲的贵族政体，最为相像。按《左氏》襄公十四年，卫献公出奔，卫人立公孙剽，孙林父、甯殖相之，以听命于诸侯，此虽有君，实权皆在二相，和周召的共和，实际也有些相像。但形式上还是有君的。至于鲁昭公出奔，则鲁国亦并未立君，季氏对于国政，绝不能一人专断，和共和之治，相像更甚了。可见贵族政体，古代亦有其端倪，不过未曾发达而成为一种制度。

至于民主政治，则其遗迹更多了。我们简直可以说：古代是确有这种制度，而后来才破坏掉的。《周官》有大询于众庶之法，乡大夫"各帅其乡之众寡而致于朝"，小司寇"摈以序进而问焉"。其事项：为询国危；询国迁，询立君。按《左氏》定公八年，卫侯欲叛晋，朝国人，使王孙贾问焉。哀公元年，吴召陈怀公，怀公亦朝国人而问，此即所谓询国危；盘庚要迁都于殷，人民不肯，盘庚"命众悉造于庭"，反复晓谕。其言，即今《书经》里的《盘庚篇》。周太王要迁居于岐，"属其父老而告之"。《孟子·梁惠王下篇》。此即所谓询国迁；《左氏》昭公二十四年，周朝的王子朝和敬王争立，晋侯使士景伯往问。士伯立于乾祭，城门名。而问于介众。介众，大众。哀公二十六年，越人纳卫侯，卫人亦致众而问。此即所谓询立君。可见《周官》之言，系根据古代政治上的习惯，并非理想之谈。《书经·洪范》："汝则有大疑，谋及乃心，谋及卿士，谋及庶人，谋及卜筮。汝则从，龟从，筮从，卿士从，庶民从，是之谓大同。身其康疆，子孙其逢，吉。汝则从，龟从，筮从，卿士逆，庶民逆，吉。卿士从，龟从，筮从，汝则逆，庶民逆，吉。庶民从，龟从，筮从，汝则逆，卿士逆，吉。汝则从，龟从，筮逆，卿士逆，庶民逆，作内吉，作外凶。龟筮共违于人，用静吉，用作凶。"此以（一）君主，（二）卿士，（三）庶人，（四）龟，（五）筮，各占一权，而以其多少数定吉凶，亦必系一种会议之法。并非随意询问。至于随意询问之事，如《孟子》所谓"国人皆曰贤，然后察之，见贤焉，然后用之"；"国人皆曰不可，然后察之，见不可焉，然后去之"；"国人皆曰可杀，然后察之，见可杀焉，然后杀之"。《梁惠王》下。以及《管子》所谓啧室之议等，见《桓公问篇》。似乎不过是周谘博采，并无必从的义务。然其初怕亦不然。

野蛮部落，内部和同，无甚矛盾，舆论自极忠实。有大事及疑难之事，会议时竟有需全体通过，然后能行，并无所谓多数决的。然则舆论到后来，虽然效力渐薄，竟有如郑人游于乡校，以议执政，而然明欲毁乡校之事。见《左氏》襄公三十年。然在古初，必能影响行政，使当局者不能不从，又理有可信了。

原始的制度，总是民主的。到后来，各方面的利害冲突既深；政治的性质亦益复杂；才变而由少数人专断。这是普遍的现象，无足怀疑的。有人说：中国自古就是专制，国人的政治能力，实在不及西人，固然抹杀史实。有人举此等民权遗迹以自豪，也是可以不必的。

以上所述，是各部族内部的情形。至于合全国而观之，则是时正在部族林立之世。

从前的史家，率称统一以前为封建时代，此语颇须斟酌。学术上的用语，不该太拘于文字的初诂。封建两字，原不妨扩而充之，兼包列国并立的事实，不必泥定字面，要有一个封他的人。然列国本来并立，和有一个封他的人，两者之间，究应立一区别。我以为昔人所谓封建时代，应再分为（一）部族时代，或称先封建时代；（二）封建时代较妥。所谓封建，应指（甲）慑服异部族，使其表示服从；（乙）打破异部族，改立自己的人为酋长；（丙）使本部族移殖于外言之。

中国以统一之早闻于世界。然秦始皇的灭六国，事在民国纪元前二千一百三十二年，自此上溯至有史之初，似尚不止此数，若更加以先史时期，则自秦至今的年代，凡乎微末不足道了。所以历史上像中国这样的大国，实在是到很晚的时期才出现的。

封建时代

从部族时代，进而至于封建时代，是从无关系进到有关系，这是统一的第一步。更进而开拓荒地，互相兼并，这是统一的第二步。这其间的进展，全是文化上的关系。因为必先（一）国力充实，然后可以征服他国。（二）亦必先开拓疆土，人口渐多，经济渐有进步，国力方能充实。（三）又必开拓渐广，各国间壤地相接，然后有剧烈的斗争。（四）而交通便利，风俗渐次相同，便于统治等，尤为统一必要的条件。所以从分立而至于统一，全是一个文化上的进展。向来读史的人，都只注意于政治方面，实在是挂一漏万的。

要知道封建各国的渐趋于统一，只要看其封土的扩大，便可知道。今文家说列国的封土，是天子之地方千里，公、侯皆方百里，伯七十里，子、男五十里，不满五十里的为附庸。《孟子·万章下篇》《礼记·王制》。古文家则说：公方五百里，侯四百里，伯三百里，子二百里，男百里。《周官》大司徒。这固然是虚拟之辞，不是事实。不论今古文和诸子书，所说的制度，都是著书的人，以为该怎样办所拟的一个草案，并不全是古代的事实。然亦必以当时的情势为根据。《穀梁》说："古者天子封诸侯，其地足以容其民，其民足以满城而自守也。"襄公二十九年。这是古代封土，必须有一个制限，而不容任意扩大的原因。今古文异说，今文所代表的，常为早一时期的制度，古文所代表的则较晚。秦汉时的县，大率方百里，见《汉书·百官公卿表》。可见方百里实为古代的一个政治区域，此今文家大国之封所由来。其超过于此的，如《礼记·明堂位》说："成王封周公于曲阜，地方七百里。"《史记·汉兴以来诸侯年表》说："周封伯禽、康叔于鲁、卫，地各四百里；太公于齐，兼五侯地。"这都是后来开拓的结果，而说者误以为初封时的事实的。列国既开拓至此，谈封建制度的人，自然不能斫而小之，亦不必斫而小之，就有如古文家所说的制度了。

以事实言之：今文家所说的大国，在东周时代，已是小国。古文家所说的大国，则为其时的次等国。至其时的所谓大国，则子产称其"地方数圻"；圻同畿，即方数千里，见《左氏》襄公三十五年。《孟子》说："海内之国，方千里者九，齐集有其一。"《梁惠王上篇》。唯晋、楚、齐、秦等足以当之。此等大国，从无受封于人的；即古文家心目中，以为当封建之国，亦不能如此其大；所以谈封建制度的不之及。

此等大国，其实际，实即当时谈封建制度者之所谓王。《礼记》说："天无二日，民无二王。"《曾子问》。这只是古人的一个希望，事实上并不能如此。事实上，当时的中国，是分为若干区域，每区域之中，各自有王的。所以春秋时吴、楚皆称王，战国时七国亦皆称王。公、侯、伯、子、男等，均系美称。论其实，则在一国之内，有最高主权的，皆称为君。《礼记·曲礼》："九州之伯，入天子之国曰牧，于外曰侯，于其国曰君。"其为一方所归往的，即为此一区域中的王。《管子·霸言》说："强国众，则合强攻弱以图霸；强国少，则合小攻大以图王。"此为春秋时吴、楚等国均称王，而齐、晋等国仅称霸的原因。因为南方草昧初开，声明文物之国少，肯承认吴、楚等国为王；北方鲁、卫、宋、郑等国，就未必肯承认齐、晋为王了。倒是周朝，虽然弱小，然其称王，是自古相沿下来的，未必有人定要反对他；而当时较大之国，其初大抵是他所封建，有同姓或亲戚的关系，提起他来，还多少有点好感；而在国际的秩序上，亦一时不好否认他；于是齐桓、晋文等，就有挟天子以令诸侯之举了。霸为伯的假借字。伯的本义为长。《礼记·王制》说："千里之外设方伯。五国以为属，属有长。十国以为连，连有帅。三十国以为卒，卒有正。二百一十国以为州，州有伯。八州，八伯，五十六正，百六十八帅，三百三十六长。八伯各以其属，属于天子之老二人。分天下以为左右，曰二伯。"这又是虚拟的制度。然亦有事实做根据的。凡古书所说朝贡、巡守等制度，大抵是邦畿千里之内的规模。或者还更小于此。如《孟子·梁惠王下篇》说天子巡守的制度，是"春省耕而补不足，秋省敛而助不给"，这只是后世知县的劝农。后人扩而充之，以为行之于如《禹贡》等书所说的九州之地，于理就不可通了。春天跑到泰山，夏天跑到衡山，秋天跑到华山，冬天跑到恒山，无论其为回了京城再出去，或者从东跑到南，从南跑到西，从西跑到北，总之来不及。然其说自有所本。《公羊》隐公五年说："自陕以东，周公主之；自陕以西，召公主之。"此即二伯之说所由来。分《王制》的九州为左右，各方一伯，古无此事；就周初的封域，分而为二，使周公、召公各主其一，则不能谓无此事的。然则所谓八州、八伯，恐亦不过就王畿之内，再分为九，天子自治其一，而再命八个诸侯，各主一区而已。此项制度，扩而大之，则如《左氏》僖公四年，管仲对楚使所说："昔召康公命我先君大公曰：五侯九伯，汝实征之，以夹辅周室。赐我先君履，东至于海，西至于河，南至于穆陵，北至于无棣。"等于《王制》中所说的一州之伯了。此自非周初的事实，然管仲之说，亦非凭空造作，亦仍以小规模的伯为根据。然则齐桓、晋文等，会盟征伐，所牵连而及的，要达于《王制》所说的数州之广，其规模虽又较大，而其霸主之称：还是根据于此等一州之伯的，又可推而知了。

春秋时晋、楚、齐、秦等国，其封土，实大于殷周之初。其会盟征伐的规模，亦必较殷周之初，有过之无不及。特以强国较多，地丑德齐，莫能相尚，不能称王。吴、楚等虽称王，只是在一定区域之内，得其小国的承认。至于战国时，就老实不客气，各自在其区域之中，建立王号了。然此时的局势，却又演进到诸王之上，要有一个共主。而更高于王的称号，从来是没有的，乃借用天神之名，而称之为帝。齐湣王和秦昭王，曾一度并称东西帝；其后秦围邯郸，魏王又使辛垣衍劝赵尊秦为帝；即其事。此时研究历史的人，就把三代以前的酋长，拣了五个人，称之为五帝。所以大昊、炎帝、黄帝、少昊、颛顼之称，是人神相同的。后来又再推上去，在五帝以前，拣了三个酋长，以说明社会开化的次序。更欲立一专名以名之，这却真穷于辞了。乃据"始王天下"之义，加"自"字于"王"字之上，造成一个"皇"字，而有所谓三皇。见《说文》。皇王二字，形异音同，可知其实为一语。至秦王政并天下，遂合此二字，以为自己的称号，自汉以后，相沿不改。

列国渐相吞并，在大国之中，就建立起郡县制度来。《王制》说："天子之县内诸侯，禄也；外诸侯，嗣也。"又说："诸侯之大夫，不世爵禄。"可见内诸侯和大夫，法律上本来不该世袭的。事实上虽不能尽然，亦不必尽然；尤其是在君主权力扩张的时候。倘使天子在其畿内，大国的诸侯，在其国内，能切实将此制推行，而于其所吞灭之国，亦能推行此制，封建就渐变为郡县了。（一）春秋战国时，灭国而以为县的很多，如楚之于陈、蔡即是。有些灭亡不见记载，然秦汉时的县名，和古国名相同的甚多，亦可推见其本为一国，没入大国之中，而为其一县。（二）还有卿大夫之地，发达而成为县的。如《左氏》昭公二年，晋分祁氏之田以为七县，羊舌氏之田以为三县是。（三）又有因便于战守起见，有意设立起来的，如商君治秦，并小都、乡、邑，聚以为县是。见《史记·商君列传》。至于郡，则其区域本较县为小，且为县所统属。《周书·作雒篇》："千里百县，县有四郡。"其与县分立的，则较县为荒陋。《左氏》哀公二年，赵简子誓师之辞，说"克敌者上大夫受县，下大夫受郡。"然此等与县分立之郡，因其在边地之故，其兵力反较县为充足，所以后来在军事上须要控扼之地，转多设立。甘茂谓秦王曰："宜阳大县也，上党、南阳，积之久矣，名曰县，其实郡也。"春申君言于楚王曰："淮北地边齐，其事急，请以为郡便。"皆见《史记》本传。事实上以郡统制县，保护县，亦觉便利，而县遂转属于郡。

战国时，列国的设郡，还是在沿边新开辟之地的。如楚之巫、黔中，赵之云中、雁门、代郡，燕之上谷、渔阳、右北平、辽西、辽东郡等。到秦始皇灭六国后，觉得到处都有驻兵镇压的必要，就要分天下为三十六郡了。

封建政体，沿袭了几千年，断无没有反动之力之理。所以秦灭六国未几，而反动即起。秦汉之间以及汉初的封建，是和后世不同的。在后世，像晋朝、明朝的封建，不过出于帝王自私之心。天下的人，大都不以为然。即封建之人，对于此制，亦未必敢有何等奢望，不过舍此别无他法，还想借此牵制异姓，使其不敢轻于篡夺而已。受封者亦知其与时势不宜，惴惴然不敢自安。所以唐太宗要封功臣，功臣竟不敢受。见《唐书·长孙无忌传》。至于秦汉间人，则其见解大异。

当时的人，盖实以封建为当然，视统一转为变局。所以皆视秦之灭六国为无道之举，称之为暴秦，为强虎狼之秦。然则前此为六国所灭之国如何呢？秦灭六国，当恢复原状，为六国所灭之国，岂不当一一兴灭继绝吗？倘使以此为难，论者自将无辞可对。然大多数人的见解，是不能以逻辑论，而其欲望之所在，亦是不可以口舌争的。所以秦亡之后，在戏下的诸侯，立即决定分封的方法。当时所封建的：是（一）六国之后，（二）亡秦有功之人。此时的封建，因汉高祖藉口于项王背约，夺其关中之地而起兵，汉代史家所记述，遂像煞是由项王一个人做主，其实至少是以会议的形式决定的。所以在《太史公自序》里，还无意间透露出一句真消息来，谓之"诸侯之相王"。当时的封爵，分为二等：大者王，小者侯，这是沿袭战国时代的故事的。战国时，列国封其臣者，或称侯，或称君，如穰侯、文信侯、孟尝君、望诸君等是。侯之爵较君为高，其地当亦较君为大。此时所封的国，大小无和战国之君相当的，故亦无君之称。诸侯之大者皆称王，项羽以霸王为之长，而义帝以空名加于其上，也是取法于东周以后，实权皆在霸主，而天王仅存虚名的。以大体言，实不可谓之不恰当。

然人的见解，常较时势为落后。人心虽以为允洽，而事势已不容许，总是不能维持的。所以不过五年，而天下复归于统一了。然而当时的人心仍未觉悟，韩信始终不肯背汉，至后来死于吕后之手，读史者多以为至愚。其实韩信再老实些，也不会以汉高祖为可信。韩信当时的见解，必以为举天下而统属于一人，乃事理所必无。韩信非自信功高，以为汉终不夺其王，实乃汉夺其王之事，为信当时所不能想象。此恐非独韩信如此，汉初的功臣，莫不如此。若使当时，韩信等预料奉汉王以皇帝的空名，汉王即能利用之把自己诛灭，又岂肯如此做？确实，汉高祖剪灭所封的异姓，也是一半靠阴谋，一半靠实力的，并非靠皇帝的虚名。若就法理而论，就自古相传列国间的习惯，当时的人心认为正义者论，皇帝对于当时的王，可否如此任意诛灭呢？也还是一个疑问。所以汉高祖的尽灭异姓之国，楚王韩信、梁王彭越、韩王信、淮南王英布、燕王臧荼、卢绾。唯长沙王吴芮仅存。虽然不动干戈，实在和其尽灭戏下所封诸国，是同样的一个奇迹。不但如此，汉高祖所封同姓诸国，后来酝酿成吴楚七国这样的一个大乱，竟会在短期间戡定；戡定之后，景帝摧抑诸侯，使不得自治民补吏；武帝又用主父偃之策，令诸侯各以国邑，分封子弟；而汉初的封建，居然就名存而实亡，怕也是汉初的人所不能预料的。

封建的元素，本有两个：一为爵禄，受封者与凡官吏同。一为君国子民，子孙世袭，则其为部落酋长时固有的权利，为受封者所独。后者有害于统一，前者则不然。汉世关内侯，有虚名而无土地。后来列侯亦有如此的。《文献通考·封建考》云："秦、汉以来，所谓列侯者，非但食其邑入而已，可以臣吏民，可以布政令，若关内侯，则惟以虚名受廪禄而已。西都景、武而后，始令诸侯王不得治民，汉置内史治之。自是以后，虽诸侯王，亦无君国子民之实，不过食其所封之邑入，况列侯乎？然所谓侯者，尚裂土以封之也。至东都，始有未与国邑，先赐美名之例，如灵寿王、征羌侯之类是也。至明帝时，有四姓小侯，乃樊氏、郭氏、阴氏、马氏请外戚子弟，以少年获封者。又肃宗赐东平王苍列侯印十九枚，令王子五岁以上能趋拜者，皆令带之。此二者，皆是未有土地，先佩印，受体廪。盖至此，则列侯有同于关内侯者矣。"然尚须给以廪禄。唐宋以后，必食实封的，才给以禄，则并物质之耗费而亦除去之，封建至此，遂全然无碍于政治了。

后世在中国境内，仍有封建之实的，为西南的土官。土官有两种：一是文的，如土知府、土知州、土知县之类。一是武的，凡以司名的，如宣抚司、招讨司、长官司之类皆是。听其名目，全与流官相同。其实所用的都是部族酋长，依其固有之法承袭。外夷归化中国，中国给以名号，或官或爵。本是各方面之所同，不但西南如此。但其距中国远的，实力不及，一至政教衰微之世，即行离叛而去，这正和三代以前的远国一样。唯西南诸土司，本在封域之内，历代对此的权力，渐形充足，其管理之法，亦即随之而加严。在平时，也有出贡赋，听征调的。这亦和古代诸侯对王朝，小国对大国的朝贡及从征役一样。至其（一）对中国犯顺；（二）或其部族之中，自相争阋；（三）诸部族之间，互相攻击；（四）又或暴虐其民等；中国往往加以讨伐。有机会，即废其酋长，改由中国政府派官治理，是谓"改土归流"，亦即古代之变封建为郡县。自秦至今，近二千二百年，此等土官，仍未尽绝，可见封建政体的铲除，是要随着社会文化的进步，不是政治单方面的事情了。

封建之世，所谓朝代的兴亡，都是以诸侯革天子之命。此即以一强国，夺一强国的地位，或竟灭之而已。至统一之世，则朝代的革易，其形式有四：（一）为旧政权的递嬗。又分为（甲）中央权臣的篡窃，（乙）地方政权的入据。前者如王莽之于汉，后者如朱温之于唐。（二）为新政权的崛起，如汉之于秦。（三）为异族的入据，如前赵之于晋，金之于北宋，元之于南宋，清之于明。（四）为本族的恢复，如明之于元。而从全局观之，则（一）有仍为统一的，（二）有暂行分裂的。后者如三国、南北朝、五代都是。然这只是政权的分裂，社会文化久经统一，所以政权的分立，总是不能持久的。从前读史的人，每分政情为（一）内重，（二）外重，（三）内外俱轻三种。内重之世，每有权臣篡窃之变。外重之世，易招强藩割据之忧。内外俱轻之世，则草泽英雄，乘机崛起；或外夷乘机入犯。唯秦以过刚而折，为一个例外。

民主的探讨

政权当归诸一人，而大多数人，可以不必过问；甚或以为不当过问；此乃事势积重所致，断非论理之当然。所以不论哪一国，其原始的政治，必为民主。后来虽因事势的变迁，专制政治逐渐兴起，然民主政治，仍必久之而后消灭。观前文所述，可以见之。大抵民主政治的废坠：（一）由于地大人众，并代表会议而不能召集。（二）大众所议，总限于特殊的事务，其通常的事务，总是由少数主持常务的人执行的。久之，此少数人日形专擅，对于该问大众的特殊事务，亦复独断独行。（三）而大众因情势涣散，无从起而加以纠正。专制政治就渐渐形成了。这是形式上的变迁。若探求其所以然，则国家大了，政情随之复杂，大的、复杂的事情，普通人对之不感兴趣，亦不能措置。此实为制度转变的原因。

然民主的制度可以废坠，民主的原理则终无灭绝之理。所以先秦诸子，持此议论的即很多。因后世儒术专行，儒家之书，传者独多，故其说见于儒家书中的亦独多，尤以《孟子》一书，为深入人心。

其实孟子所诵述的，乃系孔门的书说，观其论尧舜禅让之语，与伏生之《尚书大传》，互相出入可知。司马迁《五帝本纪》亦采儒家书说。两汉之世，此义仍极昌明。汉文帝元年，有司请立太子。文帝诏云："朕既不德，上帝神明未歆享；天下人民，未有慊志；今纵不能博求天下贤圣有德之人而禅天下焉，而曰预建太子，是重吾不德也，谓天下何?"此虽系空言，然天下非一人一家所私有之义，则诏旨中也明白承认了。后来眭孟上书，请汉帝谁差天下，谁差，访求、简择之义。求索贤人，禅以帝位，而退自封百里，尤为历代所无。效忠一姓，汉代的儒家，实不视为天经地义。刘歆系极博通的人，且系汉朝的宗室，而反助王莽以篡汉；扬雄亦不反对王莽；即由于此。但此等高义，懂得的只有少数人，所以不久即湮晦，而君臣之义，反日益昌盛了。

王与君，在古代是有分别的，说已见前。臣与民亦然。臣乃受君豢养的人，效忠于其一身，及其子嗣，尽力保卫其家族、财产，以及荣誉、地位。盖起于（一）好战的酋长所豢养的武士，（二）及其特加宠任的仆役。其初，专以效忠于一人一家为主。后来（一）人道主义渐形发达。（二）又从利害经验上，知道要保一人一家的安全，或求其昌盛，亦非不顾万民所能。于是其所行者，渐须顾及一国的公益。有时虽违反君主一人一家的利益，而亦有所不能顾。是即大臣与小臣，社稷之臣与私昵嬖幸的区别。然其道，毕竟是从效忠于一人一家进化而来的，终不能全免此项色彩。至民则绝无效忠于君的义务。两者区别，在古代本极明白，然至后世，却渐渐湮晦了。无官职的平民，亦竟有效忠一姓的，如不仕新朝之类。这在古人看起来，真要莫名其妙了。异民族当别论。民族兴亡之际，是全民族都有效忠的义务的。顾炎武《日知录·正始》条，分别亡国亡天下，所谓亡天下，即指民族兴亡言，古人早见及此。至于国君失政，应该诛杀改立之义，自更无人提及。

剥极则复，到晚明之世，湮晦的古义，才再露一线的曙光。君主之制，其弊全在于世袭。以遗传论，一姓合法继承的人，本无代代皆贤之理。以教育论，继嗣之君，生来就居于优越的地位，志得意满；又和外间隔绝了；尤其易于不贤。此本显明之理，昔人断非不知，然既无可如何，则亦只好置诸不论不议之列了。君主的昏愚、淫乱、暴虐，无过于明朝之多。而时势危急，内之则流寇纵横，民生憔悴；外之则眼看异族侵入，好容易从胡元手里恢复过来的江山，又要沦于建夷之手。仁人君子，蒿目时艰，深求致祸之源，图穷而匕首见，自然要归结到政体上了。于是有黄宗羲的《明夷待访录》出现，其《原君》《原臣》两篇，于"天下者天下人之天下"之义，发挥得极为深切，正是晴空一个霹雳。但亦只是晴空一个霹雳而已。别种条件，未曾完具，当然不会见之于行动的。于是旁薄郁积的民主思想，遂仍潜伏着，以待时势的变化。

近百年来的时势，四夷交侵，国家民族，都有绝续存亡的关系，可谓危急极了。这当然不是一个单纯的政治问题。但社会文化和政治的分野，政治力量的界限，昔人是不甚明白的。眼看着时势的危急，国事的败坏，当然要把其大部分的原因，都归到政治上去；当然要发动政治上的力量来救济它；当然要拟议及于政体。于是从戊戌变法急转直下，而成为辛亥革命。中国的民主政治，虽然自己久有根基，而亲切的观感，则得之于现代的东西列强。代议政体，自然要继君主专制而起。但代议政体，在西洋自有其历史的条件，中国却无有。于是再急转直下，而成为现在的党治。

中国古代，还有一个极高的理想。那便是孔子所谓大同，老子所谓郅治，许行所谓贤者与民并耕而食，饔飧而治。这是超出于政治范围之外的，因为国家总必有阶级，然后能成立，而孔、老、许行所想望的境界，则是没有阶级的。参看下两篇自明。

第四章　阶　级

古代的阶级

古代部族之间，互相争斗；胜者把败者作为俘虏，使之从事于劳役，是为奴隶；其但收取其赋税的，则为农奴；已见上章。古代奴婢之数，似乎并不甚多，见下。最严重的问题，倒在征服者和农奴之间。

国人和野人，这两个名词，我们在古书上遇见时，似不觉其间有何严重的区别。其实两者之间，是有征服和被征服的关系的。不过其时代较早，古书上的遗迹，不甚显著，所以我们看起来，不觉得其严重罢了。所谓国人，其初当系征服之族，择中央山险之地，筑城而居。野人则系被征服之族，在四面平夷之地，从事于耕耘。所以（一）古代的都城，都在山险之处。国内行畦田，国外行井田。（二）国人充任正式军队，野人则否。参看第八、第九、第十四三章自明。上章所讲大询于众庶之法，限于乡大夫之属。乡是王城以外之地，乡人即所谓国人。厉王的被逐，《国语》说："国人莫敢言，道路以目。"然则参与国政，和起而为反抗举动的，都是国人。若野人，则右行仁政之君，即歌功颂德，襁负而归之；有行暴政之君，则"誓将去汝，适彼乐土"，在可能范围之内逃亡而已。所以一个国家，其初立国的基本，实在是靠国人的。即征服部族的本族。

国人和野人之间，其初当有一个很严的界限；彼此之间，还当有很深的仇恨。后来此等界限，如何消灭？此等仇恨，如何淡忘呢？依我推想，大约因：（一）距离战争的年代远了，旧事渐被遗忘。（二）国人移居于野，野人亦有移居于国的，居地既近，婚姻互通。（三）征服部族是要朘削被征服的部族以自肥的，在经济上，国人富裕而野人贫穷；又都邑多为工商及往来之人所聚会，在交通上，国人频繁而野人闭塞；所以国人的性质较文，野人的性质较质。然到后来，各地方逐渐发达，其性质，亦变而相近了。再到后来，（四）选举的权利，（五）兵役的义务，亦渐扩充推广，而及于野人，则国人和野人，在法律上亦无甚区别，其畛域就全化除了。参看第七、第九两章自明。

征服之族和被征服之族的区别，可说全是政治上的原因。至于职业上的区别，则已带着经济上的原因了。古代职业的区别，是为士、农、工、商。士是战士的意思，又是政治上任事而未有爵者之称，可见古代的用人，专在战士中拔擢。至于工商，则专从事于生业。充当战士的人，虽不能全不务农，但有种专务耕种的农民，却是不服兵役的。所以《管子》上有士之乡和工商之乡。见《小匡篇》。《左氏》宣公十二年说，楚国之法，"荆尸而举，荆尸，该是一种组织军队的法令。商、农、工、贾，不败其业。"有些人误以为古代是全国皆兵，实在是错误的，参看第九章自明。士和卿大夫，本来该没有多大的区别，因为同是征服之族，服兵役，古代政权和军权，本是混合不分的。但在古代，不论什么职业，多是守之以世。所以《管子》又说："士之子恒为士，农之子恒为农，工之子恒为工，商之子恒为商。"《小匡》。

政治上的地位，当然不是例外，世官之制既行，士和大夫之间，自然生出严重的区别来，农、工、商更不必说了。此等阶级，如何破坏呢？其在经济上，要维持此等阶级，必须能维持严密的职业组织。如欲使农之子恒为农，则井田制度，必须维持。欲使工之子恒为工，商之子恒为商，则工官和公家对于商业的管理规则，亦必须维持。然到后来，这种制度，都破坏了。农人要种田，你没有田给他种，岂能不许他从事别种职业？工官制度破坏了，所造之器，不足以给民用，民间有从事制造的人，你岂能禁止他？尤其是经济进步，交换之事日多，因而有居间买卖的人，又岂能加以禁止？私产制度既兴，获利的机会无限，人之趋利，如水就下，旧制度都成为新发展的障碍了，古代由社会制定的职业组织，如何能不破坏呢？在政治上：则因（一）贵族的骄淫矜夸，自趋灭亡，而不得不任用游士。参看第七章。（二）又因有土者之间，互相争夺，败国亡家之事，史不绝书。一国败，则与此诸侯有关之人，都夷为平民。一家亡，则与此大夫有关的人，都失其地位。（三）又古代阶级，并未像喀斯德（caste）即种姓这样的严峻，彼此不许通婚。譬如《左氏》定公九年，载齐侯攻晋夷仪，有一个战士，唤作敝无存，他的父亲，要替他娶亲，他就辞谢，说："此役也，不死，反必娶于高、国。"齐国的两个世卿之家。可见贵族与平民通婚是容易的。婚姻互通，社会地位的变动，自然也容易了。这都是古代阶级所以渐次破坏的原因。

奴隶的起源，由于以异族为俘虏。《周官》五隶：曰罪隶，曰蛮隶，曰闽隶，曰夷隶，曰貉隶。似乎后四者为异族，前一者为罪人。然罪人是后起的。当初本只以异族为奴隶，后来本族有罪的人，亦将他贬入异族群内，当他异族看待，才有以罪人为奴隶的事。参看第十章自明。经学中，今文家言，是"公家不畜刑人，大夫弗养；屏诸四夷，不及以政"。谓不使之当徭役。见《礼记·王制》。古文家言，则"墨者使守门，劓者使守关，宫者使守内，刖者使守囿"。《周官》秋官掌戮。固然，因刑人多了，不能尽弃而不用，亦因今文所说的制度较早，初期的奴隶，多数是异族，仇恨未忘，所以不敢使用他了。《穀梁》襄公二十九年：礼，君不使无耻，不近刑人，不狎敌，不迩怨。不但如此，社会学家言：氏族时代的人，不惯和同族争斗，镇压本部族之职，有时不肯做，宁愿让异族人做的。《周官》蛮、闽、夷、貉四隶，各服其邦之服，执其邦之兵，以守王宫及野之厉禁正是这个道理。这亦足以证明奴隶的源出于异族。女子为奴隶的谓之婢。《文选·司马子长报任安书》李《注》引韦昭云："善人以婢为妻生子曰获，奴以善人为妻生子曰臧。齐之北鄙，燕之北郊，凡人男而归婢谓之臧，女而归奴谓之获。"可见奴婢有自相嫁娶，亦有和平民婚配的。所以良贱的界限，实亦不甚严峻。但一方面有脱离奴籍的奴隶，一方面又有沦为奴隶的平民，所以奴婢终不能尽绝。这是关系整个社会制度的了。

奴隶的免除，有两种方法：一种是用法令。《左氏》襄公三十二年，晋国的大夫栾盈造反。栾氏有力臣曰督戎，国人惧之。有一个奴隶，唤作斐豹的，和执政范宣子说道："苟焚丹书，我杀督戎。"宣子喜欢道：你杀掉他，"所不请于君焚丹书者，有如日。"斐豹大约是因犯罪而为奴隶，丹书就是写他的罪状的。一种是以财赎。《吕氏春秋·察微篇》说：鲁国之法，"鲁人有为臣妾于诸侯者，赎之者取金于府。"这大约是俘虏一类。后世奴隶的免除，也不外乎这两种方法。

以上是封建时代的事。封建社会的根柢，是"以力相君"。所以在政治上占优势的人，在社会上的地位，亦占优胜。到资本主义时代，就大不然了。《汉书·货殖列传》说："昔先王之制：自天子、公、侯、卿、大夫、士，至于皂隶，抱关击柝者，其爵禄、奉养、宫室、车服、棺椁、祭祀、死生之制，各有差品，小不得僭大，贱不得逾贵。"又说：后来自诸侯大夫至于士庶人，"莫不离制而弃本。稼穑之民少，商旅之民多；谷不足而货有余。"谷货，犹言食货。谷、食，本意指食物，引申起来，则包括一切直接供给消费之物。货和化是一语。把这样东西，变成那样，就是交换的行为。所以货是指一切商品。于是"富者木土被文锦，犬马余肉粟，而贫者短褐不完，唅粟饮水。其为编户齐民同列，而以财力相君，虽为仆隶，犹无愠色"。这几句话，最可代表从封建时代到资本主义时代的变迁。

封建社会的根源，是以武力互相掠夺。人人都靠武力互相掠夺，则人人的生命财产，俱不可保。这未免太危险。所以社会逐渐进步，武力掠夺之事，总不能不悬为厉禁。到这时代，有钱的人，拿出钱来，就要看他愿否。于是有钱就是有权力。豪爽的武士，不能不俯首于狡猾悭吝的守财奴之前了。这是封建社会和资本主义社会转变的根源。

平心而论：资本主义的残酷，乃是积重以后的事。当其初兴之时，较之武力主义，公平多了，温和多了，自然是人所欢迎的。资本主义所以能取武力主义而代之，其根源即在于此。然前此社会的规则，都是根据武力优胜主义制定的，不是根据富力优胜主义制定的。武力优胜主义，固然也是阶级的偏私，且较富力优胜主义为更恶。然而人们（一）谁肯放弃其阶级的偏私？（二）即有少数大公无我的人，亦不免为偏见所蔽，视其阶级之利益，即为社会全体的利益；以其阶级的主张，即为社会全体的公道；这是无可如何的事。所以资本主义的新秩序，以封建社会的旧眼光看起来，是很不入眼的；总想尽力打倒他，以旧秩序回复。商鞅相秦，"明尊卑爵秩等级。各以差次名田宅臣妾。衣服以家次。有功者显荣，无功者虽富无所纷华。"《史记》本传。就是代表这种见解，想把富与贵不一致的情形，逆挽之，使其回复到富与贵相一致的时代的。然而这如何办得到呢？

封建时代，统治者阶级的精神，最紧要的有两种：一是武勇，一是不好利。唯不好利，故富贵不能淫，贫贱不能移。惟能武勇，故威武不能屈。这是其所以能高居民上，维持其统治者阶级的地位的原因。在当时原非幸致。然而这种精神，也不是从天降，从地出；或者如观念论者所说，在上者教化好，就可以致之的。人总是随着环境变迁的。假使人而不能随着环境变迁，则亦不能制驭环境，而为万物之灵了。在封建主义全盛时，统治阶级因其靠武力得来的地位的优胜，不但衣食无忧，且其生活，总较被统治的人为优裕，自然可以不言利。讲到武勇，则因前此及其当时，他们的生命，是靠体力维持的，取之于自然界者如田猎。取之于人者，则为战争和掠夺。自能养成其不怕死、不怕苦痛的精神。

到武力掠夺，悬为厉禁，被统治者的生活，反较统治者为优裕；人类维持生活最好的方法，不是靠体力取之于自然界，或夺之于团体之外，而反是靠智力以剥削团体以内的人；则环境大变了。统治者阶级的精神，如何能不随之转变呢？于是滔滔不可挽了。在当时，中坚阶层的人，因其性之所近，分为两派：近乎文者则为儒，近乎武者则为侠。古书多以儒侠并称，亦以儒墨并称，可见墨即是侠。儒和侠，不是孔墨所创造的两种团体，倒是孔墨就社会上固有的两种阶级加以教化，加以改良的。在孔墨当日，何尝不想把这两个阶级振兴起来，使之成为国家社会的中坚？然而滔滔者终于不可挽了。儒者只成为"贪饮食，惰作务"之徒。见《墨子·非儒篇》。侠者则成为"盗跖之居民间者"。《史记·游侠列传》。质而言之，儒者都是现在志在衣食，大些则志在富贵的读书人。侠者则成为现在上海所谓白相人了。我们不否认，有少数不是这样的人，然而少数总只是少数。这其原理，因为在生物学上，人，大多数总是中庸的，而特别的好，和特别的坏，同为反常的现象。所以我们赞成改良制度，使大多数的中人，都可以做好人；不赞成认现社会的制度为天经地义，责成人在现制度之下做好人，陈义虽高，终成梦想。直到汉代，想维持此等阶级精神，以为国家社会的中坚的，还不乏其人。试看贾谊《陈政事疏》所说圣人有金城之义，董仲舒对策说食禄之家不该与民争利一段，均见《汉书》本传。便可见其大概。确实，汉朝亦还有此种人。如盖宽饶，"刚直高节，志在奉公。"儿子步行戍边，专务举发在位者的弊窦，又好犯颜直谏，这确是文臣的好模范。又如李广，终身除射箭外无他嗜好，绝不言利，而于封侯之赏，却看得很重。广为卫青所陷害而死，他的儿子敢，因此射伤卫青，又给霍去病杀掉，汉武帝都因其为外戚之故而为之讳，然李广的孙儿子陵，仍愿为武帝效忠。他敢以步卒五千，深入匈奴。而且"事亲孝，与士信，临财廉，取与义，分别有让，恭俭下人"。见《汉书·司马迁传》迁报任安书。这真是一个武士的好模范。还有那奋不顾身，立功绝域的傅介子、常惠、陈汤、班超等，亦都是这一种人。然而滔滔者终于不可挽了。在汉代，此等人已如凤毛麟角，魏晋以后，遂绝迹不可复见。岂无好人？然更不以封建时代忠臣和武士的性质出现了。

过去者已去，如死灰之不可复燃。后人谈起这种封建时代的精神来，总觉得不胜怅惜。然而无足惜也。这实在不是什么好东西。当时文臣的见解，已不免于偏狭。武人则更其要不得。譬如李广，因闲居之时，灞陵尉得罪了他，如灞陵尉之意，真在于奉公守法，而不是有意与他为难，还不能算得罪他，而且是个好尉。到再起时，就请尉与俱，至军而斩之，这算什么行为？他做陇西太守时，诈杀降羌八百余人，岂非武士的耻辱？至于一班出使外国之徒，利于所带的物品，可以干没；还好带私货推销；因此争求奉使。到出使之后，又有许多粗鲁的行为，讹诈的举动，以致为国生事，引起兵端，见《史记·大宛列传》。这真是所谓浪人，真是要不得的东西。中国幸而这种人少，要是多，所引起的外患，怕还不止五胡之乱。

资本时代的阶级

封建时代的精神过去了。社会阶级，遂全依贫富而分。当时所谓富者，是（一）大地主，（二）大工商家，详见下章。晁错《贵粟疏》说："今法律贱商人，商人已富贵矣；尊农夫，农夫已贫贱矣。俗之所贵，主之所贱；吏之所卑，法之所尊；上下相反，好恶乖迕，而欲国富法立，不可得也。"可见法律全然退处于无权了。

因资本的跋扈，奴婢之数，遂大为增加。中国古代，虽有奴婢，似乎并不靠他做生产的主力。因为这时候，土地尚未私有，旧有的土地，都属于农民。君大夫有封地的，至多只能苛取其租税，强征其劳力，即役。至于夺农民的土地为己有，而使奴隶从事于耕种，那是不会有这件事的。因为如此，于经济只有不利。所以虽有淫暴之君，亦只会弃田以为范围。到暴力一过去，范围就又变作田了。大规模的垦荒，或使奴隶从事于别种生产事业，那时候也不会有。其时的奴隶，只是在家庭中，以给使令，或从事于消费品的制造。如使女奴舂米、酿酒等。为经济的力量所限，其势自不能甚多。到资本主义兴起后就不然了。（一）土地既已私有，向来的农奴，都随着土地，变成地主的奴隶。王莽行王田之制，称奴隶为"私属"，和田地都不得卖买。若非向来可以卖买，何必有此法令呢？这该是秦汉之世，奴婢增多的一大原因。所以奴婢是由俘虏、罪人两政治上的原因造成的少，由经济上的原因造成的多。（二）农奴既变为奴隶，从事于大规模的垦荒的，自然可以购买奴隶，使其从事耕作。（三）还可以使之从事于别种事业。如《史记·货殖列传》说：刁间收取桀黠奴，使之逐渔盐商贾之利。所以又说童手指千，比千乘之家。如此，奴婢越多越富，其数就无制限了。

此时的奴婢，大抵是因贫穷而鬻卖的。因贫穷而卖身，自古久有其事。所以《孟子·万章上篇》，就有人说：百里奚自鬻于秦养牲者之家。然在古代，此等要不能甚多。至汉代，则贾谊说当时之民，岁恶不入，就要"请爵卖子"，成为经常的现象了。此等奴婢，徒以贫穷之故而卖身，和古代出于俘虏或犯罪的，大不相同，国家理应制止及救济。然当时的国家，非但不能如此，反亦因之以为利。如汉武帝，令民入奴婢，得以终身复；为郎的增秩。其时行算缗之法，遣使就郡国治隐匿不报的人的罪，没收其奴婢甚多，都把他们分配到各苑和各机关，使之从事于生产事业。见《史记·平准书》。像汉武帝这种举动，固然是少有的，然使奴婢从事于生产事业者，必不限于汉武帝之世，则可推想而知，奴隶遂成为此时官私生产的要角了。

汉末大乱，奴婢之数，更行增多。后汉光武一朝，用法令强迫释放奴婢很多。都见《后汉书》本纪。然亦不过救一时之弊，终不能绝其根株。历代救济奴隶之法：（一）对于官奴婢，大抵以法令赦免。（二）对于私奴婢，则（甲）以法令强迫释放。（乙）官出资财，替他赎身。（丙）勒令以买值为佣资，计算做工的时期，足满工资之数，便把他放免。虽有此法，亦不过去其太甚而已。

用外国人做奴婢，后世还是有的。但非如古代的出于俘虏，而亦出于鬻卖。《汉书·西南夷列传》和《货殖列传》，都有所谓"僰僮"，就是当时的商人，把他当作商品贩卖的。《北史·四裔传》亦说：当时的人，多买獠人做奴仆。因此，又引起政治上的侵略。梁武帝时，梁、益二州，岁岁伐獠以自利。周武帝平梁、益，亦命随近州镇，年年出兵伐獠，取其生口，以充贱隶。这在后世，却是少有的事，只有南北分立之世，财力困窘，政治又毫无规模，才会有之。至于贩卖，却是通常现象。如唐武后大足元年，敕北方缘边诸郡，不得畜突厥奴婢；穆宗长庆元年，诏禁登、莱州及缘海诸道，纵容海贼，掠卖新罗人为奴婢；就可见海陆两道，都有贩卖外国人口的了。南方的黑色人种，中国谓之昆仑。唐代小说中，多有昆仑奴的记载，更和欧洲人的贩卖黑奴相像。然中国人亦有自卖或被卖做外国人的奴隶的。宋太宗淳化二年，诏陕西缘边诸郡：先因岁饥，贫民以男女卖与戎人，官遣使者，与本道转运使，分以官财物赎，还其父母；真宗天禧三年，诏自今掠卖人口入契丹界者，首领并处死，诱至者同罪，未过界者，决杖黥配。均见《文献通考》。就是其事。

后汉末年，天下大乱，又发生所谓部曲的一个阶级。部曲二字，本是军队中一个组织的名称。《续汉书·百官志》大将军营五部，部下有曲，曲下有屯。丧乱之际，人民无家可归，属于将帅的兵士，没有战事的时候，还是跟着他生活。或者受他豢养或者替他工作。事实上遂发生隶属的状态。用其力以生产，在经济上是有利的，所以在不招兵的时候，将帅也要招人以为部曲了。《三国志·李典传》说，典有宗族部曲三千余家，就是战时的部曲，平时仍属于将帅之证。《卫觊传》说：觊镇关中时，四方流移之民，多有回关中的，诸将多引为部曲，就是虽不招兵之时，将帅亦招人为部曲之证。平民因没有资本，或者需要保护，一时应他的招。久之，此等依赖关系，已成过去，而其身份，被人歧视，一时不能回复，遂成为另一阶级。部曲的女子，谓之客女。历代法律上，奴婢伤害良人，罪较平民互相伤害为重。良人伤害奴婢，则罪较平民互相伤害为轻。其部曲、客女，伤害平民的罪，较平民加重，较奴婢减轻；平民伤害部曲、客女的，亦较伤害奴婢加重，较其互相伤害减轻。所以部曲的地位，是介于良贱之间的。历魏、晋、南北朝至唐、宋，都有这一阶级。

使平民在某种程度以内，隶属于他人，亦由来甚久。《商君书·竟内篇》说："有爵者乞无爵者以为庶子。级乞一人。其无役事也。有爵者不当差徭，在自己家里的时候。庶子役其大夫，月六日。其役事也，随而养之。"有爵者替公家当差徭时，庶子亦跟着他出去。这即是《荀子·议兵篇》所说秦人五甲首而隶五家之制。秦爵二十级，见《汉书·百官公卿表》。级级都可乞人为役，则人民之互相隶属者甚多，所以鲁仲连要说秦人"虏使其民"了。晋武帝平吴以后，王公以下，都得荫人为衣食客及佃客。其租调及力役等，均入私家。此即汉世封君食邑户的遗法，其身份仍为良民。辽时有所谓二税户，把良民赐给僧寺，其税一半输官，一半输寺。金世宗时免之。亦是为此。此等使人对人直接征收，法律上虽限于某程度以下的物质或劳力，然久之，总易发生广泛的隶属关系，不如由国家征收，再行给与之为得。

封建时代的阶级，亦是相沿很久的，岂有一废除即铲灭净尽之理？所以魏晋以后，又有所谓门阀的阶级。魏晋以后的门阀，旧时的议论，都把九品中正制度。见第七章。看作他很重要的原因，这是错误的。世界上哪有这种短时间的政治制度，能造成如此深根固柢的社会风尚之理？又有说：这是由于五胡乱华，衣冠之族，以血统与异族混淆为耻，所以有这风尚的。这也不对。当时的区别，明明注重于本族士庶之间。况且五胡乱华，至少在西晋的末年，声势才浩大的，而刘毅在晋初，已经说当时中正的品评，上品无寒门，下品无世族了。可见门阀之制，并非起源于魏晋之世。然则其缘起安在呢？

论门阀制度的话，要算唐朝的柳芳，说得最为明白。见《唐书·柳冲传》。据他的说法：则七国以前封建时代的贵族，在秦汉之世，仍为强家。因为汉高祖起于徒步，用人不论家世，所以终两汉之世，他们在政治上，不占特别的势力。然其在社会上，势力仍在。到魏晋以后，政治上的势力和社会上的势力合流，门阀制度，就渐渐固定了。这话是对的。当时政治上扶植门阀制度的，就是所谓九品中正。见第七章。至于在社会上，则因汉末大乱，中原衣冠之族，开始播迁。一个世家大族，在本地方，是人人知其为世家大族的，用不着自行表曝。迁徙到别的地方，就不然了。琅琊王氏是世族，别地方的王氏则不然。博陵崔氏是世族，别地方的崔氏则不然。一处地方，新迁来一家姓王的，姓崔的，谁知道他是哪里的王？哪里的崔呢？如此，就不得不郑重声明，我是琅琊王而非别的王氏；是博陵崔而非别的崔氏了。这是讲门阀的所以要重视郡望的原因。到现在，我们旧式婚姻的柬帖上，还残留着这个老废物。这时候，所谓门第的高下，大概是根据于：（一）本来门第的高下。这是相沿的事实，为本地方人所共认，未必有谱牒等物为据。因为古代谱牒，都是史官所记。随着封建的崩坏，久已散佚无存了。（二）秦、汉以来，世家大族，似乎渐渐的都有谱牒。《隋书》著录，有家谱、家传两门。《世说新语》注，亦多引人家的家谱。而其事较近，各家族中，有何等人物、事迹，亦多为众人所能知、所能记，在这时期以内，一个家族中，要多有名位显著的人，而切忌有叛逆等大恶的事。如此，历时稍久，即能受人承认，为其地之世家。历时不久的，虽有名位显著的人，人家还只认为暴发户，不大看得起他。至于历时究要多久，那自然没有明确的界限。（三）谱牒切忌佚亡，事迹切忌湮没。倘使谱牒已亡；可以做世家的条件的事迹，又无人能记忆；或虽能记忆，而不能证明其出于我之家族中；换言之，即不能证明我为某世家大族或有名位之人之后；我的世族的资格，就要发生动摇了。要之，不要证据的事，要没人怀疑；要有证据的事，则人证物证，至少要有一件存在；这是当时判定世族资格的条件。谱牒等物，全由私家掌管，自然不免有散佚、伪造等事。政治总是跟着社会走的。为要维持此等门阀制度，官家就亦设立谱局，与私家的谱牒互相钩考；"有司选举，必稽谱籍而考其真伪"了。亦柳芳语。

当这时代，寒门世族，在仕途上优劣悬殊；甚至婚姻不通，在社交上的礼节，亦不容相并。可参看《陔余丛考·六朝重氏族》条。此等界限，直至唐代犹存。《唐书·高士廉传》及《李义府传》说，太宗命士廉等修《氏族志》，分为九等，崔氏犹为第一，太宗列居第三。又说：魏大和中，定望族七姓，子孙迭为婚姻。唐初作《氏族志》，一切降之。后房玄龄、魏征、李勣等，仍与为婚，故其望不减。义府为子求婚不得，乃奏禁焉。其后转益自贵，称禁婚家，男女潜相聘娶，天子不能禁。《杜羔传》说：文宗欲以公主降士族，曰："民间婚姻，不计官品，而尚阀阅。我家二百年天子，反不若崔、卢邪？"可见唐朝中叶以后，此风尚未铲除。然此时的门阀，已只剩得一个空壳，经不起雨打风吹，所以一到五代时，就成"取士不问家世，婚姻不问阀阅"之局了。《通志·氏族略》。这时候的门阀，为什么只剩一个空壳呢？（一）因自六朝以来，所谓世族，做事太无实力。这只要看《廿二史札记·江左诸帝皆出庶族》《江左世族无功臣》《南朝多以寒人掌机要》各条可见。（二）则世族多贪庶族之富，与之通婚；又有和他通谱，及把自己的家谱出卖的。看《廿二史札记·财昏》《日知录通谱》两条可见。（三）加以隋废九品中正，唐以后科举制度盛行，世族在选举上，亦复不占便宜。此时的门阀，就只靠相沿已久，有一种惰力性维持，一受到（四）唐末大乱、谱牒沦亡的打击，自然无以自存了。

门阀制度，虽盛于魏晋以后，然其根源，实尚远在周秦以前，到门阀制度废除，自古相传的等级，就荡然以尽了。指由封建势力所造成的等级。

然本族的等级虽平，而本族和异族之间，等级复起。这就不能不叹息于我族自晋以后武力的衰微了。

中国自汉武帝以后，民兵渐废。此时的兵役多以罪人和奴隶充之，亦颇用异族人为兵。东汉以后，杂用异族之风更盛。至五胡乱华之世，遂习为故常。别见第九章。此时的汉人和异族之间，自然不能不发生阶级，史称北齐神武帝，善于调和汉人和鲜卑。他对汉人则说："鲜卑人是汝作客，犹今言雇工。得汝一斛粟，一匹绢，为汝击贼，令汝安宁，汝何为凌之？"对鲜卑人则说："汉人是汝奴。夫为汝耕，妇为汝织，输汝粟帛，令汝温饱，汝何为疾之？"就俨然一为农奴，一为战士了。但此时期的异族，和自女真以后的异族，有一个大异点。

自辽以前，契丹为鲜卑宇文氏别部，实仍系五胡的分支。外夷率以汉族为高贵而攀援之，并极仰慕其文化，不恤牺牲其民族性，而自愿同化于汉族。至金以后则不然。这只要看五胡除羯以外，无不冒托神明之胄，如拓跋氏自称黄帝之后，宇文氏自称炎帝之后是。金以后则无此事；北魏孝文帝，自愿消灭鲜卑语，奖励鲜卑人与汉人通婚，自然是一个极端的例子，然除此以外，亦未有拒绝汉族文化的。金世宗却极力保存女真旧风及其语言文字。这大约由于自辽以前的异族，附塞较久，濡染汉人文化较深，金、元、清则正相反之故。渤海与金、清同族，而极仰慕汉人的文化，似由其先本与契丹杂居营州，有以致之，即其一证。对于汉族的压制剥削，亦是从金朝以后，才深刻起来的。五胡虽占据中原，只是一部分政权入于其手。其人民久与汉族杂居，并未闻至此时，在社会上，享有何等特别的权利。至少在法律上大致如此。契丹是和汉人不杂居的。其国家的组织，分为部族和州县两部分，彼此各不相干。设官分南北面，北面以治部族，南面以治州县。财赋之官，虽然多在南面，这是因汉族的经济，较其部族为发达之故，还不能算有意剥削汉人。到金朝，则把猛安谋克户迁入中原。用集团之制，与汉族杂居，以便镇压。因此故，其所耕之地，不得不连成片段。于是或借口官地，强夺汉人的土地；如据梁王庄，太子务等名目，硬说其地是官地之类。或口称与汉人互换，而实系强夺。使多数人民流离失所。初迁入时，业已如此。元兵占据河北后，尽将军户。即猛安谋克户。迁于河南，又是这么一次。遂至和汉人结成骨仇血怨，酿成灭亡以后大屠戮的惨祸了。见《廿二史札记·金末种人被害之惨》条。元朝则更为野蛮。太宗时，其将别迭，要把汉人杀尽，空其地为牧场，赖耶律楚材力争始止。见《元史·耶律楚材传》。元朝分人为蒙古、色目犹言诸色人等，包括蒙古及汉族以外的人。其种姓详见《辍耕录》、汉人灭金所得的中国人、南人灭宋所得的中国人四种，一切权利，都不平等。如各官署的长官，必用蒙古人。又如学校及科举，汉人、南人的考试较难，而出身反劣。汉人入奴籍的甚多。见《廿二史札记·元初诸将多掠人为私户》条。明代奴仆之数骤增，见《日知录·奴仆》条。怕和此很有关系。清朝初入关时，亦圈地以给旗民。其官缺，则满、汉平分。又有蒙古、汉军、包衣满洲人的奴仆的专缺。刑法，则宗室、觉罗显祖之后称宗室，自此以外称觉罗。宗室俗称黄带子，觉罗俗称红带子，因其常系红黄色的带子为饰。凡汉人杀伤红黄带子者，罪加一等。唯在茶坊酒肆中则否，以其自衰身份也及旗人，审讯的机关都不同。宗室、觉罗，由宗人府审讯。与人民讼者，会同户、刑部。包衣由内务府慎刑司审讯。与人民讼者，会同地力官。旗人由将军、都统、副都统审讯。且都有换刑。宗室以罚养赡银代笞、杖，以板责、圈禁代徒、流、充军。雍正十二年，并推及觉罗。其死罪则多赐自尽。旗人以鞭责代笞、杖，枷号代徒、流、充军。死刑以斩立决为斩监候，斩监候为绞。都是显然的阶级制度。

民族愈开化，则其自觉心愈显著，其斗争即愈尖锐。处于现在生存竞争的世界，一失足成千古恨，再回头是百年身，诚不可以不凛然了。近来有一派议论，以为满、蒙等族，现在既已与汉族合为一个国族了，从前互相争斗的事，就不该再提及，怕的是挑起恶感。甚至有人以为用汉族二字，是不甚妥当的。说这是外国人分化我们的手段，我们不该盲从。殊不知历史是历史，现局是现局。不论何国、何族，在已往，谁没有经过斗争来？现在谁还在这里算陈账？若虑挑起恶感，而于已往之事，多所顾忌而不敢谈，则全部历史，都只好拉杂摧烧之了。汉族两字不宜用，试问在清朝时代的满汉两字，民国初年的汉、满、蒙、回、藏五族共和等语，当改作何字？历史是一种学术，凡学术都贵真实。只要忠实从事，他自然会告诉你所以然的道理，指示你当遵循的途径。现在当和亲的道理，正可从前的曾经斗争里看出来，正不必私智穿凿，多所顾虑。总而言之：凡阶级的所以形成，其根源只有两种：一种是武力的，一种是经济的。至于种族之间，则其矛盾，倒是较浅的。

近代的人，还有一种缪见，以为种族是一个很大的界限，同种间的斗争，只是一时的现象，事过之后，关系总要比较亲切些。殊不知为人类和亲的障碍的，乃是民族而非种族。种族的同异在体质上，民族的同异在文化上。体质上的同异，有形状可见，文化上的同异，无迹象可求。在寻常人想起来，总以为种族的同异，更难泯灭，这就是流俗之见，需要学术矫正之处。从古以来，和我们体质相异的人，如西域深目高鼻之民，南方卷发黑身之族，为什么彼我之间，没有造成严重的阶级呢？总而言之：社会的组织，未能尽善，则集团与集团之间，利害不能无冲突。"利惟近者为可争，害惟近者为尤切。"这是事实。至于体质异而利害无冲突，倒不会有什么剧烈的斗争的。这是古今中外的历史，都有很明白的证据的。所以把种族看作严重的问题，只是一个俗见。

近代有一种贱民。其起源，或因民族的异同，或因政治上的措置，或则社会上积习相沿，骤难改易。遂至造成一种特别等级。这在清朝时，法律上都曾予以解放。如雍正元年，于山、陕的乐户，绍兴的堕民；五年于徽州的伴当，宁国的世仆；八年于常熟、昭文的丐户；都令其解放同于平民。乾隆三十六年，又命广东的疍户，浙江的九姓渔户，及各省有似此者，均查照雍正元年成案办理。这自然是一件好事情。但社会上的歧视，往往非政治之力所能转移。所以此等阶层，现在仍未能完全消灭。这是有待于视压迫为耻辱的人，继续努力的了。

阶级制度，在古昔是多少为法律所维持的。及文化进步乃觉得人为的不平等不合于理，此等法律，遂逐渐取消。然社会上的区别，则不能骤泯。社会地位的区别，显而易见的是生活的不同。有形的如宫室、衣服等等，无形的如语言、举动等等。其间的界限，为社会所公认。彼此交际之间，上层阶级，会自视为优越，而对方亦承认其优越；下层阶级，会被认为低微，而其人亦自视为低微。此等阶级的区别，全由习惯相沿。而人之养成其某阶级的气质，则由于教育；广义的。维持其某阶级的地位，则由于职业。旧时社会所视为最高阶级的，乃读书做官的人，即所谓士。此种人，其物质的享受，亦无以逾于农工商，但所得的荣誉要多些。所以农工商还多希望改而为士，而士亦不肯轻弃其地位。旧时所谓书香之家，虽甚贫穷，不肯轻易改业，即由于此。这还是封建残余的势力。此外则唯视其财力的厚薄，以判其地位的高低。所谓贫富，应以维持其所处的阶级的生活为标准。有余的谓之富，仅足的谓之中人，不足的谓之贫。此自非指一时的状况言，而当看其地位是否稳固。所谓稳固，包含三条件：即（一）财产收入，较劳力收入为稳固。（二）有保障的职业，较无保障的为稳固。（三）独立经营的职业，较待人雇用的为稳固。

阶级的升降，全然视其财力。财力足以上升，即可升入上层阶级。财力不能维持，即将落入下层阶级。宫室、衣服等，固然如此，即教育、职业亦然。如农工商要改做士，则必须有力量能从师读书；又必须有力量能与士大夫交际，久之，其士大夫的气质，乃得养成。此系举其一端，其他可以类推。总之，除特别幸运的降临，凡社会上平流而进的，均必以经济上的地位为其基础。下层社会中人，总想升入上层的；上层社会中人，则想保持其地位。旧时的教育，如所谓奋勉以求上进，如所谓努力勿坠其家声等等，无论其用意如何，其内容总不外乎此。至于（一）铲除阶级；（二）组织同阶级中人，以与异阶级相斗争；则昔时无此思想。此因（一）阶级间之相去，并不甚远；（二）而升降也还容易之故。

新式产业兴起以后，情形就与从前不同。从前所谓富、中人、贫，相去实不甚远的，今则相去甚远。所谓中产阶级，当分新旧两种：旧的，如旧式的小企业等，势将逐渐为大企业所吞并。新的，如技术、管理人员等，则皆依附大资本家以自存。其生活形式，虽与上层阶级为侪，其经济地位的危险，实与劳工无异。既无上升之望，则终不免于坠落。所以所谓中间者，实不能成为阶级。从下级升至上级，亦非徒恃才能所能有济。旧时的小富，个人的能力及际遇，足以致之，今之大富豪则不然。现在文明之国，所谓实业领袖，多系富豪阶级中人，由别阶级升入的很少。于是虽无世袭之名，而有世袭之实。上级的地位，既不易变动，下级的恶劣境遇，自然不易脱离。环境逼迫着人改变思想，阶级斗争之说，就要风靡一时了。铲除阶级，自是美事。但盲动则不免危险；且亦非专用激烈手段，所能有济；所以举措不可不极审慎。

第五章　财　产

所有制与经济的变革

要讲中国的经济制度，我们得把中国的历史，分为三大时期：有史以前为第一期。有史以后，讫于新室之末，为第三期。自新室亡后至现在，为第三期。自今以后，则将为第四期的开始。

孔子作《春秋》，把二百四十二年，分为三世：第一期为乱世，第二期为升平世，第三期为太平世。这无疑是想把世运逆挽而上，自乱世进入升平，再进入太平的。然则所谓升平、太平，是否全是孔子的理想呢？我们试看，凡先秦诸子，无不认为邃古之世，有一个黄金时代，其后乃愈降而愈劣，即可知孔子之言，非尽理想，而必有其历史的背景。《礼记·礼运》所说的大同、小康，大约就是这个思想的背景吧。大同是孔子认为最古的时代，最好的，小康则渐降而劣，再降就入于乱世了。所谓升平，是想把乱世逆挽到小康，再进而达于大同，就是所谓太平了，这是无可疑的。然则所谓大同、小康，究竟是何时代呢？

人是非劳动不能生存的，而非联合，则其劳动将归于无效，且亦无从劳动起，所以《荀子》说人不群则不能胜物。见《王制篇》。胜字读平声，作堪字解，即担当得起的意思。物字和事字通训。能胜物，即能担当得起事情的意思，并非谓与物争斗而胜之。当这时代，人是"只有合力以对物，断无因物而相争"的，许多社会学家，都证明原始时代的人，没有个人观念。我且无有，尚何有于我之物？所以这时代，一切物都是公有的。有种东西，我们看起来似乎是私有，如衣服及个人所用的器具之类。其实并不是私有，不过不属于这个人则无用，所以常常附属于他罢了。以财产之承袭论，亦是如此。氏族时代，男子的遗物，多传于男子，女子的遗物，多传于女子，即由此。当这时代，人与人之间，既毫无间隔，如何不和亲康乐呢？

人类经过原始共产时代、氏族共产时代、以入于家族集产时代，在氏族、家族时代，似已不免有此疆彼界之分，然其所含的公共性质还很多。孔子所向往的大同，无疑的，是在这一个时代以前。今试根据古书，想象其时的情形如下。

这时代，无疑是个农业时代。耕作的方法，其初该是不分疆界的，其后则依家族之数，而将土地分配，所以孔子说"男有分，女有归"。此即所谓井田制度。井田的制度，是把一方里之地，分为九区。每区一百亩。中间的一区为公田，其外八区为私田。一方里住八家，各受私田百亩。中间的公田，除去二十亩，以为八家的庐舍，一家得二亩半。还有八十亩，由八家公共耕作。其收入，是全归公家的。私田的所入，亦即全归私家。此即所谓助法。如其田不分公私，每亩田上的收获，都酌提若干成归公，则谓之彻法。土田虽有分配，并不是私人所有的，所以有"还受"和"换主易居"之法。受，谓达到种田的年龄，则受田于公家。还，谓老了，达到无庸种田的年龄，则把田还给公家。因田非私人所有，故公家时时可重行分配，此即所谓"再分配"。三年一换主易居，即再分配法之一种。在所种之田以外，大家另有一个聚居之所，是之谓邑。合九方里的居民，共营一邑，故一里七十二家。见《礼记·杂记》注引《王度记》。《公羊》何《注》举成数，故云八十家。邑中宅地，亦家得二亩半，合田间庐舍言之，则曰"五亩之宅"。八家共一巷。中间有一所公共的建筑，是为"校室"。春、夏、秋三季，百姓都在外种田，冬天则住在邑内。一邑之中，有两个老年的人做领袖。这两个领袖，后世的人，用当时的名称称呼他，谓之父老、里正。古代的建筑，在街的两头都有门，谓之闾。闾的旁边，有两间屋子，谓之塾。当大家要出去种田的时候，天亮透了，父老和里正，开了闾门，一个坐在左塾里，一个坐在右塾里，监督着出去的人。出去得太晚了；或者晚上回来时，不带着薪樵以预备做晚饭；都是要被诘责的。出入的时候，该大家互相照应。所带的东西轻了，该帮人家分拿些。带的东西重了，可以分给人家代携，不必客气。有年纪、头发花白的人，该让他安逸些，空手走回来。到冬天，则父老在校室里，教训邑中的小孩子，里正则催促人家"缉绩"。住在一条巷里的娘们，聚在一间屋子里织布，要织到半夜方休。以上所说的，是根据《公羊》宣公十五年何《注》《汉书·食货志》，撮叙其大略。这虽是后来人传述的话，不全是古代的情形，然还可根据着他，想象一个古代农村社会的轮廓。

农田以外的土地，古人总称为山泽。农田虽按户口分配，山泽是全然公有的。只要依据一定的规则，大家都可使用。如《孟子》所说的"数罟不入洿池"，"斧斤以时入山林"等。田猎的规则，见《礼记·王制》。《周官》有山虞、林衡、川衡、泽虞、迹人、扑人等官，还是管理此等地方，监督使用的人，必须遵守规则，而且指导他使用的方法的，并不封禁。

这时候，是无所谓工业的。简单的器具，人人会造，较繁复的，则有专司其事的人。但这等人，绝不是借此以营利的。这等人的生活资料，是由大家无条件供给他的，而他所制造的器具，也无条件供给大家用。这是后来工官之本。

在本部族之内，因系公产，绝无所谓交易。交易只行于异部族之间。不过以剩余之品，互相交换，绝无新奇可喜之物。所以许行所主张的贸易，会简单到论量不论质。见《孟子·滕文公上篇》。而《礼记·郊特牲》说："四方年不顺成，八蜡不通。"言举行蜡祭之时，不许因之举行定期贸易。蜡祭是在农功毕后举行的，年不顺成，就没有剩余之品可供交易了。此等交易，可想见其对于社会经济，影响甚浅。

倘在特别情形之下，一部族中，缺少了什么必要的东西，那就老实不客气，可以向人家讨，不必要有什么东西交换。后来国际间的乞籴，即原于此。如其遇见天灾人祸，一个部族的损失实在太大了，自己无力回复，则诸部族会聚集起来，自动替他填补的。《春秋》襄公三十年，宋国遇到火灾，诸侯会于澶渊，以更宋所丧之财，更为继续之意，即现在的赓字。亦必是自古相沿的成法。帮助人家工作，也不算得什么事的。《孟子》说："汤居亳，与葛为邻。葛伯放而不祀。汤使人问之曰：何为不祀？曰：无以供牺牲也。汤使遗之牛羊。葛伯食之，又不以祀。汤又使人问之曰：何为不祀？曰：无以供粢盛也。汤使亳众往为之耕。"《滕文公下》。这件事，用后世人的眼光看起来，未免不近情理。然如齐桓公合诸侯而城杞，《春秋》僖公十四年。岂不亦是替人家白效劳么？然则古代必有代耕的习惯，才会有这传说。古代国际间有道义的举动还很多，据此推想，可以说：都是更古的部族之间留传下来的。此即孔子所谓"讲信修睦"。

虽然部族和部族之间，有此好意，然在古代，部族乞助于人的事，总是很少的。因为他们的生活，是很有规范的，除非真有不可抗拒的灾祸，绝不会沦于穷困。他们生活的规范，是怎样呢？《礼记·王制》说：冢宰"以三十年之通制国用，量入以为出"。"三年耕，必有一年之食。九年耕，必有三年之食。以三十年之通，虽有凶旱水溢，民无菜色。"这在后来，虽然成为冢宰的职责，然其根源，则必是农村固有的规范。不幸而遇到凶年饥馑，是要合全部族的人，共谋节省的。此即所谓凶荒札丧的变礼。在古代，礼是人人需要遵守的。其所谓礼，都是切于生活的实际规则，并不是什么虚文。所以《礼记·礼器》说："年虽大杀，众不恇惧，则上之制礼也节矣。

一团体之中，如有老弱残废的人，众人即无条件养活他。《礼记·王制》说：孤、独、鳏、寡，"皆有常饩"。又说："喑、聋、跛、躃、断者骨节断的人、侏儒体格不及标准。该包括一切发育不完全的人、百工各以其器食之"。旧说：看他会做什么工，就叫他做什么工。这解释怕是错的。这一句和上句，乃是互言以相备。说对孤、独、鳏、寡供给食料，可见对此等残废的人，亦供给食料；说对此等残废的人，供给器用，可见对孤、独、鳏、寡亦供给器用。乃古人语法如此。《荀子·王制篇》作"五疾上收而养之"可证。

此等规则都实行了，确可使匹夫、匹妇，无不得其所的；而在古代，社会内部无甚矛盾之世，我们亦可以相信其曾经实行过的。如此，又何怪后人视其时为黄金时代呢？视古代为黄金时代，不但中国，希腊人也有这样思想的。物质文明和社会组织，根本是两件事。讲物质文明，后世确是进步了。以社会组织论，断不能不承认是退步的。

有许多遗迹，的确可使我们相信，在古代财产是公有的。《书经·酒诰篇》说："群饮，汝勿佚，尽执拘以归于周，予其杀。"这是周朝在殷朝的旧土，施行酒禁时严厉的诰诫。施行酒禁不足怪，所可怪的，是当此酒禁严厉之时，何不在家独酌？何得还有群饮触犯禁令的人，致烦在上者之诰诫？然则其所好者，在于饮呢？还是在于群呢？不论什么事，根深蒂固，就难于骤变了。汉时的赐酺，不也是许民群饮么？倘使人之所好，只在于饮而不在于群，赐酺还算得什么恩典？可见古人好群饮之习甚深。因其好群饮之习甚深，即可想见其在邃古时，曾有一个共食的习惯。家家做饭自己吃，已经是我们的耻辱了。《孟子》又引晏子说："师行而粮食。"粮同量，谓留其自吃的部分，其余尽数充公。这在晏子时，变成虐政了，然推想其起源，则亦因储藏在人家的米，本非其所私有，不过借他的房屋储藏，更古则房屋亦非私有。所以公家仍可随意取去。

以上所说，都是我们根据古籍所推想的大同时代的情形。虽然在古籍中，已经不是正式记载，而只是遗迹，然有迹则必有迹所自出之履，这是理无可疑的。然则到后来，此等制度，是如何破坏掉的呢？

旷观大势，人类全部历史，不外自塞而趋于通。人是非不断和自然争斗，不能生存的。所联合的人愈多，则其对自然争斗的力愈强。所以文明的进步，无非是人类联合范围的扩大。然人类控制自然的力量进步了，控制自己的力量，却不能与之并进。于是天灾虽澹，而人祸复兴。

人类的联合，有两种方法：一种是无分彼此，通力合作，一种则分出彼此的界限来。既分出彼此的界限，而又要享受他人劳动的结果，那就非于（甲）交易、（乙）掠夺两者之中择行其一不可了。而在古代，掠夺的方法，且较交易为通行。在古代各种社会中，论文化，自以农业社会为最高；论富力，亦以农业社会为较厚；然却很容易被人征服。因为（一）农业社会，性质和平，不喜战斗。（二）资产笨重，难于迁移。（三）而猎牧社会，居无定所，去来飘忽，农业社会，即幸而战争获胜，亦很难犁庭扫穴，永绝后患。（四）他们既习于战斗，（五）又是以侵略为衣食饭碗的，得隙即来。农业社会，遂不得不于可以忍受的条件之下，承认纳贡而言和；久之，遂夷为农奴；再进一步，征服者与被征服者，关系愈益密切，遂合为一个社会，一为治人者，食于人者，一为治于人者，食人者了。封建时代阶级制度的成立，即缘于此。参看上章。

依情理推想，在此种阶级之下，治者对于被治者，似乎很容易为极端之剥削的。然（一）剥削者对于被剥削者，亦必须留有余地，乃能长保其剥削的资源。（二）剥削的宗旨，是在于享乐的，因而是懒惰的，能够达到剥削的目的就够了，何必干涉人家内部的事情？（三）而剥削者的权力，事实上亦或有所制限，被剥削者内部的事情，未必容其任意干涉。（四）况且两个社会相遇，武力或以进化较浅的社会为优强，组织必以进化较深的社会为坚凝。所以在军事上，或者进化较深的社会，反为进化较浅的社会所征服，在文化上，则总是进化较浅的社会，为进化较深的社会所同化的。职是故，被征服的社会，内部良好的组织，得以保存。一再传后，征服者或且为其所同化，而加入于其组织之中。古语说君者善群，这群字是动词，即组织之义。而其所以能群，则由于其能明分。见《荀子·王制》《富国》两篇。据此义，则征服之群之酋长，业已全接受被征服之群之文化，依据其规则，负起组织的责任来了。当这时代，只有所谓君大夫，原来是征服之族者，拥有广大的封土，收入甚多，与平民相悬绝。此外，社会各方面的情形，还无甚变更。土，不过禄以代耕，其生活程度，与农夫相仿佛。农则井田之制仍存。工商亦仍无大利可牟。征服之族，要与被征服之族在经济上争利益者，亦有种种禁例，如"仕则不稼，田则不渔"之类。见《礼记·坊记》。《大学》：孟献子曰："畜马乘，不察于鸡豚；伐冰之家，不畜牛羊。"董仲舒对策，说公仪子相鲁，之其家，见织帛，怒而出其妻；食于舍而茹葵，愠而拔其葵；曰："吾已食禄，又夺园夫红女利乎？"此等，在后来为道德上的教条，在当初，疑有一种禁令。然则社会的内部，还是和亲康乐的，不过在其上层，多养着一个寄生者罢了。虽然和寄生虫并存，还不至危及生命健康，总还算一个准健康体，夫是之谓小康。

小康时代，又成过去，乱世就要来了。此其根源：（一）由初期的征服者，虽然凭恃武力，然其出身多在瘠苦之地，其生活本来是简陋的。凡人之习惯，大抵不易骤变，俭者之不易遽奢，犹奢者之不能复俭。所以开国之主，总是比较勤俭的。数传之后，嗣世之君，就都变成生于深宫之中，长于阿保之手的纨袴子弟了。其淫侈日甚，则其对于人民之剥削日深，社会上的良好规制，遂不免受其影响。如因政治不善，而人民对于公田耕作不热心，因此发生履亩而税的制度，使井田制度受其影响之类。（二）则商业发达了，向来自行生产之物，可以不生产而求之于人；不甚生产之物，或反可多生产以与人交易。于是旧组织不复合理，而成为获利的障碍，就不免堕坏于无形了。旧的组织破坏了，新的组织，再不能受理性的支配，而一任事势的推迁。人就控制不住环境，而要受环境的支配了。

当这时代，经济上的变迁，可以述其荦荦大端如下：

（一）因人口增加，土地渐感不足，而地代因之发生。在这情形之下，土地荒废了，觉得可惜，于是把向来田间的空地，留作道路和备蓄泄之用的，都加以垦辟，此即所谓"开阡陌"。开阡陌之开，即开垦之开。田间的陆地，总称阡陌。低地留作蓄水泄水之用的，总称沟洫。开阡陌时，自然把沟洫也填没了。参看朱子《开阡陌辩》。这样一来，分地的标记没有了，自然可随意侵占，有土之君，利于租税之增加，自然也不加以禁止，或且加以倡导，此即孟子所谓"暴君汗吏，必慢其经界"。

《滕文公上篇》。一方面靠暴力侵占，一方面靠财力收买，兼并的现象，就陆续发生了。

（二）山泽之地，向来作为公有的，先被有权力的封君封禁起来，后又逐渐入于私人之手。《史记·平准书》说：汉初山川、园池，白天子至于封君，皆各为私奉养。此即前代山泽之地。把向来公有的山泽，一旦作为私有，在汉初，绝不会，也绝不敢有这无理的措置，可见自秦以前，早已普遍加以封禁了。管子官山府海之论，虽然意在扩张国家的收入，非以供私人之用，然其将公有之地，加以封禁则同。《史记·货殖列传》所载诸大企业家，有从事于畜牧的，有从事于种树的，有从事于开矿的，都非占有山泽之地不行。这大约是从人君手里，以赏赐、租、买等方法取得的。

（三）工业进化了，器用较昔时为进步，而工官的制造，未必随之进步。或且以人口增加而工官本身，未尝扩张，量的方面，亦发生问题。旧系家家自制之物，至此求之于市者，亦必逐渐增加。于是渐有从事于工业的人，其获利亦颇厚。

（四）商人，更为是时活跃的阶级。交换的事情多了，居间的商人随之而增多，这是势所必至的。商业的性质，是最自利的。依据它的原理，必须以最低的价格只要你肯卖买进，最高的价格只要你肯买卖出。于是生产者、消费者同受剥削，而居间的商人独肥。

（五）盈天地之间者皆物，本说不出什么是我的，什么是你的。所以分为我的、你的，乃因知道劳力的可贵，我花了劳力在上面的东西，就不肯白送给你。于是东西和东西，东西和劳力，劳力和劳力，都可以交换。于是发生了工资，发生了利息。在封建制度的初期，封君虽然霸占了许多财产，还颇能尽救济的责任，到后来，便要借此以博取利息了。孟子述晏子的话，说古代的巡狩，"春省耕而补不足，秋省敛而助不给"，《梁惠王下篇》。而《战国策》载冯媛为孟尝君收债，尽焚其券以市义，就显示着这一个转变。较早的时代，只有封君是有钱的，所以也只有封君放债。后来私人有钱的渐多，困穷的亦渐众，自然放债取利的行为，渐渐的普遍了。

（六）在这时代，又有促进交易和放债的工具发生，是为货币的进步。别见《货币篇》。货币愈进步，则其为用愈普遍，于是交易活泼，储蓄便利，就更增进人的贪欲。物过多则无用，所以在实物经济时代，往往有肯以之施济的。货币既兴，此物可以转变为他物，储蓄的亦只要储蓄其价值，就不容易觉得其过剩了。

在这种情形之下，就发生下列三种人：

（一）大地主。其中又分为（甲）田连阡陌及（乙）擅山泽之利的两种人。

（二）大工商家。古代的工业家，大抵自行贩卖，所以古人统称为商人。然从理论上剖析之，实包括工业家在内，如汉时所称之"盐铁"，谓制盐和鼓铸铁器的人。其营业，即是侧重在制造方面的。

（三）子钱家。这是专以放债取息为营业的。

要知道这时代的经济情形，最好是看《史记》的《货殖列传》。然《货殖列传》所载的，只是当时的大富豪。至于富力较逊，而性质相同的，小地主、小工商及小的高利贷者。那就书不胜书了。

精神现象，总是随着生活环境而变迁的。人，是独力很难自立的，所以能够生存，无非是靠着互助。家族制度盛行，业已把人分成五口八口的一个个的小单位。交易制度，普遍的代替了分配、互助之道，必以互相剥削之方法行之，遂更使人们的对立尖锐。人在这种情形之下，要获得一个立足之地甚难，而要堕落下去则甚易。即使获得了一个立足之地，亦是非用强力，不易保持的。人们遂都汲汲皇皇，不可终日。董仲舒说："天下攘攘，皆为利往；天下熙熙，皆为利来。"《史记·货殖列传》有一段，剖析当时所谓贤士、隐士、廉吏、廉贾、壮士、游侠、妓女、政客、打猎、赌博、方技，犯法的吏士、农、工、商贾，各种人的用心，断言他的内容，无一而非为利。而又总结之曰："此有智尽能索耳，终不余力而让财矣。"《韩非子》说：无丰年旁入之利，而独以完给者，非力则俭。无饥寒疾病祸罪之殃，而独以贫穷者，非侈则惰。征敛于富人，以布施于贫家，是夺力俭而与侈惰。《显学篇》。话似近情，然不知无丰年旁入之利，无饥寒疾病祸罪之殃的条件，成立甚难；而且侈惰亦是社会环境养成的。谁之罪？而独严切地责备不幸的人，这和"不独亲其亲，不独子其子"；"货恶其弃于地也，不必藏于己；力恶其不出于身也，不必为己"的精神，竟不像是同一种动物发出来的了。人心大变。此即所谓乱世。

社会改革

孔子所谓小康之世，大约从有史时代就开始的。因为我们有确实的历史，始于炎黄之际，已经是一个干戈扰攘的世界了。至于乱世，其机缄，亦是早就潜伏的，而其大盛，则当在东周之后。因为封建制度，是自此以后，才大崩溃的。封建制度的崩溃不是什么单纯的政治作用，实在是社会文化进步，而后政治作用随之的，已见第三章。新文化的进步，就是旧组织的崩溃。然在东周以后，社会的旧组织，虽已崩溃，而人们心上，还都觉得这新成立的秩序为不安；认为他是变态，当有以矫正之。于是有两汉时代不断的社会改革运动。酝酿久之，到底有新室的大改革。这大改革失败了，人们才承认社会组织的不良，为与生俱来，无可如何之事，把病态认为常态了。所以我说小康的一期，当终于新室之末。

汉代人的议论，我们要是肯细看，便可觉得他和后世的议沦，绝不相同。后世的议论，都是把社会组织的缺陷，认为无可如何的事，至多只能去其太甚。汉代人的议论，则总是想彻底改革的。这个，只要看最著名的贾谊、董仲舒的议论，便可见得。若能细读《汉书》的《王贡两龚鲍》和《眭两夏侯京翼李传》，就更可明白了。但他们有一个通蔽，就是不知道治者和被治者，根本上是两个对立的阶级。不知领导被压迫阶级，以图革命，而专想借压迫阶级之力，以进行社会改革。他们误以为治者阶级，便是代表全社会的正义的，而不知道这只是治者阶级中的最少数。实际，政治上的治者阶级，便是经济上的压迫阶级，总是想榨取被治阶级即经济上的被压迫阶级以牟利的。治者阶级中最上层的少数人，只是立于两者之间，使此两阶级得以保持一个均衡，而实际上还是偏于治者一方面些。要想以他为发力机，鼓动多数治者，为被治者谋幸福，真是缘木求鱼，在理论上绝不容有这回事。

理所可有，而不能实现之事多矣，理所必无，而能侥幸成功之事，未之前闻。这种错误，固然是时代为之，怪不得古人。然而不能有成之事，总是不能有成，则社会科学上的定律，和自然科学上的定律，一样固定，决不会有例外。

在东周之世，社会上即已发生两种思潮：一是儒家，主张平均地权，其具体办法，是恢复井田制度。一是法家，主张节制资本，其具体办法，是（甲）大事业官营；（乙）大商业和民间的借贷，亦由公家加以干涉。见《管子·轻重》各篇。汉代还是如此。汉代儒家的宗旨，也是要恢复井田的。因为事不易行，所以让步到"限民名田"。其议发于董仲舒。哀帝时，师丹辅政，业已定有办法，因为权戚所阻挠，未能实行。法家的主张，桑弘羊曾行之。其最重要的政策，是盐铁官卖及均输。均输是官营商业。令各地方，把商人所贩的出口货做贡赋，官贩卖之于别地方。

弘羊的理论，略见《盐铁论》中。著《盐铁论》的桓宽，是反对桑弘羊的。《盐铁论》乃昭帝时弘羊和贤良文学辩论的话，桓宽把他整理记录下来的。贤良文学都是治儒家之学的。弘羊则是法家，桓宽亦信儒家之学。其记录，未必会有利于弘羊，然而我们看其所记弘羊的话，仍觉得光焰万丈，可知历来以弘羊为言利之臣，专趋承武帝之意，替他搜刮，实在是错误的。但弘羊虽有此种抱负，其筹款的目的是达到了，矫正社会经济的目的，则并未达到。汉朝所实行的政策，如减轻田租，重农抑商等，更其无实效可见了。直到汉末，王莽出来，才综合儒法两家的主张行一断然的大改革。

在中国经学史中，有一重公案，便是所谓今古文之争。今古文之争，固然自有其学术上的理由，然和政治的关系亦绝大。提倡古文学的刘歆、王莽，都是和政治很有关系的人。我们向来不大明白他们的理由，现在却全明白了。王莽是主张改革经济制度的人。他的改革，且要兼及于平均地权和节制资本两方面。今文经是只有平均地权的学说，而无节制资本的学说的。这时候，社会崇古的风气正盛。欲有所作为，不得不求其根据于古书。王莽要兼行节制资本的政策自不得不有取于古文经了。这是旁文。我们现在且看王莽所行的政策：

（一）他把天下的田，都名为王田；犹今言国有。奴婢名为私属；都不得卖买，男口不盈八，而田过一井的，分余田与九族乡党。

（二）设立六筦之制：（甲）盐，（乙）酒，（丙）铁，（丁）山泽，（戊）五均赊贷，（己）铁布铜冶。其中五均赊贷一项，是控制商业及借贷的。余五项，系将广义的农业和工业，收归官营。

（三）五均，《汉书·食货志》《注》引邓展，谓其出于河间献王所传的《乐语》《乐元语》。臣瓒引其文云："天子取诸侯之土，以立五均，则市无二贾，四民常均；强者不得困弱，富者不得要贫；则公家有余，恩及小民矣。"这是古代的官营商业。其为事实或法家的学说未可知，而要为王莽的政策所本。王莽的制度：是改长安东西市令，又于洛阳、邯郸、临淄、宛、成都五处，都设司市师。师是长官之意。各以四时仲月，二、五、八、十一月。定该区中货物的平价。货物实系有用而滞销的，照他的本钱买进。物价腾贵，超过平价一钱时，汉时钱价贵，故超过一钱，即为腾贵。则照平价出卖。又在司市师之下，设泉府丞。丞是副官的意思。经营各种事业的人，都要收税，名之为贡。其额按纯利十分之一。泉府收了这一笔贡，用以借给困乏的人。因丧祭等事而借的，只还本，不取息，借以营利的，取年息十分之一。

王莽的变法，成功的希望是不会有的，其理由已述于前。固然，王莽的行政手段很拙劣，但这只是枝节。即使手段很高强，亦不会有成功的希望。因为根本上注定要失败的事，绝不是靠手段补救得来的。但是王莽的失败，不是王莽一个人的失败，乃是先秦以来言社会改革者公共的失败。因为王莽所行，并不是王莽一个人的意见，乃是先秦以来言社会改革者公共的意见。王莽只是集此等意见的大成。经过这一次改革失败之后，人遂群认根本改革为不可能，想把乱世逆挽之而至于小康的思想，从此告终了。中国的社会改革运动，至此遂告长期的停顿。

虽然在停顿时期，枝节的改革，总还不能没有的。今亦略述其事如下：

当这时代，最可纪念的，是平和的、不彻底的平均地权运动。激烈的井田政策既经绝望，平和的限民名田政策还不能行，于是又有一种议论，说平均地权之策，当行之于大乱之后，地广人稀，土田无主之日。于是有晋朝的户调式，北魏的均田令，唐朝的租庸调法。这三法的要点是：（一）因年龄、属性之别，以定受田的多少。（二）在北魏的均田令中，有露田和桑田的区别。唐朝则名为口分田和世业田。桑田和世业田，是可以传世的，露田和口分田，则受之于官，仍要还之于官。（三）唐制又有宽狭乡之别。田亩之数，足以照法令授与的为宽乡，不足的为狭乡。狭乡授田，减宽乡之半。（四）有余田的乡，是要以给比连之乡的。州县亦是如此。（五）徙乡和贫无以葬的人，得卖世业田。自狭乡徙宽乡的，得并卖口分田。口分田非其所有，无可卖之理。这该是奖励人民从狭乡迁到宽乡去的意思。法律上的解释，等于官收其田而卖之，而将卖田所得之款，发给为奖励费。许其自卖，只是手续简便些罢了。（六）虽然如此，世业田仍有其一定制限，买进的不得超过此限度，在最小限度以内，亦不得再卖却。统观三法，立法之意，是不夺其私有之田，无田者则由官给，希冀减少反抗，以渐平均地权，其立法之意诚甚善。然其实行至何程度，则殊可疑。晋法定后，天下旋乱，曾否实行，论者甚至有怀疑的。北魏及唐，曾实行至何程度，历史上亦无明确的记载。即使实行了，而人总是有缓急的；缓急的时候，不能不希望通融，在私产制度之下，谁肯白借给你来？

救济的事业，无论如何，是不能普遍的。救济事业之量，绝不能等于社会上需要救济之量，这是有其理论上的根据的。因为救济人者，必先自觉有余，然后能斥其所余以救济人。然救济人者的生活程度，必高于所救济的人，因而他所拿出来的，均摊在众人头上，必不能使被救济者之生活程度，与救济之者相等。而人之觉得足不足，并不是物质上真有什么界限，而往往是和他人的生活状况相比较的。如此，故被救济者在心理上永无满足之时。又在现在的社会组织之下，一个人的财富，往往是从剥削他人得来的，而他的自觉有余必在先，斥其余以救济他人必在后。自剥削至于救济，其中必经过相当的时间。在此时间之中，被剥削者，必已负有很大的创伤，即使把所剥削去的全数都还了他，亦已不够回复，何况还不能全数还他呢。于是不得不有抵卖之品。而贫民是除田地之外，无物可以抵卖的。如此，地权即使一度平均，亦很难维持永久。何况并一度之平均而不可得呢？再者：要调剂土满和人满，总不能没有移民，而在现在的文化状况之下，移民又是很难实行的。所以此等平均地权的方法，不论事实，在理论上已是很难成立的了。

据记载，唐朝当开元时，其法业已大坏。至德宗建中元年，民国纪元前一千一百三十二年。杨炎为相，改租庸调法为两税法，人民的有田无田，田多田少，就无人过问了。

自晋武帝太康元年，民国纪元前一千六百三十二年。平吴行户调法至此，前后适五百年。自此以后，国家遂无复平均地权的政策。间或丈量，不过为平均赋税起见，而亦多不能彻底澄清。兼并现象，依然如故，其中最厉害的，为南宋时浙西一带的兼并。因为这时候，建都在临安，浙西一带，阔人多了，竟以兼并为事，收租奇重。宋末，贾似道要筹款，就用低价硬买做官田。田主固然破产了。佃户自此要向官家交租，又非向私家交租时"额重纳轻"之比，人民已受了一次大害。到明初平张士诚，太祖恶其民为士诚守，对于苏松、嘉湖之田，又定以私租为官税。后来虽屡经减免，直到现在，这一带田赋之重，还甲于全国。兼并的影响，亦可谓深了。

财产分配政策

物价的高低，东汉以后，更无人能加以干涉。只有食粮，关系人民的利害太切了，国家还不能全然放任。安定谷价的理论，始于李悝。李悝说籴谷价甚贱伤农，甚贵伤民。此民字指谷之消费者，与农为谷之生产者立于相对的地位。主张当新谷登场时，国家收买其一部分，至青黄不接时卖出，以保持谷的平价。汉宣帝时，谷价大贱，大司农耿寿昌，于若干地方行其法，名其仓为常平仓。此法虽不为牟利起见，然卖出之价，必比买进之价略高，国家并无所费，而人民实受其益，实可称法良意美。然在古代，谷物卖买未盛则有效。至后世，谷物的市场日广，而官家的资本甚微，则即使实力奉行，亦难收控制市场之效；何况奉行者又多有名无实；甚或并其名而无之呢？所以常平仓在历代法令上，虽然是有的时候多，实际上并无效力。隋文帝时，工部尚书长孙平创义仓之法，令人民于收成之日，随意劝课，即于当社立仓存贮。荒歉之时，用以救济。后周时有惠民仓。将杂配钱一种杂税的名目的几分之几，折收谷物，以供凶年平籴之用。宋时又有广惠仓。募人耕没入和户绝田，收其租以给郭内穷苦的人民。这都是救济性质。直到王安石出来，行青苗法，才推广之，以供借贷之用。青苗法是起于李参的。李参在陕西做官时，命百姓自度耕种的赢余，告贷于官。官贷之以钱。及秋，随赋税交还。王安石推行其法于诸路。以常平、广惠仓所储的钱谷为贷本。仓本所以贮谷，后世因谷的储藏不便，亦且不能必得，遂有兼储钱的。需用时再以钱买谷，或竟发钱。当时反对者甚多，然其本意是好的，不过官不是推行此法的机关，不免有弊罢了。反对青苗的人，有的说他取息二分太重，这是胡说，当时民间利率，实远重于此。青苗之弊：在于（一）人民不敢与官交涉。（二）官亦不能与民直接，势必假手于吏胥，吏胥多数是要作弊的，人民更不敢与之交涉。（三）于是听其自然，即不能推行。（四）强要推行，即不免抑配。（五）借出之款，或不能偿还，势必引起追呼。（六）又有勒令邻保均赔的。（七）甚有无赖子弟，谩昧尊长，钱不入家。或他人冒名诈请，莫知为谁的。总而言之，是由于办理的机关的不适宜。南宋孝宗乾道四年，建州大饥。朱子请于府，得常平仓粟六百石，以为贷本。人民夏天来借的，到冬加二归还。以后逐年如此。小荒则免其半息，大荒则全免其息。如此十四年，除将原本六百石还官外，并将余利，造成仓廒，得粟三千一百石，以为社仓。自此借贷就不再收息了。朱子此法，其以社为范围，与长孙平的义仓同。不但充平籴及救济，而兼供借贷，与王安石的青苗法同。以社为范围，则易于管理，易于监察，人民可以自司其事。如此，则有将死藏的仓谷出贷，化为有用的资本之利，而无青苗法与官交涉之弊。

所以历来论者，都以为此法最善；有与其提倡常平、义仓，不如提倡社仓的倾向。义仓不如社仓，诚然无可争辩，这是后起者自然的进步。常平和社仓，则根本不是一件事。常平是官办的，是和粮食商人斗争的。义仓和社仓，都是农民互助的事。固然，农民真正充足了，商人将无所施其剥削，然使将现在社会上一切剥削农民之事，都铲除了，农民又何至于不足呢？固然，当时的常平仓，并没有控制市场之力；至多当饥荒之际，开办平粜，惠及城市之人。然此乃常平办理之不得其法，力量的不够，并不是其本质不好。依正义及经济政策论，国家扶助农民和消费者，铲除居间者的剥削，还是有这义务；而在政策上也是必要的。所以常平和社仓，至少该并行不废。再者，青苗法以官主其事，固然不好，社仓以人民主其事，也未必一定会好的。因为土豪劣绅，和贪官污吏，是同样要吮人膏血的，并无彼此之分。主张社仓的，说社仓范围小，十目所视，十手所指，管理的人，难于作弊。然而从来土豪劣绅都是明中把持、攘夺，并不是暗中攫取的。义仓创办未几，即或因人民不能管理，而移之于县。社仓，据《文献通考》说：亦是"事久而弊，或主之者倚公以行私，或官司移用而无可给，或拘纳息米而未尝除，甚者拘催无异正赋"。以为非有"仁人君子，以公心推而行之"不为功。可见防止贪污土劣的侵渔，仍不能无借于人民的自卫了。平抑粮食以外他种物价之事，东汉以后无之。只有宋神宗熙宁五年，曾立市易司，想平抑京师的物价，然其后事未能行。

借贷，亦始终是剥削的一种方法。最初只有封君之类是有钱的人，所以也只有他们能营高利贷的事业。后来事实虽然变换了，还有借他们出面的。如《汉书·谷永传》说：当时的掖庭狱，"为人起债代人放债，分利受谢"是。亦有官自放债的。如隋初尝给内官以公廨钱，令其回易生利，这种公廨钱，就是可以放债的。其类乎封建财产的，则南北朝以后，僧寺颇多殷富，亦常为放债的机关。

私人放债取利，较大的，多为商贾所兼营，如《后汉书·桓谭传》：谭上疏陈时政，说："今富商大贾，多放钱货，中家子弟，为之保役。"则并有代他奔走的人了。《元史·耶律楚材传》说：当时的回鹘，多放羊羔利。利上起利。回鹘也是从西域到中国来经商的。这是因商人手中，多有流动资本，所以兼营此业最便。至于土豪劣绅之类，即在本地方营高利贷业的，其规模自然较此为小，然其数则甚多，而其手段亦极酷辣。《宋史·食货志》载司马光疏，说当时的农民，"幸而收成，公私之债，交争互夺；谷未离场，帛未下机，已非已有。"《陈舜俞传》说：当时放债的人，虽"约偿缗钱，而谷粟、布缕、鱼盐、薪蒸、耰锄、斧锜之属，皆杂取之"。便可见其一斑了。

大抵借贷有对人信用和对物信用两种。对物信用，须能鉴别其物，知其时价；对人信用，则须调查其人之财产及行为；亦有一番事情，且须有相当知识。这在放债者方面，亦须有一种组织。所以逐渐发达，而成为近代的钱庄及当铺。

中国历代，社会上的思想，都是主张均贫富的，这是其在近代所以易于接受社会主义的一个原因。然其宗旨虽善，而其所主张的方法，则有未善。这因历代学者，受传统思想的影响太深，而对于现实的观察太浅之故。

在中国，思想界的权威，无疑是儒家。儒家对于社会经济的发展，认识本不如法家的深刻，所以只主张平均地权，而忽略了资本的作用。这在当时，还无怪其然，古代学问的发达，不能不为地域所限。儒学盛于鲁。法家之学，托诸管子，疑其初盛于齐。《史记·货殖列传》说：太公封于齐，地泻卤，人民寡，太公劝女工，极技巧，通鱼盐，人物归之，襁至而辐凑，齐冠带衣履天下。这或者出于附会。然齐鱼盐工商之业皆盛，则是不诬的。齐国在当时，资本必较发达，所以节制资本的思想，就起于其地。然至后世，学者的眼光，仍限于这一个圈子里，就可怪了。如前述汉代儒家的议论，即其一证。宋学兴起，在中国思想界，是最有特色的。宋儒亦很留心于政治和社会问题。而纯粹的宋学家，亦只重视复井田为致太平之策，那又是其一证。然此犹其小者。至其大者，则未审国家的性质。不知国家是阶级时代的产物，治者阶级，总是要剥削被治者以牟利的。其中虽有少数大公无我的人，然而总只是少数。其力量，较诸大多数的通常人，远觉绵薄。即使这少数人而得位乘时，使其监督大多数人，不敢放手虐民，即所谓去其泰甚，已觉得异常吃力。至于根本上改变其性质，则其事必不可能。

如此，所以历代所谓治世的政治，往往是趋于放任的；而一行干涉的政策，则往往召乱。然则但靠国家之力，如何能均平贫富呢？新莽以此失败了，而后世的人，还是这种思想。我们试看王安石的《度支副使厅壁题名记》，他说："合天下之众者财，理天下之财者法，守天下之法者吏也。吏不良，则有法而莫守；法不善，则有财而莫理；有财而莫理，则阡陌闾巷之贱人，皆能私取予之势，擅万物之利，以与人主争黔首，而放其无穷之欲；非必贵强桀大而后能如是；而天子犹为不失其民者，盖特号而已耳。虽欲食蔬衣敝，憔悴其身，愁思其心，以幸天下之给足而安吾政，吾知其犹不得也。然则善吾法而择吏以守之，以理天下之财，虽上古尧舜，犹不能毋以此为急务，而况于后世之纷纷乎？"他看得天下之物，是天下人所公有；当由一个代表正义的人，为之公平分配，而不当由自私自利的人，擅其利而私其取予，以役使众人；其意昭然若揭。然欲以此重任，责之于后世的所谓天子，云胡可得呢？

中国读书人所以有这思想，是因为其受传统思想的影响太深，在传统思想上，说这本是君之责任故。然在极古的时代，君权大而其所治之国小；而且大同时代的规则，尚未尽废；或者可以做到几分。在后世，则虽甚神圣，亦苦无下手之处了。而中国讲改革的人，都希望着他，如何能不失败呢？龚自珍是近代最有思想的人。他的文集里，有一篇文章，标题为《平均篇》，畅发一切乱源，根本都在经济上分配的不平。最高的治法，是能使之平均。就其现象，与之相安，则不足道。其观察亦可谓极深刻。然问其方法，则仍是希望握政权者，审察各方面的情形，而有以措置之，则仍是一条不通的路而已。龚氏是距离现在不过百年的人，而其思想如此，可见旧日的学者，其思想，全然局限于这一个范围之中。这是时代为之，自然怪不得古人。然在今日，却亦不可不知道昔人所走的路是一条不通的路而再奉其思想为金科玉律。

现代的经济情形，和从前又大不相同了。自从西力东侵以来，我们的经济，已非复闭关独立之世，而与世界息息相通。在工业革命以前，最活跃的是商人阶级。所以历代的议论，都主张重农抑商。自工业革命以后，则商人反成为工业家的附属，不过略沾其余润，所以中国推销洋货的人，即世所称为买办阶级者，在中国社会里，虽俨然是个富豪，而以世界眼光观之，则仍不免在小贫之列。在现代的经济状况之下，断不容我们故步自封。

世界的经济情形，自从工业发达了，积集的资本遂多，而金融资本，又极跋扈。工业品是要寻求销路的，而且还要霸占资源，就是固定和流动的资本，也要输出国外，皆不得不以武力保其安全。于是资本主义发展而成为帝国主义。历代的劳资对立，资本家是在国内的，现在则资本家在国外。于是民生问题和民族问题，并为一谈，再不能分离解决了。我们现在，该如何审慎、勇敢、强毅，以应付这一个目前的大问题呢？

第六章　官　制

历代官职的变迁

官制是政治制度中最繁复的一门。（一）历代设官既多，（二）而又时有变迁。（三）它的变迁又不是审察事实和制度不合而条理系统地改正的，而是听其迁流之所至。于是有有其名而无其实的，亦有有其实而无其名的。名实既不相符，循其名遂不能知其实。而各官的分职，亦多无理论可循。求明白其真相，就很不容易了。然官制毕竟是政治的纲领。因为国家要达其目的，必须有人以行之。这行之之人，就是所谓官。所以明于一时代所设之官，即能知其时所行之政。对于历代的官制，若能知其变迁，即亦能知其政治的变迁了。

人的见解，总是较时代落后一些的。时代只有新的，而人之所知，却限于旧。对付未来的方法，总是根据既往的情形，斟酌而出之的。所以无论如何，不能全合。制度才定出来，即已不适于用。制度是拗不过事实的，（一）非格不能行，（二）即名存实亡，这是一切制度都如此的，而官制亦不能例外。我国的官制，大略可分为六期：（一）自周以前，为列国时代的制度。（二）而秦及汉初统一时代的制度，即孕育于其末期。（三）因其大体自列国时代蜕化而来，和统一时代不甚适合，不久即生变迁。各方面变迁的结果，极其错杂不整。直至唐朝，才整理之，成为一种有系统的制度。（四）然整理甫经就绪，又和事实不符。唐中叶以后，又生变迁，而宋朝沿袭之。（五）元以异族，入主中原，其设施自有特别之处。明朝却沿袭着他。清朝的制度，又大略沿袭明朝。然因实际情形的不同，三朝的制度，又自有其大相违异之处。（六）清朝末叶，因为政体改变，官制亦随之改变。然行之未久，成效不著。直至今日，仍在动荡不定之中。以上略举其变迁的大概，以下再略加说明。因为时间所限，亦只能揭举其大纲而已。

官有内外之分。内官即中央政府之官，是分事而治的。全国的政务，都汇集于此，依其性质而分类，一官管理一类的事。又有综合全般状况，以决定施政的方针的，是即所谓宰相。外官则分地而治。在其地界以内，原则上各事都要管的。出于地界以外，则各事一概不管。地方区划，又依等级而分大小。上级大的区划，包含若干下级小的区划。在行政上，下级须听上级的指挥。这是历代官制的通则。

列国并立之世，到春秋战同时代，已和统一时代的制度相近了。因为此时期，大国之中，业已包含若干郡县。但其本身，仍只等于后世一个最大的政治区域。列国官制：今文家常说三公、九卿、二十七大夫、八十一元士。但这只是爵，没有说出他的职守来。三公依今文家说，是司马、司徒、司空。九卿无明文。古文家说，以太师、太傅、太保为三公。少师、少傅、少保为三孤。冢宰天官、司徒地官、宗伯春官、司马夏官、司寇秋官、司空冬官为六卿。许慎《五经异义》。按今文说的三公，以配天、地、人。司马主天，司徒主人，司空主地。古文说的六卿，以配天、地、四时。此外还有以五官配五行等说法。见《左氏》昭公十七年、二十九年。《春秋繁露·五行相胜篇》。这不过取古代的官，随意拣几个编排起来，以合学说的条理而已。和古代的事实，未必尽合。古代重要的官，不尽于此；并非这几个官特别重要；不过这几个官，亦是重要的罢了。司马是管军事的，司徒是统辖人民的，司空是管建设事务的。古代穴居，是就地面上凿一个窟窿，所以谓之司空。空即现在所用的孔字。《周官》冬官亡佚，后人以《考工记》补之。其实这句话也靠不住。性质既不相同，安可相补？不过《考工记》也是讲官制的。和《周官》性质相类，昔人视为同类之书，合编在一起，后人遂误以为补罢了。《周官》说实未尝谓司空掌工事，后世摹仿《周官》而设六部，却以工部拟司空，这是后人之误，不可以说古事的。冢宰总统百官，兼管宫内的事务，其初该是群仆的领袖。所以大夫之家亦有宰。至于天子诸侯，则实际本来差不多的。天子和诸侯、大国和小国制度上的差异，不过被著书的人说得如此整齐，和实际亦未必尽合。宗伯掌典礼，和政治关系最少，然在古代迷信较深之世，祭祀等典礼，是看得颇为隆重的。司寇掌刑法，其初当是军事裁判。说详第十章。三公坐而论道，三孤为之副，均无职事。按《礼记·曾子问》说："古者男子，内有傅，外有慈母。"《内则》说：国君世子生，"择于诸母与可者，必求其宽裕慈惠，温良恭俭，慎而寡言者，使为子师，其次为慈母，其次为保母。"太师、太傅、太保，正和师、慈、保三母相当。古夫亦训傅，两字盖本系一语，不可以称妇人，故变文言慈。然则古文的三公，其初乃系天子私人的侍从，本与政事无关系，所以无职事可言。《周官》说坐而论道之文，乃采诸《考工记》，然《考工记》此语坐而论道，谓之王公是指人君言，不是指大臣言的，说《周官》者实误采。总而言之：今文古说，都系春秋战国时的学说，未必和古代的事实密合。然后世厘定制度的人，多以经说为蓝本。所以虽非古代的事实，却是后世制度的渊源。

列国时代的地方区划，其大的，不过是后世的乡镇。亦有两种说法：《尚书大传说》："古八家而为邻，三邻而为朋，三朋而为里。七十二家，参看上章。五里而为邑，十邑而为都，十都而为师，州十有二师焉。"这是今文说。《周官》则乡以五家为比，比有长。五比为闾，闾有胥。四闾为族，族有师。五族为党，党有正。五党为州，州有长。五州为乡，乡有大夫。遂以五家为邻，邻有长。五邻为里，里有宰。四里为酂，酂有长。五酂为鄙，鄙有师。五鄙为县，县有正。五县为遂，遂有大夫。这是古文说。这两种说法，前者和井田之制相合，后者和军队编制相合，在古代该都是有的。后来井田之制破坏，所以什伍之制犹存，今文家所说的组织，就不可见了。

　　汉初的官制，是沿袭秦朝的。秦制则沿自列国时代。中央最高的官为丞相。秦有左右，汉通常只设一丞相。丞相之副为御史大夫。中央之官，都是分事而治的。只有御史是皇帝的秘书，于事亦无所不预，所以在事实上成为丞相的副手。汉时丞相出缺，往往以御史大夫升补。武官通称为尉。中央最高的武官，谓之太尉。这是秦及汉初的制度。今文经说行后，改太尉为司马，丞相为司徒，御史大夫为司空，谓之三公，并称相职。又以太常本名奉常，掌宗庙礼仪、光禄勋本名郎中令，掌宫、殿，掖门户、卫尉掌宫门卫屯兵、太仆掌舆马、廷尉掌刑辟，尝改为大理、大鸿胪本名典客，掌归义蛮夷、宗正掌亲属、大司农本名治粟内史，掌谷货、少府掌山海池泽之税为九卿。这不过取应经说而已，并无他种意义。三公分部九卿，太常、光禄勋、卫尉属司马。太仆、廷尉、大鸿胪属司徒。宗正、大司农、少府属司空。亦无理论根据。有大事仍合议。后汉司马仍称太尉。司徒、司空，均去大字，余皆如故。

　　外官：秦时以郡统县。又于各郡都设监御史。汉不遣监御史，丞相遣使分察州。按州字并非当时的区域名称，后人无以名之，乃名之为州。所以截至成帝改置州牧以前，州字只是口中的称呼，并非法律上的名词。武帝时，置部刺史十三人，奉诏书六条，分察诸郡。（一）条察疆宗巨家。（二）条察太守侵渔聚敛。（三）条察失刑。（四）条察选举不平。（五）条察子弟不法，都是专属太守的。（六）条察太守阿附豪强。成帝时，以何武之言，改为州牧。哀帝时复为刺史。后又改为州牧。后汉仍为刺史，而止十二州，一州属司隶校尉。武帝置，以治巫蛊的，后遂命其分察一部分郡国。按《礼记·王制》说："天子使其大夫为三监，监于方伯之国，国三人。"这或者附会周初的三监，说未必确，然天子遣使监视诸侯，实即大国之君，遣使监视其所封或所属的小国。则事所可有。大夫之爵，固较方伯为低。秦代御史之长，爵不过大夫。汉刺史秩仅六百石，太守则两千石。以卑临尊，必非特创之制，必然有所受之。以事实论，监察官宜用年少新进的人，任事的官，则宜用有阅历有资望之士，其措置亦很适宜的。何武说："古之为治者，以尊临卑，不以卑临尊。"不但不合事宜，亦且不明经义。旧制恢复，由于朱博，其议论具载《汉书》，较之何武，通达多了。太守，秦朝本单称守，汉景帝改名。秦又于各郡置尉，景帝亦改为都尉。京师之地，秦时为内史所治。汉武帝改称京兆尹，又分其地置左冯翊，右扶风，谓之三辅。诸王之国，设官本和汉朝略同。亦有内史以治民。七国乱后，景帝乃令诸侯王不得自治民，改其丞相之名为相，使之治民，和郡守一样。县的长官，其秩是以户数多少分高下的。民满万户以上称令，不满万户称长。这由于古代的政治，是属人主义，而非属地主义之故。侯国的等级，与县相同。皇太后、公主所食的县称为邑。县中兼有蛮夷的谓之道。这亦是封建制度和属人主义的色彩。

秦汉时的县，就是古代的国，读第三章可见。县令就是古代的国君，只能总握政治的枢机，发踪指示，监督其下。要他直接办事，是做不到的。所以真正的民政，非靠地方自治不可。后世地方自治之制，日以废坠，所以百事俱废。秦汉时则还不然。据《汉书·百官公卿表》和《续汉书·百官志》：其时的制度系以十家为什，五家为伍，一里百家，有里魁检察善恶，以告监官。十里一亭，亭有长。十亭一乡，乡有三老，有秩啬夫、游徼。三老管教化，体制最尊。啬失职听讼，收赋税，其权尤重。人民竟有知啬夫而不知有郡县的。见《后汉书·爰延传》。和后世绝不相同。

以上所述，是秦及汉初的制度。行之未几，就起变迁了。汉代的丞相，体制颇尊，权限亦广。所谓尚书，乃系替天子管文书的，犹之管衣服的谓之尚衣，管食物的谓之尚食，不过是现在的管卷之流。其初本用士人，汉武帝游宴后庭，才改用宦官，谓之中书谒者令。武帝死后，此官本可废去，然自武帝以来，大将军成为武官中的高职。昭宣之世，霍光以大将军掌握政权。其时的丞相，都是无用或年老的人，政事悉从中出。沿袭未改。成帝时，才罢中书宦官，然尚书仍为政本，分曹渐广。后汉光武，要行督责之术。因为宰相都是位高望重的人，不便督责他，于是崇以虚名，而政事悉责成尚书。尚书之权遂更大。魏武帝握权，废三公，恢复丞相和御史大夫之职。此时相府复有大权，然只昙花一现。魏文帝篡汉后，丞相之官，遂废而不设。自魏晋至南北朝，大抵人臣将篡位时则一没之，已篡则又取消。此时的尚书，为政务所萃，然其亲近又不敌中书。中书是魏武帝为魏王时所设的秘书监，文帝篡位后改名的，常和天子面议机密。所以晋初荀勖从中书监迁尚书令，人家贺他，他就发怒道："夺我凤凰池，诸君何贺焉"了。侍中是加官，在宫禁之中，伺候皇帝的。汉初多以名儒为之。从来贵戚子弟，多滥居其职。宋文帝自荆州入立，信任王府旧僚，都使之为侍中，与之谋诛徐羡之等，于是侍中亦参机要。至唐代，遂以中书、门下、尚书三省为相职。中书主取旨。门下主封驳。尚书承而行之。尚书诸曹，魏晋后增置愈广，皆有郎以办事。尚书亦有兼曹的。隋时，始以吏、户、礼、兵、刑、工六曹分统诸司。六曹皆置侍郎，诸司则但置郎。是为后世以六部分理全国政务之始。三公一类的官，魏晋后亦时有设置，都不与政事，然仍开府分曹，设置僚属。隋唐始仿《周官》，以太师、太傅、太保为三公，少师、少傅、少保为三孤，都不设官属。则真成一个虚名，于财政亦无所耗费了。九卿一类的官，以性质论，实在和六部重复的。然历代都相沿，未曾并废。御史大夫改为司空后，御史的机关仍在。其官且有增置。唐时分为三院：曰台院，侍御史属之。曰殿院，殿中侍御史属之。曰监院，监察御史属之。御史为天子耳目，历代专制君主，都要防臣下的壅蔽，所以其权日重。

前汉的改刺史为州牧，为时甚暂。至后汉末年，情形就大不同了。后汉的改刺史为州牧，事在灵帝中平五年，因四方叛乱频仍，刘焉说由刺史望轻而起。普通的议论，都说自此以后，外权就重了。其实亦不尽然。在当时，并未将刺史尽行改作州牧。大抵资深者为牧，资浅者仍为刺史，亦有由刺史而升为牧的。然无论其为刺史，为州牧，实际上都变成了郡的上级官，而非复监察之职。而且都有兵权，如此，自然要尾大不掉了。三国分离，刺史握兵之制，迄未尝改。其为乱源，在当时是人人知道的。所以晋武帝平吴后，立即罢州牧，省刺史的兵，去其行政之权，复还监察之职。这真是久安长治之规。惜乎"虽有其言，不卒其事"。《续汉书·百官志》《注》语。而后世论者，转以晋武帝的罢州郡兵备，为召乱的根源，真是殉名而不察其实了。东晋以后，五胡扰乱，人民到处流离播迁，这时候的政治，还是带有属人主义的。于是随处侨置州郡，州的疆域，遂愈缩愈小，寝至与郡无异了。汉朝只有十三州，梁朝的疆域，远小于汉，倒有一百零七州。此时外权之重，则有所谓都督军事，有以一人而督数州的，亦有以一人而督十数州的。甚至有称都督中外诸军的。晋南北朝，都是如此。后周则称为总管。隋时，并州郡为一级，文帝开皇三年，罢郡，以州统县，职同郡守。炀帝改州为郡。并罢都督府。唐初，又有大总管、总管，后改称大都督、都督，后又罢之。分天下为若干道，设观察使等官，还于监察之旧。

唐代的官制，乃系就东汉、魏、晋、南北朝的制度，整理而成的。其实未必尽合当时的时势。所以定制未几，变迁又起。三省长官，都不除人。但就他官加一同中书门下平章事等名目，就视为相职了。但此两省的长官，实亦仍合议于政事堂，并非事后审查封驳。都督虽经废去，然中叶以后，又有所谓节度使。参看第九章。所驻扎的地方，刺史多由其兼领。支郡的刺史，亦都被其压迫而失职。其专横，反较前代的刺史更甚。这两端，是变迁最大的。而中叶以后，立检校、试、摄、判、知等名目，用人多不依资格，又为宋朝以差遣治事的根源。

宋朝设中书省于禁中。宰相称同平章事，次相称参知政事。自唐中叶以后，户部不能尽总天下的财赋，分属于度支、盐铁二使。宋朝即合户部、度支、盐铁为三司，各设使、副，分案办事。又设三司使、副以总之，号为计相。枢密使，唐时以宦官为之，本主传达诏命。后因宦官握兵，遂变为参与兵谋之官。宋朝亦以枢密院主兵谋。指挥使，本藩镇手下的军官。梁太祖篡位后，未加改革，遂成天子亲军。宋朝的禁军，都隶属殿前司、侍卫马军亲军司、侍卫步军亲军司。各设指挥使，谓之三衙。宋初的官，仅以寓禄秩，*即借以表明其官有多大，所食的俸禄有多少。*而别以差遣治事。名为某官的人，该官的职守，都是与他无涉的。从表面上看来，可谓错乱已极。但差遣的存废、离合，都较官缺为自由，可以密合事情。所以康有为所著《官制议》，有《宋官制最善》一篇，极称道其制。宋朝的改革官制，事在神宗元丰中，以《唐六典》为模范。然卒不能尽行。以三省长官为相职之制，屡经变迁，卒仍复于一个同平章事，一个参知政事之旧；枢密主兵之制，本来未能革除；三衙之制，亦未能改；便可见其一斑。

宋初惩藩镇的跋扈，悉召诸节镇入朝，赐第留之京师，而命朝臣出守列郡，谓之权知军州事。特设通判，以分其权。县令亦命京朝官出知，以削藩镇之权，而重亲民之选。特设的使官最多。其重要的，如转运使，总一路的财赋，发运使，漕淮、浙、江、湖六路之粟。他如常平茶盐、茶马、坑冶、市舶，亦都设立提举司，以集事权于中央。太宗命诸路转运使，各命常参官一人，纠察州军刑狱。真宗时，遂独立为一司，称为提点刑狱，简称提刑。是为司法事务，设司监察之始。南渡后，四川有总领财赋。三宣抚司罢后，*见第九章。*亦设总领以筹其饷。仍带专一报发御前军马文字衔，则参预并及于军政了。

元朝以中书省为相职，枢密使主兵谋，御史台司纠察。尚书省之设，专以位置言利之臣。言利之臣败，省亦旋废。而六部仍存，为明清两朝制度所本。设宣政院于中央，以辖吐蕃之境，亦为清代理藩院之制所本。元代制度，关系最大的是行省。前代的尚书行台等，都是暂设的，以应付临时之事，事定即撤。元朝却于中原之地，设行中书省十，行御史台二，以统辖路府州县。明朝虽废之而设布政、按察两司，区域则仍元之旧。清朝又仍明之旧。虽然略有分析，还是庞大无伦，遂开施政粗疏，尾大不掉之渐了。唐初，唯京兆、河南称府设尹，后来梁州以为德宗所巡幸，亦升为兴元府。宋朝则大州皆升为府，几有无州不府之势。其监司所辖的区域则称为路。元于各路设宣慰司，以领府州县而上属于省。然府亦有不隶路而直隶于省的。州有隶于府的，亦有不隶于府，而直隶于路的。其制度殊为错杂。

明清两朝的制度，大体相沿。其中关系最大的，在内为宰相的废罢，在外为省制的形成。明初本亦设中书省，以为相职。后因胡惟庸谋反，太祖遂废其官，并谕后世子孙，不得议设宰相。臣下有请设宰相的，处以极刑。于是由天子亲领六部。此非嗣世之主所能，其权遂渐入殿阁学士之手。清世宗时，又设立军机处。机要之事，均由军机处径行，事后才下内阁，内阁就渐渐的疏阔了。六部：历代皆以尚书为主，侍郎为副。清代尚、侍皆满汉并置。吏、户、兵三部，又有管部大臣，以至权责不一。明废宰相后，政务本由六部直接处理。后虽见压于内阁，究竟权力还在。吏兵二部，尤真有用人及指挥军事之权，清朝则内官五品，外官道府以上，全由内阁主持。筹边之权，全在军机。又明朝六部用人，多取少年新进，清朝则一循资格，内官迁转极难，非六七十不得至尚侍。管部又系兼差，不能负责。于是事事照例敷衍，行政全无生气了。御史一官，至明代而其权益重，改名为都察院。都御史、副都御史、佥都御史均分置左右。又有分道的监察御史。在外则巡按清军，提督学校、巡漕、巡盐等事，一以委之，而巡按御史代天子巡狩，其权尤重。这即是汉朝刺史之职。既有巡按，本可不必再行遣使。即或有特别事务，非遣使不可，亦以少为佳。然后来所谓巡抚者，愈遣而愈频繁。因其与巡按御史不相统属，权限不免冲突，乃派都御史为之。其兼军务的加提督衔，辖多事重的，则称总督。清代总督均兼兵部尚书，右都御史、巡抚均兼兵部侍郎，右副都御史，又均有提督军务，兼理粮饷之衔，成为常设的官了。给事中一官，前代都隶门下省。明废门下省，而仍存给事中，独立为一官，分吏、户、礼、兵、刑、工六科，以司审查封驳。其所驳正，谓之科参，在明代是很有权威的，清世宗将给事中隶属于都察院，就将审查和纠察，混为一谈了。翰林在唐朝，为艺能之士。如书、画、弈棋等。待诏之所，称为杂流，与学士资望悬绝，玄宗时，命文学之士居翰林中，称为供奉。与集贤殿学士分掌制诰。后改称为学士，别立学士院，即以翰林名之。中叶后颇参机密，王叔文要除宦官，即居翰林中，可见其地位的重要。宋代专以居文学之士，其望愈清。至明中叶后，则非进士不入翰林，非翰林不入内阁，六部长官，亦多自此而出。其重要，更非前代所及了。

外官：明废行省，于府州之上，设布政、按察两司，分理民政及刑事，实仍为监司之官。监司之官侵夺地方官权限，本来在所不免。清代督抚既成为常设之官，又明代布政司的参政参议，分守各道，按察司的副使佥事，分巡各道的，至清朝，亦失其本来的性质，而在司府之间，俨若别成为一级。以府州领县，为唐宋相沿之制。元时，令知州兼理附郭县事，明时遂省县入州，于是州无附郭县。又有不领县而隶属于府的，遂有直隶州与散州之别。清时，同知、通判有驻地的谓之厅，亦或属于府，或直达布政司，称为散厅及直隶厅。地方制度，既极错杂。而（一）督抚，（二）司，（三）道，（四）府、直隶州、厅、（五）县、散州、厅，实际成为五级。上级的威权愈大，下级的展布愈难。积弊之深，和末造中央威权的不振，虽有别种原因，官制的不善，是不能不尸其咎的。藩属之地，历代都不设官治理其民，而只设官监督其酋长，清朝还是如此的。奉天、吉林、黑龙江三省，清朝称为发祥之地。其实真属于满洲部落的，不过兴京一隅。此外奉天全省，即前代的辽东西，本系中国之地。吉、黑两省，亦是分属许多部落的，并非满洲所有。此等人民，尚在部落时代，自不能治以郡县制度。清朝又立意封锁东三省，不许汉人移殖。所以其治理之法，不但不能进步，而反有趋于退步之势。奉天一省，只有奉天和锦州两府，其余均治以将军、副都统等军职。蒙古、新疆、西藏亦都治以驻防之官。这个固然历代都是如此，然清朝适当西力东侵之时，就要情见势绌了。末年回乱平后，改新疆为行省。日俄战后，改东三省为行省。蒙古、西藏，亦图改省，而未能成功。藩属之地，骤图改省，是不易办到的。不但该地方的人民感觉不安，即使侥幸成功，亦不易得治理其地的人才。蒙、藏的情形，和新疆、东三省是不同的。东三省汉人已占多数，新疆汉人亦较多，蒙、藏则异于是。自清末至民国初年，最好是将联邦之法推行于蒙、藏，中央操外交、军事、交通、币制之权，余则听其自治。清季既不审外藩情势和内地的不同，操之过急，以致激而生变。民国初年，又不能改弦易辙，许其自治，以生其回面内向之心，杜绝强邻的觊觎。因循既久，收拾愈难，这真是贾生所说，可为痛哭、流涕、长太息的了。

以上是中国的旧官制，中西交通以来，自然不能没有变动。其首先设立的，是总理各国事务衙门。实因咸丰八年，中英《天津条约》规定要就大学士、尚书中简定一员，和英国使臣接洽而起，不过迫于无可如何，并非有意改革。内乱平后，意欲振兴海军，乃设立海军衙门。后来却将其经费，移以修理颐和园，于是中日战后，海军衙门反而裁撤了。庚子以后，又因条约，改总理衙门为外务部，班列六部之前。其时举办新政，随事设立了许多部处。立宪议起，改革旧官制，增设新机关，共成外务、吏、民政新设的巡警部改、度支户部改。新设的财政处、税务处并入、礼太常、光禄、鸿胪三寺并入、学新设的学务处改，国子监并入、陆军兵部改、太仆寺和新设的练兵处并入、农工商工部改，新设的商部并入、邮传、理藩理藩院改、法刑部改十一部，除外务部有管理事务大臣，会办大臣各一人外，余均设尚书一人，侍郎二人，不分满汉。都察院亦改设都御史一人，副都御史二人。前此左都御史，满汉各一。左副都御史各二。右都御史、副都御史但为督抚兼衔。大理寺改为院，以司最高审判。宣统二年，立责任内阁。设总协理大臣。裁军机处及新设的政务处及吏、礼二部，其事务并入内阁。而增设海军部及军谘府。今之参谋部。改尚书为大臣，与总协理负连带责任。外官则仍以督抚为长官。于其下设布政、提法、按察司改。提学、盐运、交涉五司，劝业、巡警二道，而裁分巡、分守道。此等制度，行之为日甚浅，初无功过可言。若从理论上评论：内官增设新官，将旧官删除归并，在行政系统上，自然较为分明，于事实亦较适切。若论外官，则清末之所以尾大不掉，行政粗疏，其症结实在于省制。当时论者，亦多加以攻击。然竟未能改革，相沿以迄于今，这一点不改革，就全部官制，都没有更新的精神了。

民国成立，《临时政府组织大纲》定行政分五部，为外交、内务、财政、军务、交通。这是根据理论规定的，后修改此条。设陆军、海军、外交、司法、财政、内务、教育、实业、交通九部。其时采美国制，不设总理。孙文逊位后，袁世凯就职北京，《临时政府组织大纲》改为《临时约法》，设总理，分实业为农林、工商两部。三年，袁世凯召开约法会议修改《临时约法》为《中华民国约法》。即所谓《新约法》。复废总理，设国务卿。并农林、工商两部为农商部。袁世凯死后，黎元洪为总统，复设总理。外官：民军起义时，掌握一省军权的称都督。管理民政的称民政长。废司、道、府、直隶州、厅及散州、厅的名称，但存县。袁世凯改都督为将军，民政长为巡按使。于其下设道尹。护国军起，掌军权的人，复称都督。黎元洪为总统，改将军、都督都称督军，巡按使称省长。其兼握几省兵权，或所管之地，跨及数省的，则称巡阅使。裁兵议起，又改称督理或督办军务善后事宜，然其尾大不掉如故。国民党秉政，在训政时期内，以党代人民行使政权，而以国民政府行使治权。其根本精神，和历代的官制，大不相同，其事又当别论。

官吏待遇

无官之名，而许多行政事务，实在倚以办理的为吏。凡行政，必须依照一定的手续。因此职司行政的人，必须有一定的技术。这种技术，高级官员往往不甚娴习，甚或不能彻底通晓，非有受过教育，经过实习的专门人员以辅助之不可。此等责任，从前即落在胥吏肩上。所以行政之权，亦有一部分操于其手。失去了他，事情即将无从进行的。吏之弊，在于只知照例。照例就是依旧，于是凡事都无革新的精神。照例的意思，在于但求无过，于是凡事都只重形式，而不问实际。甚至利用其专门智识以舞弊。所以历来论政的人，无不深恶痛绝于吏，尤以前清时代为甚，然其论亦有所蔽。因为非常之事，固然紧要，寻常政务，实更为紧要而不可一日停滞。专重形式，诚然不好，然设形式上的统一不能保持，政治必将大乱。此前清末年，所以诏裁胥吏，而卒不能行。其实从前所谓吏，即现在所谓公务员，其职实极重要。而其人亦实不能缺。从前制度的不善，在于（一）视其人太低，于是其人不思进取，亦不求名誉，而唯利是图。（二）又其人太无学识，所以只能办极呆板的事。公务员固以技术为要，然学识亦不可全无，必有相当的学识，然后对于所行之政，能够通知其原理，不至因过于呆板而反失原意。又行政的人，能通知政治的原理，则成法的缺点，必能被其发现。于立法的裨益，实非浅鲜。昔时之胥吏，是断不足以语此的。（三）其尤大的，则在于无任用之法，听其私相传授，交结把持。自民国以来，因为政治之革新，法律的亟变，已非复旧时的胥吏所能通晓，所以其人渐归自然淘汰，然现在公务员的任用、考核，亦尚未尽合法，这是行政的基础部分，断不可不力求改良的。

古代官职的大小，是以朝位和命数来决定的。所谓命数，就是车服之类的殊异。古人所以看得此等区别，甚为严重。然因封建制度的破坏，此等区别，终于不能维持了。朝位和俸禄的多少，虽可分别高低，终嫌其不甚明显。于是有官品之别。官品起于南北朝以来。南朝陈分九品。北朝魏则九品之中，复分正从；四品以下，且有上中下阶；较为复杂。宋以后乃专以九品分正从。官品之外，封爵仍在。又有勋官、散官等，以处闲散无事的官员。此等乃国家酬庸之典，和官品的作用，各不相同的。

官俸，历代虽厚薄不同，而要以近代之薄为最甚。古代大夫以上，各有封地。家之贫富，视其封地之大小、善恶，与官职的高下无关。无封地的，给之禄以代耕，是即所谓官俸。古代官俸，多用谷物，货币盛行以后，则钱谷并给。又有实物之给，又有给以公田的。明初尚有此制，不知何时废坠，专以银为官俸。而银价折合甚高。清朝又沿袭其制。于是官吏多苦贫穷。内官如部曹等，靠印结等费以自活，外官则靠火耗及陋规。上级官不亲民的，则诛求于下属。京官又靠外官的馈赠，总而言之，都是非法。然以近代官俸之薄，非此断无以自给的。而有等机关，收取此等非法的款项，实亦以其一部分支给行政费用，并非全入私囊。所以官俸的问题，极为复杂。清世宗时，曾因官俸之薄，加给养廉银，然仍不足支持。现代的官俸，较之清代，已稍觉其厚。然究尚失之于薄。而下级的公务员尤甚。又司法界的俸禄，较之行政界，不免相形见绌。这亦是亟须加以注意的。

第七章 选 举

古代的世袭与选举制度

国家，因为要达其目的，设立许多机关，这许多机关，都是要有人主持的。主持这些机关的人，用何法取得呢？这便是选举问题。

选举是和世袭对立的。按世袭之法，倘一个位置出缺，便有一个合法继承的人，不容加以选择。选举之法则不然，他是毫无限制，可以任有选举权者，选举最适宜的人去担任的。这是就纯粹的选举和世袭说；亦有从两方面说，都不很纯粹的，如虽可选择，仍限于某一些人之内之类是。但即使是不纯粹的选举，也总比纯粹的世袭好些。西洋某史家曾把中国两汉时代的历史，和罗马相比较，他说：凡罗马衰亡的原因，中国都有的。却有一件事，为中国所有，罗马所无，那便是选举。观此，便知选举制度关系之重大了。

选举制度，在三代以前，是与世袭并行的。俞正燮《癸巳类稿》，有一篇《乡兴贤能论》，说得最好，他说：古代的选举，是限于士以下的，大夫以上是世官。这是什么理由呢？第四章已经说过：原始的政治，总是民主的，到后来，专制政治才渐渐兴起，如其一个国家是以征服之族和被征服之族组成的，高级的位置自然不容被征服之族染指。即使原是一族，而专制政治既兴，掌握政权的人，也就渐渐的和群众离开了。所以选举仅限于士以下。

士以下的选举乃系古代部族，专制政治尚未兴起时的制度，留遗下来的。其遗迹略见于《周官》。据《周官》所载：凡是乡大夫的属官，都有考察其民德行道艺之责。三年大比，则举出其贤者能者，"献贤能之书于王。"《周官》说："此之谓使民兴贤，入使治之；使民兴能，出使长之。"俞正燮说：入使治之，是用为乡吏。即比闾族党之长，见上章。出使长之，是用为伍长；这是不错的。比闾族党等，当系民主部族固有的组织，其首领，都是由大众公举的。专制政体兴起后，只是把一个强有力的组织，加于其上，而于此等团体固有的组织，并未加以破坏，所以其首领还是出于公举的，不过专制的政府，也要加以相当的参预干涉罢了。如虽由地方公举，然仍须献贤能之书于王。

在封建政体的初期，上级的君大夫等，其品性，或者比较优良，但到后来，就渐渐的腐化了。由于上级的腐化和下级的进步，参看第四章。主持国政者，为求政治整饬起见，不得不逐渐引用下级分子，乡间的贤能渐有升用于朝廷的机会，那便是《礼记·王制》所说的制度。据《王制》说：是乡论秀士，升诸司徒，曰选士。司徒论选士之秀者，而升诸学，曰俊士。既升于学，则称造士。大乐正论造士之秀者，以告于王，而升诸司马，曰进士。司马辩论官材，官指各种机关，谓分别其才能，适宜于在何种机关中办事。论进士之贤者，以告于王。然后因其材而用之。按《周官》司士，掌群臣之版，名籍。以治其政令，岁登下其损益之数，也是司马的属官。《礼礼·射义》说：古者"诸侯贡士于天子，天子试之于射宫。其容体比于礼，其节比于乐，而中多者，得与于祭。其容体不比于礼，其节不比于乐，而中少者，不得与于祭"。以中之多少，定得与于祭与否，可见射宫即在太庙之中。

古代规制简陋，全国之中，只有一所讲究的屋子，谓之明堂。也就是宗庙，就是朝廷，就是君主所居的宫殿，而亦即是其讲学的学校，到后来，这许多机关才逐渐分离，而成为各别的建筑。详见第十五章。合观《周官》《王制》《射义》之文，可知在古代，各地方的贡士，是专讲武艺的。到后来，文治渐渐兴起，于是所取的人才，才不限于一途。所以司马要辩论官材，此时的司马，乃以武职兼司选举，并非以武事做选举的标准了。此为选举之逐渐扩大，亦即世袭之渐被侵蚀。

到战国之世，世变益亟，腐败的贵族，再也支持不了此刻的政治。而且古代的贵族，其地位，是与君主相逼的，起于孤寒之士则不然，君主要整顿政治，扩充自己的权力，都不得不用游士。而士人也有怀抱利器，欲奋志于功名的。又有蒿目时艰，欲有所藉手，以救生民于涂炭的。于是君主和游士相合，以打击贵族，贵族中较有为的，亦不得不引用游士。选举之局益盛，世袭之制愈微。然这时候，游士还是要靠上级的人引用的。到秦末，豪杰起而亡秦，则政权全入下级社会之手，更无所谓贵族和游士的对立了。此为汉初布衣将相之局。《廿二史札记》有此一条，可参看。在此情势之下，用人自然不拘门第，世袭之局，乃于此告终。

汉以后，选举之途，重要的，大概如下所述：

（一）征召：这是天子仰慕某人的才德，特地指名，请他到京的。往往有聘礼等很恭敬的手续。

（二）辟举：汉世相府等机关，僚属多由自用，谓之辟。所辟的人，并无一定的资格，做过高官的人以至布衣均可。

（三）荐举：其途甚广。做官的人，对于自己手下的属员，或虽未试用，而深知其可用的人，都可以荐举。就是不做官的布衣，深知什么人好，也未始不可以上书荐举的，并可上书求自试。此等在法律上都毫无制限，不过事实上甚少罢了。

（四）吏员：此系先在各机关中服务，或因法律的规定，或由长官的保荐，由吏而变做官的。各机关中的吏，照法律上讲，都可以有出路。但其出路的好坏，是各时代不同的。大体古代优而后世劣。

（五）任子：做到某级官吏，或由在上者的特恩，可以保荐他的儿子，得一个出身，在汉世谓之任子。亦可推及孙、弟、兄弟之子孙等。任的本义为保，但其实，不过是一种恩典罢了，被保者设或犯罪，保之者，未必负何等责任的。任在后世谓之荫。明以后，又有荫子入监之例。即使其入国子监读书。国家既可施恩，又不令不学无术的人滥竽充选，立法之意，是很好的。惜乎入监读书，徒有其名罢了。

（六）专门技术人员：此等人员，其迁转，是限于一途的。其技术，或由自习而国家擢用，或即在本机关中养成。如天文、历法、医学等官是。此制起源甚古。《王制》："凡执技以事上者，不贰事，不移官。"即是。

（七）捐纳：这即是出钱买官做。古书中或称此为赀选，其实是不对的。赀选见《汉书·景帝本纪》后二年，乃因怕吏的贪赃，假定有钱的人，总要少贪些，于是限定有家赀若干，乃得为吏。这只是为吏的一个条件，与出钱买官做，全然无涉。又爵只是一个空名，所以卖爵也不能算作卖官的。暗中的卖官鬻爵，只是腐败的政治，并非法律所许，亦不能算作选举的一途。历代卖官之事见后。

以上都是入官之途。但就历代立法者的意思看起来，这些都只能得通常之材，其希望得非常之材的，则还在

（八）学校

（九）科举

两途。学校别于第十五章中详之。科举又可分为（甲）乡贡，（乙）制科。乡贡是导源于汉代的郡国选举的。以人口为比例，由守相岁举若干人。制科，则汉代往往下诏，标出一个科名，如贤良方正，直言极谏等类，令内外官吏荐举。何等官吏，有选举之权，亦无一定，由诏书临时指定。其科目并无限制。举行与否，并无一定。到唐代，才特立制科之名。

汉代的用人，是比较没有什么阶级之见的。唐柳芳论氏族，所谓"先王公卿之胄，才则用，不才弃之"。见《唐书·柳冲传》。但是（一）贵族的势力，本来潜伏着；（二）而是时的选举，弊窦又甚多；遂至激成九品中正之制，使贵族在选举上，气焰复张。这时候选举上的弊窦如何呢？自其表面言之，则（甲）贵人的请托。如《后汉书·种暠传》说：河南尹田歆，外甥王谌名知人。歆谓之曰："今当举六孝廉，多得贵戚书令，不宜相违。欲自用一名士，以报国家，尔助我

求之。"便可见当时风纪之坏。然（乙）贵人的请托，实缘于士人的奔走。看《潜夫论》《务本》《论荣》《贤难》《考绩》《本政》《潜叹》《实贡》《交际》等篇《申鉴》《时事》《中论》《号伪》《谴交》《抱朴子》《审举》《交际》《名实》《汉过》诸书可知。汉代士人的出路，是或被征辟，或被郡县署用，或由公卿郡国举荐，但此等安坐不易得之。于是或矫激以立名；或则结为徒党，互相标榜，奔走运动。因其徒党众多，亦自成为一种势力，做官的人，也有些惧怕他；在积极方面，又结交之以谋进取。于是有荒废了政事，去酬应他们的。又有丰其饮食居处，厚其送迎，以敷衍他们的，官方因之大坏。究之人多缺少，奔走运动的人，还是有得有不得。有些人，因为白首无成，反把家资耗废了，无颜回家，遂至客死于外。这实在不成事体，实有制止他们在外浮游的必要。又因当时的选举，是注重品行的，而品行必须在本乡才看得出，于是举士必由乡里，而九品中正之制以生。

九品中正之制，起于曹魏的吏部尚书陈群。于各州置大中正，各郡置中正。依据品行，将所管人物，分为上上、上中、上下、中上、中中、中下、下上、下中、下下九等。这是因历来论人，重视乡评，所以政治上有此措置。但（一）乡评的所谓好人，乃社会上的好人：只须有德，政治上所用的人，则兼须有才。所以做中正的人，即使个个都能秉公，他所以为好的人，也未必宜于政治。（二）何况做中正的人，未必都能公正，（甲）徇爱憎，（乙）快恩仇，（丙）慑势，（丁）畏祸等弊，不免继之而起呢？其结果，就酿成晋初刘毅所说的，"惟能知其阀阅，非复辨其贤愚"，以致"上品无寒门，下品无世族"了。因为世族是地方上有势力之家，不好得罪他，至于寒门，则是自安于卑贱的，得罪了他，亦不要紧。这是以本地人公开批评本地的人物，势必如此而后已的。

九品中正，大家都知道是一种坏的制度。然直至隋文帝开皇年间才罢。前后历三百四五十年。这制度，是门阀阶级造成的，而其维持门阀阶级之力亦极大，因为有此制度后，无论在中央政府和地方政府，世族和寒门的进用，都绝对不同了。如后魏之制，士人品第有九，九品以外，小人之官，复有七等。又如蔡兴宗守会稽郡，举孔仲智子为望计，贾原平子为望孝。仲智高门，原平一邦至行，遂与相敌，当时亦以为异数。

科举制

九品中正之制既废，科举就渐渐的兴起了。科举之制，在取士上，是比较公平的、切实的，这是人人所承认的，为什么兴起如此之晚呢？用人的条件，第一是德，第二是才，第三才数到学识。这是理论上当然的结果，事实上也无人怀疑。考试之所觇，只是学识。这不是说才德可以不论，不过明知才德无从考校，与其因才德之无从考校，并其学识的试验而豁免之，尚不如就其学识而试验之，到底还有几分把握罢了。这种见解，是要积相当经验，才会有的。所以考试之制，必至唐宋之世，才会兴盛。

考试之制，其起源是颇远的。西汉以前本无所谓考试。晁错、董仲舒等的对策，乃系以其人为有学问而请教之，并非疑其意存冒滥，加以考试。所以策否并无一定；一策意有未尽，可以至于再策三策，说见《文献通考》。直至东汉顺帝之世，郡国所举的人，实在太不成话了。左雄为尚书令，乃建议"诸生试家法，文吏试笺奏"。家法，指所习的经学言。史称自是牧守莫敢轻举，察选清平，就可见得考试的效验了。但是自此以后，其法未曾认真推行。历魏晋南北朝至隋，仍以不试为原则。

科举之制兴于唐。其科目甚多，秀才系最高科目，高宗永徽二年后停止。此外尚有俊士、明法、明字、明算、一史、三史、开元礼、道举、童子等科，均见《唐书·选举志》。常行的为明经和进士。进士科是始于隋的，其起源，历史记载，不甚清楚。据杨绾说：其初尚系试策，不知什么时候，改试了诗赋。到唐朝，此科的声光大好。这是社会上崇尚文辞的风气所造成的。唐时，进士科虽亦兼试经义及策，然所重的是诗赋。

明经所重的是帖经、墨义。诗赋固然与政治无涉，经学在政治上，有用与否，自今日观之，亦成疑问。这话对从前的人，自然是无从说起，但像帖经、墨义所考的只是记诵。帖经、墨义之式，略见《文献通考》。其意，帖经是责人默写经文，墨义则责人默写传注，和今学校中专责背诵教科书的考试法一般。其无用，即在当日，亦是显而易见的。为什么会有这种奇异的考试法呢？这是因为把科举看作抡才大典，换言之，即在官吏登庸法上，看作唯一拔取人才之途，怕还是宋以后的事，在唐以前，至多只是取才的一途罢了。所以当时的进士，虽受俗人看重，然在政治上，则所取的人并不多，而其用之亦不重。唐时所取进士，不过二三十人，仍须应吏部释褐试，或被人荐举，方得入官；授官亦不过丞尉；见《日知录》中《中式额数》《出身授官》两条。可见科举初兴，不过沿前代之法而渐变，并非有什么隆重的意思、深厚的期望，存乎其间了。所以所试的不过是诗赋和帖经、墨义。帖经、墨义所试，大约是当时治经的成法，诗赋疑沿自隋朝。隋炀帝本好辞华，所设的进士科，或者不过是后汉灵帝的鸿都门学之类。聚集一班会做辞赋和写字的人，其中并有流品极杂的，见《后汉书》本纪及《蔡邕传》。进士科的进而为抡才之路，正和翰林的始居杂流，后来变成清要一样。这是制度本身的变化，不能执后事以论其初制的。

科举所试之物，虽不足取，然其取士之法，则确是进步而可纪念的。唐制，愿应举者皆"怀牒自列于州县"。州县先试之，而后送省。尚书省。初由户部"集阅"，考功员外郎试之。玄宗开元时，因考功员外郎望轻，士子不服，乃移其事于礼部。宋太祖时，知贡举的人，有以不公被诉的，太祖乃在殿廷上自行复试。自此省试之外，又有殿试。前此的郡国选举，其权全操于选举之人。明明有被选举之才，而选举不之及，其人固无如之何。到投牒自列之制兴，则凡来投牒者，即使都为州县所不喜，亦不得不加以考试，而于其中取出若干人；而州县所私爱的人，苟无应试的能力，即虽欲举之而不得。操选举之权者，大受限制，被选举之权，即因此而扩大。此后白屋之士，可以平步青云；有权的人，不能把持地位；都是受此制度之赐。所以说其制度是大可纪念的。

考试的规则逐渐加严，亦是助成选举制度的公平的。唐时，考官和士子交通，还在所不禁。考官采取声誉，士子托人游扬，或竟自怀所作文字投谒，都不算犯法的事。晚唐以后，规则逐渐加严，禁怀挟和糊名易书等制度，逐渐兴起。明清继之，考试关防，日益严密。此似不尊重人格，但利禄之途，应试者和试之者，都要作弊，事实上亦是不得不然的。

以上所说的，均系乡贡之制。至于制科，则由天子亲策，其科目系随时标出。举行与否，亦无一定。唐代故事，详见《文献通考·选举考》中。

对于科举的重视，宋甚于唐，所以改革之声，亦至宋而后起。科举之弊有二：（一）学非所用，（二）所试者系一日之短长。从经验上证明：无学者亦可弋获，真有学问者，或反见遗。对于第一弊，只须改变其所试之物即可。对于第二弊，则非兼重学校不行。不然，一个来应试的人，究曾从事于学问与否，是无从调查的。仁宗时范仲淹的改革，便针对着这两种弊窦：（一）罢帖经、墨义，而将诗赋策论通考为去取。唐朝的进士，亦兼试帖经及策，明经亦兼试策，但人之才力有限。总只能专精一门，所以阅卷者亦只注重一种，其余的都不过敷衍了事。明清时代，应科举的人，只会做四书文，亦由于此。（二）限定应试的人，必须在学三百日，曾经应试的人一百日。他的办法，很受时人反对，罢相未几其法即废。到神宗熙宁时，王安石为相，才大加以改革。

安石之法：（一）罢诸科，独存进士。这是因社会上的风气，重进士而轻诸科起的。（二）进士罢试诗赋，改试论、策。其帖经、墨义，则改试大义。帖经专责记诵，大义是要说明义理，可以发抒意见的。（三）别立新科明法，以待不能改业的士子。（四）安石是主张学校养士的，所以整顿太学，立三舍之法，以次递升。升至上舍生，则可免发解及礼部试，特赐之第。

熙宁贡举法，亦为旧党所反对。他们的理由是：（一）诗赋声病易晓，策论汗漫难知，因此看卷子难了。这本不成理由。诗赋既是无用之学，即使去取公平，又有何益呢？（二）但他们又有如苏轼之说，谓以学问论，经义、策、论，似乎较诗赋为有用。以实际论，则诗赋与策、论、经义，同为无用。得人与否，全看君相有无知人之明。取士之法，如科举等，根本无甚关系，不过不能不有此一法罢了。这话也是不对的。科举诚不能皆得人，然立法之意，本不过说这是取士的一法，并没有说此一法之后，任用时之衡鉴，任用后之考课，都可置诸不论。况且国家取士之途，别种都是注重经验的；或虽注重学识，而非常行之法；

只有学校、科举，是培养、拔擢有学识的人的常法。有学识的人，固然未必就能办事，然办事需用学识的地方，究竟很多。大概应付人事，单靠学识无用，决定政策等，则全靠学识。"人必先知其所事者为何事，然后有欲善其事之心"，所以学识和道德，亦有相当的关系。

衡鉴之明，固然端赖君相，然君相决不能向全国人中，漫无标准，像淘沙般去觅取。终必先有一法，就全体之中，取出一部分人来，再于其中施以简择。此就全体之中取出其一部分人之法，唯有科举是注重学识的，如何能视之过轻？经义、策、论，固亦不过纸上空谈，然其与做官所需要的学识关系的疏密，岂能视之与诗赋同等？所以旧党的议论，其实是不通的。然在当时，既成为一种势力，即不能禁其不抬头。于是至元祐之世，而熙宁之法复废。熙宁贡举之法虽废，旧法却亦不能回复了。因为考试是从前读书人的出身之路，所试非其所习，习科举之业的人，是要反对的。熙宁变法时，反对者之多，其理由实亦在此。到元祐要回复旧法时，又有一班只习于新法的人，要加以反对了。于是折中其间，分进士为诗赋、经义两科。南宋以后，遂成定制。连辽、金的制度，也受其影响。金诗赋、经义之外，又有律科。诗赋、经义称进士，律科称举人。又有女真进士科，则但试策论，系金世宗所立。辽、金科目，均须经过乡、府、省三试。省试由礼部主持，即明清的会试。元、明、清三代，都只有会试和本省的乡试。

近代科举之法，起于元而成于明。元代的科举，分蒙古、色目人和汉人、南人为两榜。蒙古、色目人考两场：首场经义，次场策论。汉人、南人考三场：首场经义，次场古赋和诏、诰、表，三场策论。这是（一）把经义、诗赋，并做一科了。（二）而诸经皆以宋人之说为主以及（三）乡会试所试相同，亦皆为明清所沿袭。明制：首场试四书五经义，次场试论判，又于诏、诰、表内科一道，三场试策。清制：首场试四书义及诗一首，次场试五经义，三场亦试策。

明清所试经义，其体裁是有一定的。（一）要代圣贤立言。（二）其文体系逐段相对，谓之八股。八股文体的性质，尽于此二语：（一）即文中的话不算自己所说，而算代圣贤说一篇较详尽的话。（二）则历来所谓对偶文字，系逐句相对，而此系逐段相对，所以其体裁系特别的。又八股文长短亦有定限。在清代，是长不能过七百字，短不能不满三百字。此等规则，虽亦小有出入，但原则上是始终遵守的。因有（一）之条件，所以文中不能用后世事，这是清代学者，疏于史事的一个原因。其式为明太祖及刘基所定，故亦谓之制义。其用意，大概是防士子之竞骛新奇的。科举名额有定，而应试者多。如清末，江南乡试，连副贡取不满二百人，而应试者数逾二万。限于一定的题目，在几篇文字内，有学问者亦无所见其长。于是有将文字做得奇奇怪怪，以期动试官之目的，此弊在宋代已颇有。

明清时代科举之弊，在于士子只会做几篇四书义，其余全是敷衍了事，等于不试。士子遂至一物不知。此其弊，由于立法的未善。因为人之能力，总是有限的，一个人不过懂得一门两门。所以历代考试之法，无不分科，就其所习而试之。经义、诗赋的分科，就等于唐朝的明经进士。这两者，本来不易兼通。而自元以来，并两者为一。三场所试的策，绝无范围。所以元、明、清三朝的科举，若要实事求是，可说是无人能应。天下事，责人以其所不能为者，人将并其所能为者而亦不为，这是无可如何的事。明清科举致弊之源，即在于此。

宋代改革科举之意，是废诗赋而存经义策论，这个办法，被元、明、清三代的制度推翻了。其学校及科举并用之意，到明朝，却在形式上办到。

明制，是非国子监生和府州县学生，不能应科举的。府州县学生应科举，是先须经过督学使者的试验的，谓之科考。科考录取的人，才得应乡试。但后来，除文字违式者外，大抵是无不录取的。非学生，明代间取一二，谓之"充场儒士"，其数极少。所以《明史》谓其"学校储材，以待科举"。按科举所试，仅系一日之短长，故在事实上，并无学问，而年少气盛，善于作应试文字者，往往反易弋获，真有学问者反难。学校所授，无论如何浅近，苟使认真教学，学生终必在校肄习几年，必不能如科举之一时弋取。但课试等事，极易徒有其名，学问之事，亦即有名无实。毕业实毕年限之弊，实自古有之，并不自今日始。使两者相辅而行，确系一良好的制度。但制度是拗不过事实的。入学校应科举的人，其意既在于利禄，则学问仅系工具，所以从前应举的人，称应举所作文字为敲门砖。利禄才是目的。目的的达到，是愈速愈好的。（一）假使科举与学校并行，年少气盛的人，亦必愿应科举而不愿入学校。（二）况且应试所费，并来往程途计之，远者亦不过数月，平时仍可自谋生活。学校则不能然。所以士之贫者，亦能应科举而不能入学校。（三）何况学校出身，尚往往不及科举之美呢，职是故，明朝行学校储才以待科学之制后，就酿成这样的状况：（一）国子监是自有出身的，但其出身不如科举之美，则士之衰老无大志者都归之。（二）府州县学，既并无出身；住在学校里，又学不到什么；人家又何苦而来"坐学"？做教官的人，亦是以得禄为目的的。志既在于得禄，照经济学的原理讲，是要以最少的劳费，得最大的效果的。不教亦无碍于利禄，何苦而定要教人？于是府州县学，就全然有名无实了。

明初对于国子监，看得极为隆重。所以后来虽然腐败，总还维持着一个不能全不到校的局面，到清朝，便几乎和府州县学一样了。

制科在唐朝，名义上是极为隆重的。但因其非常行之典，所以对于社会的影响，不如乡贡的深刻。自宋以后，大抵用以拔取乡贡以外的人才，但所取者，亦不过长于辞章，或学问较博之士。设科本意，虽非如此，然事实上不过如此，看《宋史·选举志》可知。清圣祖康熙十八年，高宗乾隆元年，曾两次举行博学鸿词科，其意还不过如此。德宗光绪二十五年，诏开经济特科，时值变法维新之际，颇有登用人才之意。政变以后，朝廷无复此意，直到二十九年，才就所举的人，加以考试，不过敷衍了事而已。

科举在从前，实在是一种文官考试。所试的科目，理应切于做官之用。然而历代所试，都不是如此的。这真是一件极奇怪的事。要明白此弊之由来，则非略知历史上此制度的发展不可。

古代的用人，本来只求有做官的智识技能，此智识两字，指循例办公的智识言，等于后世的幕友胥吏，不该括广泛的智识。别无所谓学问的。后来社会进化了，知道政治上的措置，必须通知原理，并非循例办事而已足。于是学问开始影响政治，讲学问的人，亦即掺入政治界叶。秦朝的禁"以古非今"；只许学习"当代法令"；"欲学法令，以吏为师"；是和此趋势相反的。汉朝的任用儒生，则顺此趋势而行。这自然是一种进步。但既知此，则宜令做官的人兼通学问，不应将做官的人与学问之士，分为两途，同时并用。然汉朝却始终如此。只要看当时的议论，总是以儒生、文吏并举，便可知道。《续汉书·百官志》《注》引应劭《汉官仪》，载后汉光武帝的诏书，说"丞相故事，四科取士：（一）曰德行高妙，志节清白。（二）曰学通行修，经中博士。（三）曰明达法令，足以决疑，能案章覆问，文中御史。（四）曰刚毅多略，遭事不惑，明足以决，才任三辅令"。第一种是德行，第四种是才能，都是无从以文字考试的。第二种即系儒生，第三种即系文吏。左雄考试之法，所试的亦系这两科。以后学者的议沦，如《抱朴子》的《审举篇》，极力主张考试制度，亦说律令可用试经之法试之。国家的制度，则唐时明法仍与明经并行，所沿袭的还系汉制。

历千年而不知改变，已足惊奇。其后因流俗轻视诸科，把诸科概行废去，明法一科，亦随之而废，当官所需用的智识技能，在文官考试中，遂至全然不占地位。（一）政治上的制度，既难于改变；（二）而迂儒又有一种见解，以为只要经学通了，便一切事情，都可对付，法令等实用不着肄习；遂益使此制度固定了。历史上有许多制度，凭空揣度，是无从明白其所以然的。非考其事实，观其变迁不可。科举制度，只是其一端罢了。

近世的科举制度，实成于明太祖之手。然太祖并非重视科举的人。太祖所最重的是荐举，次之则是学校。当时曾令内外大小臣工，皆得荐举，被荐而至的，又令其转荐，由布衣至大僚的，不可胜数。国子监中，优礼名师，规则极严，待诸生亦极厚，曾于一日之中，擢六十四人为布、按两司官。

科举初设于洪武三年，旋复停办，至十五年乃复设。当时所谓三途并用，系指（一）荐举，（二）进士贡监，（三）吏员。见《日知录·通经为吏》条。一再传后，荐举遂废，学校寝轻，而科举独重。此由荐举用人，近于破格，非中主所能行。学校办理不能认真，近于今所谓毕业即毕年限。科举（一）者为习惯所重，（二）则究尚有一日之短长可凭，所以为社会所重视。此亦不能谓绝无理由。然凡事偏重即有弊，何况科举之本身，本无足取呢？

明制：进士分为三甲。一甲三人，赐进士及第。二甲若干人，赐进士出身。三甲若干人，赐同进士出身。一甲第一人，授翰林院修撰。第二、第三人授编修。二、三甲均得选庶吉士。庶吉士本系进士观政在翰林院、承敕监等衙门者之称。明初，国子监学生，派至各衙门实习的，谓之历事。进士派至各衙门实习的，谓之观政。使其于理学之外，再经验实事，意本甚善。然后亦成为具文。庶吉士初本不专属翰林。成祖时，命于进士二甲以下，择取文理优者，为翰林院庶吉士，自此才为翰林所专。后复命就学文渊阁。选翰林院詹詹事府官教习。三年学成，考试授官，谓之教馆。出身特为优异。

清制：二、三甲进士，亦得考选庶吉士。其肄业之地，谓之庶常馆。选满汉学士各一人教习，视为储才之地。然其所习者，不过诗赋、小楷而已。乡举在宋朝还不过是会试之阶，并不能直接入官。明世始亦为入仕之途。举贡既特异于杂流，进士又特异于举贡。所谓三途并用者，遂成（一）进士，（二）举贡，（三）吏员。见《明史·选举志》。在仕途中，举贡亦备遭轻视排挤，杂流更不必论了。清制以科目、贡监、荫生为正途，荐举、捐纳、吏员为异途，异途之受歧视亦殊甚。然及末造，捐纳大行，仕途拥挤，亦虽欲歧视而不可得了。

卖官之制，起于汉武帝。《史记·平准书》所谓"入羊为郎""入财者得补郎""吏得入谷补官"、买武功爵者试补吏皆是。后世虽有秕政，然不为法令。明有纳粟入监之例，亦仍须入监读书。清则仅存虚名。实官捐，顺、康时已屡开，嘉、道后尤数，内官自郎中，外官自道府而下，皆可报捐。直至光绪二十七年才停，从学校、科举、吏员等出身之士，虽不必有学识，究不容一物不知，捐纳则更无制限，而其数又特多。既系出资买来，自然视同营业。清季仕途人员的拥塞，流品的冗杂，贪污的特盛，实在和捐纳之制是大有关系的。

元代各机关长官，多用蒙古人。清朝则官缺分为满、汉、包衣、汉军、蒙古，这实在是一种等级制度。已见第四章。满缺有一部分是专属于宗室的，其选举权在宗人府；包衣属内务府；均不属吏部。

官员的防弊之法

以上所说，大略都是取士之制，即从许多人民中，拔擢出一部分人来，给他以做官的资格。其就已有做官资格的人，再加选试，而授之以官，则普通称为"铨选"。其事于古当属司马，说已见前。汉朝凡有做官的资格，而还未授官的，皆拜为郎，属于光禄勋，分属五宫中郎将、左中郎将、右中郎将，谓之三署郎。光禄勋岁于其中举茂材四行。其选授之权，初属三公府，东西曹主其事。后来尚书的吏曹，渐起而攘夺其权。灵帝时，吕强上言："旧典选举，委任三府。""今但任尚书，或复敕用。"可见到后汉末，三公已不大能参预选举了。曹魏以后，既不设宰相、三公等官，亦不复参与政事，选权遂专归尚书。唐制：文选属于吏部，武选属于兵部。吏部选官，自六品以下，都先试其书、判，观其身、言。五品以上则不试，上其名于中书门下。宋初，选权分属中书、枢密及审官院，吏部惟注拟州县官。熙宁改制，才将选权还之吏部。神宗说古者文武不分途，不以文选属吏，武选属兵为然。于是文武选皆属吏部，由尚书、侍郎，分主其事。明清仍文选属吏，武选属兵。明代吏部颇有大权，高官及边任等，虽或由廷推，或由保举，然实多由吏部主其事。清代则内分于军机、内阁，外分于督、抚，吏部所司，真不过一吏之任而已。外官所用僚属，自南北朝以前，均由郡县长官自行选用，_{其权属于功曹。}所用多系本地人。隋文帝始废之，佐官皆由吏部选授。此与选法之重资格而轻衡鉴，同为一大变迁，而其原理是相同的，即不求有功，但求防弊。

士大夫蔽于阶级意识，多以此等防弊之法为不然。然事实上，所谓官僚阶级，总是以自利为先，国事为后的。无以防之，势必至于泛滥不可收拾。所以防弊之法，论者虽不以为然，然事实上卒不能废，且只有日益严密。

用人由用之者察度其才不才，谓之衡鉴。鉴是取譬于镜子，所以照见其好坏；衡则取喻于度量衡，所以定其程度的。用人若在某范围之中，用之者得以自由决定其取舍，不受何等法律的限制，则谓之有衡鉴之权。若事事须依成法办理，丝毫不能自由，即谓之依据资格。两者是正相反对的。资格用人，起于后魏崔亮的停年格，专以停解先后为断，是因胡灵后秉政，许武人入选，仕途拥挤，用此为手段，以资对付的。崔亮自己亦不以为然。北齐文襄帝做尚书时，就把它废掉了。唐开元时，裴光庭又创循资格。然自中叶以后，检校、试、摄、判、知之法大行，皆以资格不相当之人任事，遂开宋朝以差遣治事之端。明孙丕扬创掣签法。资格相同者，纳签于筒，在吏部堂上，由候选者亲掣。_{不到者由吏部堂官代掣。}当时亦系用以对付中人请托的。_{见于慎行《笔麈》。}然其后卒不能废。大抵官吏可分为政务官和事务官。政务官以才识为重，自不能专论资格。事务官不过承上官之命依据法律，执行政务。其事较少变化。用法能得法外意，虽是极好的事，然其事太无凭据，若都借口学识，破弃资格，一定得才的希望少，徇私的弊窦多。所以破格用人，只可视为偶然之事，在常时必不能行，历来诋諆资格之论，都是凭臆为说，不察实际情形的。

回避之法，亦是防弊的一端。此事古代亦无之。因为回避之法，不外两端：（一）系防止人与人间的关系。（二）则防止人与其所治的地方的关系。在世官制度之下，世家大族，左右总是姻亲；而地不过百里，东西南北，亦总系父母之邦；何从讲起回避？地方既小，政治之监察既易，舆论之指摘亦严，要防止弊窦，亦正无藉乎回避。所以回避之法，在封建制度下，是无从发生的。郡县制度的初期，还毫无形迹，如严助、朱买臣均以胡人而为会稽守，即其明证。东汉以后，此制渐渐发生。《后汉书·蔡邕传》说：时制婚姻之家，及两州人士，不得对相监临，因此有三互之法。《注》：三互，谓婚姻之家，及两州人不得交互为官也。是为回避之法之始。然其法尚不甚严。至近世乃大为严密。在清代，唯教职只避本府，余皆须兼避原籍、寄籍及邻省五百里以内。京官父子、祖孙不得同在一署。外官则五服之内，母、妻之父及兄弟、女婿、外甥、儿女姻亲、师生，均不得互相统属。皆以卑避尊。此等既以防弊，亦使其人免得为难，在事实上亦不得不然。唯近代省区太大，服官的离本籍太远，以致不悉民情风俗，甚至言语不通，无从为治。以私计论，来往川资，所费大巨，到任时已不易筹措，罢官后竟有不能归家的，未免迫人使入于贪污，亦是立法未善之处。

选举之法，无论如何严密，总不过慎之于任用之初。（一）人之究有德行才识与否，有时非试之以事不能知；（二）亦且不能保其终不变节；（三）又监督严密，小人亦可为善，监督松弛，中人不免为非；所以考课之法，实较选举更为重要。然其事亦倍难。因为（一）考试之法，可将考者与被考者隔离；（二）且因其时间短，可用种种方法防弊；（三）不幸有弊，所试以文字为凭，亦易于覆试磨勘；在考课则办不到。

考课之法，最早见于书传的，是《书经》的三载考绩，三考黜陟。《尧典》，今本《舜典》。《周官》太宰，以八柄诏王驭群臣，一曰爵，二曰禄，三曰予，四曰置，五曰生，六曰夺，七曰废，八曰诛。亦系此法。汉朝京房欲作考功课吏法，因此为石显所排。王符著《潜夫论》极称之，谓为致太平之基。见《考绩篇》。魏世刘劭，亦曾受命作都官考课及说略。今其所著《人物志》具存，论观人之法极精，盖远承《文王官人》之绪。《大戴礼记》篇名。《周书》亦有此篇，但称《官人》。

按京房尝受学焦延寿，延寿称"得我道以亡身者，京生也"。京房《易》，虽涉荒怪，然汉世如此者甚多，何致有亡身之惧？疑《汉书》文不完具。京房课吏之法，实受诸延寿，得我道以亡身之说，实指课吏之法言之。如此，则考课之法，在古代劝系专门之业，而至后来乃渐失其传者了。后世无能讲究此学的。其权，则初属于相府，后移于尚书，而专属于吏部。虽有种种成法，皆不过奉行故事而已。吏部系总考课的大成的。各机关的属官，由其长官考察；下级机关，由上级机关考察；为历代所同。考课有一定年限。如明代，京官六年一考察，谓之京察。外官三年一考察，谓之外察，亦谓之大计，武职谓之军政。清朝均三年一行。考察有一定的项目，如清朝文官，以守、才、政、年为四格。武官又别有字样，按格分为三等。又文武官均以不谨、罢软、浮躁、才力不及、年老、有疾为六法。犯此者照例各有处分。然多不核其实，而人事的关系却颇多。高级的官，不由吏、兵部决定的，明有自陈，清有由部开列事实请旨之法，余皆由吏、兵部处理。

第八章　赋　税

上古的赋税制度

中国的赋税，合几千年的历史观之，可以分为两大类：其（一）以最大多数的农民所负担的田税、军赋、力役为基本，随时代变化，而成为种种形式。自亡清以前，始终被看作是最重要的赋税。其（二）自此以外的税，最初无有，后来逐渐发生，逐渐扩张，直至最近，才成为重要部分。

租、税、赋等字样，在后世看起来，意义无甚区别，古代则不然。汉代的田税，古人称之为税，亦即后世所谓田赋。其收取，据孟子说，有贡、助、彻三法。夏后氏五十而贡，殷人七十而助，周人百亩而彻。五十、七十当系夏殷顷亩，较周为小，不然，孟子所说井田之制，就不可通了。又引龙子的话，说"贡者，校数岁之中以为常"，即是取几年的平均额，以定一年的税额。乐岁不能多，凶年不能减。所以龙子诋为恶税。助法，据孟子说，是将一方里之地，分为九百亩。中百亩为公田，外八百亩为私田。一方里之地，住居八家。各受私田百亩。共耕公田。公田所入，全归公家；私田所入，亦全归私家，不再收税。彻则田不分公私，而按亩取其几分之几。按贡法当是施之被征服之族的。此时征服之族与被征服之族，尚未合并为一，截然是两个团体。征服之族，只责令被征服之族，每年交纳农作品若干。其余一切，概非所问。此时纳税的实系被征服之族之团体，而非其个人。所以有此奇异的制度。至于助、彻，该是平和部族中自有的制度，在田亩自氏族分配于家族时代发生的。参看第二、第五两章自明。三者的税额，孟子说："其实皆十一也。"这亦不过以大略言之。助法，照孟子所说明明是九一，后儒说：公田之中，以二十亩为庐舍，八家各耕公田十亩，则又是十一分之一。古人言语粗略，计数更不精确，这是不足以为怀疑孟子的话而加以责难的根据。

古代的田制有两种：一种是平正之地，可用正方形式分划，是为井田。一种是崎岖之地，面积大小，要用算法扯算的，是为畦田。即圭田。古代征服之族，居于山险之地，其地是不能行井田的，所以孟子替滕文公规划，还说"请野九一而助，国中什一使自赋"。既说周朝行彻法，又说虽周亦助，也是这个道理。参看第四章自明。

赋所出的，是人徒、车、辇、牛、马等，以供军用。今文家说：十井出兵车一乘。《公羊》宣公十年，昭公元年何《注》。古文家据《司马法》，而《司马法》又有两说：一说以井十为通，通为匹马，三十家出士一人，徒二人。通十为成，成十为终，终十为同，递加十倍。《周官》小司徒郑《注》引。又一说以四井为邑，四邑为丘，有戎马一匹，牛三头。四丘为甸，出戎马四匹，兵车一乘，牛十二头，甲士三人，步卒七十二人。郑注《论语·学而篇》"道千乘之国"引之，见《小司徒疏》。今文家所说的制度，常较古文家早一时期，说已见前。古文家所说的军赋，较今文家为轻，理亦由此。《司马法》实战国时书。战国时国大了，所以分担的军赋也轻。

役法，《礼记·王制》说："用民之力，岁不过三日。"《周官》均人说：丰年三日，中年二日，无年一日。小司徒说："上地家七人，可任也者家三人。中地家六人，可任也者二家五人。下地家五人，可任也者家二人。凡起徒役，毋过家一人，以其余为羡。惟田与追胥竭作。"按田与追胥，是地方上固有的事，起徒役则是国家所要求于人民的。地方上固有的事，总是与人民利害相关的，国家所要求于人民的，则利害未必能一致，或且相反。所以法律上不得不分出轻重。然到后来，用兵多而差徭繁，能否尽守此规则，就不可知了。

古代当兵亦是役的一种。《王制》说："五十不从力政，政同征，即兵役外的力役。六十不与服戎。"《周官》乡大夫说："国中自七尺以及六十，野自六尺以及六十有五皆征之。"《疏》说七尺是二十岁，六尺是十五岁。六尺是未成年之称，其说大约是对的。然则后期的徭役，也比前期加重了。

以上是古代普遍的赋税。至于山林川泽之地，则古代是公有的。手工业，简易的人人会做，艰难的由公家设官经营。商业亦是代表部族做的。说已见第五章。既无私有的性质，自然无所谓税。然到后来，也渐渐的有税了。《礼记·曲礼》："问国君之富，数地以对，山泽之所出。"古田地字通用，田之外兼数山泽，可见汉世自天子至封君，将山川、园池、市井租税之入，皆作为私奉养，由来已久。参看第五章。

市井租税，即系商税。古代工商业的分别，不甚清楚，其中亦必包含工税。按《孟子·王制》，都说"市廛而不税，关讥而不征"。廛是民居区域之称。古代土地公有，什么地方可以造屋，什么地方可以开店，都要得公家允许的，不能乱做。所以《孟子·滕文公上篇》，记"许行自楚之滕，踵门而告文公曰：闻君行仁政，愿受一廛而为氓，文公与之处"。然则市廛而不税，即系给与开店的地方，而不收其税，这是指后世所谓"住税"而言，在都邑之内。关讥而不征，自然是指后世所谓"过税"而言。然则今文住税、过税俱无。而《周官》司市，必"凶荒札丧"，才"市无征而作布"；造货币。司关必凶荒才"无关、门之征"；门谓城门。则住税、过税都有了。又《孟子·公孙丑下篇》说："古之为市者，""有司者治之耳。有贱丈夫焉，必求龙断而登之，以左右望而罔市利。人皆以为贱，故从而征之。"龙即陇字。龙断，谓陇之断者。一个人占据了，第二个人再不能走上去与之并处。罔即今网字。因为所居者高，所见者远，遥见主顾来了，可以设法招徕；而人家也容易望见他；自可把市利一网打尽。这是在乡赶集的，而亦有税，可见商税的无孔不入。此等山川、园池、市肆租税，都是由封建时代各地方的有土之君，各自征收的，所以很缺乏统一性。

赋税的渐增，固由有土者的淫侈，战争的不息，然社会进化，政务因之扩张，支出随之巨大，亦是不可讳的。所以白圭说："吾欲二十而取一。"孟子即说："子之道貉道也。"貉"无城郭，宫室，宗庙祭祀之礼。无诸侯币帛饔飧，无百官有司，故二十取一而足"。然则赋税的渐增，确亦出于事不获已。倘使当时的诸侯大夫，能审察情势，开辟利源，或增设新税，或就旧税之无害于人民者而增加其税额，原亦不足为病。无如当时的诸侯大夫，多数是不察情势，不顾人民的能否负担，而一味横征暴敛。于是田租则超过十一之额，而且有如鲁国的履亩而税，见《春秋》宣公十五年。此因人民不尽力于公田，所以税其私田。井田制度破坏尽了。力役亦加多日数，且不依时令，致妨害人民的生业。此等证据，更其举不胜举。无怪乎当时的仁人君子，都要痛心疾首了。然这还不算最恶的税。最恶的税是一种无名的赋。古书中赋字有两义：一是上文所述的军赋，这是正当的。还有一种则是不论什么东西，都随时责之于民。所以《管子》说："岁有凶穰，故谷有贵贱。令有缓急，故物有轻重。"《国蓄篇》。轻就是价贱，重就是价贵。在上者需用某物，不管人民的有无，下令责其交纳，人民只得求之于市，其物的价格就腾贵，商人就要因此剥削平民了。《管子》又说："以室庑籍，以六畜籍，以田亩籍，以正人籍，以正户籍。"籍即是取之之意。以室庑籍，当谓按户摊派。以田亩籍，则按田摊派。正人、正户，当系别于穷困疲羸的人户而言。六畜，谓畜有六畜之家，当较不养者为富。《山权数》云："若岁凶旱水泆，民失本，则修宫室台榭，以前无狗后无彘者为庸。"此以家无孳畜为贫穷的证据。所以以之为摊派的标准。其苛细可谓已甚了。

古代的封君，就是后世乡曲的地主。后世乡曲的地主，需要什么东西，都取之于佃户的，何况古代的封君，兼有政治上的权力呢？无定时、无定物、无定数，这是最恶的税。

秦汉后的赋税制度

秦汉之世，去古未远，所以古代租税的系统，还觉分明。汉代的田租，就是古代的税，其取之甚轻。高祖时，十五税一。文帝从晁错之说，令民入粟拜爵，十三年，遂全除田租。至景帝十年，乃令民半出租，为三十而税一。后汉初年，尝行十一之税。天下已定，仍三十而税一。除灵帝曾按亩敛修宫钱外，始终无他横敛，修宫钱只是横敛，实不能算增加田租。可谓轻极了。但古代的田，是没有私租的，汉世则正税之外，还有私租，所以国家之所取虽薄，农民的负担，仍未见减轻，还只有加重。王莽行王田之制时，诏书说汉时的私租，"厥名三十，实十税五"，则合三十税一的官租，是三十分之十六了。

汉代的口钱，亦称算赋。民年十五至五十六，出钱百二十，以食天子。武帝又加三钱，以补车骑马。见《汉书·高帝纪》四年，《昭帝纪》元凤四年《注》引如淳说引《汉仪注》。按《周官》太宰九赋，郑《注》说赋是"口率出泉"。又说："今之算泉，民或谓之赋，此其旧名与？"泉钱一字。观此，知汉代的算赋，所谓人出百二十钱以食天子者，乃古代横敛的赋所变。盖因其取之无定时、无定物、无定数，实在太暴虐了，乃变为总取钱若干，而其余一切豁免。这正和五代时的杂征敛，宋世变为沿纳；明时的加派，变为一条鞭一样。见下。至于正当的赋，则本是供军用的，所以武帝又加三钱以补车骑马。汉代的钱价，远较后世为贵，人民对于口钱的负担，很觉其重。武帝令民生子三岁出口钱，民至于生子不举。元帝时，贡禹力言之。帝乃令民七岁乃出口钱。见《汉书·贡禹传》。

役法：《高帝纪》二年《注》引如淳说，《律》：年二十三，傅之畴官，各从其父畴学之。畴之义为类。古行世业之法，子弟的职业，恒与父兄相同；所谓士之子恒为士，农之子恒为农，工之子恒为工，商之子恒为商。参看阶级章。而每一类的人，都有其官长，《国语·周语》说：宣王要料民于太原，仲山父谏，说"古者不料民而知其多少。司民协孤终，司商协民姓，司徒协旅，司寇协奸，牧协职，工协革，场协入，廪协出，是则少多死生，出入往来，皆可知也。"这即是各官各知其所管的民数的证据。此即所谓畴官。傅之畴官，就是官有名籍，要负这一类中人所应负的义务了。这该是古制，汉代的人民，分类未必如古代之繁，因为世业之制破坏了。但法律条文，是陈旧的东西，事实虽变，条文未必随之而变。如淳所引的律文，只看作民年二十三，就役籍有名，该当一切差徭就够了。景帝二年，令民年二十始傅。又将其提早了三年。役法是征收人民的劳力的，有役法，则公家举办事业不必要出钱雇工，所以在财政上，也是一笔很大的收入。

财政的规模，既经扩张，自当创设新税。创设新税，自当用间接之法，避免直接取之于农民。此义在先秦时，只有法家最明白。《管子·海王篇》说，要直接向人民加赋，是人人要反对的。然盐是无人不吃的；铁器亦不论男女，人人要用，如针、釜、耒、耜之类；在盐铁上加些微之价，国家所得，已不少了。这是盐铁官卖或收税最古的理论。此等税或官卖，古代亦必有行之者。汉代郡国，有的有盐官、铁官、工官、收工物税。都水官，收渔税。有的又没有，即由于此。当此之时，自应由中央统筹全局，定立税法；或由中央直接征收，或则归之于地方。

　　但当时的人，不知出此。桑弘羊是治法家之学的；王莽实亦兼采法家之说。见第五章。所以弘羊柄用时，便筦盐铁、榷酒酤，并行均输、算缗之法；千钱为缗，估计资本所值之数，按之抽税。工莽亦行六筦之制。见第五章。然行之既未尽善；当时的人，又大多数不懂得此种理论。汲黯说：天子只该"食租衣税"。晋初定律，把关于酒税等的法令，都另编为令，出之于律之外，为的是律文不可时改，而此等税法，在当时，是认为不正当，天下太平之后，就要废去的。见《晋书·刑法志》。看这两端，便知当时的人，对于间接税法，如何的不了解。因有此等陈旧的见解，遂令中国的税法，久之不能改良。

　　田租、口赋两种项目，是从晋定《户调式》以后，才合并为一的。户调之法，实起源于后汉之末。魏武帝平河北，曾下令：田租之外，只许每户取绵绢若干，不准多收。见《三国魏志·武帝纪》建安几年《注》。大约这时候，（一）人民流离，田亩荒废，有能从事开垦的，方招徕之不暇，不便从田租上诛求。（二）又人民的得钱，是比较艰难的。这个历代情形都如此。所以租税征收谷帛，在前代，是有益于农民的。必欲收钱，在征收租税时，钱价就昂贵，谷帛的价，就相对下落了。汉世钱价贵，丧乱之际，卖买停滞，又不能诛求其口钱。所以不如按户责令交纳布帛之类。这原是权宜之法。但到晋武帝平吴，制为定式之后，就成为定法了。

　　户调之法，是与官授田并行的。当时男子一人，占田七十亩；女子三十亩。其外，丁男课田五十亩，丁女二十亩；次丁男半之，女则不课。丁男之户，岁输绢三匹，绵三斤。女及次丁男为户者半输。北魏孝文帝均田令，亦有授田之法。已见第五章。

　　唐时，丁男给田一顷，以二十亩为永业，余为口分。每年输粟三石，谓之租。看地方的出产，输绵及丝麻织品，谓之调。力役每年二十日，遇闰加二日，不役的纳绢三尺，谓之庸。立法之意，本是很好的。但到后来，田不能授，而赋税却是按户征收了。你实际没有田，人家说官话不承认。兼并的人，都是有势力的，也无人来整顿他。于是无田的人，反代有田的人出税。人皆托于宦、学、释、老，或诈称客户以自免。其弊遂至不可收拾，当这时代，要想整顿，（一）除非普加清厘，责令兼并的人，将多余的田退还，由官分给无田者。（二）次则置兼并者于不问，而以在官的闲田，补给无田的人。其事都不能行。（三）于是德宗时，杨炎为相，牺牲了社会政策的立法，专就财政上整顿，就有财产之人而收其税，令于夏秋两季交纳，夏输毋过六月，秋输毋过十一月。是为两税。两税法的精意，全在"户无主客，以见居为簿；人无丁中，以贫富为差"十八个字。社会立法之意，虽然牺牲了，以财政政策而论，是不能不称为良法的。

"两税以资产为宗"，倘使就此加以研究改良，使有产者依其财产的多少，分别等第，负担赋税，而于无产者则加以豁免，则虽不能平均负赋，而在财政上，还不失公平之道，倒也是值得称许的。然后此的苛税，仍是向大多数农民剥削。据《宋史·食货志》所载，宋时的赋税：有田亩之赋和城郭之赋，这是把田和宅地分别征收的，颇可称为合理。又有丁口之赋，则仍是身税。又有杂变之赋，亦称为沿纳，是两税以外，苛取于民，而后遂变为常税的，在理论上就不可容恕了。但各地方的税率，本来轻重不一。苛捐杂税，到整理之时，还能定为常赋，可见在理论上虽说不过去，在事实上为害还是不很大的。其自晚唐以来，厉民最甚，直至明立一条鞭之法，为害才稍除的，则是役法。

力役是征收人民的劳力的。人民所最缺乏的是钱，次之是物品。至于劳力，则农家本有余闲，但使用之不失其时，亦不过于苛重，即于私人无害，而于公家有益。所以役法行之得当，亦不失为一种良好的赋税。所以现行征工之法，限定可以征工的事项，在立法上是对的。但是晚唐以后的役法，其厉民却是最甚的。其原因：由于此时之所以役民者，并非古代的力役之征，而是庶人在官之事。

古代的力役之征，如筑城郭、宫室、修沟渠、道路等，都是人人所能为的；而且其事可以分割，一人只要应役几日；自然不虑其苛重了。至于在官的庶人，则可分为府、史、胥、徒四种，府是看守财物的。史是记事的。胥是才智之称，所做的，当系较高的杂务。"徒，众也"，是不须才智，而只要用众力之时所使用的，大概用以供奔走。古代事务简单，无甚技术关系，即府史亦是多数人所能做，胥徒更不必论了。但此等事务，是不能朝更暮改的。从事其间的，必须视为长久的职业，不能再从事于私人的事业，所以必须给之禄以代耕。

后世社会进步了，凡事都有技术的关系，筑城郭、宫室，修沟渠、道路等事，亦有时非人人所能为，何况府、史、胥、徒呢？如徒，似乎是最易为的。然在后世，有追捕盗贼等事，亦非人人所能。然晚唐以后，却渐根据"丁""资"，以定户等而役之。（一）所谓丁资，计算已难平允；（二）而其所以役之之事，又本非其所能为；（三）而官又不免加以虐使；于是有等职务，至于破产而不能给。人民遂有因此而不敢同居，不敢从事生产，甚至有自杀以免子孙之役的。真可谓之残酷无伦了。欲救此弊，莫如分别役的性质。可以役使人民的，依旧签差。不能役使人民的，则由公家出钱雇人充任。这本不过恢复古代力役之征，庶人在官，各不相涉的办法，无甚稀奇，然宋朝主张改革役法的王安石，亦未计及此。

王安石所行的法，谓之免役。按宋代役法，原有签差雇募之分。雇役之法：（一）者成为有给职，其人不至因荒废私计而无以为生。（二）者有等事情，是有人会做，有人不会做的，不会做的人要赔累，会做的人则未必然。官出资雇募，应募的自然都是会做这事情的人，绝不至于受累，所以雇役之法，远较差役为良。但当时行之，甚不普遍。安石行免役之法：使向来应役的人，出免役钱；不役的人，出助役钱；官以其钱募人充役。此法从我们看来，所失者，即在于未曾分别役的性质，将可以签差之事，仍留为力役之征，而一概出钱雇募。使（一）农民本可以劳力代实物或货币的，亦概须以实物或货币纳税。（二）而公家本可征收人民劳力的事，亦因力役的习惯亡失，动须出钱雇募。于是有许多事情，尤其是建设事务，因此废而不举。这亦是公家的一笔损失。但就雇役和差役两法而论，则雇役之法，胜于差役多了。而当时的旧党，固执成见。元祐时，司马光为相，竟废雇役而仍行差役。此后虽亦差雇并行，总是以差为主，民受其害者又数百年。

田租、口赋、力役以外的赋税，昔人总称为杂税。看这名目，便有轻视它、不列为财政上重要收入的意思。这是前人见解的陈旧，说已见前。然历代当衰乱之际，此等赋税，还总是有的。如《隋书·食货志》说，晋过江后，货卖奴婢、马牛、田宅价值万钱者，输钱四百，买者一百，卖者三百，谓之"散估"，此即今日的契税。又说：都东方山津，都西石头津，都有津主，以收获、炭、鱼、薪之税，十取其一；淮北大市百余，小市十余，都置官司收税；此即商税中之过税及住税。北朝则北齐后主之世，有关、市、邸、店之税。北周宣帝时，有入市税。又酒坊、盐池、盐井，北周亦皆有禁。到隋文帝时，却把这些全数蠲免，《文献通考·国用考》盛称之。然以现代财政学的眼光评论，则还是陈旧的见解。到唐中叶以后，藩镇擅土，有许多地方，赋税不入于中央；而此时税法又大坏；中央收入减少，乃不得不从杂税上设法。宋有天下以后，因养兵特多，此等赋税，不能裁撤，南渡以后，国用更窘，更要加意整顿。于是此等杂税，遂渐渐的附庸蔚为大国了。

不论在政治上、社会上，制度的改变，总是由事实逼迫出来的多，在理论指导之下发明的少。这亦是政治家的一种耻辱。

杂税之中，最重要的是盐税。其法，始于唐之第五琦，而备于刘晏。籍民制盐免其役，谓之灶户，亦谓之亭户。制成之盐，卖之商人，听其所之，不复过问。后人称之为就场征税。宋朝则有（一）官鬻，（二）通商两法。而通商之中，又分为二：（甲）径售之于商人，（乙）则称为入边、入中。入边是"入边刍粟"的略称，入中则是"入中钱帛"的略称。其事还和茶法及官卖香药、宝货有关系。茶税，起于唐德宗时。其初是和漆与竹木并税的。后曾裁撤，旋又恢复，且屡增其额。其法亦系籍民制造，谓之园户。园户制成的茶，由官收买。再行卖给商人。官买茶的钱，是预给园户的，谓之"本钱"。在江陵、真州、海州、汉阳军、无为军、蕲州的蕲口，设立六个榷货务。除淮南十三场所出的茶以外，都送到这六个榷货务出卖。唯川峡、广南，听其自卖，而禁出境。京城亦有榷货务，则是只收钱帛而不给货的。

宋初，以河东的盐，供给河北的边备。其卖盐之法：是令商人入刍粟于国家指定之处，由该地方的官吏点收，给与收据，估计其价若干，由商人持此据至国家卖盐之处，照价给之以盐，是为入边刍粟；其六榷货务出卖的茶，茶是在各榷货务取，钱帛是在京师榷货务付出的，是为入中钱帛，这是所以省运输之费，把漕运和官卖，合为一事办理的，实在是个良法。至于香药、宝货，则是当时对外贸易的进口货，有半官卖性质的。有时亦以补充入边入中的不足，谓之三说。此即今兑换之兑字。兑换之兑无义，乃脱换之省写，脱说古通用。有时并益以缗钱，谓之四说。以盐供入边入中之用，其弊在于虚估。点收的官吏和商人串通了，将其所入之物，高抬价格，官物便变成贱价出卖，公家大受损失了。有一个时期，曾废除估价，官以实物卖出，再将所得的钱，辇至出刍粟之处买入。这不啻入边之法已废，仅以官卖某物之价，指定供给某处的边费而已。但虚估之事，是商人和官吏都有利益的，利之所在，自然政策易于摇动，不久其法复废。到蔡京出来，其办法却聪明了。他对于商人要贩卖官盐的，给之以引。引分为长短。有若干引，则准做若干盐的卖买，而这引是要卖钱的。这不是卖盐，只是出卖贩盐的许可证了。茶，先已计算官给本钱所得的息，均摊之于园户，作为租税，而许其与商人直接卖买。至此亦行引法，谓之茶引。

蔡京是个贪污奸佞的人，然其所立盐茶之法，是颇为简易的，所以其后遂遵行不变。但行之既久，弊窦又生。因为国家既把盐卖给大商人，不能不保证其销路。于是借国家的权力，指定某处地方，为某处所产之盐行销之地，是为"引地"。其事起于元朝，至清代而其禁极严。盐的引额，是看销费量而定的，其引地则看水陆运道而定，两者都不能无变更，而盐法未必随之而变，商人恃有法律保护，高抬盐价，于是私盐盛行。因私盐盛行之故，不得不举办缉私，其费用亦极大，盐遂成为征收费极巨的赋税。

宋朝入边入中之法，明朝还仿其意而行之。明初，取一部分的盐，专与商人输粮于边的相交易，谓之中盐。运粮至边方，国家固然困难，商人也是困难的。计算收买粮食，运至边方，还不如在边方开垦之有利，商人遂有自出资本，雇人到边上开垦的，谓之商屯。当时的开平卫，就是现在的多伦县一带，土地垦辟了许多。后来因户部改令商人交纳银两，作为库储，商屯才渐次撤废。

按移民实边，是一件最难的事。有移殖能力的人，未必有移殖的财力。国家出资移民，又往往不能得有移殖能力的人，空耗财力，毫无成绩。商人重利，其经营一定比官吏切实些。国家专卖之物，如能划出一部分，专和商人出资移民的相交易，一定能奖励私人出资移民的。国家只须设官管理，规定若干条法律，使资本家不至剥削农民就够了。这是前朝的成法，可以师其意而行之的。又明初用茶易西番之马，含有振兴中国马政，及制驭西番两种用意。因为内地无广大的牧场，亦且天时地利等，养马都不如西番的适宜，而西番马少，则不能为患。其用意，亦是很深远的。当时成绩极佳。后因官吏不良，多与西番私行交易，好马自私，驽马入官，而其法才坏。现在各民族都是一家，虽不必再存什么制驭之意，然借此以振兴边方的畜牧，亦未尝不是善策。这又是前朝的成法，可以师其意而变通之的。

酒：历代有禁时多，征榷时少。因为昔人认酒为糜谷，而其物人人能制，要收税或官卖，是极难的。历代收酒税认真的，莫如宋朝。其事亦起于唐中叶以后。宋时，诸州多置"务"自酿。县和镇乡，则有许民酿而收其税的。其收税，多用投标之法，认税最多的人，许其酿造，谓之"扑买"。承酿有一定年限。不及年限，而亏本停止，谓之"败阙"。官吏为维持税收起见，往往不许其停业。于是有勒令婚丧之家，买酒若干的；甚有均摊之于民户的，这变成强迫买酒了，如何可行？但酒税在北宋，只用为地方经费，如"酬奖役人"之类。当重难差徭的，以此调剂他。到南宋，就列为中央经费了。官吏要维持收入，也是不得不然的。收酒税之法，最精明的，是赵开的"隔酿"，亦称为"隔槽"。行之于四川，由官辟酿酒的场所，备酿酒的器具，使凡要酿酒的，都自备原料，到这里来酿。出此范围之外，便一概是私酒。这是为便于缉私起见，其立法是较简易的，不过取民未免太苛罢了。

阬冶：在唐朝，或属州郡，或隶盐铁使。宋朝，或官置盐、冶、场、务，或由民承买，而以分数中卖于官，皆属转运使。元朝矿税称为税课，年有定额。此外还有许多无定额的，总称为额外课。额外课中，通行全国的，为契税及历本两项。

商税是起于唐朝的藩镇的，宋朝相沿未废。分为住税和过税。住税千分之三十，过税千分之二十。州县多置"监""务"收取，关镇亦有设置的。其所税之物，随地不同。照法律都应揭示明白，但实际能否如此，就不可知了。唐宋时的商税，实际上是无甚关系的。关系重要的，倒要推对外的市舶司。

市舶司起于唐朝。《文献通考》说：唐有市舶使，以右威卫中郎将周庆立为之。代宗广德元年，有广州市舶使吕太一。按庆立事见《新唐书·柳泽传》，吕太一事见《旧唐书·代宗本纪》。又《新唐书·卢怀慎传》说怀慎之子奂，"天宝初为南海太守，污吏敛手，中人之市舶者，亦不敢干其法。"合此数事观之，似乎唐时的市舶使，多用中人。关系还不甚重要。到宋朝就不然了。宋朝在杭州、明州、秀州、温州、泉州及密州的板桥镇，就是现在的青岛。均曾设立市舶司。海舶至，先十榷其一。其香药、宝货，又须先尽官买，官买足了，才得和人民交易。香药、宝货，为三说之一，已见前。南宋时又用以称提关会，关子、会子系南宋时纸币之名。提高其价格，谓之称提。可见其和财政大有关系了。元明亦有市舶司。明朝的市舶司，意不在于收税，而在于管理外商。因为明初沿海已有倭寇之故。中叶以后，废司不设。中外互市，无人管理。奸商及各地方的势家，因而欺侮夷人，欠其货款不还，为激成倭寇肆扰原因之一。

近世赋税制度

赋役之法，至近代又有变迁。《元史·食货志》说，元代的租税，取于内郡的，丁税、地税分为两，是法唐之租庸调的。取于江南的合为一，是法唐朝的两税的。这不过是名目上的异同，实际都是分两次征收，和两税之法无异。总而言之，从杨炎创两税以后，征收的时期，就都没有改变了。元朝又有所谓丝料、包银。丝料之中，又分二户丝和五户丝。二户丝入官。五户丝输于本位。后妃、公主、宗王、功臣的分地。包银每户四两，二两收银，二两折收丝绢颜色。这该是所以代户役的，然他役仍不能免。按户役变成赋税，而仍责令人民应役；杂税变成正税，而后来需用杂物，又随时敛取于民；这是历代的通病，正不独元朝为然。

明初的赋役，就立法言之，颇为整饬。其制度的根本，是黄册和鱼鳞册两种册籍。黄册以户为主，记各户所有的丁、粮，粮指所有的田。根据之以定赋役。鱼鳞册以田为主，记其地形、地味及所在，而注明其属于何人。黄册由里长管理，照例应有两本。一本存县官处，一本存里长处，半年一换。各户丁粮增减，里长庆随时记入册内，半年交官，将存在官处的一本，收回改正。其立法是很精明的。但此等责任，是否里长所能尽？先是一个问题。况且赋役是弊窦很多的。一切恶势力，是否里长所能抗拒？里长是否即系此等黑幕中的一个人？亦是很难说的。所以后来，两册都失实了。

明代的役法，分为力差和银差。力差还是征收其劳力的，银差则取其实物及货币。田税是有定额的，役法则向系量出为入。后来凡有需要，即取之于民，谓之加派。无定时、无定额，人民大困。役法向来是按人户的等第，以定其轻重、免否的。人户的等第，则根据丁口资产的多寡推定，是谓"人户物力"。其推定，是很难公平的。因为有些财产，不能隐匿，而所值转微；如牛及农具桑树等。有些财产，易于隐匿，而所值转钜。如金帛等。况且人户的规避，吏胥的任意出入，以及索诈、受贿等，都在所不免。历代讫无善策，以除其弊。于是发生专论丁粮和兼论一切资产的问题。论道理，自以兼论一切资产为公平。论手续，却以专论丁粮为简便。到底因为调查的手续太繁了，弊窦太多了，斟酌于两者之间，还是以牺牲理论的公平，而求手续的简便为有利，于是渐趋于专论丁粮之途。

加派之弊，不但在其所取之多，尤在于其无定额、无定时，使百姓无从预计。于是有一条鞭之法。总算一州县每一年所需用之数，按合境的丁粮均摊。自此以外，不得再有征收。而其所谓丁者，并非实际的丁口，乃系通计一州县所有的丁额，摊派之于有田之家，谓之"丁随粮行"。明朝五年一均役，清朝三年一编审，后亦改为五年，所做的都系此项工作。质而言之，乃因每隔几年，贫富的情形变换了，于是将丁额改派一次，和调查丁口，全不相干。役法变迁至此，可谓已行免役之法，亦可谓实已加重田赋而免其役了。加赋偏于田亩，是不合理的。因为没有专令农民负担的理由。然加农民之田赋而免其役，较之唐宋后之役法，犹为此善于彼。因为役事无法分割，负担难得公平。改为征其钱而免其役，就不然了。况且有丁负担赋税的能力小，有产负担赋税的能力大，将向来有丁的负担，转移于有粮之家，也是比较合理的。这是税法上自然的进化。

一条鞭之法，起源于江西，后渐遍行于全国，其事在明神宗之世。从晚唐役法大坏至此，约历八百年左右。亦可谓之长久了。这是人类不能以理智支配事实，而听其自然迁流之弊。职是故，从前每州县的丁额，略有定数，不会增加。因为增丁就是增赋，当时推行，已觉困难；后来征收，更觉麻烦；做州县官的人，何苦无事讨事做？清圣祖明知其然，所以落得慷慨，下诏说，康熙五十年以后新生的人丁，永不加赋。到雍正时，就将丁银摊入地粮了。这是事势的自然，不论什么人，生在这时候，都会做的，并算不得什么仁政。从前的人，却一味歌功颂德。不但在清朝时候如此，民国时代，有些以遗老自居的人，也还是这样，这不是没有历史知识，就是别有用心了。清朝因有圣祖之诏，所以始终避免加赋之名。但后来田赋的附加很多，实在亦与加赋无异。

古代的赋税，所税者何物，所取者即系何物。及货币通行以后，渐有（一）径收货币，（二）或本收货物之税，亦改收货币的。（三）又因历代（甲）币制紊乱，（乙）或数量不足，（丙）又或官吏利于上下其手，有本收此物，而改收他物的。总之收税并非全收货币。

明初，收本物的谓之"本色"，收货币的谓之"折色"。宣宗以后，纸币废而不行，铜钱又缺乏，赋税渐改征银。田赋在收本色时，本来有所谓耗。系因（子）改装，搬运时，不免有所损失；（丑）又收藏之后，或有腐败及虫蛀、鼠窃等；乃于收税之时，酌加若干。积少成多，于官吏颇有裨益。改收银两以后，因将碎银熔成整锭，经火亦有耗损，乃亦于收银时增加若干，谓之"火耗"。后来制钱充足，收赋时改而收钱，则因银钱的比价，并无一定，官吏亦可将银价抬高，其名目则仍谓之火耗，此亦为农民法外的负担。但从前州县官的行政经费，是不够的，非借此等弥补不可，所以在币制改革以后，亦仍许征税的人，于税收中提取若干成，作为征收之费。

近世田赋而外，税收发达的，当推关、盐两税。盐税自南宋以后，收入即逐渐增加。元、明、清三朝，均为次于田赋的重要赋税。关税起于明宣宗时。当时因纸币跌价，增设若干新税，并增加旧税税额，以收回钞票。后来此等新增的税日和税额，有仍复其旧的，有相沿未废的。关税亦为相沿未废者之一，故称为钞关。清朝称为常关。常关为数有限，然各关都有分关，合计之数亦不少。太平军兴之后，又有所谓厘金，属于布政司而不属于中央。于水陆要路设卡，以多为贵，全不顾交通上自然的形势。以致一种货物的运输，有重复收税，至于数次的。所税的货物及其税额，亦无一定。实为最恶的税法。

新海关设于五口通商以后，当时未知关税的重要，贸然许外人以协定税率。庚子战后，因赔款的负担重了，《辛丑和约》我国要求增税。外人乃以裁厘为交换条件。厘不能裁，增税至 12.5% 之议，亦不能行。民国时代，我国参加欧战，事后在美国所开太平洋会议中，提出关税自主案。外人仍只许我开关税会议，实行《辛丑条约》。十四年开会时，我国又提出关税自主案。许于十八年与裁厘同时并行，同时拟定七级税则，实际上得各国的承认。国民政府宣布关税自主，与各友邦或订关税条约，或于通商条约中订有关涉关税的条款。十八年，先将七级税实施。至二十年，将厘金裁撤后，乃将七级税废去，另订税则颁布。主权一经受损，其恢复之难如此，亦可为前车之鉴了。

关、盐两税之外，清代较为重要的，是契税、当税、牙税。此等税意亦在于加以管理，不尽在增加收入。其到晚近才发达的，则有烟酒税、印花税、矿税、所得税。其重要的货物，如卷烟、麦粉、棉纱、火柴、水泥、薰烟、啤酒、洋酒等，则征收统税。

国民政府将此等税和关税、盐税、牙税、当税，均列为中央收入。田赋划归地方，和契税、营业税同为地方收入大宗。军兴以来，各地方有许多苛捐杂税，则下令努力加以废除。在理论上，赋税已渐上轨道，但在事实上，则还待逐渐加以整顿罢了。

第九章　兵　制

历代兵制大略

中国的兵制，约可分为八期。

第（一）期，在古代，有征服之族和被征服之族的区别。征服之族，全体当兵，被征服之族则否，是为部分民兵制。

第（二）期，后来战争剧烈了，动员的军队多，向来不服兵役的人民，亦都加入兵役，是为全体皆兵制。

第（三）期，天下统一了，不但用不着全体皆兵，即一部分人当兵，亦觉其过剩。偶尔用兵，为顾恤民力起见，多用罪人及降服的异族。因此，人民疏于军事，遂招致降服的异族的叛乱，是即所谓五胡乱华。而中国在这时代，因乱事时起，地方政府擅权，中央政府不能驾驭，遂发生所谓州郡之兵。

第（四）期，五胡乱华的末期，异族渐次和中国同化，人数减少，而战斗顾甚剧烈，不得已，乃用汉人为兵。又因财政艰窘，不得不令其耕以自养。于是又发生一种部分民兵制，是为周、隋、唐的府兵。

第（五）期，承平之世，兵力是不能不腐败的。府兵之制，因此废坏。而其时适值边方多事，遂发生所谓藩镇之兵。因此引起内乱。内乱之后，藩镇遍于内地，唐室卒因之分裂。

第（六）期，宋承唐、五代之后，竭力集权于中央。中央要有强大的常备军。义觑破兵民分业在经济上的利益。于是有极端的募兵制。

第（七）期，元以异族，入主中原，在军事上，自然另有一番措置。明朝却东施效颦。其结果，到底因淤滞而败。

第（八）期，清亦以异族入主，然不久兵力即腐败。中叶曾因内乱，一度建立较强大的陆军。然值时局大变，此项军队，应付旧局面则有余，追随新时代则不足。对外屡次败北。而国内的军纪，却又久坏。遂酿成晚清以来的内乱。直至最近，始因外力的压迫，走上一条旷古未有的新途径。

以上用鸟瞰之法，揭示一个大纲。以下再逐段加以说明。

历代兵制的变迁

第（一）期的阶级制度，看第四、第八两章，已可明白。从前的人，都说古代是寓兵于农的，寓兵于农，便是兵农合一，井田既废，兵农始分，这是一个重大的误解。寓兵于农，乃谓以农器为兵器，说见《六韬·农器篇》。古代兵器是铜做的，农器是铁做的。兵器都藏在公家，临战才发给。所谓授甲、授兵。也只能供给正式军队用，乡下保卫团一类的兵，是不能给与的。然敌兵打来，不能真个制梃以自卫。所以有如《六韬》之说，教其以某种农器，当某种兵器。古无称当兵的人为兵的，寓兵于农，如何能释为兵农合一呢？江永《群经补义》中有一段，驳正此说。他举《管子》的参国伍鄙，参国，即所谓制国以为二十一乡，工商之乡六，士乡十五，公和高子、国子，各帅五乡。伍鄙，即三十家为邑，十邑为卒，十卒为乡，三乡为县，十县为属，乃所以处农人。按所引《管子》，见《小匡篇》。又引阳虎欲作乱，壬辰戒都车，令癸巳至。按见《左氏》定公八年。以证兵常近国都。其说可谓甚精。按《周官》夏官序官：王六军，大国三军，次国二军，小国一军。大司徒，五家为比，五比为闾，四闾为族，五族为党，五党为州，五州为乡；小司徒，五人为伍，五伍为两，四两为卒，五卒为旅，五旅为师，五师为军；则六军适出六乡。六乡之外有六遂，郑《注》说：遂以军法如六乡。其实乡列出兵法，无田制，遂陈田制，无出兵法，郑《注》是错误的。说本朱大韶《实事求是斋经义》《司马法非周制说》。六乡出兵，六遂则否，亦兵在国中之证。这除用征服之族居国，被征服之族居野，无可解释。

或谓难道古代各国，都有征服和被征服的阶级吗？即谓都有此阶级，亦安能都用此治法，千篇一律呢？殊不知（一）古代之国，数逾千百，我们略知其情形的，不过十数，安知其千篇一律？（二）何况制度是可以互相模仿的。世既有黩武之国，即素尚平和之国，亦不得不肆力于军事组织以相应，既肆力于军事组织，其制度，自然可以相像的。所以虽非被征服之族，其中的军事领袖及武士，亦可以逐渐和民众相离，而与征服之族，同其位置。（三）又况战士必须讲守御，要讲守御，自不得不居险；而农业，势不能不向平原发展；有相同的环境，自可有相同的制度。（四）又况我们所知道的十余国，如求其根源，都是同一或极相接近的部族，又何怪其文化的相同呢？所以以古代为部分民兵制，实无疑义。

古代之国，其兵数是不甚多的。说古代军队组织的，无人不引据《周官》。

不过以《周官》之文，在群经中独为完具罢了。

其实《周官》之制，是和他书不合的。按《诗经·鲁颂》："公徒三万。"则万人为一军。《管子·小匡篇》说军队组织之法正如此。五人为伍，五十人为小戎，二百人为卒，二千人为旅，万人一军。《白虎通义·三军篇》说："虽有万人，犹谦让，自以为不足，故复加二千人。"亦以一军为本万人。《说文》以四千人为一军，则据既加二千人后立说。《穀梁》襄公十一年，"古者天子六师，诸侯一军"，这个军字，和师字同义。变换其字面，以免重复，古书有此文法。一师当得二千人。《公羊》隐公五年何《注》："二千五百人称师，天子六师，方伯二师，诸侯一师。""五百"两字必后人据《周官》说妄增。然则古文家所说的军队组织，较今文家扩充了，人数增多了。此亦今文家所说制度，代表较早的时期，古文家说，代表较晚的时期的一证。

当兵的一部分人，居于山险之地，山险之地，是行畦田之制的，而《司马法》所述赋法，都以井田之制为基本，如此，当兵的义务，就扩及全国人了。《司马法》之说，已见第八章，兹不再引。按《司马法》以终十为同，同方百里，同十为封，封十为畿，畿方千里。如前一说：一封当得车千乘，士万人，徒二万人；一畿当得车万乘，士十万人，徒二十万人。后一说：一同百里，提封万井，除山川、沈斥、城池、邑居、园囿、术路外，定出赋的六千四百井，所以有戎马四百匹，兵车百乘。一封有戎马四千匹，兵车千乘。一畿有戎马四万匹，兵车万乘。见于《汉书·刑法志》。若计其人数，则一同七千五百，一封七万五千，一畿七十五万。《史记·周本纪》说：牧野之战，纣发卒七十万人，以拒武王。《孙子·用间篇》说："内外骚动，殆于道路，不得操事者，七十万家。"都系本此以立说。

《司马法》之说，固系学者所虚拟，亦必和实际的制度相近。春秋时，各国用兵，最多不过数万。至战国时，却坑降斩级，动以万计。此等记载，必不能全属子虚，新增的兵，从何处来呢？我们看《左氏》成公二年，记齐顷公鞌战败北逃回去的时候，"见保者曰：勉之，齐师败矣。"可见其时正式的军队虽败于外，各地方守御之兵仍在。而《战国策》载苏秦说齐宣王之言，说"韩魏战而胜秦，则兵半折，四竟不守；战而不胜，国以危亡随其后"，可见各地方守御之兵，都已调出去，充作正式军队了。这是战国时兵数骤增之由。在中国历史上，真正全国皆兵的，怕莫此时若了。

秦汉统一以后，全国皆兵之制，便开始破坏。《汉书·刑法志》说："天下既定，蹑秦而置材官于郡国。"《后汉书·光武纪》《注》引《汉官仪》建武七年说："高祖令天下郡国，选能引关、蹶张、材力武猛者，以为轻车骑士、材官、楼船。常以立秋后讲肄课试。"则汉兵制实沿自秦。《汉书·高帝纪》《注》引

《汉仪注》二年说："民年二十三为正，一岁为卫士，一岁为材官骑士，习射御骑驰战陈，年五十六衰老，乃得免为庶民，就田里。"《昭帝纪》《注》引_{如淳说}元凤四年"更有三品，有卒更，有践更，有过更。古者正卒无常，人皆当迭为之，是为卒更。贫者欲得雇更钱者，次直者出钱雇之，月二千，是为践更。天下人皆直戍边三日，亦名为更，律所谓繇戍也。不可人人自行三日戍，又行者不可往便还，因便住，一岁一更，诸不行者，出钱三百入官，官以给戍者，是为过更。"此为秦汉时人民服兵役及戍边之制。法虽如此，事实上已不能行。

晁错说秦人谪发之制，先发吏有谪及赘婿、贾人，后以尝有市籍者，又后以大父母、父母尝有市籍者，后入闾取其左。见《汉书》本传，此即汉世所谓七科谪。见《汉书·武帝纪》天汉四年《注》引张晏说。二世时，山东兵起，章邯亦将骊山徒免刑以击之。则用罪人为兵，实不自汉代始。汉自武帝初年以前，用郡国兵之时多，武帝中年以后，亦多用谪发。此其原因，乃为免得扰动平民起见。《贾子书·属远篇》说："古者天子地方千里，中之而为都，输将繇使，远者不五百里而至。公侯地百里，中之而为都，输将繇使，远者不五十里而至。秦输将起海上，一钱之赋，十钱之费弗能致。"此为古制不能行的最大原因。

封建时代，人民习于战争，征戍并非所惧。然路途太远，旷日持久，则生业尽废。又《史记·货殖传》说，七国兵起，长安中列侯封君行从军旅，赍贷子钱。则当时从军的人，所赍川资亦甚巨。列侯不免借贷，何况平民？生业尽废，再重以路途往来之费，人民在经济上，就不堪负担了。这是物质上的原因。至于在精神上，小国寡民之时，国与民的利害，较相一致，至国家扩大时，即不能尽然，何况统一之后？王恢说战国时一代国之力，即可以制匈奴。见《汉书·韩安国传》。而秦汉时骚动全国，究竟宣、元时匈奴之来朝，还是因其内乱之故，即由于此。

在物质方面，人民的生计，不能不加以顾恤；在精神方面，当时的用兵，不免要招致怨恨；就不得不渐废郡国调发之制，而改用谪发、谪戍了。这在当时，亦有令农民得以专心耕种之益。然合前后而观之，则人民因此而忘却当兵的义务，而各地方的武备，也日益空虚了。所以在政治上，一时的利害，有时与永久的利害，是相反的。调剂于两者之间，就要看政治家的眼光和手腕了。

民兵制度的破坏，形式上是在后汉光武之时的。建武六年，罢郡国都尉官。七年，罢轻车骑士、材官、楼船。自此各郡国遂无所谓兵备了。后来有些紧要的去处，亦复置都尉。又有因乱事临时设立的。然不是经常、普遍的制度。而外强中弱之机，亦于此时开始。汉武帝置七校尉，中有越骑、胡骑，及长水。见《汉书·百官公卿表》。长水，颜师古云：胡名。其时用兵，亦兼用属国骑等，然不恃为主要的兵力。后汉光武的定天下，所靠的实在是上谷、渔阳的兵，边兵强而内地弱的机械，肇见于此。

安帝以后，羌乱频仍，凉州一隅，迄未宁静，该地方的羌、胡，尤强悍好斗。中国人好斗的性质，诚不能如此等浅演的降夷，然战争本不是单靠野蛮好杀的事。以当时中国之力，谓不足以制五胡的跳梁，绝无此理。五胡乱华的原因，全由于中国的分裂。分裂之世，势必军人专权，专权的军人，初起时或者略有权谋，或则有些犷悍的性质。然到后来，年代积久了，则必入于骄奢淫佚。一骄奢淫佚，则政治紊乱，军纪腐败，有较强的外力加以压迫，即如山崩川溃，不可复止。西晋初年，君臣的苟安、奢侈，正是军阀擅权的结果，五胡扰乱的原因。

五胡乱华之世，是不甚用中国人当兵的。说已见第四章。其时用汉兵的，除非所需兵数太多，异族人数不足，乃调发以充数。如石虎伐燕，苻秦寇晋诸役是。这种军队，自然不会有什么战斗力的。军队所靠的是训练。当时的五胡，既不用汉人做主方的军队，自然无所谓训练。《北齐书·高昂传》说：高祖讨尒朱兆于韩陵，昂自领乡人部曲三千人。高祖曰："高都督纯将汉儿，恐不济事，今当割鲜卑兵千余人，共相参杂，于意如何？"昂对曰："敕曹所将部曲，练习已久，前后战斗，不减鲜卑。今若杂之，情不相合。愿自领汉军，不烦更配。"高祖然之。及战，高祖不利，反借昂等以致克捷。可见军队只重训练，并非民族本有的强弱。所以从刘石倡乱以来，至于南北朝之末，北方的兵权，始终在异族手里。这是汉族难于恢复的大原因。不然，五胡可乘的机会，正多着呢。然则南方又何以不能乘机北伐？此则仍由军人专横，中央权力不能统一之故。试看晋朝东渡以后，荆、扬两州的相持，宋、齐、梁、陈之世，中央和地方政府互相争斗的情形，便可知道。

北强南弱之势，是从东晋后养成的。三国以前，军事上的形势，是北以持重胜，南以剽悍胜。论军队素质的佳良，虽南优于北，论社会文明的程度，则北优于南，军事上胜败的原因，实在于此。后世论者，以为由于人民风气的强弱，实在是错误的。秦虽并六国，然刘邦起沛，项籍起吴，卒以亡秦，实在是秦亡于楚。所以当时的人，还乐道南公"亡秦必楚"之言，以为应验。刘项成败，原因在战略上，不关民气强弱，是显而易见的。吴、楚七国之乱，声势亦极煊赫，所以终于无成，则因当时天下安定，不容有变，而吴王又不知兵之故。孙策、孙权、周瑜、鲁肃、诸葛恪、陆逊、陆抗等，以十不逮一的土地人民，矫然与北方相抗，且有吞并中原之志，而魏亦竟无如之何，均可见南方风气的强悍。

东晋以后，文明的重心，转移于南，训卒厉兵，本可于短期间奏恢复之烈。所以终无成功，而南北分裂，竟达于二百六十九年之久，其结果且卒并于北，则全因是时，承袭汉末的余毒，（一）士大夫衰颓不振，（二）军人拥兵相猜，而南方的政权，顾全在此等北来的人手中之故。试设想：以孙吴的君臣，移而置之于东晋，究竟北方能否恢复？便可见得。"洒落君臣契，飞腾战伐名"，无怪杜甫要对吕蒙营而感慨了。经过这长时期的腐化，而南弱的形势遂成。而北方当是时，则因长期的战斗，而造成一武力重心。

赵翼《廿二史札记》有一条，说周、隋、唐三代之祖，皆出武川，可见自南北朝末至唐初，武力的重心，实未曾变。按五胡之中，氐、羌、羯民族皆小，强悍而人数较多的，只有匈奴、鲜卑。匈奴久据中原之地，其形势实较鲜卑为佳。但其人太觉凶暴，羯亦然。被冉闵大加杀戮后，其势遂衰。此时北方之地，本来即可平靖。然自东晋以前，虎斗龙争，多在今河北、河南、山东、山西、陕西数省境内。辽宁、热、察、绥之地，是比较安静的。鲜卑人休养生息于此，转觉气完力厚。当时的鲜卑人，实在是乐于平和生活，不愿向中原侵略的。所以北魏平文帝、昭成帝两代，都因要南侵为其下所杀。见《魏书·序纪》。然到道武帝，卒肆其凶暴，强迫其下，侵入中原。道武帝伐燕，大疫，群下咸思还北。帝曰："四海之人，皆可与为国，在吾所以抚之耳，何恤乎无民？"群臣乃不敢复言，见《魏书·本纪》皇始二年。按《序纪》说：穆帝"明刑峻法，诸部民多以违命得罪。凡后期者，皆举部戮之。或有室家相携，而赴死所。人问何之？答曰：当往就诛"。其残酷如此。道武帝这话，已经给史家文饰得很温婉的了。若照他的原语，记录下来，那便是"你们要回去，我就要把你们全数杀掉"。所以群臣不敢复言了。此时割据中原的异族，既已奄奄待毙，宋武帝又因内部矛盾深刻，不暇经略北方，北方遂为所据。然自孝文帝南迁以前，元魏立国的重心，仍在平城。属于南方的侵略，仅是发展问题，对于北方的防御，却是生死问题，所以要于平城附近设六镇，以武力为拱卫。南迁以后，因待遇的不平等，而酿成六镇之乱。因六镇之乱而造成一个尔朱氏。连高氏、贺拔氏、宇文氏等，一齐带入中原。龙争虎斗者，又历五六十年，然后统一于隋。

隋、唐先世，到底是汉族还是异族，近人多有辩论。然民族是论文化的，不是论血统的。近人所辩论的，都是血统问题，在民族斗争史上，实在无甚意义。至于隋、唐的先世，曾经渐染胡风，也是武川一系中的人物，则无可讳言。所以自尔朱氏之起至唐初，实在是武川的武力，在政治舞台上活跃的时代。要到唐贞观以后，此项文化的色彩，才渐渐淡灭。唐初的隐太子、巢刺王、常山愍王等，还都系带有胡化色彩的人。五胡乱华的已事，虽然已成过去，然在军事上，重用异族的风气，还有存留。试看唐朝用蕃将蕃兵之多，便可明白。

论史者多以汉唐并称。论唐朝的武功，其成就，自较汉朝为尤大。然此乃世运为之。主要的是中外交通的进步。若论军事上的实力，则唐朝何能和汉朝比？汉朝对外的征讨，十之八九是发本国兵出去打的，唐朝则多是以夷制夷。这以一时论，亦可使中国的人民减轻负担，然通全局而观之，则亦足以养成异族强悍，汉族衰颓之势。安禄山之所以蓄意反叛，沙陀突厥之所以横行中原，都由于此。就是宋朝的始终不振，也和这有间接的关系。因为久已柔靡的风气，不易于短时期中训练之使其变为强悍。而唐朝府兵的废坏，亦和其搁置不用，很有关系的。

府兵之制起于周。籍民为兵，蠲其租调，而令刺史以农隙教练。分为百府，每府以一郎将主之，而分属于二十四军。当时以一柱国主二大将，一将军统二开府，开府各领一军。其众合计不满五万。隋、唐皆沿其制，而分属于诸卫将军。唐制，诸府皆称折冲府。各置折冲都尉，而以左右果毅校尉副之。上府兵一千二百人，中府千人，下府八百人。民年二十服兵役，六十而免。全国六百三十四府，在关中的有二百六十一府，以为强干弱枝之计。

府兵之制：平时耕以自养。战时调集，命将统之。师还则将上所佩印，兵各还其府。（一）无养兵之费，而有多兵之用。（二）兵皆有业之民，无无家可归之弊。（三）将帅又不能拥兵自重。这是与藩镇之兵及宋募兵之制相较的优点。从前的论者多称之。但兵不唯其名，当有其实。唐朝府兵制度存在之时，得其用者甚少。此固由于唐时征讨，多用蕃兵，然府兵恐亦未足大用。其故，乃当时的风气使之，而亦可谓时势及国家之政策使之。

兵之精强，在于训练。主兵者之能勤于训练，则在预期其军队之有用。若时值承平，上下都不以军事为意，则精神不能不懈弛；精神一懈弛，训练自然随之而废了。所以唐代府兵制度的废坏，和唐初时局的承平，及唐代外攘，不甚调发大兵，都有关系。高宗、武后时，业已名存实亡。到玄宗时，就竟不能给宿卫了。唐时宿卫之兵，都由诸府调来，按期更换，谓之"番上"。番即现在的班字。时相张说，知其无法整顿，乃请宿卫改用募兵，谓之彍骑，自此诸府更徒存虚籍了。

唐初边兵屯戍的，大的称军，小的称城镇守捉，皆有使以主之。统属军、城镇守捉的曰道。道有大总管，后改称大都督。大都督带使持节的，人称之为节度使。睿宗后遂以为官名。唐初边兵甚少。武后时，国威陵替。北则突厥，东北则奚、契丹，西南则吐蕃皆跋扈。玄宗时，乃于边陲置节度使，以事经略。而自东北至西北边之兵尤强。天下遂成偏重之势。安禄山、史思明皆以胡人而怀野心，卒酿成天宝之乱。乱后藩镇遂遍于内地。其中安史余孽，唐朝不能彻底铲除亦皆授以节度使。诸镇遂互相结约，以土地传子孙，不奉朝廷的命令。肃、代两世，皆姑息养痈。德宗思整顿之，而兵力不足，反召朱泚之叛。后虽削平朱泚，然河北、淮西，遂不能问。宪宗以九牛二虎之力，讨平淮西，河北亦闻风自服。然及穆宗时，河北即复叛。自此终唐之世，不能戡定了。

唐朝藩镇，始终据土自专的，固然只有河北。然其余地方，亦不免时有变乱。且即在平时，朝廷指挥统驭之力，亦总不甚完全。所以肃、代以还，已隐伏分裂之势。至黄巢乱后，遂溃绝不可收拾。然藩镇固能梗命，而把持中央政府，使之不能振作的，则禁军之患，尤甚于藩镇。禁军是唐初从征的兵，无家可归的。政府给以渭北闲田，留为宿卫。号称元从禁军。此本国家施恩之意，并非仗以战斗。玄宗时破吐蕃，于临洮之西置神策军。安史之乱，军使成如璆遣将卫伯玉率千人入援，屯于陕州。后如璆死，神策军之地，陷于吐蕃，乃即以伯玉为神策军节度使，仍屯于陕，而中官鱼朝恩以观军容使监其军。伯玉死，军遂统于朝恩。代宗时，吐蕃陷长安，代宗奔陕，胡思以神策军扈从还京。其后遂列为禁军，京西多为其防地。德宗自奉天归，怀疑朝臣，以中官统其军。其时边兵赏赐甚薄，而神策军颇为优厚，诸将遂多请遥隶神策军，军额扩充至十五万。中官之势，遂不可制。"自穆宗以来八世，而为宦官所立者七君。"《唐书·僖宗纪》赞语。参看《廿二史札记·唐代宦官之祸》条。顺宗、文宗、昭宗皆以欲诛宦官，但或遭废杀，或见幽囚。当时的宦官，已成非用兵力不能铲除之势。然在宦官监制之下，朝廷又无从得有兵力。文宗时，郑注欲夺宦官之兵而败。昭宗欲自练兵以除宦官而败。召外兵，则明知宦官除而政权将入除宦官者之手，所以其事始终无人敢为。然相持至于唐末，卒不得不出于此一途。于是宦官尽而唐亦为朱梁所篡了。

宦官之祸，是历代多有的，拥兵为患的，却只有唐朝。后汉末，蹇硕欲图握兵，旋为何进所杀。总之，政权根本之地，不可有拥兵自重的人，宦官亦不过其中之一罢了。

禁兵把持于内，藩镇偃蹇于外，唐朝的政局，终已不可收拾，遂分裂而为五代十国。唐时的节度使，虽不听政府的命令，而亦不能节制其军队。军队不满意于节度使，往往哗变而杀之，而别立一人。政府无如之何，只得加以任命。狡黠的人，遂运动军士，杀军帅而拥戴自己。即其父子兄弟相继的，亦非厚加赏赐，以饵其军士不可。凡此者，殆已成为通常之局。所谓"地擅于将，将擅于兵"。五代十国，唯南平始终称王，余皆称帝，然论其实，则仍不过一节度使而已。宋太祖黄袍加身，即系唐时拥立节度使的故事，其余证据，不必列举。事势至此，固非大加整顿不可。所以宋太祖务要削弱藩镇，而加强中央之兵。

宋朝的兵制，兵之种类有四：曰禁军，是为中央军，均属三衙。曰厢军，是为地方兵，属于诸州。曰乡兵，系民兵，仅保卫本地方，不出戍。曰蕃兵，则系异族团结为兵，而用乡兵之法的。太祖用周世宗之策，将厢军之强者，悉升为禁军，其留为厢军者，不甚教阅，仅堪给役而已。乡兵、蕃兵，本非国家正式的军队，可以弗论。所以武力的重心，实在于禁军。全国须戍守的地方，乃遣禁军更番前往，谓之"番戍"。

昔人议论宋朝兵制的，大都加以诋毁。甚至以为唐朝的所以强，宋朝的所以弱，即由于藩镇的存废。这真是瞽目之谈。唐朝强盛时，何尝有什么藩镇？到玄宗设立藩镇时，业已因国威陵替，改取守势了。从前对外之策，重在防患未然。必须如汉之设度辽将军、西域都护，唐之设诸都护府，对于降伏的部落，（一）监视其行动，（二）通达其情意，（三）并处理各部族间相互的关系。总而言之，不使其（一）互相并吞，（二）坐致强大，是为防患未然。其设置，是全然在夷狄境内，而不在中国境内的，此之谓"守在四夷"。是为上策。经营自己的边境，已落第二义了。然果其士马精强，障塞完固，中央的军令森严，边将亦奉令维谨，尚不失为中策。若如唐朝的藩镇擅土，则必自下策而入于无策的。因为军队最怕的是骄，骄则必不听命令，不能对外而要内讧；内讧势必引外力以为助；这是千古一辙的。以唐朝幽州兵之强，而不能制一契丹，使其坐大；藩镇遍于内地，而黄巢横行南北，如入无人之境，卒召沙陀之兵，然后把他打平；五代时，又因中央和藩镇的内讧，而引起契丹的侵入；都是铁一般强、山一般大的证据。藩镇的为祸为福，可无待于言了。

宋朝的兵，是全出于招募的，和府兵之制相反，论者亦恒右唐而左宋，这亦是耳食之谈。募兵之制，虽有其劣点，然在经济上及政治上，亦自有其相当的价值。天下奸悍无赖之徒，必须有以销纳之，最好是能惩治之、感化之，使改变其性质，此辈在经济上，即是所谓"无赖"，又其性质，不能勤事生产，欲惩治之、感化之极难。只有营伍之中，规律最为森严，或可约束之，使之改变。此辈性行虽然不良，然苟能束之以纪律，其战斗力，不会较有身家的良民为差，或且较胜。利用养兵之费，销纳其一部分，既可救济此辈生活上的无赖，而饷项亦不为虚糜。假若一个募兵，在伍的年限，是十年到二十年，则其人已经过长期的训练；裁遣之日，年力就衰，大多数的性质，必已改变，可以从事于生产，变作一个良民了。

以经济原理论，本来宜于分业，平民出饷以养兵，而于战阵之事，全不过问，从经济的立场论，是有益无损的。若谓行募兵之制，则民不知兵，则举国皆兵，实至今日乃有此需要。在昔日，兵苟真能御敌，平民原不须全体当兵。所以说募兵之制，在经济上和政治上，自有其相当的价值。宋代立法之时，亦自有深意。不过所行不能副其所期，遂至利未形而害已见罢了。

宋朝兵制之弊在于：（一）兵力的逐渐腐败。（二）番戍之制：（甲）兵不知将，将不知兵，既不便于指挥统驭。（乙）而兵士居其地不久，既不熟习地形；又和当地的人民，没有联络。（丙）三年番代一次，道途之费，却等于三年一次出征。（三）而其尤大的，则在带兵的人，利于兵多，（子）既可缺额刻饷以自肥，（丑）又可役使之以图利。乞免者既不易得许；每逢水旱偏灾，又多以招兵为救荒之策；于是兵数递增。宋开国之时，不满二十万。太祖末年，已增至三十七万。太宗末年，增至六十六万。真宗末年，增至九十一万。仁宗时，西夏兵起，增至一百二十五万。后虽稍减，仍有一百一十六万。欧阳修说："天下之财，近门淮甸，远至吴、楚，莫不尽取以归京师。晏然无事，而赋敛之重，至于不可复加。"养兵之多如此，即使能战，亦伏危机，何况并不能战，对辽、对夏，都是隐忍受侮；而西夏入寇时，仍驱乡兵以御敌呢？

当时兵多之害，人人知之，然皆顾虑召变而不敢裁。直至王安石出，才大加淘汰。把不任禁军的降为厢军，不任厢军的免为民。兵额减至过半。又革去番戍之制，择要地使之屯驻，而置将以统之。以第一、第二为名，全国共九十一将。安石在军事上，虽然无其成就，然其裁兵的勇气，是值得称道的。唯其所行民兵之制，则无甚成绩，而且有弊端。

王安石民兵之法，是和保伍之制连带的。他立保甲之法，以十家为一保，设保长。五十家为一大保，设大保长。五百家为一都保，设都保正副。家有两丁的，以其一为保丁。其初日轮若干人儆盗。后乃教以武艺，籍为民兵。民兵成绩，新党亦颇自诩。如《宋史》载章惇之言，谓"仕宦及有力之家，子弟欣然趋赴，马上艺事，往往胜诸军"之类。然据《宋史》所载司马光、王岩叟的奏疏，则其（一）有名无实，以及（二）保正长、巡检使等的诛求，真是暗无天日。我们不敢说新党的话全属子虚，然这怕是少数，其大多数，一定如旧党所说的。因为此等行政上的弊窦，随处可以发现。

民兵之制，必要的条件有二：（一）为强敌压迫于外。如此，举国上下，才有忧勤惕厉的精神，民虽劳而不怨。（二）则行政上的监督，必须严密。官吏及保伍之长，才不敢倚势虐民。当时这两个条件，都是欠缺的，所以不免弊余于利。至于伍保之法，起源甚古。《周官》大司徒说："令五家为比，使之相保。五比为闾，使之相受。四闾为族，使之相葬。五族为党，使之相救。五党为州，使之相赒。五州为乡，使之相宾。"这原和《孟子》"死徙无出乡，乡田同井，出入相友，守望相助，疾病相扶持"之意相同，乃使之互相救恤。商君令什伍相司同伺连坐，才使之互相稽察。前者为社会上固有的组织，后者则政治上之所要求。此唯乱时可以行之。在平时，则犯大恶者，如谋反叛逆之类。非极其秘密，即徒党众多，声势浩大；如江湖豪侠之类。或其人特别凶悍，为良民所畏；如土豪劣绅之类。必非人民所能检举。若使之检举小恶，则徒破坏社会伦理，而为官吏开敲诈之门，其事必不能行。所以自王安石创此法后，历代都只于乱时用以清除奸轨，在平时总是有名无实，或并其名而无之的。伍保之法，历代法律上本来都有，并不待王安石的保甲，然亦都不能行。

裁募兵，行民兵，是宋朝兵制的一变。自此募兵之数减少。元祐时，旧党执政，民兵之制又废。然募兵之额，亦迄未恢复。徽宗时，更利其缺额，封桩其饷，以充上供，于是募兵亦衰。至金人入犯，以陕西为著名多兵之地，种师道将以入援，仅得一万五千人而已。以兵多著名的北宋，而其结果至于如此，岂非奇谈？

南渡之初，军旅寡弱。当时诸将之兵，多是靠招降群盗或召募，以资补充的。其中较为强大的，当推所谓御前五军。杨沂中为中军，总宿卫。张俊为前军，韩世忠为后军，岳飞为左军，刘光世为右军，皆屯驻于外。是为四大将。光世死，其军叛降伪齐。一部分不叛的，归于张俊。以四川吴玠之军补其缺。其时岳飞驻湖北，韩世忠驻淮东，张俊驻江东，皆立宣抚司。宗弼再入犯，秦桧决意言和，召三人入京，皆除枢密副使，罢三宣抚司，以副校统其兵，称为统制御前军马。驻扎之地仍旧，谓之某州驻扎御前诸军。四川之兵，亦以御前诸军为号。直达朝廷，帅臣不得节制。其饷，则特设总领以司之，不得自筹。其事略见《文献通考·兵考》。

北族在历史上，是个侵略民族。这是地理条件所决定的。在地理上，（一）瘠土的民族，常向沃土的民族侵略。（二）但又必具有地形平坦，利于集合的条件。所以像天山南路，沙漠绵延，人所居住的，都是星罗棋布的泉地，像海中的岛屿一般；又或仰雪水灌溉，依天山之麓而建国；以至青海、西藏，山岭崎岖，交通太觉不便；则土虽瘠，亦不能成为侵略民族。历史上侵掠的事实，以蒙古高原为最多，而辽、吉二省间的女真，在近代，亦曾两度成为侵略民族。这是因为蒙古高原，地瘠而平，于侵掠的条件，最为完具。而辽、吉两省，地形亦是比较平坦的；且与繁荣的地方相接近，亦有以引起其侵略之欲望。

北族如匈奴、突厥等，虽然强悍，初未尝侵入中国。五胡虽占据中国的一部分，然久居塞内，等于中国的乱民，而其制度亦无足观。只有辽、金、元、清四朝，是以一个异民族的资格，侵入中国的；而其制度，亦和中国较有关系。今略述其事如下。

四朝之中，辽和中国的关系最浅。辽的建国，系合部族及州县而成。部族是他的本族和所征服的北方的游牧民族。州县则取自中国之地。其兵力，亦是以部族为基本的。部族的离合，及其所居之地，都系由政府指定，不能自由。其人民全体皆隶兵籍。当兵的素质，极为佳良。《辽史》称其"各安旧风，狃习劳事，不见纷华异物而迁。故能家给人足，戎备整完。卒之虎视四方，强朝弱附，部族实为之爪牙"，可谓不诬了。但辽立国虽以部族为基本，而其组织军队，亦非全不用汉人。世徒见辽时的五京乡丁，只保卫本地方，不出戍，以为辽朝全不用汉人做正式军队，其实不然。辽制有所谓宫卫军者，每帝即位，辄置之。出则扈从，入则居守，葬则因以守陵。计其丁数，凡有四十万八千，出骑兵十万一千。所谓不待调发州县部族，而十万之兵已具。这是辽朝很有力的常备军。然其置之也，则必"分州县，析部族"。又太祖征讨四方，皇后述律氏居守，亦摘蕃汉精锐三十万为属珊军。可见辽的军队中，亦非无汉人了。此外辽又有所谓大首领部族军，乃亲王大臣的私甲，亦可率之以从征。国家有事，亦可向其量借。又北方部族，服属于辽的，谓之属国，亦得向其量借兵粮。

契丹的疆域颇大，兵亦颇多而强，但其组织不坚凝。所以天祚失道，金兵一临，就土崩瓦解。这不是辽的兵力不足以御金，乃是并没有从事于抵御。其立国本无根柢，所以土崩瓦解之后，亦就更无人从事于复国运动。耶律大石虽然有意于恢复，在旧地，亦竟不能自立了。

金朝的情形，与辽又异。辽虽风气敦朴，然畜牧极盛，其人民并不贫穷的。金则起于瘠土，人民非常困穷。然亦因此而养成其耐劳而好侵掠的性质。《金史》说其"地狭产薄，无事苦耕，可致衣食；有事苦战，可致俘获"，可见其侵掠的动机了。金本系一小部族，其兵全系集合女真诸部族而成。战时的统帅，即系平时的部长。在平时称为孛堇，战时则称为猛安谋克。猛安译言千夫长，谋克译言百夫长，这未必真是千夫和百夫，不过依其众寡，略分等级罢了。金朝的兵，其初战斗力是极强的，但迁入中原之后，腐败亦很速。看《廿二史札记·金用兵先后强弱不同》一条，便可知道。金朝因其部落的寡少，自伐宋以后，即参用汉兵。其初契丹、渤海、汉人等，投降金朝的，亦都授以猛安谋克。女真的猛安谋克户，杂居汉地的，亦听其与契丹、汉人相婚姻，以相固结。熙宗以后，渐想把兵柄收归本族。于是罢汉人和渤海人猛安谋克的承袭。移刺窝斡乱后，又将契丹户分散，隶属于诸猛安谋克。世宗时，将猛安谋克户移入中原，其人既已腐败到既不能耕，又不能战，而宣宗南迁，仍倚为心腹，外不能抗敌，而内敛怨于民。

金朝的速亡，实在是其自私本族，有以自召之的。总而言之：文明程度落后的民族，与文明程度较高的民族遇，是无法免于被同化的。像金朝、清朝这种用尽心机，而仍不免于灭亡，还不如像北魏孝文帝一般，自动同化于中国的好。

元朝的兵制，也是以压制为政策的。其兵出于本部族的，谓之蒙古军。出于诸部族的，谓之探马赤军。既入中原后，取汉人为军，谓之汉军。其取兵之法，有以户论的，亦有以丁论的。兵事已定之后，曾经当过兵的人，即定入兵籍，子孙世代为兵。其贫穷的，将几户合并应役。甚贫或无后的人，则落其兵籍，别以民补。此外无他变动。其灭宋所得的兵，谓之新附军。带兵的人，"视兵数之多寡，为爵秩之崇卑"，名为万户、千户、百户。皆分上、中、下。初制，万户、千户死阵者，子孙袭职，死于病者降一等。后来不论大小及身故的原因，一概袭职。所以元朝的军官，可视为一个特殊阶级。世祖和二三大臣定计：使宗王分镇边徼及襟喉之地。河、洛、山东，是他们所视为腹心之地，用蒙古军、探马赤军戍守。江南则用汉军及新附军，但其列城，亦有用万户、千户、百户戍守的。

元朝的兵籍，汉人是不许阅看的。所以占据中国近百年，无人知其兵数。观其屯戍之制，是很有深心的。但到后来，其人亦都入洪炉而俱化。末叶兵起时，宗王和世袭的军官，并不能护卫他。

元朝以异族入据中国，此等猜防之法，固然无怪其然。明朝以本族人做本族的皇帝，却亦暗袭其法，那就很为无谓了。

明制：以五千六百人为卫。一千一百十二人为千户所，一百十二人为百户所。什伍之长，历代都即在其什伍之人数内，明朝则在其外。每一百户所，有总旗二人，小旗十人，所以共为一百十二人。卫设都指挥使，隶属于五军都督府。兵的来路有三种：第（一）种从征，是开国时固有的兵。第（二）种归附，是敌国兵投降的。第（三）种谪发，则是刑法上罚令当兵的，俗话谓之"充军"。从征和归附，固然是世代为兵，谪发亦然。身死之后，要调其继承人，继承人绝掉，还要调其亲族去补充的，谓之"句丁"。这明是以元朝的兵籍法为本，而加以补充的。五军都督府，多用明初勋臣的子孙，也是模仿元朝军官世袭之制。

治天下不可以有私心。有私心，要把一群人团结为一党，互相护卫，以把持天下的权利，其结果，总是要自受其害。军官世袭之制，后来腐败到无可挽救，即其一端。金朝和元朝，都是异族，他们社会进化的程度本浅，离封建之世未远，猛安谋克和万户千户百户，要行世袭之制，还无怪其然。明朝则明是本族人，却亦重视开国功臣的子孙，把他看作特别阶级，其私心就不可恕了。

抱封建思想的人，总以为某一阶级的人，其特权和权利，既全靠我做皇帝才能维持，他们一定会拥护我。所以把这一阶级的人看得特别亲密。殊不知这种特权阶级，到后来荒淫无度，知识、志气都没有了，何谓权利？怕他都不大明白。明白了；明白什么是自己的权利了；明白自己的权利，如何才得维持了；因其懦弱无用，眼看着他人抢夺他的权利，他亦无如之何。所谓贵戚世臣，理应与国同休戚的，却从来没有这回事，即由于此。

武力是不能持久的。持久了，非腐败不可。这其原因，由于战争是社会的变态而非其常态。变态是有其原因的，原因消失了，变态亦即随之而消失。所以从历史上看来，从没有一支真正强盛到几十年的军队。因不遇强敌，甚或不遇战事，未至溃败决裂，是有的。然这只算是侥幸。极强大的军队，转瞬化为无用，这种事实，是举不胜举的。以宋武帝的兵力，而到文帝时即一蹶不振，即其一例。又如明末李成梁的兵力，亦是不堪一击的，侥幸他未与满洲兵相遇罢了。然而军事的败坏，其机实隐伏于成梁之时，这又是其一例。军队的腐败，其表现于外的，在精神方面，为士气的衰颓；在物质方面，则为积弊的深痼；虽有良将，亦无从整顿，非解散之而另造不可。世人不知其原理，往往想就军队本身设法整顿，其实这是无法可设的。因为军队是社会的一部分，不能不受广大社会的影响。在社会学上，较低的原理，是要受较高的原理的统驭的。"兵可百年不用，不可一日无备"，这种思想，亦是以常识论则是，而经不起科学评判的。因为到有事时，预备着的军队，往往无用，而仍要临时更造。府兵和卫所，是很相类的制度。府兵到后来，全不能维持其兵额。明朝对于卫所的兵额，是努力维持的，所以其缺额不至如唐朝之甚。然以多数的兵力，对北边，始终只能维持守势；现在北边的长城，十分之九，都是明朝所造。末年满洲兵进来，竟尔一败涂地；则其兵力亦有等于无。此皆特殊的武力不能持久之证。

清朝太祖崛起，以八旗编制其民。太宗之世，蒙古和汉人归降的，亦都用同一的组织。这亦和金朝人以猛安谋克授渤海、汉人一样。中国平定之后，以八旗兵驻防各处，亦和金朝移猛安谋克户于中原，及元朝镇戍之制，用意相同。惟金代的猛安谋克户，系散居于民间；元朝万户分驻各处，和汉人往来，亦无禁限。清朝驻防的旗兵，则系和汉人分城而居的，所以其冲突不如金、元之烈。但其人因此与汉人隔绝，和中国的社会，全无关系，到末造，要筹画旗民生计，就全无办法了。清代的汉兵，谓之绿旗，亦称绿营。

中叶以前的用兵，是外征以八旗为主，内乱以绿营为主的。八旗兵在关外时，战斗之力颇强。中国军队强悍的，亦多只能取守势，野战总是失利时居多。洪承畴松山之战，是其一例。然入关后腐败亦颇速。三藩乱时，八旗兵已不足用了。自此至太平天国兴起时，内地粗觉平安，对外亦无甚激烈的战斗。武功虽盛，实多侥天之幸。所以太平军一起，就势如破竹了。

中国近代，历史上有两种潮流潜伏着。推波助澜，今犹未已，非通观前后，是不能觉悟出这种趋势来的。这两种潮流：其（一）是南方势力的兴起。南部数省，向来和大局无甚关系。自明桂王据云贵与清朝相抗；吴三桂举兵，虽然终于失败，亦能震荡中原；而西南一隅，始隐然为重于天下。其后太平军兴，征伐几遍全国。虽又以失败终，然自清末革命，至国民政府北伐之成功，始终以西南为根据。现在的抗战，还是以此为民族复兴的策源地的。其（二）是全国皆兵制的恢复。自秦朝统一以后，兵民渐渐分离，至后汉之初，而民兵之制遂废，至今已近二千年了。

康有为说，中国当承平时代，是没有兵的。虽亦有称为兵的一种人，其实性质全与普通人民无异。见《欧洲十一国游记》。此之谓有兵之名，无兵之实。旷观历代，都是当需要用兵时，则产生出一支真正的军队来；事过境迁，用兵的需要不存，此种军队，亦即凋谢，而只剩些有名无实的军队，充作仪仗之用了。此其原理，即由于上文所说的战争是社会的变态，原不足怪。但在今日，帝国主义跋扈之秋，非恢复全国皆兵之制，是断不足以自卫的。更无论扶助其他弱小民族了。这一个转变，自然是极艰难。但环境既已如此，决不容许我们的不变。

当中国和欧美人初接触时，全未知道需要改变。所想出来的法子，如引诱他们上岸，而不和他在海面作战；如以灵活的小船，制他笨重的大船等；全是些闭着眼睛的妄论。到咸、同间，外患更深了。所谓中兴将帅，（一）因经验较多，（二）与欧美人颇有相当的接触。才知道现在的局面，非复历史上所有。欲图适应，非有相当的改革不可。于是有造成一支军队以适应时势的思想。设船政局、制造局，以改良器械；陆军则改练洋操；亦曾成立过海军；都是这种思想的表现。即至清末，要想推行征兵制。其实所取的办法，离民兵之制尚远，还不过是这种思想。

民国二十余年，兵制全未革新，且复演了历史上武人割据之局。然时代的潮流，奔腾澎湃，终不容我不卷入旋涡。抗战以来，我们就一步步的，走入举国皆兵之路了。这两种文化，现在还在演变的中途，我们很不容易看出其伟大。然在将来，作历史的人，一定要认此为划时代的大转变，是毫无可疑的。这两种文化，实在还只是一种。不过因为这种转变，强迫着我们，发生一种新组织，以与时代相适应，而时代之所以有此要求，则缘世界交通而起。

在中国，受世界交通影响最早的是南部。和旧文化关系最浅的，亦是南部，受旧文化的影响较浅，正是迎受新文化的一个预备条件。所以近代改革的原动力，全出于南方；南方始终代表着一个开明的势力。太平天国虽然不成气候，湘、淮军诸首领，虽然颇有学问，然以新旧论，则太平天国，仍是代表新的，湘、淮军人物，仍是代表旧的。不过新的还未成熟，旧的也还余力未尽罢了。千回百折，似弱而卒底于有成。

几千年以来，内部比较平安，外部亦无真正大敌。因此，养成中国（一）长期间无兵，只有需要时，才产生真正的军队；（二）而这军队，在全国人中，只占一极小部分。在今日，又渐渐的改变，而走上全国皆兵的路了。而亘古未曾开发的资源，今日亦正在开发。以此广大的资源，供此众多民族之用，今后世界的战争，不更将增加其残酷的程度么？不，战争只是社会的变态。现在世界上战争的残酷，都是帝国主义造成的，这亦是社会的一个变态，不过较诸既往，情形特别严重罢了。变态是决不能持久的。资本的帝国主义，已在开始崩溃了。我们虽有横绝一世的武力，大势所趋，决然要用之于打倒帝国主义之途，断不会加入帝国主义之内，而成为破坏世界和平的一分子。

第十章 刑 法

古代法律的演变

谈中国法律的，每喜考究成文法起于何时。其实这个问题，是无关紧要的。法律的来源有二：一为社会的风俗，一为国家对于人民的要求。前者即今所谓习惯，是不会著之于文字的。然其对于人民的关系，则远较后者为切。

中国刑法之名，有可考者始于夏。《左氏》昭公六年，载叔向写给郑子产的信，说："夏有乱政而作《禹刑》，商有乱政而作《汤刑》，周有乱政而作《九刑》。"这三种刑法的内容，我们无从知其如何，然叔向这一封信，是因子产作刑书而起的。其性质，当和郑国的刑书相类。子产所作的刑书，我们亦无从知其如何，然昭公二十九年，《左氏》又载晋国赵鞅铸刑鼎的事。杜《注》说：子产的刑书，也是铸在鼎上的。虽无确据，然士文伯讥其"火未出而作火以铸刑器"，其必著之金属物，殆无可疑。所能著者几何？而《书经·吕刑》说："墨罚之属千；劓罚之属千；剕罚之属五百；宫罚之属三百；大辟之罚，其属二百；五刑之属三千。"请问如何写得下？然则《吕刑》所说，其必为习惯而非国家所定的法律，很明白可见了。个人在社会之中，必有其所当守的规则。此等规则，自人人如此言之，则曰俗。自一个人必须如此言之，则曰礼。_{故曰礼者，履也。}违礼，就是违反习惯，社会自将加以制裁，故曰："出于礼者入于刑。"

或疑三千条规则，过于麻烦，人如何能遵守？殊不知古人所说的礼，是极其琐碎的。一言一动之微，莫不有其当守的规则。这在我们今日，亦何尝不如此？我们试默数言语动作之间，所当遵守的规则，何减三千条？不过童而习之，不觉得其麻烦罢了。《礼记·礼器》说"曲礼三千"，《中庸》说"威仪三千"，而《吕刑》说"五刑之属三千"，其所谓刑，系施诸违礼者可知。古以三为多数。言千乃举成数之辞。以十言之而觉其少则曰百，以百言之而犹觉其少则曰千，墨劓之属各千，犹言其各居总数三分之一。剕罚之属五百，则言其居总数六分之一。还有六分之一，宫罚又当占其五分之三，大辟占其五分之二，则云宫罚之属三百，大辟之罚其属二百，这都是约略估计之辞。若真指法律条文，安得如此整齐呢？然则古代人民的生活，其全部，殆为习惯所支配是无疑义了。

社会的习惯，是人人所知，所以无待于教。若有国有家的人所要求于人民的，人民初无从知，则自非明白晓谕不可。《周官》布宪，"掌宪邦之刑禁。'宪谓表而县之'，见《周官》小宰《注》。正月之吉，执邦之旌节，以宣布于四方。"而州长、党正、族师、闾胥，咸有属民读法之举。天、地、夏、秋四官，又有县法象魏之文。小宰、小司徒、小司寇、士师等，又有徇以木铎之说。这都是古代的成文法，用言语、文字或图画公布的。在当时，较文明之国，必无不如此。何从凿求其始于何时呢？无从自知之事，未尝有以教之，自不能以其违犯为罪。所以说"不教而诛谓之虐"。《论语·尧曰》。而三宥、三赦之法，或曰不识，或曰遗忘，或曰老旄，或曰蠢愚。《周官》司刺，亦都是体谅其不知的。后世的法律，和人民的生活，相去愈远；其为人民所不能了解，十百倍于古昔；初未尝有教之之举，而亦不以其不知为恕。其残酷，实远过于古代。即后世社会的习惯，责人以遵守的，亦远不如古代的简易。后人不自哀其所遭遇之不幸，而反以古代的法律为残酷，而自诩其文明，真所谓"溺人必笑"了。

刑字有广狭二义：广义包括一切极轻微的制裁、惩戒、指摘、非笑而言。"出于礼者入于刑"，义即如此。曲礼三千，是非常琐碎的，何能一有违犯，即施以惩治呢？至于狭义之刑，则必以金属兵器，加伤害于人身，使其蒙不可恢复的创伤，方足当之。汉人说："死者不可复生，刑者不可复属。" 义即如此。此为刑字的初义，乃起于战阵，施诸敌人及间谍、内奸的，并不施诸本族。所以司用刑之官曰士师，士是战士，士师谓战士之长。曰司寇。《周官》司徒的属官，都可以听狱讼，然所施之惩戒，至于圜土、嘉石而止，见下。其附于刑者必归于士，这正和今日的司法机关和军法审判一般。因为施刑的器具，兵器。别的机关里，是没有的。

刑之施及本族，当系俘异族之人，以为奴隶，其后本族犯罪的人，亦以为奴隶，而侪诸异族，乃即将异族的装饰，施诸其人之身。所以越族断发纹身，而髡和黥，在我族都成为刑罪。后来有暴虐的人，把他推而广之，而伤残身体的刑罚，就日出不穷了。

五刑之名，见于《书经·吕刑》。《吕刑》说："苗民弗用灵，制以刑，惟作五虐之刑曰法。爰始淫为劓、刵、椓、黥。"劓、刵、椓、黥，欧阳、大小夏侯作膑、宫、劓、割头、庶勋。《虞书》标题下《疏》引。膑即制。割头即大辟。庶勋的庶字不可解，勋字即黥字，是无疑义的。然则今本的劓、刵、椓、黥是误字。《吕刑》的五刑，实苗民所创。苗民的民字乃贬辞，实指有苗之君，见《礼记·缁衣疏》引《吕刑》郑《注》。《国语·鲁语》臧文仲说："大刑用甲兵，其次用斧钺。

中刑用刀锯，其次用钻笮。薄刑用鞭朴。大者陈之原野，小者肆之市、朝。"是为"五服三次"。《尧典》说："五刑有服，五服三就。"亦即此。大刑用甲兵，是指战阵。其次用斧钺，是指大辟。中刑用刀锯指劓、腓、宫。其次用钻笮指墨。薄刑用鞭朴，虽非金属兵器，然古人亦以林木为兵；《吕览·荡兵》："未有蚩尤之时，民固剥林木以战矣。"《左氏》僖公二十七年，楚子玉治兵，鞭七人，可见鞭亦军刑。《尧典》："象以典刑。流宥五刑。鞭作官刑。朴作教刑。金作赎刑。"象以典刑，即《周官》的县法象魏。流宥五刑，当即《吕刑》所言之五刑。金作赎刑，亦即《吕刑》所言之法。所以必用金，是因古者以铜为兵器。可见所谓"亏体"之刑，全是源于兵争的。至于施诸本族的，则古语说"教笞不可废于家"，大约并鞭朴亦不能用。最严重的，不过逐出本族之外，是即所谓流刑。《王制》的移郊、移逐、屏诸远方，即系其事。《周官》司寇有圜土、嘉石，皆役诸司空。圜土、嘉石，都是监禁；役诸司空，是罚做苦工，怕已是施诸奴隶的，未必施诸本族了。于此见残酷的刑罚，全是因战争而起的。五刑之中，妇人的宫刑，是闭于宫中，见《周官》司刑郑《注》。其实并不亏体。其余是无不亏体的。《周官》司刑载五刑之名，惟膑作刖，余皆与《吕刑》同。《尔雅·释言》及《说文》，均以刖、刖为一事。惟郑玄《驳五经异义》说："皋陶改膑为刖，周改刖为刖。"段玉裁《说文》髌字《注》说：膑是髌的俗字，乃去膝头骨，刖则汉人之斩趾，其说殊不足据。髌乃生理名词，非刑名。当从陈乔枞说，以刖为斩左趾，刖为并斩右趾为是。见《今文尚书·经说考》。然则五刑自苗民创制以来，至作《周官》之时，迄未尝改。然古代亏体之刑，实并不止此。见于书传的，如斩古称斩谓腰斩。后来战阵中之斩级，事与刑场上的割头异，无以名之，借用腰斩的斩字。再后来，斩字转指割头而言，腰斩必须要加一个腰字了、磔裂其肢体而杀之。《史记·李斯列传》作矺，即《周官》司戮之辜、膊谓去衣磔之，亦见《周官》司戮、车裂亦曰轘、缢《左氏》哀公二年，"绞缢以戮"。绞乃用以缢杀人之绳，后遂以绞为缢杀、焚亦见司戮、烹见《公羊》庄公四年、脯醢等都是。脯醢当系食人之族之俗，后变为刑法的。刵即馘，割耳。亦源于战阵。

《孟子》说文王之治岐也，罪人不孥。《梁惠王下篇》。《左氏》昭公二十二年引《康诰》，亦说父子兄弟，罪不相及。而《书经·甘誓》《汤誓》，都有孥戮之文。可见没入家属为奴婢，其初亦是军法。这还不过没为奴隶而已，若所谓族诛之刑，则亲属都遭杀戮。这亦系以战阵之法，推之刑罚的。因为古代两族相争，本有杀戮俘房之事。强宗巨家，一人被杀，其族人往往仍想报复，为预防后患起见，就不得不加以杀戮了。《史记·秦本纪》：文公二十年，"法初有三族之罪"。父母、兄弟、妻子。此法后相沿甚久。魏晋南北朝之世，政敌被杀的，往往牵及家属。甚至嫁出之女，亦不能免。可见战争的残酷了。

古代的用法，其观念，有与后世大异的。那便是古代的"明刑"，乃所以

"弼教"，"明于五刑，以弼五教"，见《书经·尧典》。而后世则但求维持形式上的互助。人和人的相处，所以能（一）平安无事，（二）而且还可以有进步，所靠的全是善意。苟使人对人，人对社会，所怀挟的全是善意，一定能彼此相安，还可以互相辅助，日进无疆，所做的事情，有无错误，倒是无关紧要的。若其彼此之间，都怀挟敌意，仅以慑于对方的实力，社会的制裁，有所惮而不敢为；而且进而做利人之事，以图互相交换；则无论其所行的事，如何有利于人，有利于社会，根本上总只是商业道德。商业道德，是决无以善其后的。

人，本来是不分人我，不分群己的。然到后来，社会的组织复杂了，矛盾渐渐深刻，人我群己的利害，渐渐发生冲突，人就有破坏他人或社会的利益以自利的。欲救此弊，非把社会阶级彻底铲除不可。古人不知此义，总想以教化来挽回世风。教化之力不足，则辅之以刑罚。所以其用法，完全注重于人的动机。所以说《春秋》断狱重志。《春秋繁露·精华篇》。所以说："听讼吾犹人也，必也使无讼乎？无情者不得尽其辞，大畏民志，此谓知本。"《大学》。此等希望，自然要终成泡影的。法律乃让步到不问人的动机，但要求其不破坏我所要维持的秩序为止。其用心如何，都置诸不问。法律至此，就失其弼教的初意，而只成为维持某种秩序的工具了。于是发生"说官话"的现象。明知其居心不可问，如其行为无可指摘，即亦无如之何。法律至此，乃自成为反社会之物。

有一事，是后世较古代为进步的。古代氏族的界限，还未化除。国家的权力，不能侵入氏族团体之内，有时并不能制止其行动。（一）氏族员遂全处于其族长权力之下。此等风气在家族时代，还有存留。（二）而氏族与氏族间的争斗，亦往往靠实力解决。《左氏》成公三年，知罃被楚国释放的时候，说"首其请于寡君，而以戮于宗，亦死且不朽"。昭公二十一年，宋国的华费遂说："吾有谗子而弗能杀。"可见在古代，父可专杀其子。《白虎通义·诛伐篇》却说"父杀其子当诛"了。《礼记》的《曲礼》《檀弓》，均明著君父、兄弟、师长，交游报仇之礼。《周官》的调人，是专因报仇问题而设立的。亦不过令有仇者避之他处；审查报仇的合于义与否；禁止报仇不得超过相当限度而已；并不能根绝其事。报仇的风气，在后世虽相沿甚久，习俗上还视为义举，然在法律上，总是逐步遭遇到禁止的。这都是后世法律，较之古代进步之处。但家长或族长，到现在，还略有处置其家人或族众的权力，国家不能加以干涉，使人人都受到保护；而国家禁止私人复仇，而自己又不能真正替人民伸雪冤屈；也还是未尽善之处。

法律是不能一天不用的。苟非文化大变，引用别一法系的法律，亦决不会有什么根本的改革。所以总是相承而渐变。中国最早的法典，是李悝的《法经》。据《晋书·刑法志》所载陈群《魏律序》，是悝为魏文侯相，撰次诸国法所为。魏文侯在位，据《史记·六国表》，是自周威烈王二年至安王十五年，即民国纪元前二千三百三十六年至二千二百九十八年。可谓很古老的了。撰次，便是选择排比。这一部书，在当时，大约所参考者颇博，且曾经过一番斟酌去取，依条理系统编排的，算作一部佳作。所以商君"取之以相秦"，没有重纂。

这时候的趋势，是习惯之力，即社会制裁。渐渐的不足以维持社会，而要乞灵于法律。而法律还是谨守着古老的规模，所规定之事极少，渐觉其不够用，法经共分六篇：《魏律序》举其篇目，是（一）盗，（二）贼，（三）网，（四）捕，（五）杂，（六）又以一篇著其加减。盗是侵犯人的财产。贼是伤害人的身体。盗贼须网捕，所以有网捕两篇。其余的则并为杂律。古人著书，常将重要的事项，独立为篇，其余则并为一篇。总称为杂。一部自古相传的医书，号为出于张仲景的，分为伤寒、杂病两大部分，杂病或作卒病，乃误字。即其一证。网捕盗贼，分为四篇，其余事项，共为一篇，可见《法经》视盗贼独重，视其余诸事项都轻，断不足以应付进步的社会。汉高祖入关，却更做了一件违反进化趋势的事。他说："吾与父老约法三章耳：杀人者死，伤人及盗抵罪。余悉除去秦法。"因为约法三章四字，给人家用惯了，很有些人误会：这是汉高祖与人民立约三条。其实据陈群《魏律序》，李悝《法经》的体例，是"集类为篇，结事为章"的。每一篇之中，包含着许多章。"吾与父老约：法，三章耳"，当以约字断句，法字再一读。就是说六篇之法，只取三章，其余五篇多，都把他废掉了。秦时的民不聊生，实由于政治太不安静。专就法律立论，则由于当时的狱吏，自成一种风气，用法务取严酷。和法律条文的多少，实在没有关系。但此理是无从和群众说起的。约法三章，余悉除去，在群众听起来，自然是欢欣鼓舞的了。这事不过是一时收买人心之术，无足深论。其事自亦不能持久。所以《汉书·刑法志》说：天下既定，"三章之法，不足以御奸。"萧何就把六篇之法恢复，且增益三篇；叔孙通又益以律所不及的旁章十八篇，共有二十七篇了。当时的趋势，是（一）法律内容要扩充，（二）既扩充了，自应依条理系统，加以编纂，使其不至杂乱。第一步，汉初已这么做了。武帝时，政治上事务繁多，自然需要更多的法律。于是张汤、赵禹又加增益，律共增至六十篇。又当时的命令，用甲、乙、丙、丁编次，通称谓之"令甲"，共有三百余篇。再加以断事的成案，即当时所谓比，共有九百零六卷。分量已经太多了，而编纂又极错乱。"盗律有贼伤之例，贼律有盗章之文"。引用既难，学者乃为之章句。章句二字，初指一种符号，后遂用以称注释，详见予所撰《章句论》。商务印书馆本。共有十余家。于是断罪所当由用者，合二万六千二百七十二条七百七十三万二千二百余言。任何人不能遍览，奸吏因得上下其手，"所欲活者傅生议，所欲陷者予死比"。所以条理系统地编纂一部法典，实在是当时最紧要的事。汉宣帝时，郑昌即创其议。然终汉世，未能有成。魏篡汉后，才命陈群等从事于此。制成新律十八篇。未及颁行而广。晋代魏后，又命贾充等复加订定。共为二十篇。于泰始四年，大赦天下颁行之。是为《晋律》。泰始四年，为民国纪元前一千六百四十四年。

《晋律》大概是将汉朝的律、令、比等，删除复重，加以去取，依条理系统编纂而成的。这不过是一个整理之业，但还有一件事可注意的，则儒家的宗旨，在此时必有许多掺入法律之中，而成为条文。汉人每有援经义以折狱的。现代的人，都以为奇谈。其实这不过是广泛的应用习惯。广义的习惯法，原可包括学说的。当时儒学盛行，儒家的学说，自然要被应用到法律上去了。《汉书》《注》引应劭说：董仲舒老病致仕。朝廷每有政议，数遣廷尉张汤至陋巷，问其得失。于是作《春秋折狱》二百三十二事。汉文帝除肉刑诏，所引用的就是《书》说。见下。汉武帝亦使吕步舒董仲舒弟子治淮南狱。可见汉时的律、令、比中，掺入儒家学说处决不少。

此等儒家学说，一定较法家为宽仁的。因为法家偏重伸张国家的权力，儒家则注重保存社会良好的习惯。章炳麟《太炎文录》里，有《五朝法律索隐》一篇，说《晋律》是极为文明的。北魏以后，参用鲜卑法，反而改得野蛮了。如《晋律》，父母杀子同凡论，而北魏以后，都得减轻。又如走马城市杀人者，不得以过失论；依此，则现在马车、摩托，在市上杀人的，都当以故杀论。因为城市中行人众多，是行车者所预知的，而不特别小心，岂得谓之过失？难者将说："如此，在城市中将不能行车了。文明愈进步，事机愈紧急，时间愈宝贵，处处顾及步行的人，将何以趋事赴功呢？"殊不知事机紧急，只是一个借口。果有间不容发的事，如军事上的运输，外交上的使命，以及弭乱、救火、急救疾病等事，自可别立为法。然在今日，撞伤路人之事，由于此等原因者，共有几分之几呢？曾记在民国十至十二年之间，上海某外人，曾因嫌人力车夫走得慢，下车后不给车资，直向前行。车夫向其追讨，又被打伤。经领事判以监禁之罪。后其人延律师辩护，乃改为罚锾了事。问其起衅之由，则不过急欲赴某处宴会而已。从来鲜车怒马疾驰的人，真有紧急事情的，不知有百分之一否？真正紧要的事情，怕还是徒行或负重的人做的。部民杀长吏者同凡论；常人有罪不得赎等；都远胜于别一朝的法律。父杀其子当诛，明见于《白虎通义》，我们可以推想，父母杀子同凡论，渊源或出于儒家。又如法家，是最主张摧抑豪强的。城市走马杀人同凡论，或者是法家所制定。然则法律的改良，所得于各家的学说者当不少。学者虽然亦不免有阶级意识，究竟是为民请命之意居多。从前学者所做的事情，所发的言论，我们看了，或不满意，此乃时代为之。近代的人，有时严责从前的学者，而反忽忘了当时的流俗，这就未免太不知社会的情形了。

《晋律》订定以后，历代都大体相沿。宋、齐是未曾定律的。梁、陈虽各定律，大体仍沿《晋律》。即魏、周、齐亦然，不过略参以鲜卑法而已。《唐律》是现尚存在的，体例亦沿袭旧观。辽太祖时，定治契丹及诸夷之法，汉人则断以律令。太宗时，治渤海人亦依汉法。道宗时，以国法不可异施，将不合于律令者别存之。此所谓律令，还是唐朝之旧。金当熙宗时，始合女真旧制及隋、唐、辽、宋之法，定《皇统制》。然仍并用古律。章宗泰和时定律，《金史》谓其实在就是《唐律》。元初即用金律。世祖平宋以后，才有所谓《至元新格》《大元通制》等，亦不过将新生的法令事例，加以编辑而已。明太祖定《大明律》，又是一准《唐律》的。《清律》又以《明律》为本。所以从《晋律》颁行以后，直至清末采用西法以前，中国的法律实际无大改变。

法律的审定

法律的性质，既如此陈旧，何以仍能适用呢？（一）由向来的法律，只规定较经久之事。如晋初定律，就说关于军事、田农、酤酒等，有权设其法，未合人心的，太平均当剔除，所以不入于律，别以为令。又如北齐定律，亦有《新令》四十卷和《权令》二卷，与之并行。此等区别，历代都有。总之非极永久的部分，不以入律，律自然可少变动了。（二）则律只揭举大纲。（甲）较具体及（乙）变通的办法，都在令及比之中。《唐书·刑法志》说："唐之刑书有四：曰律、令、格、式。令者，尊卑贵贱之等数，国家之制度也。格者，百官有司所常行之事也。式者，其所常守之法也。_{宋神宗说："设于此以待彼之谓格，使彼效之之谓式。"见《宋史·刑法志》。}凡邦国之政，必从事于此三者。其有所违，及人之为恶而入于罪戾者，一断以律。"令、格、式三者，实不可谓之刑书。不过现代新生的事情，以及办事所当依据的手续，都在其中，所以不得不与律并举。

律所载的事情，大约是很陈旧而不适宜于具体应用的，但为最高原理所自出，又不便加以废弃。所以宋神宗改律、令、格、式之名为敕、令、格、式，而"律恒存乎敕之外"。这即是实际的应用，全然以敕代律了。到近世，则又以例辅律。明孝宗弘治十三年，刑官上言："中外巧法吏，或借例便私，律寝格不用。"于是下尚书，会九卿议，增历年问刑条例，经久可行者二百九十七条。自是以后，律例并行。清朝亦屡删定刑例。至乾隆以后，遂载入律内，名为《大清律例》。案例乃据成案编纂而成，成案即前世所谓比。

律文仅举大纲，实际应用时，非有业经办理的事情，以资比附不可，此比之所以不能不用。然成案太多，随意援引，善意者亦嫌出入太大，恶意者则更不堪设想，所以又非加以限制不可。由官加以审定，把（一）重复者删除；（二）可用者留；（三）无用者废；（四）旧例之不适于用者，亦于同时加以废止。此为官修则例之所由来，不徒（一）杜绝弊端，（二）使办事者得所依据，（三）而（甲）社会上新生的事态，日出不穷；（乙）旧有之事，定律时不能无所遗漏；

（丙）又或法律观念改易，社会情势变迁，旧办法不适于今；皆不可不加补正。有新修刑例以济之，此等问题，就都不足为患了。清制：刑例五年一小修，十年一大修。事属刑部，临时设馆。使新成分时时注入于法律之中；陈旧而不适用者，随时删除，不致壅积。借实际的经验，以改良法律，实在是很可取法的。

刑法内容的变化

刑法自汉至隋，起了一个大变化。刑字既引伸为广义，其初义，即专指伤害人之身体，使其蒙不可恢复的创伤的，乃改称为"肉刑"。晚周以来，有一种象刑之论，说古代对于该受五刑的人，不须真加之以刑，只要异其冠服以为戮。此乃根据于《尧典》之"象以典刑"的，为儒家的书说。按象以典刑，恐非如此讲法。见前。但儒家所说的象刑，在古代是确有其事的。《周官》有明刑、见司救。明梏。见掌囚。乃是将其人的姓名罪状，明著之以示人。《论衡·四讳篇》说：当时"完城旦以下，冠带与俗人殊"，可见历代相沿，自有此事，不过在古代，风气诚朴，或以此示戒而已足，在后世则不能专恃此罢了。儒家乃根据此种习俗，附会《书经》象以典刑之文，反对肉刑的残酷。

汉孝文帝十三年，齐太仓令淳于公有罪当刑。防狱逮系长安。淳于公无男，有五女。会逮，骂其女曰："生子不生男，缓急非有益也。"其少女缇萦，自伤悲泣。乃随其父至长安，上书愿没入为官婢，以赎父刑罪。书奏，天子怜悲其意。遂下令曰："盖闻有虞氏之时，画衣冠异章服以为戮而民弗犯，何治之至也？今法有肉刑三，而奸不止，其咎安在？夫刑至断肢体，刻肌肤，终身不息，何其刑之痛而不德也？岂称为民父母之意哉？其除肉刑，有以易之。"于是有司议：当黥者髡钳为城旦舂。当劓者笞三百。当斩左趾者笞五百。当斩右趾者弃市。按诏书言今法有肉刑三，《注》引孟康曰："黥、劓二，斩左右趾合一，凡三也。"而景帝元年诏，说孝文皇帝除宫刑。诏书下文刻肌肤指黥，断肢体指劓及斩趾，终身不息当指宫，则是时实并宫刑废之。惟系迳废而未尝有以为代，故有司之议不之及。而史亦未尝明言。此自古人文字疏略，不足为怪。至景帝中元年，《纪》载"死罪欲腐者许之"，则系以之代死罪，其意仍主于宽恤。然宫刑自此复行。直至隋初方除。象刑之论，《荀子》极驳之。《汉书·刑法志》备载其说，自有相当的理由。然刑狱之繁，实有别种原因，并非专用酷刑可止。《庄子·则阳篇》说："柏矩至齐，见辜人焉。推而强之。解朝服而幕之。号天而哭之。曰：子乎子乎？天下有大菑，子独先离之。曰：莫为盗，莫为杀人。荣辱立，然后睹所病，货财聚，然后睹所争，今立人之所病，聚人之所争，穷困人之身，使无休时，欲无至此，得乎。……匿为物而愚不识，大为难而罪不敢，重为任而罚不胜，远其涂而诛不至。民知力竭，则以伪继之。日出多伪，士民安取不伪？夫力不足则伪，知不足则欺，财不足则盗。盗窃之行，于谁责而可乎？"这一段文字，见得所谓犯罪者，全系个人受社会的压迫，而无以自全；受社会的教育，以至不知善恶；日出多伪，士民安取不伪。其所能负的责任极微。更以严刑峻法压迫之，实属不合于理。即不论此，而"民不畏死，奈何以死惧之"，《老子》。于事亦属无益。所以"孟氏使阳肤为士师，问于曾子。曾子曰：上失其道，民散久矣。如得其情，则哀矜而勿喜。"《论语·子张》。这固然不是彻底的办法。然就事论事，操司法之权的，存心究当如此。

司法上的判决，总不能无错误的。别种损失，总还可设法回复，唯有肉刑，是绝对无法的，所以古人视之甚重。这究不失为仁人君子的用心。后来反对废除肉刑的人，虽亦有其理由，然肉刑究竟是残酷的事，无人敢坚决主持，始终没有能够恢复。这其中，不知保全了多少人。孝文帝和缇萦，真是历史上可纪念的人物了。

反对废除肉刑的理由安在呢？《文献通考》说："汉文除肉刑，善矣，而以髡笞代之。髡法过轻，而略无惩创；笞法过重，而至于死亡。其后乃去笞而独用髡。减死罪一等，即止于髡钳；进髡钳一等，即入于死罪。而深文酷吏，务从重比，故死刑不胜其众。魏晋以来病之。然不知减笞数而使之不死，徒欲复肉刑以全其生，肉刑卒不可复，遂独以髡钳为生刑。所欲活者傅生议，于是伤人者或折肢体，而才翦其毛发。所欲陷者与死比，于是犯罪者既已刑杀，而复诛其宗亲。轻重失宜，莫此为甚。隋唐以来，始制五刑，曰笞、杖、徒、流、死。此五者，即有虞所谓鞭、朴、流、宅，虽圣人复起，不可偏废也。"按自肉刑废除之后，至于隋代制定五刑之前，刑法上的问题，在于刑罚的等级太少，用之不得其平。所以司法界中有经验的人士，间有主张恢复肉刑的。而读书偏重理论的人，则常加反对。恢复肉刑，到底是件残酷的事，无人敢坚决主张，所以肉刑终未能复。

到隋朝制定五刑以后，刑罚的等级多了，自无恢复肉刑的必要，从此以后，也就无人提及了。自汉文帝废除肉刑至此，共历七百五十余年。一种制度的进化，可谓不易了。隋唐的五刑，是各有等级的。其中死刑分斩、绞两种。而除前代的枭首、辕裂等。元以异族入主中原，立法粗疏，且偏于暴虐。死刑有斩无绞。又有凌迟处死，以处恶逆。明清两代均沿之。明代将刑法军政，并为一谈。五刑之外，又有所谓充军。分附近、沿海、边远、烟瘴、极边五等。清分附近、近边、边远、极边、烟瘴五等。有终身、永远两种。永远者身死之后，又勾摄其子孙；子孙绝者及其亲属。已见上章。明制："二死三流，同为一减。"太祖为求人民通晓法律起见，采辑官民过犯条文，颁行天下，谓之《大诰》。因有《大诰》的，罪得减等。后来不问有无，一概作为有而减等。于是死刑减至流刑的，无不以《大诰》再减，流刑遂等于不用。而充军的却很多。清朝并不藉谪发维持军籍，然仍沿其制，为近代立法史上的一个污点。

我国刑法的缺陷与改良

刑法的改良，起于清末的改订旧律。其时改笞杖为罚金，以工作代徒流。后来定《新刑律》，才分主刑为死刑用绞，于狱中行之、无期徒刑、有期徒刑、拘役、罚金五种。从刑为没收，褫夺公权两种。

审判机关，自古即与行政不分。此即《周官》地官所谓"地治者"。但属于秋官的官，如乡士掌国中、遂士掌四郊、县士掌野、方士掌都家等，亦皆以掌狱讼为职。地官、秋官，本当有行政官与军法审判之别，读前文可明，但到后来，这两者的区别，就渐渐的泯灭了。欧洲以司法独立为恤刑之法，中国则以（一）缩小下级官吏定罪的权限，（二）增加审级，为恤刑之法。汉代太守便得专杀，然至近代，则府、厅、州、县，只能决徒以下的罪，流刑必须由按察司亲审，死刑要待御笔勾决了。

行政司法机关既不分，则行政官吏等级的增加，即为司法上审级的增加。而历代于固有的地方官吏以外，又多临时派官清理刑狱。越诉虽有制限，上诉是习惯上得直达皇帝为止的。即所谓叩阍。宋代初命转运使派官提点刑狱，后独立为一司，明朝继之，设按察司，与布政使并立，而监司之官，始有专司刑狱的。然及清代，其上级的督抚，亦都可受理上诉。自此以上，方为京控。刑部、都察院、提督，均可受理。临时派官复审，明代尤多。其后朝审、秋审遂沿为定制。清代秋审是由督抚会同两司举行的。决定后由刑部汇奏。再命三法司见下复审，然后御笔勾决，死刑乃得执行。在内的则由六部、大理寺、通政司、都察院会审，谓之初审。此等办法，固得慎重刑狱之意。然审级太多，则事不易决。又路途遥远，加以旷日持久，人证物证，不易调齐，或且至于湮没，审判仍未必公平，而人民反因狱事拖延受累。所以此等恤刑之法，亦是有利有弊的。

司法虽不独立，然除特设的司法官吏而外，干涉审判之官，亦应以治民之官为限。如此，（一）系统方不紊乱。（二）亦且各种官吏，对于审判，未必内行，令其干涉，不免无益有损。然历代既非司法之官，又非治民之官，而参与审判之事者，亦在所不免。如御史，本系监察之官，不当干涉审判。所以弹劾之事，虽有涉及刑狱的，仍略去告诉人的姓名，谓之风闻。唐代此制始变，且命其参与推讯，至明，遂竟称为三法司之一了。而如通政司、翰林院、詹事府、五军都督等，无不可临时受命，与于会审之列，更属莫名其妙。又司法事务，最忌令军政机关参与。而历代每将维持治安及侦缉罪犯之责，付之军政机关。使其获得人犯之后，仍须交给治民之官，尚不易非理肆虐，而又往往令其自行治理，如汉代的司隶校尉，明代的锦衣卫、东厂等，尤为流毒无穷。

审判之制，贵于速断速决，又必熟悉本地方的民情。所以以州县官专司审判，于事实嫌其不给。而后世的地方官，多非本地人，亦嫌其不悉民情。廉远堂高，官民隔膜，吏役等遂得乘机舞弊。司法事务的黑暗，至于书不胜书。人民遂以入公门为戒。官吏无如吏役何，亦只得劝民息讼。国家对于人民的义务，第一事，便在保障其安全及权利，设官本意，惟此为急。而官吏竟至劝人民不必诉讼，岂非奇谈？

古代所谓"地治者"，本皆后世乡吏之类，汉代啬夫，还是有听讼之职的。《汉书·百官公卿表》。爰延为外黄乡啬夫，民至不知有郡县，《后汉书》本传。其权力之大可知。然治者和被治者既形成两个阶级，治者专以朘削被治者为生，则诉讼正是朘削的好机会，畀乡吏以听讼之权，流弊必至不可究诘。所以至隋世，遂禁止乡官听讼。《日知录·乡亭之职》一条说："今代县门之前，多有榜曰：诬告加三等，越诉笞五十。此先朝之旧制。今人谓不经县官而上诉司府，谓之越诉，是不然。《太祖实录》：洪武二十七年，命有司择民间高年老人，公正可任事者，理其乡之辞讼。若户婚、田宅、斗殴者，则会里胥决之。事涉重者，始白于官。若不由里老处分，而径诉县官，此之谓越诉也。"则明太祖尝有意恢复乡官听讼之制。然《注》又引宣德七年陕西按察佥事林时之言，谓"洪武中，天下邑里，皆置申明、旌善二亭，民有善恶则书之，以示劝惩。凡户婚、田土、斗殴常事，里老于此剖决。今亭宇多废，善恶不书。小事不由里老，辄赴上司。狱讼之繁，皆由于此"。则其事不久即废。今乡官听讼之制，固不可行。然法院亦难遍设。民国十五年，各国所派的司法调查委员见下以通计四百万人乃有一第一审法院，为我国司法状况缺点之一。

中国人每笑西洋人的健讼，说我国人无须警察、司法，亦能相安，足见道德优于西人。其实中国人的不愿诉讼，怕也是司法状况的黑暗逼迫而成的，并非美事。但全靠法院平定曲直，确亦非良好现象。不须多设法院，而社会上亦能发扬正义，抑强扶弱，不至如今日之豪暴横行；乡里平亭，权又操于土豪劣绅之手；是为最善。那就不得不有望于风俗的改良了。

第十一章　实　业

农业为文明之源

农工商三者，并称实业，而三者之中，农为尤要。必有农，然后工商之技，乃可得而施。中国从前称农为本业，工商为末业，若除去其轻视工商，几乎视为分利之意，而单就本末两字的本义立论，其见解是不错的。所以农业的发达，实在是人类划时代的进步。有农业，然后人类的食物，乃能为无限制的扩充，人口的增加，才无限制，人类才必须定居。一切物质文明，乃有基础。精神文化，亦就渐次发达了。人类至此，剩余的财产才多，成为掠夺的目的。劳力更形宝贵，相互间的战争，自此频繁，社会内部的组织，亦更形复杂了。

世界上的文明，起源于几个特别肥沃的地点，比较正确的历史，亦是自此开始的。这和农业有极深切的关系，而中国亦是其中之一。

在农业开始以前，游猎的阶段，很为普遍。在第一章中业经提及。渔猎之民，视其所居之地，或进为畜牧，或进为农耕。中国古代，似乎是自渔猎径进于农耕的。

传说中的三皇：燧人氏钻木取火，教民熟食，以避腥臊伤害肠胃，显然是渔猎时代的酋长。伏羲，亦作庖牺。皇甫谧《帝王世纪》，说为"取牺牲以供庖厨"，《礼记·月令疏》引。实为望文生义。《白虎通义·号篇》云："下伏而化之，故谓之伏羲。"则羲字与化字同义，所称颂的乃其德业。至于其时的生业，则《易·系辞传》明言其"为网罟以田以渔"，其为渔猎时代的酋长，亦无疑义。伏羲之后为神农。"斫木为耜，揉木为耒"，就正式进入农业时代，我国文明的历史，从此开始了。三皇之后为五帝。颛顼、帝喾，可考的事迹很少。黄帝"教熊、罴、貔、貅、貙、虎"，以与神农战，似乎是游牧部落的酋长。然这不过是一种荒怪的传说，《五帝本纪》同时亦言其"艺五种"，而除此之外，亦绝无黄帝为游牧民族的证据。《尧典》则有命羲和"历象日、月、星辰，敬授民时"之文。《尧典》固然是后人所作，并非当时史官的记录。然后人所作，亦不能谓其全无根据。殷周之祖，是略与尧舜同时的。《诗经》中的《生民》《公刘》，乃周人自述其祖宗之事，当不致全属子虚。《书经》中的《无逸》，乃周公诰诫成王之语，述殷周的历史，亦必比较可信。《无逸》中述殷之祖甲云："其在祖甲，不义惟王，旧为小人。作其即位，爰知小人之依。"祖甲实即太甲。"不义惟王，旧为小人"，正指其为伊尹所放之事。述高宗云："旧劳于外，爰暨小人。"皆显见其为农业时代的贤君。周之先世，如太王、王季、文王等，更不必论了。古书的记载，诚多未可偏信。然合全体而观之，自五帝以来，社会的组织和政治上的斗争，必与较高度的文明相伴，而非游牧或渔猎部族所能有。然则自神农氏以后，我国久已成为农业发达的民族了。古史年代，虽难确考，然孟子说："由尧舜至于汤，五百有余岁。由汤至于文王，五百有余岁。由文王至于孔子，五百有余岁。"《尽心下篇》。和韩非子所谓殷周七百余岁，虞夏二千余岁；《显学篇》。乐毅《报燕惠王书》所谓"收八百岁之畜积"；谓齐自周初建国，至为昭王所破时。大致都相合的，决不会是臆造。然则自尧舜至周末，当略近二千年。自秦始皇统一天下至民国纪元，相距二千一百三十二年。自尧舜追溯农业发达之时，亦必在千年左右。我国农业发达，总在距今五千年之前了。

我国农业的演进

中国的农业，是如何进化的呢？一言以蔽之，曰：自粗耕进于精耕。

古代有爰田之法。爰田即系换田。据《公羊》宣公十五年何《注》，是因为地有美恶，"肥饶不得独乐，硗确不得独苦"，所以"三年一换主易居"。据《周官》大司徒：则田有不易、一易、再易之分。不易之地，是年年可种的。一易之地，种一年要休耕一年。再易之地，种一年要休耕两年。授田时：不易之地，一家给一百亩。一易之地，给二百亩。再易之地，给三百亩。古代的田亩，固然较今日为小。然一夫百亩，实远较今日农夫所耕为大。而其成绩，则据《孟子》《万章下篇》和《礼记·王制》所说：是上农夫食九人，其次食八人，其次食七人，其次食六人，下农夫食五人。较诸现在，并不见得佳良，可见其耕作之法，不及今人了。

汉朝有个大农业家赵过，能为代田之法。把一亩分做三个甽，播种于其中。甽以外的高处谓之陇。苗生叶以后，要勤除陇上之草，因而把陇上的土，倾颓下来，使其附着苗根。如此逐渐为之，到盛暑，则"陇尽而根深"，能够"耐风与旱"。甽和陇，是年年更换的，所以谓之代田。见《汉书·食货志》。后来又有区田之法。把田分为一块一块的，谓之区。隔一区，种一区。其锄草和颓土，亦与代田相同。《齐民要术》见下极称之。后世言农业的人，亦多称道其法。但据近代研究农业的人说：则"代田区田之法，不外乎所耕者少，而耕作则精。近世江南的农耕，较诸古人所谓代田区田，其精勤实无多让。其田并不番休，而地力亦不见其竭。则其施肥及更换所种谷物之法，亦必有精意存乎其间"。这都是农业自然的进步。总而言之：农业有大农制和小农制。大农制的长处，在于资本的节约，能够使用机械，及人工的分配得宜。小农制的长处，则在以人尽其劳，使地尽其力。所以就一个人的劳力，论其所得的多少，是大农制为长。就土地同一的面积，论其所得的多少，则小农制为胜。中国农夫的技能，在小农制中，总可算首屈一指了。这都是长时间自然的进化。

中国农业进化的阻力，约有三端：（一）为讲究农学的人太少。即使有之，亦和农民隔绝，学问不能见诸实用。古代有许多教稼的官。如《周官》大司徒，"辨十有二壤之物而知其种"。司稼，"巡邦野之稼，而辨穜稑之种。周知其名与其所宜地，以为法而悬于邑闾"。这些事，都是后世所没有的。李兆洛《凤台县志》说，凤台县人所种的地，平均是一人十六亩。穷苦异常，往往不够本。一到荒年，就要无衣无食。县人有一个唤做郑念祖的，雇佣了一个兖州人。问他：你能种多少园地？他说两亩，还要雇一个人帮忙。问他要用多少肥料？他说一亩田的肥料，要值到两千个铜钱。间壁的农人听了大笑，说，我种十亩地，只花一千个铜钱的肥料，收获的结果，还往往不够本呢。郑念祖对于这个兖州人，也是将信将疑，且依着他的话试试看呢。因其用力之勤，施肥之厚，人家的作物，都没有成熟，他先就成熟了；而且长得很好。争先入市，获利甚多。到人家蔬果等上市时，他和人家一块卖的，所得的都是赢利了。李兆洛据此一例，很想募江南的农民为农师，以开水田。这不过是一个例。其余类乎此的情形，不知凡几。使农民互相师，已可使农业获有很大的进步，何况益之以士大夫？何况使士大夫与农民互相师，以学理经验，交相补足呢？（二）古代土地公有，所以沟洫阡陌等，都井井有条。后世则不然。土地变为私有，寸寸割裂。凡水旱蓄泄等事，总是要费掉一部分土地的，谁肯牺牲？凡一切公共事业的规划，其根源，实即公共财产的规划。所以土地公有之世，不必讲地方自治，而自治自无不举。土地既已私有，公共的事务，先已无存。间有少数非联合不能举办的，则公益和私益，多少有些冲突。于是公益的举措，固有的荡然无存，当兴的阙而莫举；而违反公益之事，且日出不穷。如滥伐林木，破坏堤防，壅塞沟渠等都是。而农田遂大受其害。其最为显著的，就是水利。（三）土地既然私有了，人民谁不爱护其私产？但必使其俯仰有余；且勤劳所得，可以为其所有；农民才肯尽力。如其一饱且不可得；又偶有赢余，即为强有力者剥削以去；人民安得不苟偷呢？然封建势力和高利贷的巧取豪夺，则正是和这原则相反的。这也是农田的一个致命伤。职是故，农业有其进化的方面，而亦有其退化的方面。进退相消，遂成为现在的状况。

中国现在农业上的出路，是要推行大农制。而要推行大农制，则必须先有大农制所使用的器具。民国十七年春，俄国国营农场经理马克维次（Markevich），有多余不用的机犁百架，召集附近村落的农民，许租给他们使用，而以他们所有的土地，共同耕种为条件。当时加入的农民，其耕地共计九千余亩。到秋天，增至二万四千余亩。事为共产党所闻。于是增制机犁，并建造使用机犁的动力场。至明年，遂推行其法于全国。是为苏俄集合农场的起源。据张君劢《史泰林治下之苏俄》。再生杂志社本。天下事口说不如实做。瘏口晓音，说了半天的话，人家还是不信。实在的行动当前，利害较然可见，就无待烦言了。

普通的议论，都说农民是最顽固的、守旧的。其实这是农民的生活，使其如此。现在为机器时代。使用旧式的器具，决不足以与之相敌。而全国最多数的农民，因其生活，而滞留于私有制度下自私自利的思想，亦实为文化进步的障碍。感化之法，单靠空言启牖是无用的。生活变则思想变；生产的方法变，则生活变。"牖民孔易"，制造出耕作用的机械来，便是化除农民私见的方法。并不是要待农民私见他除了，机械才可使用。

广义农业发展

中国的农学，最古的，自然是《汉书·艺文志》诸子略中的农家。其所著录先秦的农书，今已不存。先秦农家之说，存于今的，只有《管子》中的《地员》，《吕氏春秋》中的《任地》《辨土》《审时》数篇。汉代农家所著之书，亦俱亡佚。诸家征引，以氾胜之书为最多。据《周官》草人疏说，这是汉代农书中最佳的，未知信否。古人著述，流传到现在的，以后魏贾思勰的《齐民要术》为最早。

后世官修的巨著，有如元代的《农桑辑要》，清代的《授时通考》；私家的巨著，有如元王桢的《农书》，明徐光启的《农政全书》等；均在子部农家中。此项农书，所包颇广。种植而外，蚕桑、菜果、树木、药草、孳畜等，都包括其中。田制、劝课、救荒之法，亦均论及，尚有茶经、酒史、食谱、花谱、相牛经、相马经等，前代亦隶农家，清四库书目改入谱录类。兽医之书，则属子部医家。这些，都是和农业有关系的。旧时种植之法，未必都能适用于今。然要研究农业历史的人，则不可以不读。

蚕桑之业，起于黄帝元妃嫘祖，语出《淮南·蚕经》，《农政全书》引。自不足信。《易·系辞传》说："黄帝、尧、舜，垂衣裳而天下治。"《疏》云："以前衣皮，其制短小，今衣丝麻布帛，所作衣裳，其制长大，故云垂衣裳也。"亦近附会。但我国的蚕业，发达是极早的。孟子说："五亩之宅，树之以桑，七十者可以衣帛矣。"《梁惠王上篇》。久已成为农家妇女普遍的职业了。古代蚕利，盛于北方。《诗经》中说及蚕桑的地方就很多。《禹贡》兖州说桑土既蚕，青州说厥篚檿丝。檿是山桑，这就是现在的野蚕丝了。齐纨、鲁缟，汉世最为著名。南北朝、隋、唐货币都通用布帛。唐朝的调法，亦兼收丝麻织品。元朝还有五户丝及二户丝。可见北方蚕桑之业，在元代，尚非不振，然自明以后，其利就渐限于东南了。唐甄《潜书》说："蚕桑之利，北不逾淞，南不逾浙，西不通湖，东不至海，不过方千里，外此则所居为邻，相隔一畛而无桑矣。此以盛衰言之，并非谓绝对无有，不可拘泥。甚矣民之惰也。"

大概中国文化，各地不齐，农民愚陋，只会蹈常习故。便是士和工商亦然。所以全国各地，风气有大相悬殊的。《日知录》说："华阴王宏撰著议，以为延安一府，布帛之价，贵于西安数倍。"又引《盐铁论》说："边民无桑麻之利，仰中国丝絮而后衣。夏不释褐，冬不离窟。"崔寔《政论》说："仆前为五原太守，土俗不知缉绩。冬积草伏卧其中。若见吏，以草缠身，令人酸鼻。"顾氏说："今大同人多是如此。妇人出草，则穿纸袴。"可见有许多地方，荒陋的情形，竟是古今一辙。此等情形，昔人多欲以补救之法，责之官吏，间亦有能行之的。如清乾隆时，陈宏谋做陕西巡抚。曾在西安、三原、凤翔设蚕馆、织局，招南方机匠为师。又教民种桑。桑叶、茧丝，官家都许收买，使民节节得利，可以踊跃从事，即其一例。但究不能普遍。今后交通便利，资本的流通，遍及穷乡僻壤，此等情形，必将渐渐改变了。

林政：愈到后世而愈坏。古代的山林，本是公有的，使用有一定的规则，如《礼记·王制》说"草木黄落，然后入山林"是。亦或设官管理，如《周官》的林衡是。又古代列国并立，务于设险，平地也有人造的森林，如《周官》司险，设国之五沟、五涂，而树之林，以为阻固是。后世此等事都没有了。造林之事极少，只是靠天然的使用。所以愈开辟则林木愈少。如《汉书·地理志》说，天水、陇西，山多林木，人民都住在板屋里。又如近代，内地的木材，出于四川、江西、贵州，而吉、黑两省，为全国最大的森林区域，都是比较上少开辟的地方。林木的缺乏，积极方面，由于国家不知保护森林，更不知造林之法。如清朝梅曾亮，有《书棚民事》一篇。他说当他替安徽巡抚董文恪做行状时，遍览其奏议，见其请准棚民开山的奏折，说棚民能攻苦食淡于崇山峻岭，人迹不通之处，开种旱谷，有裨民食，和他告讦的人，都是溺于风水之说，至有以数百亩之田，保一棺之土的，其说必不可听。梅氏说："予览其说而是之。"又说："及予来宣城，问诸乡人，则说：未开之山，土坚石固，草树茂密，腐叶积数年，可二三寸。每天雨，从树至叶，从叶至土石，历石罅滴沥成泉，其下水也缓。又水缓而土不随其下。水缓，故低田受之不为灾；而半月不雨，高田犹受其灌溉。今以斤斧童其山，而以锄犁疏其土，一雨未毕，沙石随下，其情形就大不然了。"梅氏说："予亦闻其说而是之。"又说："利害之不能两全也久矣。由前之说，可以息事。由后之说，可以保利。若无失其利，而又不至于董公之所忧，则吾盖未得其术也。"此事之是非，在今日一言可决。而当时或不之知，或作依违之论。可见昔人对于森林的利益，知之不甚透澈。自然不知保护，更说不到造林；历代虽有课民种桑枣等法令，亦多成为具文了。消极方面，则最大的为兵燹的摧残，而如前述开垦时的滥伐，甚至有放火焚毁的，亦是其一部分的原因。

渔猎畜牧，从农业兴起以后，就不被视为主要的事业。其中惟田猎因和武事有关，还按时举行，藉为阅习之用。渔业则被视为鄙事，为人君所弗亲。观《左氏》隐公五年所载臧僖伯谏观渔之辞可见。

牧业，如《周官》之牧人、牛人、充人等，所豢养的，亦仅以供祭祀之用。只有马是和军事、交通都有关系的，历代视之最重，常设"苑"、"监"等机关，择适宜之地，设官管理。其中如唐朝的张万岁等，亦颇有成绩。然能如此的殊不多。以上是就官营立论。至于民间，规模较大的，亦恒在缘边之地。如《史记·货殖列传》说，天水、陇西、北地、上郡，畜牧为天下饶。又如《后汉书·马援传》说，援亡命北地，因留畜牧，役属数百家。转游陇汉间，因处田牧，至有牛马羊数千头，谷数万斛是。内地民家，势不能有大规模的畜牧。然苟能家家畜养，其数亦必不少。如《史记·平准书》说，武帝初年，"众庶街巷有马，阡陌之间成群"。元朔六年，卫青、霍去病出塞，私负从马至十四万匹。《汉书·匈奴列传》。颜师古《注》："私负衣装者，及私将马从者，皆非公家发与之限。"实在是后世所少见的。民业虽由人民自营，然和国家的政令，亦有相当的关系。唐玄宗开元九年，诏"天下之有马者，州县皆先以邮递军旅之役，定户复缘以升之，百姓畏苦，乃多不畜马，故骑射之士减曩时"。元世祖至元二十三年，六月，括诸路马。凡色目人有马者，三取其二。汉民悉入官。敢匿与互市者罪之。《明实录》言：永乐元年，七月，上谕兵部臣曰："比闻民间马价腾贵，盖禁民不得私畜故也。其榜谕天下，听军民畜马勿禁。"据《日知录·马政》条。然则像汉朝，不但无畜马之禁，且有马复令者，有车骑马一匹者，复卒三人，见《食货志》。民间的畜牧，自然要兴盛了。但这只能藏富于民，大规模的畜牧，还是要在边地加以提倡的。《辽史·食货志》述太祖时畜牧之盛，"括富人马不加多，赐大小鹘军万余匹不加少"。又说："自太宗及兴宗，垂二百年，群牧之盛如一日。天祚初年，马犹有数万群，群不下千匹。"此等盛况，各个北族盛时，怕都是这样的，不过不能都有翔实的记载罢了。此其缘由：（一）由于天时地利的适宜。（二）亦由其地尚未开辟，可充牧场之地较多。分业应根据地理。蒙、新、青、藏之地，在前代或系域外，今则都在邦域之中，如何设法振兴，不可不极端努力了。

渔税，历代视之不甚重要，所以正史中关于渔业的记载亦较少。然古代庶人，实以鱼鳖为常食。见第十三章。《史记·货殖列传》说：太公封于齐，地潟卤，人民寡，太公实以通鱼盐为致富的一策。这或是后来人的托辞，然春秋战国时，齐国渔业的兴盛，则可想见了。《左氏》昭公三年，晏子说陈氏厚施于国，"鱼盐蜃蛤，弗加于海。"谓不封禁或收其税。汉耿寿昌为大司农，增加海租三倍。见《汉书·食货志》。可见缘海河川，渔业皆自古即盛。此等盛况，盖历代皆然。不过"业渔者类为穷海、荒岛、河上、泽畔居民，任其自然为生。内地池畜鱼类，一池一沼，只供文人学士之倘佯，为诗酒闲谈之助。所以自秦汉至明，无兴革可言，亦无记述可见"罢了。采李士豪、屈若搴《中国渔业史》说，商务印书馆本。然合沿海及河湖计之，赖此为生的，何止千万？

组织渔业公司，以新法捕鱼，并团结渔民，加以指导保护等，均起于清季。国民政府对此尤为注意，并曾豁免渔税，然成效尚未大著。领海之内，时时受人侵渔。二十六年，中日战事起后，沿海多遭封锁，渔场受侵夺，渔业遭破坏的尤多。

狭义的农业，但指种植而言。广义的，则凡一切取得物质的方法，都包括在内，矿业，无疑的也是广义农业的一部分了。《管子·地数篇》说："葛卢之山，发而出水，金从之，蚩尤受而制之，以为剑、铠、矛、戟。""雍狐之山，发而出水，金从之，蚩尤受而制之，以为雍狐之戟，芮戈。"我们据此，还可想见矿业初兴，所采取的，只是流露地表的自然金属。然《管子》又说："上有丹砂者，下有黄金；上有磁石者，下有铜金；上有陵石者，下有铅、锡、赤铜；上有赭者下有铁；此山之见荣者也。"荣即今所谓矿苗，则作《管子》书时，已知道察勘矿苗之法了。

近代机器发明以来，煤和铁同为生产的重要因素。在前世，则铁较重于煤。至古代，因为技术所限，铜尤要于铁。然在古代，铜的使用，除造兵器以外，多以造宝鼎等作为玩好奢侈之品，所以《淮南子·本经篇》说："衰世镌山石，锲金玉，擿蚌蜃，销铜铁，而万物不滋。"将铜铁和金玉、蚌蜃谓采珠同视。然社会进化，铁器遂日形重要。《左氏》僖公十八年，"郑伯始朝于楚。楚子赐之金。既而悔之。与之盟，曰：无以铸兵。"可见是时的兵器，还以南方为利。兵器在后汉以前，多数是用铜造的。参看《日知录·铜》条。然盐铁，《管子》书已并视为国家重要的财源，见第八章。而《汉书·地理志》说，江南之俗，还是"火耕水耨"。可见南方的农业，远不如北方的发达。

古代矿业的发明，一定是南先于北。所以蚩尤尸作兵之名。然到后来，南方的文明程度，转落北方之后，则实以农业进步迟速之故。南方善造铜兵，北方重视铁铸的农器，正可为其代表。管子虽有盐铁国营之议，然铁矿和冶铸，仍入私人之手。只看汉世所谓"盐铁"者，此所谓盐铁，指经营盐铁事业的人而言。声势极盛，而自先秦时代残留下来的盐官、铁官，则奄奄无生气可知。后世也还是如此。国家自己开的矿是很少的。民间所开，大抵以金属之矿为多。采珠南海有之。玉多来自西域。

工业的发展

工业：在古代，简单的是人人能做的。其较繁难的，则有专司其事的人。此等人，大抵由于性之所近，有特别的技巧。后来承袭的人，则或由社会地位关系，或由其性之所近。《考工记》所谓"知者创物，巧者述之，守之世，谓之工"。此等专门技术，各部族的门类，各有不同。在这一部族，是普通的事，人人会做的，在别一部族，可以成为专门之技。所以《考工记》说："粤无镈，燕无函，秦无庐，胡无弓车。"谓无专制此物之人。又说："粤之无镈也，非无镈也，言非无镈其物。夫人而能为镈也。"燕之函，秦之庐，胡之弓车说亦同。此等规模，该是古代公产部族，相传下来的。后世的国家沿袭之，则为工官。《考工记》的工官有两种：一种称某人，一种称某氏。称某人的，当是技术传习，不以氏族为限的，称某氏的则不然。

工用高曾之规矩，祖宗遗下的成法。古人传为美谈。此由（一）古人生活恬淡，不甚喜矜奇斗巧。（二）又古代社会，范围窄狭，一切知识技能，得之于并时观摩者少，得之于先世遗留者多，所以崇古之情，特别深厚。（三）到公产社会专司一事的人，变成国家的工官，则工业成为政治的一部分。政治不能废督责，督责只能以旧式为标准。司制造的人，遂事事依照程式，以求免过。《礼记·月令》说："物勒工名，以考其成。"《中庸》说："日省月试，饩廪称事，所以来百工也。"可见古代对于工业督责之严。（四）封建时代，人的生活是有等级的，也是有轨范的。竞造新奇之物，此两者均将被破坏。所以《礼记·月令》说："毋或作为淫巧，以荡上心。"《荀子·王制》说："雕琢文采，不敢造于家。"而《礼记·王制》竟说："作奇技奇器以疑众者杀。"

此等制度，后人必将议其阻碍工业的进步，然在保障生活的轨范，使有权力和财力的人，不能任意享用，而使其余的人，（甲）看了起不平之念；（乙）或者不顾财力，互相追逐，致以社会之生活程度衡之，不免流于奢侈，是有相当价值的，亦不可以不知道。即谓专就技巧方面立论，此等制度阻碍进步也是冤枉的。为什么呢？

社会的组织，暗中日日变迁，而人所设立的机关，不能与之相应，有用的逐渐变为无用，而逐渐破坏。这在各方面皆然，工官自亦非例外。（一）社会的情形变化了，而工官未曾扩充，则所造之物，或不足以给民用。（二）又或民间已发明新器，而工官则仍守旧规，则私家之业渐盛。（三）又封建制度破坏，被灭之国，被亡之家，所设立之机关，或随其国家之灭亡而被废，技术人员也流落了。如此，古代的工官制度，就破坏无余了。《史记·货殖列传》说："用贫求富，农不如工，工不如商。"《汉书·地理志》所载，至汉代尚存的工官，寥寥无几；都代表这一事实。《汉书·宣帝纪赞》，称赞他"信赏必罚，综核名实"，"技巧工匠，自元成间鲜能及之"。陈寿《上诸葛氏集表》，亦称其"工械技巧，物究其极"，《三国蜀志·诸葛亮传》。实在只是一部分官制官用之物罢了，和广大的社会工业的进退，是没有关系的。

当这个时代，工业的进化安在呢？世人每举历史上几个特别智巧的人，几件特别奇异之器，指为工业的进化，其实是不相干的。公输子能削竹木以为鹊飞之三日不下。见《墨子·鲁问篇》《淮南子·齐俗训》。这自然是瞎说，《论衡·儒增篇》，业经驳斥他了。然如后汉的张衡、曹魏的马钧、南齐的祖冲之、元朝的郭守敬，马钧事见《三国魏志·杜夔传》《注》，余皆见各史本传。则其事迹决不是瞎说的。他们所发明的东西安在呢？崇古的人说："失传了。这只是后人的不克负荷，并非中国人的智巧，不及他国人。"喜新的人不服，用滑稽的语调说道："我将来学问够了，要做一部中国学术失传史。"见从前北京大学所出的《新潮杂志》。其实都不是这一回事。

一种工艺的发达，是有其社会条件的。指南针，世界公认是中国人发明的。古代曾用以驾车，现在为什么没有？还有那且走且测量路线长短的记里鼓车，又到什么地方去了？诸葛亮改良连弩，马钧说：我还可以再改良。后来却不曾实行，连诸葛亮发明的木牛流马，不久也失传了。假使不在征战之世，诸葛亮的心思，也未必用之于连弩。假使当时魏蜀的争战，再剧烈些，别方面的势力，再均平些，竟要靠连弩以决胜负，魏国也未必有马钧而不用。假使魏晋以后，在商业上，有运巴蜀之粟，以给关中的必要，木牛流马，自然会大量制造，成为社会上的交通用具的。不然，谁会来保存它？同理：一时代著名的器物，如明朝宣德、成化，清朝康熙、雍正、乾隆年间的瓷器，为什么现在没有了？这都是工业发达的社会条件。还有技术方面，也不是能单独发达的。一器之成，必有互相连带的事物。如公输子以竹木为鹊，飞之三日，固然是瞎说。王莽时用兵，募有奇技的人。有人自言能飞。试之，取大鸟翮为两翼，飞数百步而坠，见《汉书·王莽传》。却决不是瞎说的，其人亦不可谓之不巧。假使生在现在，断不能谓其不能发明飞机。然在当日，现今飞机上所用种种机械，一些没有，自然不能凭空造成飞行器具。所以社会条件不备具；技术的发展，而不依着一定的顺序；发明是不会凭空出现的。即使出现了，也只等于昙花一现。以为只要消费自由，重赏之下，必有勇夫，工艺自然会不断的进步，只是一个浅见。

工官制度破坏后，中国工业的情形，大概是这样的：根于运输的情形，寻常日用的器具，往往合若干地方，自成一个供求的区域。各区域之间，制造的方法，和其所用的原料等，不必相同。所以各地方的物品，各有其特色。（一）此等工人，其智识，本来是蹈常习故的。（二）加以交换制度之下，商品的生产，实受销场的支配，而专司销售的商人，其见解，往往是陈旧的。因为旧的东西，销路若干，略有一定，新的就没有把握了。因此，商人不欢迎新的东西，工人亦愈无改良的机会。（三）社会上的风气，也是蹈常习故的人居其多数。所以其进步是比较迟滞的。至于特别著名的工业品，行销全国的，亦非没有。则或因（一）天产的特殊，而制造不能不限于其地。（二）或因运输的方便，别地方的出品，不能与之竞争。（三）亦或因历史上技术的流传，限于一地。如湖笔、徽墨、湘绣等，即其一例。

近代的新式工业，是以机制品为主的。自非旧式的手工业所能与之竞争。经营新式工业，既须人才，又须资本，中外初通时的工商家，自不足以语此，自非赖官力提倡不可。然官家的提倡，亦殊不得法。同治初年，制造局、造船厂等的设立，全是为军事起见，不足以语于实业。光绪以后所办的开平煤矿、甘肃羊毛厂、湖北铁厂、纱厂等，亦因办理不得其法，成效甚少。外货既滔滔输入，外人又欲在通商口岸设厂制造，利用我低廉的劳力，且省去运输之费。自咸丰戊午、庚申两约定后，各国次第与我订约，多提出此项要求。中国始终坚持未许。到光绪甲午，和日本战败，订立《马关条约》，才不得已而许之。我国工业所受的压迫，遂更深一层，想挣扎更难了。然中国的民智，却于甲午之后渐开，经营的能力，自亦随之而俱进。近数十年来，新兴的工业，亦非少数，惜乎兴起之初，未有通盘计划，而任企业之家，人自为战，大多数都偏于沿江沿海。二十六年战事起后，被破坏的，竟达70%。这亦是一个很大的创伤。然因此而（一）内地的宝藏，获得开发，交通逐渐便利。（二）全盘的企业，可获得一整个的计划，非复枝枝节节而为之。（三）而政治上对于实业的保障，如关税壁垒等，亦将于战后获得一条出路。因祸而为福，转败而为功，就要看我们怎样尽力奋斗了。

商业的发展

商业当兴起时，和后来的情形，大不相同。《老子》说："郅治之极，邻国相望，鸡犬之声相闻，民各甘其食，美其服，安其俗，乐其业，至老死不相往来。"这是古代各部族最初孤立的情形。到后来，文化逐渐进步，这种孤立状况，也就逐渐打破了。然此时的商人，并非各自将本求利，乃系为其部族做交易。部族是主人，商人只是伙友，盈亏都由部族担负，商人只是替公众服务而已。此时的生意，是很难做的。（一）我们所要的东西，哪一方面有？哪一方面价格低廉？（二）与人交换的东西，哪一方要？哪一方面价格高昂？都非如后世的易于知道。（三）而重载往来，道途上且须负担危险。商人竭其智力，为公众服务，实在是很可敬佩的。而商人的才智，也特别高。如郑国的弦高，能却秦师，即其一证。《左氏》僖公三十三年。此等情形，直到东西周之世，还有留遗。《左氏》昭公十六年，郑国的子产，对晋国的韩宣子说："昔我先君桓公，与商人皆出自周。庸次比耦，以艾杀此地，斩之蓬蒿藜藿而共处之。"开国之初，所以要带着一个商人走，乃是因为草创之际，必要的物品，难免缺乏，庚财见第五章、乞籴，都是不可必得的。在这时候，就非有商人以济其穷不可了。卫为狄灭，文公立国之后，要注意于通商，《左氏》闵公二年。亦同此理。此等商人，真正是消费者和生产者的朋友。然因社会组织的变迁，无形之中，却逐渐变做他们的敌人而不自知了。

因为交换的日渐繁盛，各部族旧有的经济组织，遂不复合理，而逐渐的遭遇破坏。旧组织既破坏，而无新组织起而代之。人遂不复能更受社会的保障，其作业，亦非为社会而作，于是私产制度兴起了。在私产制度之下，各个人的生活，是要自己设法的。然必不能物物皆自为而后用之。要用他人所生产的东西，只有（一）掠夺和（二）交换两种方法。掠夺之法，是不可以久的。于是交易大盛。然此时的交易，非复如从前行之于团体与团体之间，而是行之于团体之内的。人人直接交易，未免不便，乃渐次产生居间的人。一方面买进，一方面卖出，遂成为现在的所谓商业。非交易不能生活，非藉居间的人不能交易，而商业遂隐操社会经济的机键。

在私产制度之下，人人的损益都是要自己打算的。各人尽量寻求自己的利益。而生产者要找消费者、消费者要找生产者极难，商人却处于可进可退的地位，得以最低价只要生产者肯忍痛卖买进，最高价只要消费者能够忍痛买卖出，生产者和消费者，都无如之何。所以在近代工业资本兴起以前，商人在社会上，始终是一个优胜的阶级。

商业初兴之时，只有现在所谓定期贸易。《易经·系辞传》说：神农氏"日中为市，致天下之民，聚天下之货，交易而退，各得其所"，就指示这一事实的。此等定期贸易，大约行之于农隙之时，收成之后。所以《书经·酒诰》说：农功既毕，"肇牵车牛远服贾"。《礼记·郊特牲》说："四方年不顺成，八蜡不通";"顺成之方，其蜡乃通"。蜡祭是行于十二月的。因此，举行定期贸易。然不久，经济愈形进步，交易益见频繁，就有常年设肆的必要了。此等商肆，大者设于国中。即《考工记》所说"匠人营国，面朝后市"。小者则在野田墟落之间，随意陈列货物求售，此即《公羊》何《注》所谓"因井田而为市"。宣公十五年。《孟子》所谓"有贱丈夫焉，必求垄断而登之"，亦即此类，其说已见第八章了。《管子·乘马篇》说："聚者有市，无市则民乏。"可见商业和人民的关系，已密接而不可分离了。

古代的大商人，国家管理之颇严，《管子·揆度篇》说："百乘之国，中而立市，东西南北，度五十里。"千乘之国，万乘之国，也是如此。这是规定设市的地点的。《礼记·王制》列举许多不鬻于市的东西。如（一）圭璧金璋，（二）命服命车，（三）宗庙之器，（四）牺牲，（五）锦文珠玉成器，是所以维持等级制度的。（六）奸色乱正色，（七）衣服饮食，是所以矫正人民的生活轨范的。（八）布帛精粗不中度，幅广狭不中量，（九）五谷不时，（十）果实未熟，（十一）木不中伐，（十二）禽兽鱼鳖不中杀，是所以维持社会的经济制度，并保障消费人的利益的。总之，商人的交易，受着干涉的地方很多。《周官》司市以下各官，则是所以维持市面上的秩序的。我们可想见，在封建制度之下，商人并不十分自由。

封建政体破坏了，此等规则，虽然不能维持，但市总还有一定的区域。像现在通衢僻巷，到处可以自由设肆的事，是没有的。北魏胡灵后时，税入市者人一钱，即其明证。《唐书·百官志》说："市皆建标筑土为候。凡市日，击鼓三百以会众，日入前七刻，击钲三百而散。"则市之聚集，仍有定期，更无论非市区了。现在设肆并无定地，交易亦无定时，这种情形，大约是唐中叶以后，逐渐兴起的。看宋朝人所著的《东京梦华录》孟元老著《武林旧事》周密著等书可见。到这地步，零售商逐渐增多，商业和人民生活的关系，亦就更形密切了。

商业初兴时，所运销的，还多数是奢侈品，所以专与王公贵人为缘。子贡结驷连骑，束帛之币，以聘享诸侯。《史记·货殖列传》。晁错说汉朝的商人，"交通王侯，力过吏势"《汉书·食货志》，即由于此。此等商人，看似势力雄厚，其实和社会的关系，是比较浅的。其厕身民众之间，做屯积和贩卖的工作的，则看似低微，而其和社会的关系，反较密切。因为这才真正是社会经济的机键。至于古代的贱视商人，则（一）因封建时代的人，重视掠夺，而贱视平和的生产事业。（二）因当时的商业，多使贱人为之。如刀间收取桀黠奴，使之逐渔盐商贾之利是。《史记·货殖列传》。此等风气，以两汉时代为最甚。后世社会阶级，渐渐平夷，轻视商人，亦就不如此之甚了。抑商则另是一事。轻商是贱视其人，抑商则敌视其业。因为古人视商业为末业，以为不能生利。又因其在社会上是剥削阶级，然抑商的政令，在事实上，并不能减削商人的势力。

国际间的贸易，自古即极兴盛。因为两国或两民族，地理不同，生产技术不同，其需要交易，实较同国同族人为尤甚。试观《史记·货殖列传》所载，凡和异国异族接境之处，商务无不兴盛如天水、陇西、北地、上郡、巴、蜀、上谷至辽东等便可知道，汉朝尚绝未知西域为何地，而邛竹杖、蜀布，即已远至其地，商人的辗转贩运，其能力亦可惊异了。《货殖传》又说：番禺为珠玑、玳瑁、果、布之凑。这许多，都是后来和外洋互市的商品，布当即棉布。可知海路的商业，发达亦极早。

中国和西域的交通，当分海、陆两路。以陆路论：《汉书·西域传》载杜钦谏止遣使报送罽宾使者的话，说得西域的路，阻碍危险，不可胜言，而其商人，竟能冒险而来。以海路论，《汉书·地理志》载中国人当时的海外航线，系自广东的徐闻出发。所经历的地方，虽难悉考，其终点黄支国，据近人所考证，即系印度的建志补罗。冯承钧《中国南洋交通史》上编第一章。其后大秦王安敦，自日南徼外，遣使通中国，为中欧正式交通之始。两晋南北朝之世，中国虽然丧乱，然河西、交、广，都使用金银。当时的中国，是并不以金银为货币的，独此两地，金银获有货币的资格，即由于与外国通商之故。可见当中国丧乱时，中外的贸易，依然维持着。承平之世，特别如唐朝、元朝等，疆域扩张，声威远播之时，更不必说了。但此时所贩运的总带有奢侈品性质。如香药、宝货便是，参看第八章。对于普通人民的生活，关系并不深切。到近代产业革命以后，情形就全不相同了。

交换是现社会重要的经济机构，货币则是交换所藉之以行的。所以货币制度的完善与否，和经济的发达、安定，都有很大的关系。中国的货币制度，是不甚完善的。这是因为（一）中国的经济学说，注重于生产消费，而不甚注重于交换，于此部分，缺乏研究。（二）又疆域广大，各地方习惯不同，而行政的力量甚薄，不能控制之故。

第十二章　货　币

古代货币的演变

中国古代，最普遍的货币，大约是贝。所以凡货财之类，字都从贝，这是捕鱼的民族所用。亦有用皮的，所以国家以皮币行聘礼、婚礼的纳征，亦用鹿皮，这当是游猎民族所用。至农耕社会，才普遍使用粟帛。所以《诗经》说"握粟出卜"，又说"抱布贸丝"。珠玉金银铜等，都系贵族所需要。其中珠玉之价最贵，金银次之，铜又次之，所以《管子》说了："以珠玉为上币，黄金为中币，刀布为下币。"《国蓄》。

古代的铜价，是比较贵的。《史记·货殖列传》《汉书·食货志》，说当时的粜价，都是每石自二十文至八十文。当时的衡量，都约当现代五分之一。即当时的五石，等于现在的一石。当时量法用斛，衡法称石，石与斛的量，大略相等。其价为一百文至四百文。汉宣帝时，谷石五钱，则现在的一石谷，只值二十五文。如此，零星贸易，如何能用钱？所以孟子问陈相：许行的衣冠械器，从何而来？陈相说：都是以粟易之。《滕文公上篇》。而汉朝的贤良文学，说当时买肉吃的人，也还是"负粟而往，易肉而归"。《盐铁论·散不足篇》。可见自周至汉，铜钱的使用，并不十分普遍。观此，才知道古人所以有许多主张废除货币的。若古代的货币使用，其状况一如今日，则古人即使有这主张，亦必审慎考虑，定有详密的办法，然后提出，不能说得太容易了。自周至汉，尚且如此，何况夏殷以前？所以《说文》说："古者货贝而宝龟，周而有泉，至秦废贝行钱。"《汉书·食货志》说货币的状况："自夏殷以前，其详靡记"，实在最为确实。《史记·平准书》说："虞夏之币，金为三品：或黄，或白，或赤，或钱，或布，或刀，或龟贝。"《平准书》本非《史记》原文，这数语又附着篇末，其为后人所窜入，不待言而可明了。《汉书·食货志》又说："太公为周立九府圜法。黄金方寸而重一斤。钱圜函方，函即俗话钱眼的眼字。轻重以铢。布帛广二尺二寸为幅，长四丈为匹。太公退，又行之于齐。"按《史记·货殖列传》说："管子设轻重九府。"《管晏列传》说"吾读管氏《牧民》《山高》《乘马》《轻重》《九府》"，则所谓九府圜法，确系齐国的制度。但其事起于何时不可知。说是太公所立，已嫌附会，再说是太公为周所立，退而行之于齐，就更为无据了。古代的开化，东方本早于西方。齐国在东方，经济最称发达。较整齐的货币制度，似乎就是起于齐国的。《管子·轻重》诸篇，多讲货币、货物相权之理，可见其时货币的运用，已颇灵活。《管子》虽非管仲所著，却不能不说是齐国的书。《说文》说周而有泉，可见铜钱的铸造，是起于周朝，而逐渐普遍于各地方的。并非一有铜钱，即各处普遍使用。

　　古代的铜钱，尚且价格很贵，而非普通所能使用，何况珠玉金银等呢？这许多东西，何以会与铜钱并称为货币？这是因为货币之始，乃是用之于远方，而与贵族交易的。《管子》说："玉起于禺氏，金起于汝、汉，珠起于赤野。东西南北，距周七千八百里，《通典》引作七八千里。水绝壤断，舟车不能通。先王为其途之远，其至之难，故托用于其重。"《国蓄》。又说："汤七年旱，禹五年水，汤以庄山之金，禹以历山之金铸币，而赎人之无馇卖子者。"《山权数》。此等大批的卖买，必须求之于贵族之家。因为当时，只有贵族，才会有大量的谷物存储。如《山权数篇》又言丁氏之家粟，可食三军之师。于此，可悟古代商人，多与贵族交接之理，而珠玉金银等的使用，亦可无疑义了。珠玉金银等，价均太贵，不适宜于普通之用。只有铜，价格稍贱，而用途极广，是普通人所宝爱，而亦是其所能使用的。铜遂发达而成普通的货币，具有铸造的形式。其价值极贵的，则渐以黄金为主，而珠玉等都被淘汰。

　　钱圜函方，一定是取象于贝的。所以钱的铸造，最初即具有货币的作用。其为国家因民间习用贝，又宝爱铜，而铸作此物，抑系民间自行制造不可知。观《汉书》轻重以铢四字，可见齐国的铜钱，轻重亦非一等。限制其轻重必合于铢的整数，正和限制布帛的长阔一样。则当时的钱，种类似颇复杂。观此，铜钱的铸造，其初似出于民间，若原出国家，则必自始就较整齐了。此亦可见国家自能发动的事情，实在很少，都不过因社会固有的事物，从而整齐之罢了。到货币广行以后，大量的铸造，自然是出于国家。因为非国家，不能有这大量的铜。但这只是事实如此。货币不可私铸之理，在古代，似乎不甚明白的。所以汉文帝还放民私铸。

　　《汉书·食货志》说："秦并天下，币为二等。黄金以镒为名，上币。铜钱质如周钱，文曰半两，重如其文。而珠玉龟贝银锡之属，为器饰宝藏，不为币。然各随时而轻重无常。"可见当时的社会，对于珠玉、龟贝、银锡等，都杂用为交易的媒介，而国家则于铜钱之外，只认黄金。这不可谓非币制的一进化。《食货志》又说，汉兴，以为秦钱重，难用，更令民铸荚钱。《高后本纪》：二年，行八铢钱。应劭曰："本秦钱。质如周钱，文曰半两，重如其文。即八铢也。汉以其太重，更铸荚钱。今民间名榆荚钱是也。民患其太轻。至此复行八铢钱。"六年，行五分钱。应劭曰："所谓荚钱者。文帝以五分钱太轻小，更作四铢钱。文亦曰半两。今民间半两钱最轻小者是也。"按既经铸造的铜钱，自与生铜不同。但几种货币杂行于市，民必信其重者，而疑其轻者；信其铸造精良者，而疑其铸造粗恶者；这是无可如何之事。古代货币，虽有多种并行，然其价格，随其大小而不齐，则彼此不会互相驱逐。今观《汉书·食货志》说：汉行荚钱之后，米至石万钱，马至匹百金。汉初虽有战争，并未至于白骨蔽野，千里无人烟，物价的昂贵，何得如此？况且物价不应同时并涨。同时并涨，即非物价之涨，而为币价之跌，其理甚明。古一两重二十四铢。八铢之重，只得半两钱三分之二；四铢只得三分之一；而其文皆曰半两，似乎汉初货币，不管其实重若干，而强令其名价相等。据此推测，汉初以为秦钱重难用，似乎是一个藉口。其实是藉发行轻货，以为筹款之策的。所以物价因之增长。其时又不知货币不可私铸之理。文帝放民私铸，看《汉书》所载贾谊的奏疏，其遗害可谓甚烈。汉武帝即位后，初铸三铢钱。又铸赤仄。又将鹿皮造成皮币。又用银锡造作白金三等。纷扰者久之。

后来乃将各种铜钱取销，专铸五铢钱。既禁民私铸，并不许郡国铸造，而专令上林三官铸，谓水衡都尉属官均官、钟官、辨铜三令丞。无形中暗合货币学理。币制至此，始获安定。直至唐初，才另铸开元通宝钱。自此以前，历朝所铸的钱，都以五铢为文。五铢始终是最得人民信用的钱。

汉自武帝以后，币制是大略稳定的。其间惟王莽一度改变币制，为五物、六名、二十八品，金、银、龟、贝、钱、布为六名。钱布均用铜，故为五物。其值凡二十八等。然旋即过去。至后汉光武，仍恢复五铢钱。直至汉末，董卓坏五铢钱，更铸小钱，然后钱法渐坏。自此经魏、晋、南北朝，政治紊乱，币制迄未整饬。其中最坏的，如南朝的鹅眼、綖环钱，至于"入水不沉，随手破坏"。其时的交易，则多用实物做媒介。和外国通商之处，则或兼用金银。如《隋书·食货志》说：梁初，只有京师及三吴、荆、郢、江、襄、梁、益用钱。其余州郡，则杂以谷帛。交广全用金银。又说：陈亡之后，岭南诸州，多以钱米布交易。河西诸郡，或用西域金银之钱都是。直到唐初，铸开元通宝钱，币制才算复一整理。然不久私铸即起。

用金属做货币，较之珠玉布帛等，固然有种种优点，但亦有两种劣点。其（一）是私销私铸的无法禁绝。私铸，旧说以"不爱铜不惜工"敌之。即是使铸造的成本高昂，私铸无利可图。但无严切的政令以辅之，则恶货币驱逐良货币，既为经济上不易的原则，不爱铜，不惜工，亦徒使国家增加一笔销耗而已。至于私销，则简直无法可禁。其（二）为钱之不足于用。社会经济，日有进步，交易必随之而盛。交易既盛，所需的筹码必多。然铜系天产物，开矿又极劳费，其数不能骤增。此系自然的原因。从人为方面论，历代亦从未注意于民间货币的足不足，而为之设法调剂，所以货币常感不足于用。南北朝时，杂用实物及外国货币，币制的紊乱，固然是其一因，货币数量的缺乏，怕亦未尝非其一因。此等现象，至唐代依然如故。玄宗开元二十二年，诏庄宅口马交易，并先用绢布绫罗丝棉等。其余市买，至一千以上，亦令钱物并用。违者科罪。便是一个证据。当这时代，纸币遂应运而生。

纸币的前身是飞钱。《唐书·食货志》说：贞元时，商贾至京师，委钱诸道进奏院及诸军诸使富家，以轻装趋四方，合券乃取之，号飞钱。这固然是汇兑，不是纸币。然纸币就因之而产生了。《文献通考·钱币考》说：初蜀人以铁钱重，私为券，谓之交子，以便贸易。富人十六户主之。其后富人稍衰，不能偿所负，争讼数起。寇瑊尝守蜀，乞禁交子。薛田为转运使，议废交子则贸易不便。请官为置务，禁民私造。诏从其请。置交子务于益州。《宋史·薛田传》说：未报，寇瑊守益州，卒奏用其议。蜀人便之。《食货志》说：真宗时，张咏镇蜀。患蜀人铁钱重，不便贸易。设质剂之法。一交一缗，以三年为一界而换之。六十五年为二十二界。谓之交子。富民十六户主之。三说互歧，未知孰是。总之一交一缗，以三年为一界，总是事实。一交为一缗，则为数较小，人人可以使用。以三年为一界，则为时较长，在此期间，即具有货币的效用，真可谓之纸币，而非复汇兑券了。然云废交子则贸易不便，则其初，亦是以搬运困难，而图藉此以省费的。其用意，实与飞钱相类。所以说纸币是从汇兑蜕化而出的。

交子务既由官置，交子遂变为官发的纸币。神宗熙宁间，因河东苦铁钱，置务于潞州。后又行之于陕西。徽宗崇宁时，蔡京又推行之于各处。后改名为钱引。其时惟闽、浙、湖、广不行。推行的区域，已可谓之颇广了。此种纸币，系属兑换性质。必须可兑现钱，然后能有信用。然当时已有滥发之弊。徽宗时，遂跌至一缗仅值钱数十。幸其推行的范围虽广，数量尚不甚多，所以对于社会经济，不发生甚大的影响。南宋高宗绍兴元年，令榷货务造关子。二十九年，户部始造会子。仍以三年为一界。行至十八界为止。第十九界，贾似道仍改造关子。南宋的交子，有展限和两界并行之弊。因之各界价格不等。宁宗嘉定四年，遂令十七、十八两界，更不立限，永远行使。这很易至于跌价。然据《宋史·食货志》：度宗咸淳四年，以近颁关子，贯作七百七十文足。十八界会子，贯作二百五十七文足。三准关子一，同现钱行使。此时宋朝已近灭亡，关子仅打七七折，较诸金朝，成绩好得多了。

金朝的行纸币，始于海陵庶人贞元二年。以一贯、二贯、三贯、五贯、十贯为大钞，一百、二百、三百、五百、七百为小钞。当时说是铜少的权制。但（一）开矿既非易事；括民间铜器以铸；禁民间私藏铜器及运铜器出境；都是苛扰的事。铸钱因此不易积极进行。（二）当时亦设有铸钱的监，乃多毁旧钱以铸。新钱虽然铸出，旧钱又没有了。（三）既然钱钞并行，循恶货币驱逐良货币的法则，人民势必将现钱收藏，新铸的钱，转瞬即行匿迹。因此，铜钱永无足时，纸币势必永远行使。然使发行得法，则纸币与铜钱并行，本来无害，而且是有益的。所以《金史·食货志》说：章宗即位之后，有人要罢钞法。有司说："商旅利其致远，往往以钱买钞。公私俱便之事，岂可罢去？"这话自是事实。有司又说："止因有厘革之限，不能无疑。乞削七年厘革之限，令民得常用。"岁久字文磨灭，许于所在官库纳旧换新，或听便支钱。作《食货志》的人说："自此收敛无术，出多入少，民寝轻之。"其实收敛和厘革，系属两事。苟能审察经济情形，不至滥发，虽无厘革之限何害？若要滥发，即有厘革之限，又何难扩充其每界印造之数，或数界并行呢？所以章宗时的有司，实在并没有错。而后来的有司，"以出钞为利，收钞为讳"，却是该负极大责任的。平时已苦钞多，宣宗南迁以后，更其印发无限。贞祐二年，据河东宣抚使胥鼎说，遂致每贯仅值一文。

货币形态的转变

钞法崩溃至此，业已无法挽救。铜钱则本苦其少，况经纸币驱逐，一时不能复出。银乃乘机而兴。按金银用为交易之媒介，由来已久，读前文所述可见。自经济进步以后，铜钱既苦其少，又苦运输的困难，当这时候，以金银与铜相辅而行，似极便利。然自金末以前，讫未有人想到这个法子，这是什么理由呢？原来货币是量物价的尺。尺是可有一，不可有二的。既以铜钱为货币，即不容铜钱之外，更有他种货币。（一）废铜钱而代以金银，固然无此情理。（二）将金银亦铸为货币，与铜钱严定比价，这是昔人想不到的。如此，金银自无可做货币的资格了。难者要说：从前的人，便没有专用铜钱。谷物布帛等，不都曾看作货币的代用品么？这话固然不错。然在当时，金银亦何尝不是货币的代用品。不过其为用，不如谷物布帛的普遍罢了。

金银之用，为什么不如谷帛的普遍，须知价格的根源，生于价值，金银在现今，所以为大众所欢迎，是因其为交换之媒介，既广且久，大家对他，都有一种信心，拿出去，就什么东西都可以换到。尤其是现今世界各国，虽然都已用纸，而仍多用金银为准备。金银换到货币最为容易，且有定价，自然为人所欢迎。这是货币制度替金银造出的价值，并不是金银本身自有价值。假使现在的货币，都不用金银做准备，人家看了金银，也不当他直接或间接的货币，而只当他货物。真要使用他的人，才觉得他有价值。如此，金银的价值必缩小；要他的人亦必减少；金银的用途，就将大狭了。如此，便可知道自金末以前，为什么中国人想不到用金银做货币。因为价格生于价值，其物必先有人要，然后可做交易的媒介，而金银之为物，在从前是很少有人要的。因为其为物，对于多数人是无价值。金银本身之用，不过制器具，供玩好，两者都非通常人所急。

到金朝末年，经济的情形，又和前此不同了。前此货币紊乱之时，系以恶的硬币，驱逐良的硬币。此时则系以纸币驱逐硬币。汉时钱价甚昂，零星交易，并不用钱，已如前述。其后经济进步，交易渐繁，货币之数，势必随公铸私造而加多。货币之数既多，其价格必日跌。于是零星贸易，渐用货币。大宗支付，转用布帛。铜钱为纸币驱逐以尽，而纸币起码是一百文，则零星贸易，无物可用了。势不能再回到古代的以粟易之，而布帛又不可尺寸分裂，乃不得已而用银。

所以银之起，乃是所以代铜钱供零星贸易之用的，并非嫌铜钱质重值轻，用之以图储藏和运输之便。所以到清朝，因铸钱的劳费，上谕屡次劝人民兼用银两，人民总不肯听。这个无怪其然。因为他们心目之中，只认铜钱为货币。储藏了银两，银两对铜钱涨价，固然好了，对铜钱跌价，他们是要认为损失的。他们不愿做这投机事业。到清末，要以银为主币，铜为辅币，这个观念，和普通一般人说明，还是很难的。因为他们从不了解有两种东西可以同时并认为货币。你对他说：以银为主币，铜为辅币，这个铜币，就不该把他看作铜，也不该把他看作铜币，而该看作银圆的几分之几，他们亦很难了解。这似乎是他们的愚笨，其实他们的意见是对的。因为既不看作铜，又不看作铜币，那么，为什么不找一种本无价值的东西，来做银圆的代表，而要找铜币呢？铜的本身是有价值的，因而是有价格的，维持主辅币的比价，虽属可能，究竟费力。何不用一张纸，写明铜钱若干文，派他去充个代表，来得直接痛快呢？他们的意见是对的。他们而且已经实行了。那便是飞钱、交子等物。

这一种事情，如能顺利发达，可使中国货币的进化，早了一千年。因为少数的交易用铜钱，多数的授受，嫌钱笨重的，则以纸做钱的代表，如此，怎样的巨数，亦可以变为轻赍，而伸缩又极自由，较之用金银，实在合理得许多。而惜乎国家攫取其发行之权，以济财政之急，把这自然而合理的进化拗转了。

于此，又可知道纸币之敝。黄金为什么不起而代之，而必代之以银。从前的人，都说古代的黄金是多的，后世却少了，而归咎于佛事的消耗，顾炎武《日知录》，赵翼《廿二史札记》《陔余丛考》，都如此说。其实不然。王莽败亡时，省中黄金万斤为一匮者，尚有六十匮。其数为六十万斤。古权量当今五分之一，则得今十二万斤，即一百九十二万两。中国人数，号称四万万。女子当得半数，通常有金饰的，以女子为多。假使女子百人之中，有一人有金饰，其数尚不及一两。现在民间存金之数，何止如此？《齐书·东昏侯纪》，谓其"后宫服御，极选珍奇。府库旧物，不复周用。贵市民间，金银宝物，价皆数倍，京邑酒租，皆折使输金，以为金涂"。这几句话，很可说明历史记载，古代金多，后世金少的原因。

古代人民生活程度低，又封建之世，服食器用，皆有等差。平民不能僭越。珠玉金银等，民间收藏必极少。这个不但金银如此，怕铜亦是如此。秦始皇的销兵，人人笑其愚笨。然汉世盗起，必劫库兵。后汉时羌人反叛，因归服久了，无复兵器，多执铜镜以象兵。可见当时民间兵器实不多。不但兵器不多，即铜亦不甚多。所以贾谊整理币制之策，是"收铜勿令布"。若铜器普遍于民间，亦和后世一样，用什么法子收之勿令布呢？铜尚且如此，何况金银？所以古代所谓金多，并非金真多于后世，乃是以聚而见其多。后世人民生活程度渐高；服食器用，等差渐破；以朝廷所聚之数，散之广大的民间，就自然不觉其多了。读史的人，恒不免为有明文的记载所蔽，而忽略于无字句处。

我之此说，一定有人不信。因为古书明明记载汉时黄金的赏赐，动辄数十斤数百斤，甚且有至数千斤的，如何能不说古代的黄金，多于后世呢？但是我有一个证据，可以折服他。王莽时，黄金一斤值钱万，朱提银八两为一流，值钱一千五百八十，他银一流值钱千，则金价五倍于银。《日知录》述明洪武初，金一两等于银五两，则金银的比价，汉末与明初相同。我们既不见古书上有大量用银的记载，亦不闻佛法输入以后，银有大量的消耗，然则古书所载黄金大量使用之事，后世不见，并非黄金真少，只是以散而见其少，其事了然可见了。大概金银的比价，在前代，很少超过十倍的。然则在金朝末年，社会上白银固多，黄金亦不甚少。假使用银之故，是嫌铜币的笨重，而要代之以质小值巨之物，未尝不可舍银而取金，至少可以金银并用。然当时绝不如此。这明明由于银之起，乃所以代铜钱，而非以与铜钱相权，所以于金银两者之中，宁取其价之较低者。于此，可见以金银铜三品，或金银二品，或银铜二品为货币，并非事势之自然。自然之势，是铜钱嫌重，即走向纸币一条路的。

金银两物，旧时亦皆铸有定形。《清文献通考》说："古者金银皆有定式，必铸成币而后用之。颜师古注《汉书》，谓旧金虽以斤为名，而官有常形制。亦犹今时吉字金锭之类。武帝欲表祥瑞，故改铸为麟趾袅蹄之形，以易旧制。然则麟趾袅蹄，即当时金币式也。汉之自选与银货，亦即银币之式。《旧唐书》载内库出方圆银二千一百七十二两，是唐时银亦皆系铸成。"按金属货币之必须铸造，一以保证其成色，一亦所以省秤量之烦。古代金银虽有定形，然用之必仍以斤两计，似乎其分量的重轻，并无一定。而其分量大抵较重，尤不适于零星贸易之用。《金史·食货志》说："旧例银每锭五十两，其直百贯。民间或有截凿之者，其价亦随低昂。"每锭百贯，其不能代铜钱可知。章宗承安二年，因钞法既敝，乃思乞灵于银。改铸银，名承安宝货。自一两至十两，分为五等。每两折钞二贯。公私同见钱行使。亦用以代钞本。后因私铸者多，杂以铜锡，寖不能行。五年，遂罢之。宣宗时，造贞祐宝券及兴定宝泉，亦皆与银相权。然民间但以银论价。于是限银一两，不得超过宝泉三百贯。按宝泉法价，每二贯等于银一两。物价在三两以下者，不许用银。以上者三分为率，一分用银，二分用宝泉。此令既下，"商旅不行，市肆昼闭"。乃复取销。至哀宗正大间，民间遂全以银市易。《日知录》说："此今日上下用银之始。"其时正值无钱可用的时候，其非用以与钱相权，而系以之代钱，显然可见了。

元明两朝，当开国之初，都曾踌躇于用钱、用钞之间。因铜的缺乏，卒仍舍钱而用钞。元初有行用钞，其制无可考。世祖中统元年，始造交钞，以丝为本。是年十月，又造中统宝钞。分十、二十、三十、五十、一百、二百、五百、一贯、二贯。此据《食货志》。《王文统传》云：中统钞自十文至二贯凡十等。疑《食货志》夺三百一等。每一贯同交钞一两，两贯同白银一两。又以文绫织为中统银货。分一两、二两、三两、五两、十两五等。每两同白银一两，未曾发行。至元十二年，添造厘钞。分一文、二文、三文三等。十五年，以不便于民罢。二十四年，造至元钞。自二贯至五文，凡十一等。每一贯当中统钞五贯，二贯等于银一两，二十贯等于金一两。武宗至大二年，以物重钞轻，改造至大银钞。自二两至二厘，共十三等。每一两准至元钞五贯，白银一两，赤金一钱。仁宗即位，以倍数太多，轻重失宜，罢至大银钞，其中统、至元二钞，则终元世常行。按元朝每改钞一次，辄准旧钞五倍，可见当其改钞之时，即系钞价跌至五分之一之时。货币跌价，自不免影响于民生。所以"实钞法"实在是当时的一个大问题。

元初以丝为钞本，丝价涨落太大，用作钞本，是不适宜的。求其价格变动较少的，自然还是金属。金属中的金银，都不适于零星贸易之用。厘钞及十文、五文之钞，行用亦实不适宜。所以与其以金银为钞本，实不如以铜钱为钞本。元朝到顺帝至正年间，丞相脱脱才有此议。下诏：以中统钞一贯，权铜钱一千，准至元钞二贯。铸至正通宝钱，与历代铜钱并用。这实在是一个贤明的办法。然因海内大乱，军储赏犒，每日印造，不可数计。遂至"交料散满人间"，"人视之若敝楮"了。明初，曾设局铸钱。至洪武七年，卒因铜之不给，罢铸钱局而行钞。大明宝钞，以千文准银一两，四贯准黄金一两。后因钞价下落，屡次鬻官物，或税收限定必纳宝钞以收钞。然终于不能维持。至宣宗宣德三年，遂停止造钞。其时增设新税，或加重旧税的税额，专收钞而焚之。钞法既平之后，有些新税取销，税额复旧，有的就相沿下去了。钞关即是其中之一。自此租税渐次普遍收银，银两真成为通用的货币了。

主币可以用纸，辅币则必须用金属。因其授受繁，纸易敝坏，殊不经济。所以以铜钱与纸币并行，实最合于理想。

元、明两朝，当行钞之时，并不铸钱。明朝到后来，铸钱颇多，却又并不行钞了，清朝亦然。顺、康、雍、乾四朝，颇能实行昔人不爱铜、不惜工之论。按分厘在古代，本系度名而非衡名。衡法以十黍为累，十累为铢，二十四铢为两。因其非十进，不便计算，唐朝铸开元通宝钱，乃以一两的十分之一，即二铢四累，为其一个的重量。宋太宗淳化二年，乃改衡法。名一两的十分之一为一钱，一钱的十分之一为一分，一分的十分之一为一厘。钱即系以一个铜钱之重为名。分厘之名，则系借诸度法的。依照历朝的成法，一个铜钱，本来只要重一钱。顺、康、雍、乾四朝所铸，其重量却都超过一钱以上，铸造亦颇精工。可谓有意于整顿币制了。惜乎于货币的原理未明，所以仍无成效可见。

怎样说清朝的货币政策，不合货币原理呢？按（一）货币最宜举国一律。这不是像邮票一般，过了若干时间，就不复存在的。所以邮票可以花样翻新，货币则不宜然。此理在唐朝以前，本来明白。所以汉朝的五铢钱，最得人民信用，自隋以前，所铸的铜钱，即多称五铢。唐初改铸开元通宝，大约是因当时钱法大坏，想与民更始的，揣度当时的意思，或者想以开元为全国唯一通行的钱。所以后世所铸的钱，仍系开元通宝。高宗的乾封泉宝、肃宗的乾元重宝、重轮乾元等，虽都冠之以年号，然皆非小平钱，当时不认为正式的货币。不过其统一的目的，未能达到罢了。宋以后才昧于此理，把历朝帝皇的年号，铸在铜钱之上。于是换一个皇帝，就可以有一种钱文。年号时有改变，则还可以不止一种。货币形式的不统一，不是事实使然，竟是立法如此了。甚至像明朝世宗，不但铸嘉靖年号的铜钱，还补铸前此历朝未铸的年号。这不是把铜钱不看作全国的通货，而看作皇帝一个人的纪念品么？若使每朝所铸的，只附铸一个年号，以表明其铸造的年代，而其余一切，都是一律，这还可以说得过去。而历代又不能然。清朝亦是如此。且历朝所铸的铜钱，重量时有出入。这不是自己先造成不统一么？（二）虽然如此，但得所铸的钱，不至十分恶劣，则在专制时代，即但以本朝所铸之钱为限，而禁绝其余的恶薄者，亦未始不可以小康。此即明代分别制钱和古钱的办法。明天启、崇祯间，括古钱以充废铜，以统一币制论，实在是对的。但要行此法，有一先决问题，即必须先使货币之数足用。若货币之数，实在不足于用，交易之间，发生困难，就无论何等恶劣的货币，人民也要冒险使用，禁之不可胜禁，添出整理的阻力来了。自明废除纸币以后，直至清朝，要把铜钱铸到人民够用，是极不容易办到的。当此之时，最好将纸币和铜钱相权。而明、清皆不知出此，听任银铜并行。又不知规定其主辅的关系。在明朝，租税主于收银，铜钱时有禁令，人民怀疑于铜钱之将废，不敢收受，大为铜钱流通之害。清朝则人民认铜钱为正货，不愿收受银两。而政府想要强迫使用，屡烦文告，而卒不能胜。而两种货币，同时并行，还生出种种弊窦。如租税征收等。不明经济原理之害，真可谓生于其心，害于其政了。

外国银钱的输入，并不始于近代。《隋书·食货志》说南北朝时河西、交、广的情形，已见前。《日知录》引唐韩愈《奏状》，说五岭买卖一以银。元稹奏状，说自岭以南，以金银为货币。张籍诗说：海国战骑象，蛮州市用银。《宋史·仁宗纪》：景祐二年，诏诸路岁输缗钱，福建、二广以银。《集释》说：顺治六七年间，海禁未设，市井贸易，多以外国银钱。各省流行，所在多有。禁海之后，绝迹不见。这可见外国货币之侵入，必限于与外国通商之时，及与外国通商之地。

前此中外交通，时有绝续；又多限于一隅；所以不能大量侵入。到五口通商以后，情形就大不相同了。外国铸造的货币，使用的便利，自胜于我国秤量的金银。其秤量之法，且不划一。外国银圆，遂滔滔输入，而以西班牙、墨西哥两国为多。中国的自铸，始于光绪十三年。广东总督张之洞所为。重量形式，都模仿外国银圆，以便流通。此时铜钱之数，颇感不足。光绪二十七年，广东开铸铜圆，因其名价远超于实价，获利颇多。于是各省竞铸铜圆，以谋余利，物价为之暴腾。小平钱且为其驱逐以尽。民生大感困苦。光绪三十年，度支部奏厘定币制，以银圆为本位货币，民国初年仍之。其时孙文创用纸币之议，举国的人多不解其理论，非难蜂起。直到最近，国民政府树立法币制度，才替中国的货币，画一个新纪元。

第十三章 衣 食

食物的进化

《礼记·礼运》说："昔者先王未有宫室，冬则居营窟，夏则居橧巢。未有火化，食草木之实，鸟兽之肉，饮其血，茹其毛。未有麻丝，衣其羽皮。后圣有作，然后修火之利。范金，合土，以为台榭、宫室、牖户。以炮，以燔，以亨，以炙，以为醴酪。治其麻丝，以为布帛。"这是古人总述衣食住的进化的。（一）古代虽无正确的历史，然其荦荦大端，应为记忆所能及。（二）又古人最重古。有许多典礼，虽在进化之后已有新的、适用的事物，仍必保存其旧的、不适用的，以资纪念。如已有酒之后，还要保存未有酒时的明水见下，即其一例。此等典礼的流传，亦使人容易记忆前代之事。所以《礼运》这一段文字，用以说明古代衣食住进化的情形，是有用的。

据这一段文字，古人的食料共有两种：即（一）草木之实，（二）鸟兽之肉。（三）但还漏列了一种重要的鱼。古人以鱼鳖为常食。《礼记·王制》说："国君无故不杀牛，大夫无故不杀羊，士无故不杀犬豕。"又说："六十非肉不饱。"《孟子》说："鸡、豚、狗、彘之畜，无失其时，七十者可以食肉矣。"《梁惠王上篇》。则兽肉为贵者、老者之食。又说"数罟不入洿池，鱼鳖不可胜食也"，与"不违农时，谷不可胜食也"并举。《诗经·无羊篇》："牧人乃梦，众维鱼矣。大人占之，众惟鱼矣，实维丰年。"郑《笺》说："鱼者，庶人之所以养也。今人众相与捕鱼，则是岁熟相供养之祥。"《公羊》宣公六年，晋灵公使勇士杀赵盾。窥其户，方食鱼飧。勇士曰："嘻！子诚仁人也。为晋国重卿，而食鱼飧，是子之俭也。"均鱼为大众之食之征。此等习惯，亦必自隆古时代遗留下来的。我们可以说：古人主要的食料有三种：（一）在较寒冷或多山林的地方，从事于猎，食鸟兽之肉，饮其血，茹其毛，衣其羽皮。（二）在气候炎热、植物茂盛的地方，则食草木之实。衣的原料麻、丝，该也是这种地方发明的。（三）在河湖的近旁则食鱼。

古代的食物虽有这三种，其中最主要的，怕还是第二种。因为植物的种类多，生长容易。《墨子·辞过篇》说："古之民，素食而分处。"孙诒让《闲诂》说："素食，谓食草木。素，疏之假字。疏，俗作蔬。"按古疏食两字有两义：（一）是谷物粗疏的。（二）指谷以外的植物。《礼记·杂记》："孔子曰：吾食于少施氏而饱，少施氏食我以礼。吾祭，作而辞曰：疏食不足祭也。吾飧，作而辞曰：疏食也，不足以伤吾子。"《疏》曰："疏粗之食，不可强饱，以致伤害。"是前一义。此所谓疏食，是后一义，因其一为谷物，一非谷物，后来乃加一草字头，以资区别。《礼记·月令》：仲冬之月，"山林薮泽，有能取蔬食，田猎禽兽者，野虞教道之。其有相侵夺者，罪之不赦"。《周官》太宰九职，八曰臣妾，聚敛疏材。《管子·七臣七主篇》云："果蓏素食当十石。"《八观篇》云："万家以下，则就山泽。"可见蔬食为古代重要的食料，到春秋战国时，还能养活很多的人口。至于动物，则其数量是比较少的。

饮血茹毛，现在只当作形容野蛮人的话，其实在古代确是事实。《义疏》引"苏武以雪杂羊毛而食之"，即其确证。隆古时代，苏武在北海边上的状况，决不是常人所难于遭遇的。《诗经·豳风》："九月筑场圃。"郑《笺》云："耕治之以种菜茹。"《疏》云："茹者，咀嚼之名，以为菜之别称，故书传谓菜为茹。"菜即今所谓蔬，乃前所释疏食中的第二义。后世的菜，亦是加以选择，然后种植的，吃起来并不费力。古代的疏食，则是向山林薮泽中，随意取得的野菜，其粗粗而有劳咀嚼，怕和鸟兽的毛，相去无几。此等事实，均逼着人向以人工生产食物的一条路上走。以人工生产食料，只有畜牧和耕种两法。畜牧须有适宜的环境，而中国无广大的草原，古代黄河流域平坦之地，亦沮洳多沼泽。就只有走向种植一路了。

古人在疏食时代的状况，虽然艰苦，却替后人造下了很大的福利。因为所吃的东西多了，所以知道各种植物的性质。我国最古的药书，名为《神农本草经》。《淮南子·修务训》说："神农尝百草之滋味，水泉之甘苦，一日而遇七十毒。"此乃附会之辞，古所谓神农，乃农业两字之义，并非指姜姓的炎帝其人。《礼记·月令》说"毋发令而待，以妨神农之事"，义即如此。《孟子·滕文公上篇》"有为神农之言者许行"，义亦如此。《神农本草经》，乃农家推源草木性味之书，断非一个人的功绩。此书为中国几千年来药物学的根本。其发明，全是由于古代的人们，所吃的植物种类甚多之故。若照后世人的吃法，专于几种谷类和菜蔬、果品，便一万年，也不会发明什么《本草》的。

一方面因所食之杂，而发现各种植物的性质；一方面即从各种植物中，淘汰其不适宜于为食料的，而栽培其宜于做食物的。其第（一）步，系从各种植物中，取出谷类，作为主食品。其第（二）步，则从谷类之中，再淘汰其粗的，而存留其精的。所以古人说百谷，后来便说九谷，再后来又说五谷。到现在，我们认为最适宜的主食品，只有稻和麦两种了。《墨子·辞过篇》说："圣人作，诲男耕稼树艺，以为民食。其为食也，足以增气充虚，强体适腹而已矣。"《吕氏春秋·审时篇》说："得时之稼，其臭香，其味甘，其气章。百日食之，耳目聪明，心意睿智，四卫变强。《注》：'四卫，四肢也。'殃气不入，身无苛殃。黄帝曰：四时之不正也，正五谷而已矣。"观此，便知农业的发明、进步，和人民的营养、健康，有如何重要的关系了。

古人所豢养的动物，以马、牛、羊、鸡、犬、豕为最普通，是为六畜。《周官》职方氏，谓之六扰。名见郑《注》。马、牛都供交通耕种之用，故不甚用为食料。羊的畜牧，需要广大的草地，也是比较贵重的。鸡、犬、豕则较易畜养，所以视为常食。

古人去渔猎时代近，男子畜犬的多。《管子·山权数》说："若岁凶旱，水泆，民失本，则修宫室台榭，以前无狗，后无彘者为庸。"可见狗的畜养，和猪一样普遍。大概在古代，狗是男子所常畜，猪则是女子所畜的。家字从宀从豕，后世人不知古人的生活，则觉其难于解释。若知道古代的生活情形，则解释何难之有？猪是没有自卫能力的，放浪在外，必将为野兽所吞噬，所以不得不造屋子给它住。这种屋子，是女子所专有的。所以引申起来，就成为女子的住所的名称了。《仪礼·乡饮酒礼》记："其牲狗。"《礼记·昏义》："舅姑入室，妇以特豚馈。"可见狗是男子供给的肉食，猪是女子供给的肉食。后来肉食可以卖买，男子就有以屠狗为业的了。牛、马要供给交通、耕种之用，羊没有广大的草地可资放牧，这种情形，后世还是和古代一样的，狗却因距离游猎时代远，畜养的人少了，猪就成为通常食用的兽。

烹调方法的进步，也是食物进化中一种重要的现象。其根本，由于发明用火。而陶器制造的成功，也是很有关系的。《礼运》云："夫礼之初，始诸饮食。其燔黍而捭豚，汙尊而抔饮，蒉桴而土鼓，犹若可以致其敬于鬼神。"《注》云："中古未有釜甑，释米，捭肉，加于烧石之上而食之耳。今北狄犹然。"此即今人所谓"石烹"。下文的《注》云："炮，裹烧之也。燔，加于火上。烹，煮之镬也。炙，贯之火上。"其中只有烹，是陶器发明以后的方法。据社会学家说：陶器的发明，实因烧熟食物时，怕其枯焦，涂之以土，此正郑《注》所谓裹烧。到陶器发明以后，食物煮熟时，又可加之以水。有种质地，就更易融化。调味料亦可于取熟时同煮。烹调之法，就更易进行了。烹调之法，不但使（一）其味加美，亦能（二）杀死病菌，（三）使食物易于消化，于卫生是很有关系的。

饮食的奢侈，亦是以渐而致的。《盐铁论·散不足篇》：贤良说："古者燔黍食稗，而燀豚以相飨。燀当即捭字。其后乡人饮酒，老者重豆，少者立食，一酱一肉，旅饮而已。及其后，宾昏相召，则豆羹白饭，綦脍熟肉。今民间酒食，殽旅重叠，燔炙满案。古者庶人粝食藜藿，非乡饮酒，腊腊，祭祀无酒肉。今闾巷县伯，阡陌屠沽，无故烹杀，相聚野外，负粟而往，挈肉而归。古者不粥纴，<small>当作纴，熟食也。</small>不市食。及其后，则有屠沽、沽酒、市脯、鱼盐而已。今熟食遍列，殽施成市。"可见汉代人的饮食，较古代为侈。然《论衡·讥日篇》说："海内屠肆，六畜死者，日数千头。"怕只抵得现在的一个上海市。《隋书·地理志》说：梁州、汉中的人，"性嗜口腹，多事田渔。虽蓬室柴门，食必兼肉"。其生活程度，就又非汉人所及了。凡此，都可见得社会的生活程度，在无形中逐渐增高。然其不平均的程度，亦随之而加甚。《礼记·王制》说："三年耕，必有一年之食，九年耕，必有三年之食。以三十年之通，虽有凶旱水溢，民无菜色，然后天子食，日举，以乐。"《玉藻》说："至于八月不雨，君不举。"《曲礼》说："岁凶，年不顺成，君膳不祭肺，马不食谷，大夫不食粱，士饮酒不乐。"这都是公产时代同甘共苦的遗规。然到战国时，孟子就以"庖有肥肉，厩有肥马，民有饥色，野有饿莩"，责备梁惠王了。我们试看《周官》的膳夫，《礼记》的《内则》，便知道当时的人君和士大夫的饮食，是如何奢侈。"朱门酒肉臭，路有冻死骨，荣枯咫尺异，惆怅难再述"，正不待盛唐的诗人，然后有这感慨了。

《战国·魏策》说："昔者帝女令仪狄作酒而美，进之禹。禹饮而甘之。遂疏仪狄，绝旨酒，曰：后世必有以酒亡其国者。"昔人据此，遂以仪狄为造酒的人。然仪狄只是作酒而美，并非发明造酒。古人所谓某事始于某人，大概如此。看《世本作篇》，便可知道。酒是要用谷类酿造的，《仪礼·聘礼》注："凡酒，稻为上，黍次之，粟次之。"其发明，必在农业兴起之后。《礼运》说："汙尊而杯饮。"郑《注》说："汙尊，凿地为尊也。抔饮，手掬之也。"这明明是喝的水。《仪礼·士昏礼疏》引此，谓其时未有酒醴，其说良是。《礼运》说凿地而盛酒，怕就未必然了。《明堂位》说："夏后氏尚明水，殷人尚醴，周人尚酒。"凡祭祀所尚，都是现行的东西，前一时期的东西。据此，则酿酒的发明，还在夏后氏之先。醴之味较酒为醇，而殷人尚醴，周人尚酒；《周官》酒正，有五齐、三酒、四饮，四饮最薄，五齐次之，三酒最厚，而古人以五齐祭，三酒饮；可见酒味之日趋于厚。读《书经》的《酒诰》，《诗经》的《宾之初筵》等篇，可见古人酒德颇劣。现在的中国人，却没有酗酒之习，较之欧美人，好得多了。

就古书看起来，古人的酒量颇大。《史记·滑稽列传》载淳于髡说：臣饮一斗亦醉，一石亦醉，固然是讽谕之辞，然《考工记》说："食一豆肉，饮一豆酒，中人之食。"《五经异义》载《韩诗》说：古人的酒器："一升曰爵，二升曰觚，三升曰觯，四升曰角，五升曰散。"古《周礼》说："爵一升，觚三升，献以爵而酬以觚，一献而三酬，则一豆矣。"一豆就是一斗。即依《韩诗》说，亦得七升。古量法当今五分之一，普通人亦无此酒量。按《周官》浆人，六饮有凉。郑司农云："以水和酒也。"此必古有此事，不然，断不能臆说的。窃疑古代献酬之礼，酒都是和着水喝的，所以酒量各人不同，而献酬所用的酒器，彼此若一。

刺激品次于酒而兴起的为茶。茶之本字为荼。《尔雅·释木》："槚，苦荼。"《注》云："树小如栀子，冬生叶，可煮作羹饮。今呼早采者为茶，晚取者为茗，一名荈。蜀人名之苦荼。"案荼系苦菜之称。茶之味微苦。我们创造一句新的言语，是不容易的。遇有新事物须命名时，往往取旧事物和他相类的，小变其音，以为新名。在单音语盛行时，往往如此。而造字之法，亦即取旧字而增减改变其笔画，以为新字。如角角，刀刁，及现在所造的乒乓等字皆其例。所以从荼字会孕育出茶的语言文字来。语言从鱼韵转入麻韵，文字减去一画。

茶是出产在四川，而流行于江南的。《三国吴志·韦曜传》说：孙皓强迫群臣饮酒时，常密赐茶荈以当酒。《世说新语》谓王濛好饮茶。客至，尝以是饷之。士大夫欲诣濛，辄曰：今日有水厄。即其证。《唐书·陆羽传》说："羽嗜茶。著经三篇，言茶之源、之法、之具尤备。天下益知饮茶矣。其后尚茶成风，回纥入朝，始驱马市茶。"则茶之风行全国，寝至推及外国，是从唐朝起的。所以唐中叶后，始有茶税。然据《金史》说：金人因所需的茶，全要向宋朝购买，认为费国用而资敌。章宗承安四年，乃设坊自造，至泰和五年罢。明年，又定七品以上官方许食茶。据此，即知当时的茶，并不如今日的普遍。如其像现在一样，全国上下，几于无人不饮，这种禁令，如何能立呢？平话中《水浒传》的蓝本，是比较旧的。现行本虽经金圣叹改窜，究竟略存宋元时的旧面目。书中即不甚见饮茶，渴了只是找酒喝。此亦茶在宋元时还未如今日盛行的证据。

《日知录》引唐綦毋煚《茶饮序》云："释滞消壅，一日之利暂佳，瘠气侵精，终身之害斯大。"宋黄庭坚《茶赋》云："寒中瘠气，莫甚于茶。"则在唐宋时，茶还带有药用的性质，其刺戟性，似远较今日之茶为烈。古人之茶系煎饮，亦较今日的用水泡饮为烦。如此看来，茶的名目，虽今古相同，其实则大相殊异了。这该是由于茶的制法今古不同，所以能减少其有害的性质，而成为普遍的饮料。这亦是饮食进化的一端。

次于茶而兴起的为烟草。其物来自吕宋。名为菸，亦名淡巴菰。见《本草》。最初莆田人种之。王肱枕《蚓庵琐语》云："烟叶出闽中，边上人寒疾，非此不治。关外至以一马易一觔。崇祯中，下令禁之。民间私种者问徒刑。利重法轻，民冒禁如故。寻下令：犯者皆斩。然不久，因军中病寒不治，遂弛其禁。予儿时尚不识烟为何物，崇祯末，三尺童子，莫不吃烟矣。"据《陔余丛考》转引。据此，则烟草初行时，其禁令之严，几与现在的鸦片相等。

烟草可治寒疾，说系子虚，在今日事极明白。军中病寒，不过弛禁的一藉口而已。予少时曾见某书，说明末北边的农夫，有因吸烟而醉倒田中的。此系予十余龄时所见，距今几四十年，不能忆其书名。藏书毁损大半，仅存者尚在游击区中，无从查检。在今日，无论旱烟、水烟、卷烟，其性质之烈，均不能至此。则烟草的制法，亦和茶一般，大有改良了。然因此而引起抽吸大烟，则至今仍遗害甚烈。

罂粟之名，始见于宋初的《开宝本草》。宋末杨士瀛的《直指方》，始云其壳可以治痢。明王玺《医林集要》，才知以竹刀刮出其津，置瓷器内阴干。每服用小豆一粒，空心温水化下，然皆以做药用。俞正燮《癸巳类稿》云："明四译馆同文堂外国来文八册，有译出暹罗国来文，中有进皇帝鸦片二百斤，进皇后鸦片一百斤之语。又《大明会典》九十七、九十八，各国贡物，暹罗、爪哇、榜葛剌三国，俱有乌香，即鸦片。"则明时此物确系贡品。所以神宗皇帝久不视朝，有疑其为此物所困的。然其说亦无确据。

今人之用作嗜好品，则实由烟草引起。清黄玉圃《台海使槎录》云："鸦片烟，用麻葛同雅土切丝，于铜铛内煎成鸦片拌烟。用竹筒，实以棕丝，群聚吸之。索值数倍于常烟。"《雍正硃批谕旨》：七年，福建巡抚刘世明，奏漳州知府李国治，拿得行户陈达私贩鸦片三十四斤，拟以军罪。臣提案亲讯。陈达供称鸦片原系药材，与害人之鸦片烟，并非同物。当传药商认验。金称此系药材，为治痢必须之品，并不能害人。惟加入烟草同熬，始成鸦片烟。李国治妄以鸦片为鸦片烟，甚属乖谬，应照故入人罪例，具本题参。则其时的鸦片，尚未能离烟草而独立。后来不知如何，单独抽吸，其害反十百倍于烟草了。

中国食物从外国输入的甚多。其中最重要的，自然当推蔗糖，其法系唐太宗时，得之于摩羯陀的，见《唐书·西域传》。前此的饴，是用米麦制的。大徐《说文》新附字中，始有糖字。字仍从米，释以饴而不及蔗，可见宋初蔗糖尚未盛行。北宋末，王灼撰《糖霜谱》，始备详其产地及制法。到现在，蔗糖却远盛于饴糖了。此外菜类如苜蓿，果品如西瓜等，自外国输入的还很多。现在不及备考。

中国人烹调之法，在世界上是首屈一指的。康有为《欧洲十一国游记》，言之最详。但调味之美，和营养之佳良，系属两事，不可不知。又就各项费用在全体消费中所占的成分看，中国人对于饮食，是奢侈的。康有为《物质救国论》说：国民的风气，侈居为上，侈衣次之，侈食为下。这亦是我国民不可不猛省的。

衣服的进化

衣服的进化，当分两方面讲：一是材料，一是裁制的方法。

《礼运》说："未有麻丝，衣其羽皮。"这只是古人衣服材料的一种。还有一种，是用草的。《礼记·郊特牲》说："黄衣黄冠而祭，息田夫也。野夫黄冠。黄冠，草服也。大罗氏，天子之掌鸟兽者也，诸侯贡属焉。草笠而至，尊野服也。"《诗经》："彼都人士，台笠缁撮。"《毛传》："台所以御暑，笠所以御雨也。"《郑笺》："台，夫须也。都人之士，以台为笠。"《左氏》襄公十四年，晋人数戎子驹支道："乃祖吾离，被苫盖。"《注》："盖，苫之别名。"《疏》云："言无布帛可衣，惟衣草也。"《墨子·辞过》云："古之民未知为衣服时，衣皮带茭。"孙诒让《闲诂》说："带茭，疑即《丧服》之绞带，亦即《尚贤篇》所谓带索。"按《仪礼·丧服传》云："绞带者，绳带也。"又《孟子·尽心上篇》："舜视弃天下，犹弃敝屣也。"《注》云："屣，草履。"《左氏》僖公四年，"共其资粮扉屦。"《注》云："扉，草屦。"可见古人衣服冠履，都有用草制的。

大概古代渔猎之民，以皮为衣服的材料。所以《诗经·采菽》郑《笺》说黻道："古者田渔而食，因衣其皮，先知蔽前，后知蔽后。"参看下文。而后世的甲，还是用革制的。戴在头上的有皮弁，束在身上的有革带，穿在脚上的有皮屦。夏葛屦，冬皮屦，见《仪礼·士冠礼》《士丧礼》，履以丝为之，见《方言》。农耕之民，则以草为衣服的材料。所以《郊特牲》说黄衣、黄冠是野服。《禹贡》：扬州岛夷卉服，冀州岛夷皮服，岛当作鸟，《疏》言伪孔读鸟为岛可见。观野蛮人的生活，正可知道我族未进化时的情形。

麻丝的使用，自然是一个大发明。丝的使用，起于黄帝元妃嫘祖，说不足信，已见上章。麻的发明，起于何时，亦无可考。知用麻丝之后，织法的发明，亦为一大进步。《淮南子·汜论训》说："伯余之初作衣也，缘麻索缕，手经指挂，其成犹网罗。后世为之机杼胜复，以领其用，而民得以揜形御寒。"手经指挂，是断乎不能普遍的。织法的发明，真是造福无穷的了。但其始于何时，亦不可考。

丝麻发明以后，皮和草的用途，自然渐渐的少了。皮的主要用途只是甲。至于裘，则其意不仅在于取暖，而兼在于美观。所以古人的着裘，都是把毛着在外面，和现在人的反着一样。《新序·杂事》："虞人反裘而负薪，彼知惜其毛，不知皮尽而毛无所傅。"外面罩着一件衣服，谓之裼衣。行礼时，有时解开裼衣，露出里面的裘来，有时又不解开，把他遮掩掉，前者谓之裼，后者谓之袭。藉此变化，以示美观。无祷衣谓之"表裘"，为不敬。绨绤之上，亦必加以禅衣谓之诊。穷人则着毛织品，谓之褐。褐倒是专为取暖起见的。现在畜牧和打猎的事业都衰了，丝棉较皮货为贱。古代则不然。裘是比较普遍的，丝棉更贵。二十可以衣裘帛，《礼记·内则》。五十非帛不暖。《礼记·王制》。庶人亦得衣犬羊之裘，即其明证。丝棉新的、好的谓之纩，陈旧的谓之絮。见《说文》。

现在衣服材料，为用最广的是木棉。其普遍于全国，是很晚的。此物，《南史·林邑传》谓之吉贝，误为木本。《新唐书》作古贝，才知为草本。《南史》姚察门生送南布一端；白居易《布裘诗》"桂布白似雪"，都是指棉布而言。但只限于交、广之域。宋谢枋得《谢刘纯父惠木棉涛》："嘉树种木棉，天何厚八闽？"才推广到福建。《元史·世祖本纪》：至元二十六年，置浙江、江东西、湖广、福建木棉提举司，则推广到长江流域了。其所以能推广，和纺织方法，似乎很有关系的。《宋史·崔与之传》：琼州以吉贝织为衣衾，工作由妇人。陶宗仪《辍耕录》说：松江土田硗瘠，谋食不给，乃觅木棉种于闽、广。初无踏车椎弓之制。其功甚难。有黄道婆，自崖州来，教以纺织，人遂大获其利。未几，道婆卒，乃立祠祀之。木棉岭南久有，然直至宋、元间才推行于北方，则因无纺织之法，其物即无从利用，无利之可言了。所以农、工两业，是互相倚赖，互相促进的。此节略据《陔余丛考》。

衣服裁制的方法：最早有的，当即后来所谓韨。亦作韠。此物在后来，是着在裳之外，以为美观的。但在邃初，则当系亲体的。除此之外，全身更无所有。所以《诗经·郑笺》说："古者田渔而食，因衣其皮，先知蔽前，后知蔽后。"衣服的起源，从前多以为最重要的原因是御寒，次之是蔽体。其实不然。古人冬则穴居，并不藉衣服为御寒之具。至于裸露，则野蛮人绝不以为耻，社会学上证据甚多。衣服的缘起，多先于下体，次及上体；又多先知蔽前，后知蔽后；这是主张衣服缘起，由于以裸露为耻者最大的证据。据现在社会学家的研究，则非由于以裸露为耻，而转系藉装饰以相挑诱。因为裸露是人人所同，装饰则非人人所有，加以装饰，较诸任其自然，刺激性要重些。

但蔽其前为袚，兼蔽其后即为裳了。裳而加以裤管，古人谓之裈。短的谓之裈，长的谓之袴，所以《说文》称袴为胫衣，昔人所谓贫无袴，裈还是有的，并非裸露。又古人的袴、裆都是不缝合的，其缝合的谓之穷袴，转系特别的，见《汉书·外戚传》。这可见裈和袴，都是从裳变化出来的，裳在先，裈和袴在后。裳幅前三后四，都正裁。吉服襞绩打裥无数，丧服三襞绩。《仪礼·丧服郑》注。着在上半身的谓之衣。其在内的：短的谓之襦。长的，有着装棉谓之袍，无着谓之衫。古代袍、衫不能为礼服，其外必再加以短衣和裳。

戴在头上的，最尊重的是冕。把木头做骨子。外面把布糊起来，上面是玄色，下面是朱色。戴在头上，前面是低一些的。前有旒，据说是把五彩的绳，穿了一块块的玉，垂在前面。其数，天子是十二，此外九旒、七旒等，以次减杀。两旁有纩，是用黄绵，大如丸，挂在冕上面的，垂下来，恰与两耳相当。后来以玉代黄绵，谓之瑱。冕，当系野蛮时代的装饰留遗下来的。所以其形状，在我们看起来，甚为奇怪，古人却以为最尊之服。次于冕者为弁，以皮为之。其形状亦似冕。但无旒及纩等，戴起来前后平。冠是所以豢发的。其形状，同现在旧式丧礼中孝子带的丧冠一样。中间有一个梁，阔两寸。又以布围发际，自前而后，谓之武。平居的冠，和武是连在一起的。否则分开，临时才把他合起来。又用两条绳，连在武上，引至颐下，将他结合，是为缨。有余，就把他垂下来，当作一种装饰，谓之緌。冠不用簪，冕弁则用簪。簪即女子之笄，古人重露发，必先把"缁缅"套起来，结之为纱，然后固之以冠。冠用缨，冕弁则把一条绳结在右笄上，垂下来，经过颐下，再绕上去，结在左笄上。冠是成人的服饰，亦是贵人的服饰，所以有罪要免冠。至于今之脱帽，则自免胄蜕化而来。胄是武人的帽子，因为怕受伤之故，下垂甚深，几于把脸都遮蔽掉了，看不见。所以要使人认识自己，必须将胄免去。《左氏》哀公十六年，楚国白公作乱，国人专望叶公来救援。叶公走到北门，"或遇之，曰：君胡不胄？国人望君，如望慈父母焉。盗贼之矢若伤君，是绝民望也。若之何不胄？乃胄而进。又遇一人，曰：君胡胄？国人望君，如望岁焉，日日以几，若见君面，是得艾也。民知不死，其亦夫有奋心。犹将冑君以徇于国，而又掩面以绝民望，不亦甚乎？乃免胄而进。"可见胄的作用。现在的脱帽，是采用欧洲人的礼节。欧洲人在中古时代，战争是很剧烈的。免胄所以使人认识自己，握手所以表示没有兵器。后遂相沿，为寻常相见之礼。中国人模仿他，其实是无谓的。有人把脱帽写作免冠，那更和事实不合了。古代庶人是不冠的，只用巾。用以覆髻，则谓之帻。《后汉书·郭泰传》《注》引周迁《舆服杂事》说："巾以葛为之，形如帢，本居士野人所服。"《玉篇》："帢，帽也。"《隋书·舆服志》："帽，古野人之服。"则巾和帽是很相近的。

着在脚上的谓之袜。其初亦以革为之。所以其字从韦作韤。袜之外为屦。古人升堂必脱屦。脱屦则践地者为袜，立久了，未免汗湿，所以就坐又必解袜。见《左氏》哀公二十五年。后世解袜与否无文，然脱屦之礼，则相沿甚久。所以剑履上殿，看作一种殊礼。《唐书》：棣王琰有两妾争宠，求巫者密置符于琰履中。或告琰厌魅，帝伺其朝，使人取其履验之，果然。则唐时入朝，已不脱履。然刘知几以释奠皆衣冠乘马，奏言冠履只可配车，今袜而镫，跣而鞍，实不合于古。则祭祀还是要脱履的。大概跣礼之废，（一）由于靴之渐行，（二）由于席地而坐，渐变为高坐，参看后文及下章自明。古人亦有现在的绑腿，谓之偪。亦谓之邪偪。又谓之行縢。本是上路用的，然亦以之为饰。宋绵初《释服》说"解袜则见偪。《诗》云：邪幅在下，正是燕饮而跣以为欢之时"，则偪着在袜内。《日知录》说："今之村民，往往行滕而不袜，古人之遗制也。吴贺邵美容止，常着袜，希见其足，则汉魏之世，不袜而见足者尚多。"又说袜字的从衣，始见于此，则渐变而成今日的袜了。窃疑袜本亦田猎之民之服，农耕之民，在古代本是跣足的。中国文化，本来起自南方，所以行礼时还必跣。

衣服的初兴，虽非以蔽体为目的，然到后来，着衣服成了习惯，就要把身体的各部分，都遮蔽起来，以为恭敬了。所以《礼记》的《深衣篇》说："短毋见肤。"

做事以短衣为便，今古皆然。古代少者、贱者，是多服劳役的。《礼记·曲礼》说："童子不衣裘裳。"《内则》说："十年，衣不帛，襦袴。"襦就是短衣，袴就是不裳。《左氏》昭公二十五年，师己述童谣，说"鸲鹆跦跦，公在乾侯，征褰与襦"。褰即是袴《说文》。此皆服劳役者不着裳之证。

然襦袴在古人，不能算作礼服，外必加之以裳。既然如此，自以照现在人的样子，于襦袴之外，罩上一件长衫为便。然古人习于衣裳、袍衫之外，亦必加之以裳。于是从古代的衣裳，转变到现在的袍衫，其间必以深衣为过渡。深衣的意思，是和现在的女子所着的衣裙合一的衣服差不多的。形式上是上衣下裳，实则缝合在一起。他的裳分为十二幅，前后各六。中间四幅对开。边上两幅斜裁，成两三角形。尖端在上。所以其裳之下端与上端，腰间。是三与二之比。如此，则不须襞绩，自亦便于行动了。深衣是白布做的，却用绅镶边，谓之纯。无纯的谓之褴褛，尤为节俭。今通作蓝缕，其义为破，此又是一义。士以上别有朝祭之衣，庶人则即以深衣为吉服。未成年者亦然。所以戴德《丧服·变除》说："童子当室，为父后。其服深衣不裳。"然自天子至于士，平居亦都是着一件深衣的。这正和现在的劳动者平时着短衣，行礼时着袍衫，士大夫阶级平时着袍衫，行礼时别有礼服一样。然古人苟非极隆重的典礼，亦都可以着深衣去参与的。所以说"可以为文，可以为武，可以摈相，可以治军旅"《礼记·深衣》。民国以来，将平时所着的袍和马褂，定为常礼服。既省另制礼服之费，又省动辄更换之烦，实在是很合理的。

《仪礼·士丧礼》疏，谓上下通直，不别衣裳者曰"通裁"，此为深衣改为长袍之始。然古人用之殊不广。后汉以后，始以袍为朝服。《续汉书·舆服志》说：若冠通天冠，则其服为深衣服。有袍，随五时色。刘昭《注》云："今下至贱吏、小史，皆通制袍、禅衣、皂缘领袖为朝服。"《新唐书·车服志》：中书令马周上议："礼无服衫之文。三代之制有深衣，请加襕袖褾襈，为士人上服。开胯者名曰缺胯，庶人服之。"据此，则深衣与袍衫之别，在于有缘无缘。其缺胯，就是现在的袍衫了。任大椿《深衣释例》说："古以殊衣裳者为礼服，不殊衣裳者为燕服。后世自冕服外，以不殊衣裳者为礼服，以殊衣裳者为燕服。"此即所谓裙襦。妇人以深衣之制为礼服，不殊衣裳。然古乐府《陌上桑》云："湘绮为下裳，紫绮为上襦。"则襦与裳亦各别。然仍没有不着裳的。隋唐以来，乃有所谓袴褶。《急就篇》注云："褶，其形若袍，短身广袖。"天子亲征及中外戒严时，百官服之，实为戎服。

曾三异《同话录》云："近岁衣制，有一种长不过腰，两袖仅掩肘，名曰貉袖。起于御马院圉人。短前后襟者，坐鞍上不妨脱着，以其便于控驭也。"此即今之马褂。《陔余丛考》说：就是古代的半臂。《三国魏志·杨阜传》说：明帝着帽，披缥半袖，则其由来已久。《玉篇》说：裲裆，其一当胸，其一当背。《宋书·薛安都传》载他着绛衲两当衫，驰入贼阵。《隋书·舆服志》：诸将军侍从之服，有紫衫金玳瑁装裲裆甲，紫衫金装裲裆甲，绛衫银装裲裆甲。《宋史·舆服志》：范质议《开元礼》：武官陪立大仗，加螣蛇裲裆甲。《陔余丛考》说：就是今演剧时将帅所被金银甲。按现在我们所着，长不过腰，而无两袖的，北方谓之坎肩，南方有若干地方，谓之马甲。大概系因将帅服之之故。宋人谓之背子。见《石林燕语》。

衣服不论在什么时代，总是大同小异的。强人人之所好，皆出于同，自然决无此理。何况各地方的气候，各种人的生活，还各有不同呢？但衣服既和社交有关，社会亦自有一种压力。少数的人，总要改从多数的。昔人所谓"十履而一跣，则跣者耻；十跣而一履，则履者耻"。其间别无他种理由可言。《礼记·王制》："关执禁以讥，禁异服，察异言。"其意乃在盘诘形迹可疑的人。并不在于划一服饰。《周官》大司徒，以本俗六安万民，六日同衣服，意亦在于禁奢，非强欲使服饰齐一。服饰本有一种社会压力，不会大相悬殊的。至于小小的异同，则无论何时，皆不能免。《礼记·儒行》："鲁哀公问于孔子曰：夫子之服，其儒服与？孔子对曰：丘少居鲁，衣逢掖之衣。长居宋，冠章甫之冠。丘闻之也，君子之学也博，其服也乡。丘不知儒服。"观此数语，衣服因地方、阶级，小有异同，显然可见。降逮后世，叔孙通因高祖不喜儒者，改着短衣楚制。见《史记》本传。《盐铁论》载桑弘羊之言，亦深讥文学之儒服，见《相刺篇》《刺议篇》。可见其情形还是一样的。因为社会压力，不能施于异地方和异阶级的人。然及交通进步，各阶级的交往渐多，其压力，也就随之而增大了。所以到现代，全世界的服饰，且几有合同而化之观。日本变法以后，几于举国改着西装。中国当戊戌变法时，康有为亦有改服饰之议，因政变而未成。后来自刻《戊戌奏稿》，深悔其议之孟浪，而自幸其未果行。在所著《欧洲十一国游记》中，尤极称中国服饰之美。其意是（一）中国的气候，备寒、温、热三带，所以其材料和制裁的方法，能适应多种气候，合于卫生。（二）丝织品的美观，为五洲所无。（三）脱穿容易。（四）贵族平民，服饰有异，为中西之所同。中国从前，平民是衣白色的。欧洲则衣黑色。革命时，欧人疾等级之不平，乃强迫全国上下，都着黑色。中国则不然。等级渐即平夷，采章遂遍及于氓庶。质而言之：西洋是强贵族服平民之服，中国则许平民服贵族之服。所以其美观与否，大相悬殊。这一点，西人亦有意见相同的。民国元年，议论服制时，曾有西人作论载诸报端，说西方的服饰，千篇一律，并无趣味，劝中国人不必摹仿。我以为合古今中外而观之，衣服不过南北两派。南派材料轻柔，裁制宽博。北派材料紧密，裁制狭窄。这两派的衣服，本应听其并行；且折衷于两者之间，去其极端之性的。欧洲衣服，本亦有南北两派。后来改革之时，偏重北派太甚了。中国则颇能折两者之中，保存南派的色彩较多。以中西的服饰相较，大体上，自以中国的服饰为较适宜。现在的崇尚西装，不过一时的风气罢了。

中国的衣服，大体上可谓自行进化的。其仿自外国的，只有靴。《广韵》八戈引《释名》，说"靴本胡服，赵武灵王所服"。《北史》载慕容永被擒，居长安，夫妻卖靴以自活。北齐亡后，妃嫔入周的亦然。可见南北朝时，汉人能制靴者尚少，其不甚用靴可知。然唐中叶以后，朝会亦渐渐的穿靴，朱文公《家礼》，并有襕衫带靴之制了。《说文》："鞮，革履也。"《韵会》引下有"胡人履连胫，谓之络缇"九字。此非《说文》之文，必后人据靴制增入。然可悟靴所以广行之故。因为连胫，其束缚腿部较紧，可以省却行縢。而且靴用革制，亦较能抵御寒湿，且较紬布制者，要坚固些。此以初兴时论，后来靴亦不用革。

古代丧服，以布之精粗为度，不是讲究颜色的。素服则用白绢，见《诗经·棘人》疏。因为古代染色不甚发达，上下通服白色，所以颜色不足为吉凶之别。后世采色之服，行用渐广，则忌白之见渐生。宋程大昌《演繁露》说："《隋志》：宋、齐之间，天子宴私着白高帽。隋时以白帢通为庆吊之服。国子生亦服白纱巾。晋人着白接篱，窦苹《酒谱》曰：接篱，巾也。南齐桓崇祖守寿春，着白纱帽，肩舆上城。今人必以为怪。古未有以白色为忌也。郭林宗遇雨垫巾，李贤《注》云：周迁《舆服杂事》曰：巾以葛为之，形如帢。本居士野人所服。魏武造帢，其巾乃废。今国子学生服焉，以白纱为之。是其制皆不忌白也。《乐府白纻歌》曰：质如轻云色如银，制以为袍余作巾。今世人丽妆，必不肯以白纻为衣。古今之变，不同如此。《唐六典》：天子服有白纱帽。其下服如裙、襦、袜皆以白。视朝听讼，燕见宾客，皆以进御。然其下注云：亦用乌纱。则知古制虽存，未必肯用，习见忌白久矣。"读此，便知忌白的由来。按染色之法，见于《周官》天官染人，地官染草，及《考工记》钟氏，其发明亦不可谓不早。但其能普遍于全社会，却是另一问题。

绘绣之法，见《书经·皋陶谟》今本《益稷》《疏》。昔人误以绘为画。其实绘之本义，乃谓以各色之丝，织成织品。见于宋绵庄《释服》，其说是不错的。染色、印花等事，只要原料减贱，机器发明，制造容易，所费人工不多，便不得谓之奢侈。唯有手工，消费人工最多，总是奢侈的事。现在的刺绣，虽然是美术，其实是不值得提倡的。因为天下无衣无褐的人，止多着呢。

第十四章　住　行

居所的演变

住居，亦因气候地势的不同，而分为巢居、穴居两种。《礼运》说："冬则居营窟，夏则居橧巢。"见上章。《孟子》亦说："下者为巢，上者为营窟。"《滕文公下篇》。大抵温热之地为巢，干寒之地，则为营窟。

巢居，现在的野蛮人，犹有其制。乃将大树的枝叶，接连起来，使其上可以容人，而将树干凿成一级一级的，以便上下。亦有会造梯的。人走过后，便将梯收藏起来。《淮南子·本经训》所谓"托婴儿于巢上"，当即如此。后来会把树木砍伐下来，随意植立，再于其上横架许多木材，就成为屋子的骨干。

穴居又分窦穴两种：（一）最初当是就天然的洞窟，匿居其中的。（二）后来进步了，则能于地上凿成一个窟窿，而居其中，此之谓穴。古代管建设的官，名为司空，即由于此。（三）更进，能在地面上把土堆积起来，堆得像土窑一般，而于其上开一个窟窿，是之谓窦，亦作复。再进化而能版筑，就成为墙的起源了。以栋梁为骨格，以墙为肌肉，即成所谓宫室。所以直至现在，还称建筑为土木工程。

中国民族，最初大约是湖居的。（一）水中可居之处称洲，人所聚居之地称州，州洲虽然异文，实为一语，显而易见。古州岛同音，洲字即岛字。（二）古代有所谓明堂，其性质极为神秘。一切政令，都自此而出。读惠栋《明堂大道录》可见。阮元说：这是由于古代简陋，一切典礼，皆行于天子之后，后乃礼备而地分，《揅经室集明堂说》。这是不错的。《史记·封禅书》载公玉带上《明堂图》，水环宫垣，上有楼，从西南入，名为昆仑，正是岛居的遗象。明堂即是大学，亦称辟雍。辟壁同字，正谓水环宫垣。雍即今之壅字，壅塞，培壅，都指土之增高而言，正像湖中岛屿。（三）《易经》泰卦上六爻辞，"城复于隍"。《尔雅·释言》："隍，壑也。"壑乃无水的低地。意思还和环水是一样的。然则不但最初的建筑如明堂者，取法于湖居，即后来的造城，必环绕之以濠沟，还是从湖居的遗制，蜕化而出的。

文化进步以后，不藉水为防卫，则能居于大陆之上。斯时藉山以为险阻。读第四、第八、第九三章，可见。章炳麟《太炎文集》有《神权时代天子居山说》，可以参考。再进步，则城须造在较平坦之地，而藉其四周的山水以为卫，四周的山水，是不会周匝无缺的，乃用人工造成土墙，于其平夷无险之处，加以补足，是之谓郭。郭之专于一面的，即为长城。城是坚实可守的，郭则工程并不坚实，而且其占地太大，必不能守。所以古代只有守城，绝无守郭之事。即长城亦是如此。

中国历代，修造长城，有几个时期。（一）为战国以前。齐国在其南边，造有长城，秦、赵、燕三国，亦在北边造有长城。后来秦始皇把他连接起来，就是俗话所称为万里长城的。此时南方的淮夷，北方的匈奴，都是小部落。到汉朝，匈奴强大了，入塞的动辄千骑万骑，断非长城所能御；而前后两呼韩邪以后，匈奴又宾服了；所以终两汉四百年，不闻修造长城。魏晋时，北方丧乱，自然讲不到什么远大的防御规模。拓跋魏时，则于北边设六镇，藉兵力以为防卫，亦没有修造长城的必要，（二）然至其末年，情形就大不相同了。隋代遂屡有修筑。此为修造长城的第二时期。隋末，突厥强大了，又非长城所能御。后来的回纥、契丹亦然。所以唐朝又无修筑长城之事。（三）契丹亡后，北方的游牧部族，不能统一，又成小小打抢的局面。所以金朝又要修造一道边墙，从静州起，迤逦东北行，达女真旧地。此为修造长城的第三时期。元朝自然无庸修造长城。（四）明时，既未能将蒙古征服，而蒙古一时亦不能统一。从元朝的汗统断绝以后，至达延汗兴起以前，蒙古对中国，并无侵犯，而只有盗塞的性质，所以明朝又修长城，以为防卫。现代的长城，大概是明朝遗留下来的。总而言之，小小的寇盗，屯兵防之，未免劳费，无以防之又不可。造长城，实在是最经济的方法。

从前读史的人，有的称秦始皇造长城，能立万世夷夏之防，固然是梦话。有的议论他劳民伤财，也是胡说的。晁错说秦朝北攻胡貉，置塞河上，只是指秦始皇时使蒙恬新辟之土。至于其余的长城，因战国时秦、赵、燕三国之旧，缮修起来的，却并没有费什么工力。所以能在短时间之内，即行成功。不然，秦始皇再暴虐，也无法于短时间之内，造成延袤万余里的长城的。汉代的人，攻击秦朝暴虐的很多，未免言过其实，然亦很少提及长城的，就是一个证据。

房屋样式的演变

古代的房屋，有平民之居和士大夫之居两种。士大夫之居，前为堂，后为室。室之左右为房。堂只是行礼之地，人是居于室中的。室之户在东南，牖在西南，北面亦有牖，谓之北牖。室之西南隅，即牖下，地最深隐，尊者居之，谓之奥。西北隅为光线射入之地，谓之屋漏。东北隅称宦。宦，养也，为饮食所藏。东南隅称窔，亦深隐之义。室之中央，谓之中霤，为雨水所溜入。此乃穴居时代，洞穴开口在上的遗象。古之牖即今之窗，是开在墙上的。其所谓窗，开在屋顶上，今人谓之天窗。平民之居，据晁错《移民塞下疏》说："古之徙远方以实广虚也，先为筑室。家有一堂二内。"《汉书》注引张晏曰："二内，二房也。"此即今三开间的屋。据此，则平民之居，较之士大夫之居，就是少了一个堂。这个到现在还是如此。士大夫之家，前有厅事，即古人所谓堂。平民之家无有。以中间的一间屋，行礼待客，左右两间供住居，即是一堂二内之制。简而言之，就是以室为堂，以房为室罢了。

古总称一所屋子谓之宫。《礼记·内则》说："由命士以上，父子皆异宫。"则一对成年的夫妻，就有一所独立的屋子。后世则不然。一所屋子，往往包含着许多进的堂和内，而前面只有一个厅事。这就是许多房和室，合用一个堂，包含在一个宫内，较古代经济多了。这大约因为古代地旷人希，地皮不甚值钱，后世则不然之故。又古代建筑，技术的关系浅，人人可以自为，士大夫之家，又可役民为之。后世则建筑日益专门，非雇人为之不可。《论衡·量知篇》："能斫削柱梁，谓之木匠。能穿凿穴坎，谓之土匠。"则在汉代，民间建筑，亦已有专门的人。这亦是造屋的人，要谋节省的一个原因。

古人造楼的技术，似乎是很拙的。所以要求眺望之所，就只得于城阙之上。阙是门旁墙上的小屋。天子诸侯的宫门上，也是有的。因其可以登高眺远，所以亦谓之观。《礼记·礼运》："昔者仲尼与于蜡宾，事毕，出游于观之上。"即指此。古所谓县法象魏者，亦即其地。魏与巍同字，大概因其建筑高，所以称之为魏。象字当本指法象言，与建筑无涉。因魏为县法之地，单音字变为复音词时，就称其地为象魏了。《尔雅·释宫》："四方而高曰台。有木者谓之榭。陕而修曲曰楼。"陕同狭。《注》云："台，积土为之。"榭是在土台之上，再造四方的木屋。楼乃榭之别名，不过其形状有正方修曲之异而已，这都是供游观眺望之所，并不是可以住人的。《孟子·尽心下篇》："孟子之滕，馆于上宫。"赵《注》说："上宫，楼也。"这句话恐未必确。

因为造楼之技甚拙，所以中国的建筑，是向平面发展，而不是向空中发展的。所谓大房屋，只是地盘大，屋子多，将许多屋连结而成，而两层、三层的高楼很少。这个和建筑所用的材料，亦有关系。因为中国的建筑，用石材很少，所用的全是土木，木的支持力固不大，土尤易于倾圮。炼熟的土，即砖瓦，要好些，然其发达似甚晚。《尔雅·释宫》："瓴甋谓之甓。""庙中路谓之唐"。甓即砖。《诗经·陈风》说"中唐有甓"，则砖仅用以铺路。其墙，大抵是用土造的。土墙不好看，所以富者要被以文锦。我们现在婚、丧、生日等事，以绸缎等物送人，谓之幛，还是这个遗俗；而纸糊墙壁，也是从此蜕化而来的。《晋书·赫连勃勃载记》说他蒸土以筑统万城，可见当时砖尚甚少。不然，何不用砖砌，而要临时蒸土呢？无怪古代的富者，造屋只能用土墙了。建筑材料，多用土木，和古代建筑的不能保存，也有关系。因为其不如石材的能持久。而用木材太多，又易于引起火患。前代的杭州，近代的汉口，即其殷鉴。

建筑在中国，是算不得发达的。固然，研究起世界建筑史来，中国亦是其中的一系。东洋建筑，有三大系统：（一）中国，（二）印度，（三）回教，见伊东忠太《中国建筑史》，商务印书馆本。历代著名的建筑，如秦之阿房宫，汉之建章宫，陈后主的临春、结绮、望春三阁，隋炀帝的西苑，宋徽宗的艮岳，清朝的圆明园、颐和园，以及私家的园林等，讲究的亦属不少。然以中国之大言之，究系沧海一粟。

建筑的技术，详见宋朝的《营造法式》，明朝的《天下开物》等书。虽然亦有可观，然把别种文明比例起来，则亦无足称道。此其所以然：（一）因（甲）古代的造屋，乃系役民为之，滥用民力，是件暴虐的事。（乙）又古代最讲究礼，生活有一定的轨范，苟非无道之君，即物力有余，亦不敢过于奢侈。所以政治上相传，以卑宫室为美谈，事土木为大戒。（二）崇闳壮丽的建筑，必与迷信为缘。中国人对于宗教的迷信，是不深的。祭神只是临时设坛或除地，根本便没有建筑。对于祖宗的祭祀，虽然看得隆重，然庙寝之制，大略相同。后世立家庙等，亦受古礼的限制，不能任意奢侈。佛教东来，是不受古礼限制的，而且其教义很能诱致人使其布施财物。道家因之，亦从事于模仿，寺观遂成为有名的建筑，印度的建筑术，亦因此而输入中国。南朝四百八十寺，多少楼台烟雨中，一时亦呈相当的盛况。然此等迷信，宋学兴起以后，又渐渐的淡了。现在佛寺、道观虽多，较之缅甸、日本等国，尚且不逮。十分崇闳壮丽的建筑，亦复很少，不过因其多在名山胜地，所以为人所赞赏罢了。（三）游乐之处，古代谓之苑囿。苑是只有草木的，囿是兼有禽兽的。均系将天然的地方，划出一区来，施以禁御，而于其中射猎以为娱，收其果实等以为利，根本没有什么建筑物。所以其大可至于方数十里。文王之囿，方七十里，齐宣王之囿，方四十里，见《孟子·梁惠王下篇》。至于私家的园林，则其源起于园。园乃种果树之地，因于其间叠石穿池，造几间房屋，以资休憩，亦不是什么奢侈的事。后来虽有踵事增华，刻意经营的人，究竟为数亦不多，而且其规模亦不大。以上均系中国建筑不甚发达的原因。揆厥由来，乃由于（一）政治的比较清明，（二）迷信的比较不深，（三）经济的比较平等。以物质文明言，固然较之别国，不免有愧色，以文化论，倒是足以自豪的。

朱熹说："教学者如扶醉人，扶得东来西又倒。"个人的为学如是，社会的文化亦然。奢侈之弊，中国虽比较好些，然又失之简陋了。《日知录·馆舍》条说："读孙樵《书褒城驿壁》，乃知其有沼，有鱼，有舟。读杜子美《秦州杂诗》，又知其驿之有池，有林，有竹。今之驿舍，殆于隶人之垣矣。予见天下州之为唐旧治者，其城郭必皆宽广，街道必皆正直。廨舍之为唐旧卅者，其基址必皆宏敞。宋以下所置，时弥近者制弥陋。"亭林的足迹，所至甚多，而且是极留心观察的人，其言当极可信。此等简陋苟且，是不能藉口于节俭的。其原因安在呢？亭林说：是由于"国家取州县之财，纤毫尽归之于上，而吏与民交困，遂无以为修举之资"。这固然是一个原因。我以为（一）役法渐废，公共的建筑，不能征工，而必须雇工。（二）唐以前古市政的规制犹存，宋以后逐渐破坏，如第十一章所述，唐设市还有定地，开市还有定期，宋以后渐渐不然，亦其一证。亦是重要的原因。

从西欧文明输入后，建筑之术，较之昔日，可谓大有进步了；所用的材料亦不同；这确是文明进步之赐。惟住居与衣食，关系民生，同样重要。处处须顾及大多数人的安适，而不容少数人恃其财力，任意横行，和别种事情，也是一样的。古代的居民，本来有一定的规划。《王制》所谓"司空执度以度地，居民山川沮泽看地形，时四时看气候。"即其遗制。其大要，在于"地、邑、民居，必参相得"。地就是田。有多少田，要多少人种，就建筑多少人守卫所要的城邑，和居住所须的房屋。据此看来，现在大都市中的拥挤，就是一件无法度而不该放任的事情了。宫室的等级和限制，历代都是有的。可参看《明史·舆服志》所载宫室制度。依等级而设限制，现在虽不容仿效，然限制还是该有的。对外的观瞻，也并不系于建筑的侈俭。若因外使来游，而拆毁贫民住居的房子，这种行为，就要成为隋炀帝第二了。

讲宫室既毕，请再略讲室中的器用。室中的器用，最紧要的，就是桌椅床榻等。这亦是所以供人居处，与宫室同其功的。

古人都席地而坐。其坐，略似今日的跪，不过腰不伸直。腰伸直便是跪，顿下便是坐。所以古礼跪而行之之时颇多。因为较直立反觉便利。其凭藉则用几，据阮谌《礼图》，长五尺，广一尺，高一尺二寸。礼记·曾子问《疏》引。较现在的凳还低，寝则有床。所以《诗经》说："乃生男子，载寝之床。"后来坐亦用床。所以《高士传》说：管宁居辽东，坐一木榻，五十余年，未尝箕股，其榻当膝处皆穿。《三国魏志》本传《注》引。观此，知其坐亦是跪坐。现在的垂足而坐，是胡人之习。从西域输入的。所坐的床，亦谓之胡床。从胡床输入后，桌椅等物，就渐渐兴起了。

古人室中，亦生火以取暖。《汉书·食货志》说："冬民既入，妇人同巷相从夜绩。""必相从者，所以省费燎火。"颜师古说："燎所以为明，火所以为温也。"这种火，大约是煴火。是贫民之家的样子。《左氏》昭公十年说，宋元公为太子时恶寺人柳，欲杀之。到元公的父亲死了，元公继位为君，柳伺候元公将到之处，先炽炭于位，将至则去之，到葬时，又有宠。又定公三年，说郑子自投于床，废于炉炭，《注》："废，堕也。"遂卒。则贵族室中取暖皆用炭，从没有用炕的。《日知录》说："《旧唐书·东夷高丽传》：冬月皆作长坑，下然煴火以取暖，此即今之土炕也，但作坑字。"则此俗源于东北夷。大约随女真输入中国北方的，实不合于卫生。

论居处及所用的器物既竟，还要略论历代的葬埋。古代的葬有两种：孟子所谓"其亲死，则举而委之于壑"。《滕文公上篇》。盖田猎之民所行。《易经·系辞传》说："古之葬者，厚衣之以薪，葬之中野。"则农耕之民之俗。一个贵族，有其公共的葬地。一个都邑，亦有其指定卜葬的区域。《周官》冢人掌公墓之地，墓大夫掌凡邦墓之地域是其制。后世的人说：古人重神不重形。其理由：是古不墓祭。然孟子说齐有东郭墙间之祭者，《离娄下篇》。即是墓祭。又说孔子死后，子贡"筑室于场，独居三年然后归"，《滕文公上篇》。此即后世之庐墓。《礼记·曲礼》："大夫士去其国，止之曰：奈何去坟墓也？"《檀弓》："去国则哭于墓而后行，反其国不哭，展墓而入。"又说："太公封于营丘，比及五世，皆反葬于周。"则古人视坟墓，实不为不重。大概知识程度愈低，则愈相信虚无之事。愈高，则愈必耳闻目见，而后肯信。所以随着社会的开化，对于灵魂的迷信，日益动摇，对于体魄的重视，却日益加甚。《檀弓》说："延陵季子适齐。比其反也，其长子死，葬于嬴博之间。""既封，左袒，右还其封，且号者三，曰：骨肉归复于土，命也。若魂气，则无不之也，无不之也，而遂行。"这很足以表示重视精神，轻视体魄的见解，怕反是吴国开化较晚，才如此的。如此，富贵之家，有权力的，遂尽力于厚葬。厚葬之意，不徒爱护死者，又包含着一种夸耀生人的心思，而发掘坟墓之事，亦即随之而起。读《吕览》的《节丧》《安死》两篇可知。当时墨家主张薄葬，儒家反对他，然儒家的葬礼，较之流俗，亦止可谓之薄葬了。学者的主张，到底不能挽回流俗的波靡。自汉以后，厚葬之事，还书不胜书。且将死者的葬埋，牵涉到生人的祸福，而有所谓风水的迷信。死者无终极，汉刘向《谏成帝起昌陵疏》语。人人要保存其棺椁，至于无穷，其势是决不能行的。

佛教东来，火葬之俗，曾一时盛行，见《日知录·火葬》条。实在最为合理。惜乎宋以后，受理学的反对，又渐渐的式微了。现在有一部分地方，设立公墓。又有提倡深葬的。然公墓究仍不免占地，深葬费人力过多，似仍不如火葬之为得。不过风俗是守旧的，断非一时所能改变罢了。

交通的进步

交通、通信，向来不加区别。其实两者是有区别的。交通是所以运输人身，通信则所以运输人的意思。自有通信的方法，而后人的意思，可以离其身体而独行，于精力和物力方面，有很大的节省。又自电报发明后，意思的传达，可以速于人身的运输，于时间方面，节省尤大。

交通的发达，是要看地势的。水陆是其大别。水路之中，河川和海道不同。海道之中，沿海和远洋的航行，又有区别。即陆地，亦因其为山地、平地、沙漠等而有不同。野蛮时代，各部族之间，往往互相猜忌，不但不求交通的便利，反而有意阻塞交通，其时各部族所居之地，大概是颇险峻的。对外的通路，只有曲折崎岖的小路，异部族的人，很难于发现使用。《庄子·马蹄篇》说：古代"山无蹊隧，泽无舟梁"。所指的，便是这时代。到人智稍进，能够降丘宅土，交通的情形，就渐和往昔不同了。

中国的文化，是导源于东南，而发达于西北的。东南多水，所以水路的交通，南方较北方为发达。西北多陆，所以陆路的交通，很早就有可观。陆路交通的发达，主要的是由牛马的使用和车的发明。此两者，都是大可节省人力的。《易经·系辞传》说"服牛乘马，引重致远"，虽不能确定其在何时，然其文承黄帝、尧、舜垂衣裳而天下治之下，可想见黄帝、尧、舜时，车的使用，必已很为普遍了。车有两种：一种是大车，用牛牵曳的，用以运输。一种是小车，即兵车，人行亦乘之，驾以马。用人力推曳的谓之辇。《周官》乡师《注》引《司马法》，说夏时称为余车，共用二十人，殷时称胡奴车，用十人，周时称为辎辇，用十五人。这是供战时运输用的，所以其人甚多。《说文》："辇，挽车也。从车㚘。"㚘训并行，虽不必定是两人，然其人数必不能甚多。这是民间运输用的。贵族在宫中，亦有时乘坐。《周官》巾车，王后的五路，有一种唤做辇车，即其物。此制在后世仍通行。

道路：在都邑之中，颇为修整。《考工记》：匠人，国中经涂九轨。野涂亦九轨。环涂环城之道七轨。《礼记·王制》："道路，男子由右，妇人由左，车从中央。"俱可见其宽广。古代的路，有一种是路面修得很平的，谓之驰道。非驰道则不能尽平。国中之道，应当都是驰道。野外则不然。古代田间之路，谓之阡陌，与沟洫相辅而行。所以《礼记·月令》《注》说："古者沟上有路。"沟洫、阡陌之制，照《周官》遂人等官所说，是占地颇多的。虽亦要因自然的地势，未必尽合乎准绳，然亦必较为平直。不过书上所说的，是理想中的制度，事实上

· 169 ·

未必尽能如此。《左氏》成公五年，梁山崩，晋侯以传召伯宗。行辟重。使载重之车让路。重人曰："待我，不如捷之速也。"可见驿路上还不能并行两车。《仪礼·既夕礼》："商祝执功布，以御柩执披。"《注》云："道有低仰倾亏，则以布为左右抑扬之节，使引者执披者知之。"《礼记·曲礼》："送葬不避涂潦。"可见其路之不尽平坦。后人夸称古代的道路如何宽平，恐未必尽合于事实了。大抵古人修造路面的技术甚拙。其路面，皆如今日的路基，只是土路。所以时时要修治。不修治，就"道茀不可行"。

水路：初有船的时候，只是现在所谓独木舟。《易经·系辞传》说"刳木为舟，剡木为楫"，《淮南子·说山训》说"古人见窾木浮而知舟"，所指的都是此物。稍进，乃知集版以为舟。《诗经》说："就其深矣，方之舟之。"《疏》引《易经》云："利涉大川，乘木舟虚。"又引《注》云："舟谓集版，如今船，空大木为之曰虚，总名皆曰舟。"按方、旁、比、并等字，古代同音通用。名舟为方，正因其比木为之之故。此即后世的舫字。能聚集许多木版，以成一舟，其进步就容易了。

渡水之法，大抵狭小的水，可以乘其浅落时架桥。桥亦以木为之。即《孟子》所说的"岁十一月徒杠成，十二月舆梁成"。《离娄下篇》。《尔雅·释宫》："石杠谓之倚。"又说："堤谓之梁。"《注》云："即桥也。或曰：石绝水者为梁，见《诗传》。"则后来亦用石了。较阔的水，则接连了许多船渡过去。此即《尔雅》所说的"天子造舟"，后世谓之浮桥。亦有用船渡过去的，则《诗经》所说的"谁谓河广，一苇杭之"。然徒涉的仍不少。观《礼记·祭义》，谓孝子"道而不径，舟而不游"可见。

航行的技术，南方是胜于北方的。观《左氏》所载，北方只有僖公十三年，晋饥，乞粜于秦，秦输之粟，自雍及绛相继，命之曰泛舟之役，为自水路运输，此外泛舟之事极少。南方则吴楚屡有水战，而哀公十年，吴徐承且率舟师自海道伐齐。可见不但内河，就沿海交通，亦已经开始了。《禹贡》九州贡路，都有水道。《禹贡》当是战国时书，可以窥见当时交通的状况。

从平地发展到山地，这是陆地交通的一个进步，可以骑马的发达为证。古书不甚见骑马之事。后人因谓古人不骑马，只用以驾车。《左氏》昭公二十五年，"左师展将以公乘马而归。"《疏》引刘炫说，以为是骑马之渐。这是错误的。古书所以不甚见骑马，（一）因其所载多贵族之事，贵族多是乘车的。（二）则因其时的交通，仅及于平地。《日知录》说："春秋之世，戎狄杂居中夏者，大抵在山谷之间，兵车之所不至。齐桓、晋文，仅攘而却之，不能深入其地者，用车故也。中行穆子之败狄于大卤，得之毁车崇卒。而智伯欲伐仇犹，遗之大钟以开其道，其不利于车可知矣。势不得不变而为骑。骑射，所以便山谷也。胡服，所以便骑射也。"此虽论兵事、交通的情形，亦可以借鉴而明。总而言之，交通所至之地愈广，而道路大抵失修，用车自不如乘马之便。骑乘的事，就日盛一日了。

"水性使人通，山性使人塞。"水性是流动的，虽然能阻碍人，使其不得过去，你只要能利用他，他却可以帮你活动，节省你的劳力。山却不然，会多费你的抵抗力的。所以到后世，水路的交通，远较陆路交通为发达。长江流域的文明，本落黄河流域之后，后来却反超过其上，即由于此。唐朝的刘晏说："天下诸津，舟航所聚，旁通巴汉，前指闽越，七泽十薮，三江五湖，控引河洛，兼包淮海，弘舸巨舰，千轴万艘，交贸往来，昧旦水日。"可以见其盛况了。《唐语林补遗》说："凡东南都邑，无不通水。故天下货利，舟楫居多。舟船之盛，尽于江西。编蒲为帆，大者八十余幅。江湖语曰：水不载万。言大船不过八九千石。"明朝郑和航海的船，长四十四丈，宽十八丈，共有六十二只。可以见其规模的弘大了。

因为水路交通利益之大，所以历代开凿的运河极多，长在一千里以下的运河，几乎数不着他。中国的大川，都是自西向东的，南北的水路交通，很觉得不便。大运河的开凿，多以弥补这缺憾为目的。《左氏》哀公九年，"吴城邗，沟通江淮"。此即今日的淮南运河。《史记·河渠书》说："荥阳下引河东南为鸿沟，以通宋、郑、陈、蔡、曹、卫，与济、汝、淮、泗会。"鸿沟的遗迹，虽不可悉考，然其性质，则极似现在的贾鲁河，乃是所以沟通河淮两流域的。至后汉明帝时：则有从荥阳通至千乘的汴渠。此因当时的富力，多在山东，所以急图东方运输的便利。南北朝以后，富力集中于江淮，则运输之路亦一变。隋开通济渠，自东都引谷、洛两水入河。又自河入汴，自汴入淮，以接淮南的邗沟。自江以南，则自京口达余杭，开江南河八百里。此即今日的江南运河。唐朝江淮漕转；二月发扬州。四月，自淮入汴。六、七月到河口，八、九月入洛。自此以往，因有三门之险，乃陆运以入于谓。宋朝建都汴京，有东西南北四河。东河通江淮。亦称里河。西河通怀、孟。南河通颍、寿。亦称外河。现在的惠民河，是其遗迹。北河通曹、濮。四河之中，东河之利最大。淮南、浙东西、荆湖南北之货，都自此入汴京。岭表的金银、香药，亦陆运至虔州入江。陕西的货，有从西河入汴的，亦有出剑门，和四川的货，同至江陵入江的。宋史说东河所通，三分天下有其二，虽是靠江淮等自然的动脉，运河连接之功，亦不可没的。元朝建都北平，交通之目的又异。乃引汶水分流南北，而现在的大运河告成。

海路的交通，已略见第十一章。唐咸通时，用兵交阯、湖南、江西，运输甚苦，润州人陈磻石创议海运。从扬子江经闽、广到交阯。大船一艘，可运千石。军需赖以无缺。是为国家由海道运粮之始。元、明、清三代，虽有运河，仍与海运并行。海运所费，且较河运为省。近代轮船未行以前，南北海道的运输，亦是很盛的。就到现在，南如宁波，北如营口，帆船来往的仍甚多。

水道的交通，虽极发达，陆路的交通，却是颇为腐败的。《日知录》说当时的情形："涂潦遍于郊关，汗秽钟于辇毂。"《街道》条。又说："古者列树以表道。""下至隋唐之代，而官槐官柳，亦多见之诗篇。""近代政废法弛，任人斫伐。周道如砥，若彼濯濯。"《官树》条。"《唐六典》：凡天下造舟之梁四，石柱之梁四，木柱之梁三，巨梁十有一，皆国工修之。其余皆所管州县，随时营葺。其大津无梁，皆给船人，量其大小难易，以定其差等。今畿甸荒芜，桥梁废坏。雄莫之间，秋水时至，年年陷绝。曳轮招舟，无赖之徒，藉以为利。潞河舟子，勒索客钱，至烦章劾。司空不修，长吏不问，亦已久矣。《原注》："成化八年，九月，丙申，顺天府府尹李裕言：本府津渡之处，每岁水涨，及天气寒冱，官司修造渡船，以便往来。近为无赖之徒，冒贵戚名色，私造渡船，勒取往来人财物，深为民害。乞敕巡按御史，严为禁止，从之。"况于边陲之境，能望如赵充国治湟狭以西道桥七十所，令可至鲜水，从枕席上过师哉？"《桥梁》条。观此，知路政之不修，亦以宋以后为甚。其原因，实与建筑之颓败相同。前清末年，才把北京道路，加以修理。前此是与顾氏所谓"涂潦遍于郊关，汗秽钟于辇毂"，如出一辙的。

全国除新开的商埠外，街道比较整齐宽阔的，没有几处。南方多走水道，北方旱路较多，亦无不崎岖倾仄。间有石路，亦多年久失修。路政之坏，无怪全国富庶之区，都偏于沿江沿海了。

因路政之坏，交通乃不能利用动物之力而多用人力。《史记·夏本纪》："山行乘檋。"《河渠书》作"山行即桥"。按禹乘四载，又见《吕览·慎势》《淮南子·齐俗训》《淮南子·修务训》《汉书·沟洫志》。又《史记集解》引《尸子》及徐广说，所作字皆互异。山行檋与桥外，又作桐，作蔂，作樏，作欙，蔂、樏、欙，系一字，显而易见。桐字见《玉篇》，云："舆，食器也。又土轝也。"雷浚《说文外编》云："土轝之字，《左氏》作桐。按见襄公九年。《汉书·五行志》引作轝，《说文》："轝，大车驾马也。"按《孟子》："反藥梩而掩之。"《赵注》云："藥梩，笼臿之属，可以取土者也。"蔂、樏、欙并即藥梩，与桐并为取土之器，驾马则称为轝，亦以音借而作桥。后又为之专造轿字，则即淮南王《谏伐闽越书》所谓"舆轿而逾岭"。其物本亦车属，后因用诸山行，乃以人昇之。所以韦昭说："桐木器，如今舆状，人举以行。"此物在古代只用诸山行，后乃渐用之平地。王安石终身不乘肩舆，可见北宋时用者尚少，南渡以后，临安街道，日益狭窄，乘坐的人，就渐渐的多了。《明史·舆服志》：宋中兴以后，以征伐道路险阻，诏百官乘轿，名曰竹轿子，亦曰竹舆。

行旅之人不论在路途上，以及到达地头之后，均须有歇宿之所。古代交通未盛，其事率由官营。《周官》野庐氏，"比国郊及野之道路，宿息，井树。"遗人，"凡国野之道：十里有庐，庐有饮食。三十里有宿，宿有路室，路室有委。五十里有市，市有候馆，候馆有积。"都是所以供给行旅的。到达之后，则"卿馆于大夫，大夫馆于士，士馆于工商"。《仪礼·觐礼》。此即《礼记·曾子问》所谓"卿大夫之家曰私馆"。另有"公宫与公所为"，谓之公馆。

当时的农民，大概无甚往来，所以只有卿士大夫和工商之家，从事于招待，但到后来，农民出外的也多了。新旅客的增加，必非旧式的招待所能普遍应付，就有借此以图利的，是为逆旅。《商君书·垦令篇》说："废逆旅，则奸伪躁心私交疑农之民不行。逆旅之民，无所于食，则必农。"这只是陈旧的见解。《晋书·潘岳传》说，当时的人，以逆旅逐末废农，奸淫亡命之人，多所依凑。要把他废掉。十里置一官櫨，使老弱贫户守之。差吏掌主，依客舍之例收钱。以逆旅为逐末废农，就是商君的见解。《左氏》僖公二年，晋人假道于虞以伐虢，说"虢为不道，保于逆旅，以侵敝邑之南鄙"。可见晋初的人，说逆旅使奸淫亡命，多所依凑，也是有的。但以大体言之，则逆旅之设，实所以供商贾之用，乃是随商业之盛而兴起的。看潘岳的驳议，便可明白。

无法废绝商业，就无法废除逆旅。若要改为官办，畀差主之吏以管理之权，一定要弊余于利的。潘岳之言，亦极有理。总而言之：（一）交通既已兴盛，必然无法遏绝，且亦不宜遏绝。（二）官吏经营事业，其秩序必尚不如私人。两句话，就足以说明逆旅兴起的原因了。汉代的亭，还是行人歇宿之所。甚至有因一时没有住屋，而借居其中的。见《汉书·息夫躬传》。魏晋以后，私人所营的逆旅，日益兴盛，此等官家的事业，就愈益废坠，而寝至于灭绝了。

接力赛跑，一定较诸独走长途，所至者要远些，此为邮驿设置的原理。《说文》："邮，境上行书舍也。"是专以通信为职的。驿则所以供人物之往来。二者设置均甚早。人物的往来，并不真要靠驿站。官家的通信，却非有驿站不可。在邮政电报开办以前，官家公文的传递，实利赖之。其设置遍于全国。

元代疆域广大，藩封之地，亦均设立，以与大汗直辖之地相连接。规模不可谓不大。惜乎历代邮驿之用，都止于投递公文，未能推广之以成今日的邮政。民间寄书，除遣专使外，就须展转托人，极为不便。到清代，人民乃有自营的信局。其事起于宁波，逐渐推广，几于遍及全国，而且推及南洋。其经营的能力，亦不可谓之不伟大了。

铁路、轮船、摩托车、有线、无线电报的发明，诚足使交通、通信焕然改观。这个，诚然是文明进步之赐，然亦看用之如何。此等文明利器，能用以开发世界上尚未开发的地方，诚足为人类造福。若只在现社会机构之下，为私人所有，用以为其图利的手段，则其为祸为福，诚未易断言。现代的物质文明，有人歌诵他，有人咒诅他，其实物质文明的本身，是不会构祸的，就看我们用之是否得当。

　　中国现在的开发西南、西北，在历史上，将会成为一大事。交通起于陆地，进及河川、沿海，再进及于大洋，回过来再到陆地，这是世界开发必然的程序。世界上最大最未开发的地方，就是亚洲的中央高原，其中又分为两区：（一）为蒙古、新疆等沙漠地带，（一）为西康、青海、西藏等高原。中国现在开发西南、西北，就是触着这两大块未开辟之地。我们现在还不觉得，将来这两件事的成功，会使世界焕然改观，成为另一个局面。

第十五章　教　育

现在所谓教育，其意义，颇近乎从前所谓习。习是人处在环境中，于不知不觉之间，受其影响，不得不与之俱化的。所谓入芝兰之室，久而不闻其香；居鲍鱼之肆，久而不知其臭。所以古人教学者，必须慎其所习。孟母教子，要三次迁居，古训多重亲师取友，均系此意。因此，现代所谓教育，要替学者另行布置出一个环境来。此自非古人所及。古人所谓，只是效法的意思。教人以当循之道谓之敎；受教于人而效法之，则谓之学；略与现在狭义的教育相当。人的应付环境，不是靠生来的本能，而是靠相传的文化。所以必须将前人之所知所能，传给后人。其机关，一为人类所附属的团体，即社团或家庭，一为社会中专司保存智识的部分，即教会。

我国古代教育的起源

读史的人，多说欧洲的教育学术和宗教的关系深，中国的教育学术和宗教的关系浅。这话诚然不错。但只是后世如此。在古代，中国的教育学术和宗教的关系，也未尝不密切。这是因为司高等教育的，必为社会上保存智识的一部分，此一部分智识，即所谓学术，而古代的学术，总是和宗教有密切关系的缘故。

古代的太学，名为辟雍，与明堂即系同物。已见第七、第十四章。所以所谓太学，即系王宫的一部分。蔡邕《明堂论》引《易传》说："太子旦入东学，昼入南学，暮入西学。在中央曰太学，天子之所自学也。"脱北学一句。又引《礼记·保傅篇》说："帝入东学，上亲而贵仁。入西学，上贤而贵德。入南学，上齿而贵信。入北学，上贵而尊爵。入太学，承师而问道。"所指的，都是此种王宫中的太学。后来文化进步，一切机关，都从王宫中分析出来，于是明堂之外，别有所谓太学。此即《礼记·王制》所说的"太学在郊"。

《王制》又说"小学在公宫南之左"。按小学亦是从王宫中分化出来的。古代门旁边的屋子唤做塾。《礼记·学记》说："古之教者家有塾。"可见贵族之家，子弟是居于门侧的。《周官》教国子的有师氏、保氏。师氏居虎门之左，保氏守王闱。蔡邕说南门称门，西门称闱。汉武帝时，公玉带上《明堂图》，水环宫垣，上有楼，从西南入。见第十四章。可见古代的明堂，只西南两面有门，子弟即居于此。子弟居于门侧，似由最初使壮者任守卫之故。后来师氏、保氏之居门闱，小学之在公宫南之左，地位方向，还是从古相沿下来的。

师氏所教的为三德，一曰至德，以为道本。二曰敏德，以为行本。三曰孝德，以知逆恶。按至德，大概是古代宗教哲学上的训条，孝德是社会政治上的伦理训条。三行，一曰孝行，以亲父母。二曰友行，以尊贤良。三曰顺行，以事师长。保氏所教的为六艺，一曰五礼，二曰六乐，三曰五射，四曰五御，五曰六书，六曰九数。六仪，一曰祭祀之容，二曰宾客之容，三曰朝廷之容，四曰丧纪之容，五曰军旅之容，六曰车马之容。这是古代贵族所受的小学教育。至于太学，则《王制》说"春秋教以礼乐，冬夏教以诗书"。此所谓礼乐，自与保氏所教六艺中的礼乐不同，当是宗教中高等的仪式所用。诗即乐的歌辞。书当系教中的古典。

古代本没有明确的历史，相沿的传说，都是和宗教夹杂的，印度即系如此。然则此等学校中，除迷信之外，究竟还有什么东西没有呢？有的：（一）为与宗教相混合的哲学。先秦诸子的哲学、见解，大概都自此而出，看第十七章可明。（二）为涵养德性之地。梁启超是不信宗教的。当他到美洲去时，每逢星期日，却必须到教堂里去坐坐。意思并不是信他的教，而是看他们礼拜的秩序，听其音乐，以安定精神。这就是子夏说"学而优则仕，仕而优则学"之理《论语·子张篇》。仕与事相通，仕就是办事。办事有余力，就到学校中去涵养德性，一面涵养德性，一面仍应努力于当办之事，正是德育、智育并行不悖之理。

管太学的官，据《王制》是大乐正，据《周官》是大司乐。俞正燮《癸巳类稿》有《君子小人学道是弦歌义》，说古代乐之外无所谓学，尤可见古代大学的性质。古代乡论秀士，升诸司徒，司徒升之于学，学中的大乐正，再升诸司马，然后授之以官。又诸侯贡士，天子试之于射宫。其容体比于礼，其节比于乐，而中多者，则得与于祭。均见第七章。这两事的根源，是同一的。即人之用舍，皆决之于宗教之府。"出征执有罪，反释奠于学"，《礼记·王制》。这是最不可解的。为什么明明是用武之事，会牵涉到学校里来呢？可见学校的性质，决不是单纯的教育机关了。然则古代所以尊师重道，太学之礼，虽诏于天子，无北面，《礼记·学记》。养老之礼，天子要袒而割牲，执酱而馈，执爵而酳，《礼记·乐记》。亦非徒以其为道之所在，齿德俱尊，而因其人本为教中尊宿之故。凡此，均可见古代的太学和宗教关系的密切。

贵族的小学教育，出于家庭，平民的小学教育，则仍操诸社团之手。《孟子》说："夏曰校，殷曰序，周曰庠，学则三代共之。"学指太学言，校、序、庠都是民间的小学。第五章所述：平民住居之地，在其中间立一个校室，十月里农功完了，公推有年纪的人，在这里教育未成年的人，就是校的制度。所以《孟子》说"校者教也"。又说"序者射也，庠者养也"，这是行乡射和乡饮酒礼之地。孔子说："君子无所争，必也射乎？揖让而升，下而饮，其争也君子。"《论语·八佾篇》。又说一看乡饮酒礼，便知道明贵贱，辨隆杀，和乐而不流，弟长而无遗，安燕而不乱等道理。所以说："吾观于乡，而知王道之易易也。"《礼记·乡饮酒义》。然则庠序都是行礼之地，使人民看了，受其感化的。正和现在开一个运动会，使人看了，知道武勇、刚毅、仁侠、秩序等等的精神，是一样的用意。行礼必作乐，古人称礼乐可以化民，其道即由于此。并非是后世的王礼，天子和百官行之于庙堂之上，而百姓不闻不见的。汉朝人所谓庠序，还系如此。与现在所谓学校，偏重智识传授的，大不相同。古代平民的教育，是偏重于道德的。所以兴学必在生计问题既解决之后。孟子说庠序之制，必与制民之产并言。见《孟子·滕文公上篇》。《王制》亦说："食节事时，民咸安其居，乐事劝功，尊君亲上，然后兴学。"生计问题既解决之后，教化问题，却系属必要。所以又说："饱食暖衣，逸居而无教，则近于禽兽。"《孟子·滕文公上篇》。又说："君子如欲化民成俗，其必由学乎？"《学记》。

以上是古代社会，把其传统的所谓做人的道理，传给后辈的途径。贵族有贵族立身的方法，平民有平民立身的方法，其方法虽不同，其为立身之道则一。至于实际的智识技能，则得之必由于实习。实习即在办理其事的机关里，古称为宦。《礼记·典礼》说"宦学事师"，《疏》引熊氏云："宦谓学仕官之事。"官就是机关，仕官，就是在机关里办事。学仕官之事，就是学习在机关里所办的事。这种学习，是即在该机关中行之的，和现在各机关里的实习生一般。

《史记·秦始皇本纪》：昌平君发卒攻嫪毐，战咸阳，斩首数百，皆拜爵。及宦者皆在战中，亦拜爵一级。《吕不韦列传》：诸客求宦为嫪毐舍人千余人。《汉书·惠帝纪》：即位后，爵五大夫，吏六百石以上，及宦皇帝而知名者，有罪当盗械者，皆颂系。此所谓宦，即系学仕于其家。因为古代卿大夫及皇太子之家，都系一个机关。嫪毐之家，食客求宦者至千余人，自然未必有正经的事情可办，亦未必有正经的事情可以学习。正式的机关则不然。九流之学，必出于王官者以此。参看第十七章。子路说："有民人焉，有社稷焉，何必读书，然后为学？"《论语·先进篇》。就是主张人只要在机关里实习，不必再到教会所设的学校里，或者私家教授，而其宗旨与教会教育相同的地方去学习，《史记·孔子世家》说，孔子以诗、书、礼、乐教，可见孔子的教育，与古代学校中传统的教育相近。并不是说不要学习，就可以办事。

古代的平民教育，有其优点，亦有其劣点。优点是切于人的生活。劣点则但把传统的见解，传授给后生，而不授以较高的智识。如此，平民就只好照着传统的道理做人，而无从再研究其是非了。太学中的宗教哲学，虽然高深，却又去实际太远。所以必须到东周之世，各机关中的才智之士，将其（一）经验所得的智识，及（二）太学中相传的宗教哲学，合而为一，而学术才能开一新纪元。此时的学术，既非传统的见解所能限，亦非复学校及机关所能容，乃一变而为私家之学。求学问的，亦只得拜私人为师。于是教育之权，亦由官家移于私家，乃有先秦诸子聚徒讲学之事。

帝制时代的教育

社会上新旧两事物冲突，新的大概都是合理的。因为必旧的摇动了，然后新的会发生，而旧的所以要摇动，即由于其不合理。但此理是不易为昔人所承认的，于是有秦始皇和李斯的办法："士则学习法令辟禁。""欲学法令，以吏为师。"这是想恢复到政教合一之旧。所以要恢复政教合一，则因他们认为"人善其所私学，以非上之所建立"，是天下所以不治；而当时的人，所以要善私学以非上所建立，全是出于朋党之私，所谓"饰虚言以乱实"。《史记·秦始皇本纪》三十四年）。这固然不无相当的理由。然古代社会矛盾不深刻，政治所代表的，就是社会的公意，自然没有人出来说什么话。后世社会复杂了，各方面的矛盾，渐渐深刻，政治总只代表得一方面，其（一）反对方面，以及（二）虽非站在反对方面，而意在顾全公益的人，总不免有话说。这正是（一）有心求治者所乐闻，（二）即以手段而论，防民之口，甚于防川，亦是秉政者所应希望其宣泄的。而始皇、李斯不知"天下有道，则庶人不议"。《论语·季氏篇》。误以为庶人不议，则天下有道；至少庶人不议，天下才可以走上有道的路，这就和时势相反了。人的智识，总不免于落后，这也无怪其然。但社会学的公例，是不因人之不知，而加以宽恕的，该失败的总是要失败，而秦遂因之倾覆。秦朝的灭亡，固非儒生所为，然人心之不平，实为其最大原因之一，而儒生亦是其中的一部分。

汉朝的设立学校，事在武帝建元五年。此时并未立学校之名，仅为五经博士置弟子。在内由太常择补。在外由县、道、邑的长官，上所属二千石、二千石察其可者，令与所遣上计之吏，同诣京师。这就是公孙弘所说的"因旧官而兴焉"。不另设新机关。但因博士弟子，都有出身，所以传业者寝盛。以上见《史记》《汉书·儒林传》。至后汉，则光武帝下车即营建大学。明、章两代，屡次驾幸。顺帝又增修校舍。至其末年，游学诸生，遂至三万余人，为至今未曾再有的盛况。

按赵翼《陔余丛考》有一条，说两汉受学者都诣京师，其实亦不尽然。后汉所立，不过十四博士，而《汉书·儒林传》说："大师众至千余人。"《汉书·儒林传》，不能证明其有后人增窜之迹，则此语至少当在东汉初年。可见民间传业，亦并非不盛。然汉代国家所设立的太学，较后世为盛；事实上比较的是学问的重心；则是不诬的。此因（一）当时社会，学问不如后世的广布，求学的自有走集学问中心地的必要。（二）则利禄使然，参看第七章自明。

前汉时，博士弟子虽有出路，究系平流而进。后汉则党人劫持选举，而太学为私党聚集，声气标榜之地。又此时学术在社会上渐占重要地位。功臣、外戚及官吏等，亦多遣子弟入学。于是纨袴子弟，搀杂其中，不能认真研究，而易与政治接近，就成《后汉书·儒林传》所说的"章句渐疏，多以浮华相尚"了。汉末丧乱，既不能研究学问，而以朋党劫持选举的作用亦渐失。魏文帝所立的太学，遂成学生专为避役而来，博士并无学问可以教授的现状。详见《三国魏志·王肃传》《注》引《魏略》。

魏晋以后，学校仅为粉饰升平之具。所谓粉饰升平，并不是学校能积极的替政治上装饰出什么东西来，而是消极的，因为倘使连学校都没有，未免说不过去。所以苟非丧乱之时，总必有所谓学校。至其制度，则历代又略有不同。

晋武帝咸宁二年，始立国子学。按今文经说，只有太学。大司乐合国之子弟，是出于《周官》的，是古文经说。两汉的政治制度，大抵是根据今文学说的。东汉之世，古学渐兴，魏晋以后，今文传授的统绪遂绝，所以此时的政治制度，亦渐采用古文学说了。自此以后，元魏国子、太学并置。周只有太学。齐只有国子学。隋时，始令国子学不隶太常，独立为一监。唐有国子学、太学、四门学、律学、书学、算学，都属国子监。后律学改隶详刑，书学改隶兰台，算学改隶秘阁。律学、书学、算学专研一种学问艺术，系专门学校性质。国子学、太学、四门学，则系普通性质。国子学、太学，都只收官吏子弟，只有四门学收一部分庶人，成为阶级性质了。这都是古文学说的流毒。四门学在历史上，有两种性质：有时以为小学。此时则模仿《礼记·王制》之说：王太子、王子、群后的太子、卿大夫元士的嫡子，都可以直接入学，庶人则须节级而升，因令其先入四门小学。然古代所谓学校，本非研究学问之地。乡论秀士，升诸司徒，司徒升之于学，大乐正再升诸司马，不过是选举的一途。贵族世袭之世，得此已算开明。后世则用人本无等级，学校为研究学问之地，庶人的学问，未必劣于贵族，而令其节级而升，未免不合于理。将庶人及皇亲、国戚、官吏子弟所入的学校分离，那更是造出等级来了。又有弘文馆属门下省，是专收皇亲的。崇文馆属东宫，是收皇太后、皇后亲属兼及官吏子孙的。总之，学校只是政治上的一个机关，学生只是选举上的一条出路，和学术无甚关系。学校中未必真研究学术，要研究学术，亦不一定要入学。

把学校看作提倡学术，或兴起教化之具，其设立，是不能限于京师的。汉武帝时，虽兴起太学，尚未能注意地方。其时只有贤长官如文翁等，在其所治之地，自行提倡。见《汉书·循吏传》。到元帝令郡国皆设五经百石卒史，才可算中央政府，以命令设立地方学校的权舆。但汉朝人眼光中，所谓庠序，还不是用以提倡学术，而是用以兴起教化的。所以元帝所为，在当时的人看起来，只能算是提倡经学，并不能算是设立地方学校。这个，只要看《汉书·礼乐志》的议论，便可知道。

隋唐时，各州县都有学，隋文帝曾尽裁大学四门学及州县学，仅留国子生七十人。炀帝时恢复。然只法令如此。在唐时，大概只有一笔释奠之费，以祭孔子。事见《唐书·刘禹锡传》。按明清之世，亦正是如此。所谓府、州、县学，寻常人是不知其为学校，只知其为孔子庙的。所以有人疑惑："为什么佛寺、道观，都大开了门，任人进去，独有孔子庙却门禁森严？"当变法维新之初，有人想把孔子抬出来，算作中国的教主，以和基督教相抗，还有主张把文庙开放，和教堂一样的。殊不知中国本无所谓孔子庙。孔子乃是学校里所祭的先圣或先师。《礼记·文王世子》："凡入学，必释奠于先圣、先师。"先圣是发明家。先师是把发明家的学问，流传下来的人。此项风气，在中国流行颇广。凡百事业，都有其所崇奉的人，如药业崇奉神农，木匠崇奉鲁班，都是把他认作先圣，儒家是传孔子之道的，所以把孔子认作先圣，传经的人，认作先师。古文学说既行，认为孔子所传的，只是古圣王之道，尤其直接模范的是周公。周朝集古代治法的大成，而其治法的制定，皆由于周公。所以周公可以看作发明家的代表。于是以周公为先圣，孔子为先师。然孔子为中国所最尊的人，仅仅乎把他看作传述者，不足以餍足宗教心理。于是仍改奉孔子为先圣。自宋学兴起以后，所谓孔子之道者又一变。认为汉唐传经儒生，都不足以代表孔子之学。宋代诸儒，崛起于千载之后，乃能遥接其道统。于是将宋以后的理学家，认为先师。此即所谓从祀。汉至唐传经诸儒，除品行恶劣者外，亦不废黜。是为历代所谓先圣、先师者的变迁。寺庙可以公开，学校是办不到的。现在的学校，从前的书院、义塾，又何尝能大开其门，任人出入呢？然令流俗之人，有此误会，亦可见学校的有名无实了。

魏晋以后，看重学校的有两个人：一个是王安石，一个是明太祖。王安石的意思，是人才要由国家养成的。科举只是取人才，不是养人才，不能以此为已足。照安石的意思，改革科举，只是暂时的事，论根本，是要归结到学校养士的。所以于太学立三舍之法，即外舍、内舍、上舍，学生依次而升。到升入上舍，则得免发解及礼部试，而特赐之以进士第。哲宗元符二年，令诸州行三舍法。岁贡其上舍生，附于外舍。徽宗遂特建外学，以受诸州贡士。并令太学内的外舍生，亦出居外学。遂令取士悉由学校升贡，其州郡发解及礼部试并停。后虽旋复，然在这一时期中的立法，亦可谓很重视学校了。

按（一）凡事都由国家主持，只有国小而社会情形简单的时代，可以办到。国大而社会复杂，根本是不可能的，因为（甲）国家不但不能胜此繁重的职务，（乙）并不能尽知社会的需要。因（甲）则其所办之事，往往有名无实，甚或至于有弊。因（乙）则其所办之事，多不能与社会趋势相应，甚或顽固守旧，阻碍进步。所以许多的事情，根本是不宜于国家办的。现在政治学上，虽亦有此项主张，然其理论漏洞甚多，至多只可用以应急，施诸特殊的事务。断非可以遍行常行的道理。这话太长了，现在不能详论。然可用以批评宋时的学校，总是无疑的。所以当时的学校，根本不会办得好。（二）而况自亡清以前，学堂奖励章程废止以前。国家把学校科举，都看作登庸官吏之法，入学者和应科举者一样，都是为利禄而来，又何以善其后呢？其中固有少数才智之士。然亦如昔人论科举的话，"乃人才得科举，非科举得人才"。此等人在学校中，并不能视为学校所养成。

安石变科举法后，感慨道："本欲变学究为秀才，不料变秀才为学究。"秀才是科举中最高的一科，学究则是最低的。熙宁贡举法所试，较诸旧法，不能不说是有用些。成绩之所以不良，则由学问的好坏，甚而至于可以说是有无，都判之于其真假，真就是有，假就是无。真假不是判之于其所研究的门类、材料，而是判之于其研究的态度、方法的。态度和方法，判之于其有无诚意。所以以利用为目的，以学习为手段，学到的，至多是技术，绝不是学问。此其原理，在学校与科举中，并无二致。以得奖励为目的的学校，其结果，只能与科举一样。

凡国家办的事，往往只能以社会上已通行的，即大众所公认的理论为根据。而这种理论，往往是已经过时的，至少是比较陈旧的。因为不如此，不会为大众所承认。其较新鲜的，方兴的，则其事必在逐渐萌芽，理论必未甚完全，事实亦不会有什么轰轰烈烈的，提给大众看，国家当然无从依据之以办事。所以政治所办理的事情，往往较社会上自然发生的事情为落后。教育事业，亦是如此。

学问是不宜于孤独研究的。因为（一）在物质方面，供给不易完全；（二）在精神方面，亦不免孤陋寡闻之诮。所以研究学问的人，自然会结成一种团体。这个团体，就是学校。学校的起源，本是纯洁的，专为研究学问的；惜乎后来变为国家养成人才之所。国家养成人才，原是很好的事，但因（一）事实上，国家所代表的，总是业经通行、已占势力的理论。所以公家所立的学校，其内容，总要比较陈旧些。社会上新兴的，即在前途有真正需要，而并非在过去占有势力的学科，往往不能尽力提倡。（二）而且其本身，总不免因利禄关系而腐化。于是民间有一种研究学问的组织兴起来，这便是所谓书院。

书院是起于唐、五代之间的。宋初，有所谓四大书院者，朝廷咸赐之额。曰白鹿，在庐山白鹿洞，为南唐升元中所建。曰石鼓，唐元和中衡州守李宽所建。曰应天，宋真宗时，府民曹诚所建。曰岳麓，宋开宝中，潭州守朱洞所建。此系据《通考》。《玉海》有嵩阳而无石鼓。嵩阳，在登封县大宝山下，五代时所建。此外赐额、赐田、赐书的还很多。但书院并不靠朝廷的奖励和补助。

书院之设，大概由（一）有道德学问者所提倡，（二）或为好学者的集合，（三）或则有力者所兴办。他是无所为而为之的，所以能够真正研究学问，而且真能跟着风气走。在理学盛行时代，则为讲学的中心；在考据之学盛行的时代，亦有许多从事于此的书院；即其确证。

新旧两势力，最好是能互相调和。以官办的学校，代表较旧的、传统的学术；以私立的学校，代表较新的、方兴的学术；实在是最好的办法。

宋朝国势虽弱，然在文化上，不能说是没有进步的。文化既进步，自然觉得有多设学校的必要。元朝的立法，就受这风气的影响。元朝的国子监，本是蒙古、色目和汉人，都可以进的。蒙古人试法从宽，授官六品；色目人试法稍密，授官七品；汉人试法最密，授官从七品；则系阶级制度。然在京师，又有蒙古国子学。诸路有蒙古字学。仁宗延祐元年，又立回回国子学，以肄习其文字。诸路、府、州、县皆有学。世祖至元二十八年，又令江南诸路学及各县学内设小学，选老成之士教之。或自愿招师，或自受家学于父兄者，亦从其便。其他先儒过化之地，名贤经行之所，与好事之家，出钱米赡学者，并立为书院。各省设提举二员，以提举学校之事。

官家竭力提倡，而仍承认私家教育的重要，不可谓非较进步的立法。此项法令，能否真正实行，固未可知，然在立法上，总是明朝的前驱。

明朝的学校，立法是很完密的。在昔时把学校看作培植人才，政治上的人才。登庸官吏的机关，而不视为提高文化，普及教育的工具，其立法不过如此而止，其扩充亦只能到这地步了。然而其法并不能实行，这可见法律的拗不过事实。

明朝的太学，名为国子监。太祖看国子监是极重的。所用的监官，都是名儒，规则极严，待诸生甚厚。又创历事之法，使在各机关中实习，曾于一日之间，擢用国子生六十余人为布、按两司官。其时国子诸生，扬历中外者甚众，可谓极看重学校的了。然一再传后，科举积重，学校积轻，举贡的选用，遂远不能与进士比。而自纳粟入监之例开后，且被视为异途。国子生本是从府、州、县学里来的。府、州、县学学生升入国子监的，谓之贡生。有岁贡按年依定额升入、选贡选拔特优的、恩贡国家有庆典时，特许学生升入国学，即以当充岁贡者充之，而以其次一名充岁贡、纳贡府、州、县学生纳粟出学之别。举人亦可入监。后又取副榜若干，令其入监读书。

府、州、县学，府有教授，州有学正，县有教谕，其副概称训导。学生各有定额。初设的都由学校供给饭食，后来增广学额，则不能然。于是称初设的为廪膳生员，增广的为增广生员。后又推广其额，谓之附学生员。于是新取入学的，概称附学生员。依考试的成绩，递升为增广、廪膳。廪膳生资格深的，即充岁贡。入学和判定成绩的考试，并非由教谕训导举行，而是另行派员主持的。入学之试，初由巡按御史或布按两司及府、州、县官，后特置提督学政，巡历举行。僻远之地，为巡历所不能至者，或仍由巡按御史及分巡道。学政任期三年。三年之中，考试所属府、州、县学生两次：一次称岁考，是用以判定成绩优劣的。一次称科考，在举行科场之年，择其优者，许应乡试。国子监生毕业后可以入官的，府、州、县学生，则无所谓毕业。其出路：只有（一）应科举中试，（二）贡入国子监。如其不然，则始终只是一个学生。要到五十岁之后，方许其不应岁试。未满五十而不应岁试，试时亦可请假，但下届须补。清制，缺至三次者，即须斥革。其学籍，是要取消掉的。

非府、州、县学生不能应科举，府、州、县学生除贡入太学外，亦非应科举不能得出路，这是实行宋以来学校科举相辅而行的理想的。在当时，确是较进步的立法。然而法律拗不过事实。事实上，国家所设的学校，一定要人来读书，除非（一）学校中真有学问，为在校外所学不到的。（二）法令严切，不真在校学习，即不能得到出路。但当时的学校，即使认真教授，其程度，亦不会超过民间的教育，而况并不教授？既然并不教授，自无从强迫学生在学。于是除国子监在京师首善之地，且沿明初认真办理之余，不能竟不到监，乃斤斤和监官计较"坐监"的日数外，府、州、县学，皆阒无其人，人家仍只目他为文庙。

学校的有名无实，一方面，固表现政治的无力，一方面，也表示社会的进步。因为社会进步了，到处都有指导研究的人，供给研究的器，人家自然无庸到官立的学校里来了。我们现在，如其要读中国的旧书，并不一定要进学校。如其要研究新学问，有时非进学校不可，甚至有非到外国去不可的。就因为此种学术，在社会上还未广布。

清朝的学制，是和明朝大同的。所不同的，则明朝国子监中的荫生，分为官生、恩生。官生是限以官品的。学生父兄的官品。恩生则出自特恩，不拘品级。清制分为难荫及恩荫。恩荫即明代的官生。难荫谓父兄殉难的，其条件较恩荫为优。又清制，除恩副岁贡生外，又有优、拔两贡。优贡三岁一行。每一督学使者，岁科两试俱讫后，就教官所举优行生，加以考试，再择优送礼部考试，许其入国子监读书。拔贡十二年举行一次。合岁科两试优等生，钦命大臣会同督抚复试。送吏部再应廷试，一、二等录用，三等入监。但入监都是有名无实的。

以上所述的，大体都是官办的学校，为政治制度的一部分，和选举制度有关。其非官办的，亦或具有学校的性质，如书院是。至于不具学校形式的，则有（一）私人的从师读书，（二）或延师于家教授。其教授的内容，亦分为两种：（一）是以应科举为目的的，可谓士人所受的教育。（二）又一种，但求粗知文义，为农、工、商家所受。前者既不足以语于学问，后者又不切于实用。这是因为从前对于教育，无人研究，不过模模糊糊，蹈常习故而行之而已。

至清末，变法以来，才有所谓新式的教育，就是现行的制度。对于文化的关系，人所共知，不烦深论。学校初兴时，还有所谓奖励。太学毕业视进士，太学预科、高等学堂视举人。中等学校以下，分别视贡生及附生等。这还带有政治的性质。民国时代，把奖励章程废去，才全和科举绝缘。

第十六章　语　文

语文的作用和原理

语言文字的发明，是人类的一个大进步。（一）有语言，然后人类能有明晰的概念。（二）有语言，然后这一个人的意思，能够传达给那一个人。而（甲）不须人人自学。（乙）且可将个人的行为，化作团体的行为。单有语言，还嫌其空间太狭，时间太短，于是又有文字，赋语言以形，以扩充其作用。总之，文字语言，是在空间上和时间上，把人类联结为一的。人类是非团结不能进化的，团结的范围愈广，进化愈速，所以言语文字，实为文化进化中极重要的因素。

以语言表示意思，以文字表示语言，这是在语言文字发达到一定阶段之后看起来是如此。在语言文字萌芽之始，则并不是如此的。代表意思多靠身势。其中最重要的是手势。中国文字中的看字，义为以手遮目，最能表示身势语的遗迹。与语言同表一种意象的，则有图画。图画简单化，即成象形文字。

图画及初期的象形文字，都不是代表语言的。所以象形文字，最初未必有读音。图画更无论了。到后来，事物繁复，身势不够表示，语言乃被迫而增加。语言是可以增加的，（一）图画及象形文字，则不能为无限的增加，且其所能增加之数极为有限；（二）而凡意思皆用语言表示，业已成为习惯；于是又改用文字代表语言。文字既改为代表语言，自可用表示声音之法造成，而不必专于象形，文字就造的多了。

中国的文字

中国文字的构造，旧有六书之说。即（一）象形，（二）指事，（三）会意，（四）形声，（五）转注，（六）假借。六者之中，第五种为文字增加的一例，第六种为文字减少的一例，只有前四种是造字之法。许慎《说文解字·序》说：

"黄帝之史仓颉，见鸟兽蹄迒之迹，知分理之可相别异也，初造书契。"又说："仓颉之初作书，盖依类象形，故谓之文。其后形声相益，即谓之字。"按许氏说仓颉造字，又说仓颉是黄帝之史，这话是错的。其余的话，则大概不错。

字是用文拼成的，所以文在中国文字中，实具有字母的作用。旧说谓之偏旁。象形、指事、会意、形声四种中，只有象形一种是文，余三种都是字。象形就是画成一种东西的形状，如☉、𝔻、👑、⺌、𓏲《说文》："象臂胫之形。"按此所画系人的侧面，而又略去其头未画，𠂤上系头，中系两臂，小孩不能自立，故下肢并而为一、𧘝《说文》："象人形。"按此系人的正面形，而亦略画其头。只有子字是连头画出的。按画人无不画其头之理，画人而不画其头，则已全失图画之意矣。于此，可悟象形文字和图画的区别。等字是。（一）天下的东西，不都有形可画。（二）有形可画的，其形亦往往相类。画的详细了，到足以表示其异点，就图画也不能如此其繁。于是不得不略之又略，至于仅足以略示其意而止。倘使不加说明，看了他的形状，是万不能知其所指的。即或可以猜测，亦必极其模糊。此为象形文字与图画的异点。象形文字所以能脱离图画而独立者以此。然如此，所造的字，决不能多。指事旧说是指无形可象的事，如人类的动作等。这话是错的。指，就是指定其所在。事物两字，古代通用。指事，就是指示其物之所在。《说文》所举的例，是上下两字。卫恒《四体书势》说"在上为上，在下为下"，其语殊不可解。我们看《周官》保氏《疏》说"人在一上为上，人在一下为下"，才知道《四体书势》，实有脱文。《说文》中所载古文𠄞丁两字，乃系省略之形。其原形当如篆文作𠄞。一画的上下系人字，借人在一画之上，或一画之下，以表示上下的意思。这一画，并非一二的一字，只是一个界画。《说文》中此例甚多。用此法，所造的字，亦不能多。会意的会训合。会意，就是合两个字的意思，以表示一个字的意思。如《说文》所举人言为信，止戈为武之类。此法所造的字，还是不能多的。只有形声字，原则上是用两个偏旁，一个表示意义，一个表示声音。凡是一句话，总自有其意义，亦自有其声音的。如此，造字的人，就不必多费心思，只要就本语的意义，本语的声音，各找一个偏旁来表示他就够了。造的人既容易，看的人也易于了解。而且其意义，反较象形、指事、会意为确实。所以有形声之法，而"文字之用，遂可以至于无穷"。转注：《说文》所举的例，是考老两字。声音相近，意义亦相近。其根源本是一句话，后来分化为两句的。语言的增加，循此例的很多。文字所以代表语言，自亦当跟着语言的分化而分化。这就是昔人的所谓转注。𩦻多两字，与考老同例。假借则因语言之用，以声音为主。文字所以代表语言，亦当以声音为主。语文合一之世，文字不是靠眼睛看了明白的，还要读出声音来。耳朵听了等于听语言而明白其意义。如此，意义相异之语，只要声音相同，就可用相同的字形来代表他。于是（一）有些字，根本可以不造。（二）有些字，虽造了，仍废弃不用，而代以同音的字。此为文字之所以减少。若无此例，文字将繁至不可胜识了。

六书之说，见于许《序》及《汉书·艺文志》。作象形、象事、象意、象声、转注、假借。《周官》保氏《注》引郑司农之说。作象形、会意、转注、处事、假借、谐声。昔人误以为造字之法，固属大谬。即以为保氏教国子之法，亦属不然。教学童以文字，只有使之识其形，明其音义，可以应用，断无涉及文字构造之理。以上所举六书之说，当系汉时研究文字学者之说。其说是至汉世才有的。《周官》保氏，教国子以六书，当与《汉书·艺文志》所说太史以六体试学童的六体是一，乃系字的六种写法，正和现在字的有行、草、篆、隶一样。《汉书·艺文志》说："古者八岁入小学，故《周官》保氏，掌养国子，教之六书。谓象形、象事、象意、象声、转注、假借，造字之本也。汉兴，萧何草律，亦著其法，曰：太史试学童，能讽书九千字以上，乃得为史。又以六体试之。课最者以为尚书、御史、史书、令史。吏民上书，字或不正，辄举劾。六体者，古文、奇字、篆书、隶书、缪篆、虫书，皆所以通知古今文字，摹印章，书幡信也。""谓象形、象事、象意、象声、转注、假借、造字之本也"十八字，定系后人窜入。惟保氏六书和太史六体是一，所以说亦著其法，若六书与六体是二，这亦字便不可通了。

以六书说中国文字的构造，其实是粗略的，读拙撰《字例略说》可明。商务印书馆本。然大体亦尚可应用。旧时学者的风气，本来是崇古的；一般人又误以六书为仓颉造字的六法。造字是昔时视为神圣事业的，更无人敢于置议。其说遂流传迄今。《荀子·解蔽篇》说："故好书者众矣，而仓颉独传者，壹也。"可见仓颉只是一个会写字的人。然将长于某事的人，误认作创造其事的人，古人多有此误。如暴辛公善埙，苏成公善篪，《世本·作篇》即云：暴辛公作埙，苏成公作篪，谯周《古史考》已驳其缪。见《诗·何人斯》《疏》。因此，生出仓颉造字之说。汉代纬书，皆认仓颉为古代的帝皇。见拙撰《中国文字变迁考》第二章，商务印书馆本。又有一派，因《易经·系辞传》说"上古结绳而治，后世圣人易之以书契"，蒙上"黄帝、尧、舜，垂衣裳而天下治"，认为上古圣人，即是黄帝。司记事者为史官，因以仓颉为黄帝之史。其实二者都是无稽的。还有《尚书》伪孔安国《传序》，以三坟为三皇之书，五典为五帝之典，而以伏羲、神农、黄帝为三皇，就说文字起于伏羲时，那更是无据之谈了。

文字有形、音、义三方面，都是有变迁的。形的变迁，又有改变其字的构造和笔画形状之异两种，但除笔画形状之异一种外，其余都非寻常人所知。字之有古音古义，每为寻常人所不知。至于字形构造之变，则新形既行，旧形旋废，人并不知有此字。所以世俗所谓文字变迁，大概是指笔画形状之异。其大别为篆书、隶书、真书、草书、行书五种。

（一）篆书是古代的文字，流传到秦汉之世的。其文字，大抵刻在简牍之上，所以谓之篆书。篆就是刻的意思。又因其字体的不同，而分为（甲）古文，

（乙）奇字，（丙）大篆，（丁）小篆四种。大篆，又称为籀文。《汉书·艺文志》，小学家有《史籀》十五篇。自注："周宣王太史作。"《说文解字·序》："《史籀》者，周时史官教学童书也。"又说："《仓颉》七章者，秦丞相李斯所作也。《爰历》六章者，车府令赵高所作也。《博学》七章者，太史令胡毋敬所作也。文字多取《史籀篇》，而篆体复颇异，所谓秦篆者也。"然则大篆和小篆，大同小异。现在《说文》所录籀文二百二十余，该就是其相异的。其余则与小篆同。小篆是秦以后通行的字。大篆该是周以前通行的字。至于古文，则该是在大篆以前的。即自古流传的文字，不见于《史籀》十五篇中的。奇字即古文的一部分。所不同者，古文能说得出他字形构造之由，奇字则否。所谓古文，不过如此。《汉书·艺文志》《景十三王传》《楚元王传》载刘歆《移让太常博士书》，都说鲁恭王坏孔子宅，在壁中得到许多古文经传。其说本属可疑。因为（一）秦始皇焚书，事在三十四年。自此至秦亡，止有七年。即下距汉惠帝四年除挟书律，亦只有二十三年。孔壁藏书，规模颇大，度非一二人所为。不应其事遂无人知，而有待于鲁恭王从无意中发现。（二）假使果有此事，则在汉时实为一大事。何以仅见于《汉书》中这三处，而他书及《汉书》中这三处以外，绝无人提及其事。凡历史上较重大之事，总和别的事情有关系的，也总有人提及其事，所以其文很易散见于各处。此三处：《鲁恭王传》，不将坏孔子宅之事，接叙于其好治宫室之下，而别为数语，缀于传末，其为作传时所无有，传成之后，再行加缀于末。显而易见。《移让太常博士》，本系刘歆所说的话。《艺文志》也是以刘歆所做的《七略》为本的。然则这两篇，根本上还是刘歆一个人的话。所以汉代得古文经一事，极为可疑。然自班固以前，还不过说是得古文经；古文经的本子、字句，有些和今文经不同而已，并没有说古文经的字，为当时的人所不识。到王充作《论衡》，其《正说篇》，才说鲁恭王得百篇《尚书》，武帝使使者取视，莫能读者。《尚书·伪孔安国传序》，则称孔壁中字为蝌蚪书。谓蝌蚪书废已久，时人无能知者。孔安国据伏生所传的《尚书》，考论文义，意谓先就伏生所传各篇，认识其字，然后再用此为根据，以读其余诸篇。才能多通得二十五篇。这纯是以意揣度的野言，古人并无此说。凡文字，总是大众合力，于无形中逐渐创造的，亦总是大众于无形之间，将其逐渐改变的。由一人制定文字，颁诸公众，令其照用，古无此事。亦不会两个时代中，有截然的异同，至于不能相识。

　　（二）篆书是圆笔，隶书是方笔。隶书的初起，因秦时"官狱多事"，《汉志》语。官指普通行政机关，狱指司法机关。"令隶人佐书"，《四体书势》语。故得此名。徒隶是不会写字的人，画在上面就算，所以笔画形状，因此变异了。然这种字写起来，比篆书简便得多，所以一经通行，遂不能废。初写隶书的人是徒隶，自然画在上面就算，不求美观。既经通行，写的人就不仅徒隶了。又渐求其美观，于是变成一种有挑法亦谓之波磔的隶书。当时的人，谓之八分书。带有美术性质的字，十之八九都用他。

（三）其实用的字，不求美观的，则仍无挑法，谓之章程书。就是我们现在所用的正书。所以八分书是隶书的新派，无挑法的系隶书的旧派。现在的正书，系承接旧派的，所以现在的正书，昔人皆称为隶书。王羲之，从来没有看见他写一个八分书，或者八分书以前的隶字，而《晋书》本传，却称其善隶书。

（四）正书，亦作真书，其名系对行草而立。草书的初起，其作用，当同于后来的行书。是供起草之用的。《史记·屈原列传》说：楚怀王使原造宪令，草稾未上，上官大夫见而欲夺之。所谓草稾，就是现在所谓起草。草稾是只求自己认得，不给别人看的，其字，自然可以写得将就些。这是大家都这样做的，本不能算创造一种字体，自更说不上是谁所创造。到后来，写的人，不求其疾速，而务求其美观。于是草书的字体，和真书相去渐远。导致只认得真书的人，不能认得草书。于是草书距实用亦渐远。然自张芝以前，总还是一个一个字分开的。到张芝出，乃"或以上字之下，为下字之上"，其字竟至不可认识了。后人称一个一个字分开的为章草，张芝所创的为狂草。

（五）狂草固不可用，即章草亦嫌其去正书稍远。（甲）学的人，几乎在正书之外，又要认识若干草字。（乙）偶然将草稿给人家看，不识草字的人，亦将无从看起。事务繁忙之后，给人家看的东西，未必一定能誊真的。草书至此，乃全不适于实用。然起草之事，是决不能没有的。于是另有一种字，起而承其乏，此即所谓行书。行书之名，因"正书如立，行书如行"而起。其写法亦有两种：（子）写正书的人，把他写得潦草些，是为真行。（丑）写草书的人，把他写得凝重些，是为行草。见张怀瑾《书议》。从实用上说，字是不能没有真草两种，而亦不能多于真草两种的。因为看要求其清楚，写要求其捷速；若多于真草两种，那又是浪费了。孟森说。中国字现在书写之所以烦难，是由于都写真书。所以要都写正书，则由于草书无一定的体式。草书所以无一定的体式，则因字体的变迁，都因美术而起。美术是求其多变化的，所以字体愈写愈分歧。这是因向来讲究写字的人，多数是有闲阶级；而但求应用的人，则根本无暇讲究写字之故。这亦是社会状况所规定。

今后社会进化，使用文字的地方愈多。在实用上，断不能如昔日仅恃潦草的正书。所以制定草体，实为当务之急。有人说：草体离正书太远了，几乎又要认识一种字，不如用行书。这话，从认字方面论，固有相当的理由。但以书写而论，则行书较正书简便得没有多少。现在人所写潦草的正书，已与行书相去无几。若求书写的便利，至少该用行草。在正书中，无论笔画如何繁多的字，在草书里，很少超过五画的。现在求书写的便利，究竟该用行书，还该用草书，实在是一个有待研究的问题。至于简笔字，则是不值得提倡的。这真是徒使字体纷烦，而书写上仍简便得有限。书写的烦难，亦由于笔画形状的工整与流走，不尽由于笔画的多少。

中国现在古字可考的，仍以《说文》一书为大宗。此书所载，百分之九十几，系秦汉时通行的篆书。周以前文字极少。周以前的文字，多存于金石刻中，即昔人刻在金石上的文字。但其物不能全真，而后人的解释，亦不能保其没有错误。亡清光绪二十四五年间，河南安阳县北的小屯，发现龟甲、兽骨，其上有的刻有文字。据后人考证，其地即《史记·项羽本纪》所谓殷墟。认其字为殷代文字。现在收藏研究的人甚多。但自民国十七年中央研究院和河南省合作发掘以前所发现之品，伪造者极多。详见《安阳发掘报告书》第一期所载《民国十七年十月试掘安阳小屯报告书》，及《田野考古报告》第一期所载《安阳侯家庄出土之甲骨文字》。又吴县所出《国学论衡》某册所载章炳麟之言，及《制言杂志》第五十期章炳麟《答金祖同论甲骨文第二书》。所以在中央研究院发掘所得者外，最好不必信据，以昭谨慎。

我国语文的发展

古人多造单字，后世则单音语渐变为复音，所增非复单音的字，而是复音的词。大抵春秋战国之时，为增造新字最多的时代。《论语·卫灵公篇》：子曰：
"吾犹及史之阙文也"，"今亡已夫"！这就是说：从前写字的人，遇见写不出的字，还空着去请教人，现在却没有了，都杜造一个字写进去。依我推想起来，孔子这种见解，实未免失之于旧。因为前此所用的文字少，写来写去，总是这几个字。自己不知道，自然可问之他人。现在所用的字多了，口中的语言，向来没有文字代表他的，亦要写在纸上。既向无此字，问之于人何益？自然不得不杜造了。（一）此等新造的字，既彼此各不相谋。（二）就旧字也有（甲）讹，（乙）变。一时文字，遂颇呈分歧之观。《说文解字·序》说七国之世，"文字异形"，即由于此。然（子）其字虽异，其造字之法仍同；（丑）而旧有习熟的字，亦决不会有改变；大体还是统一的。所以《中庸》又说："今天下"，"书同文"。《史记·秦始皇本纪》：二十六年，"书同文字"。此即许《序》所说："秦始皇帝初兼天下，丞相李斯乃奏同之，罢其不与秦文合者。"此项法令，并无效验。《汉书·艺文志》说：闾里书师，合《仓颉》《爰历》《博学》三篇，断六十四字以为一章，凡五十五章，并为《仓颉篇》。这似乎是把三书合而为一，大体上把重复之字除去。假定其全无复字，则秦时通行的字，共得三千三百。然此三书都是韵文，除尽复字，实际上怕不易办到，则尚不及此数。而《说文》成于后汉时，所载之字，共得九千九百一十三。其中固有籀文及古文、奇字，然其数实不多，而音义相同之字，则不胜枚举。可见李斯所奏罢的字，实未曾罢，如此下去，文字势必日形分歧。这是一个很严重的问题。幸得语言从单音变为复音，把这种祸患，自然救止了。用一个字代表一个音，实在是最为简易之法。因为复音词可以日增，单音字则只有此数。识字是最难的事，过时即不能学的。单音无甚变迁，单字即无甚增加，亦无甚改变。读古书的，研究高深文学的，所通晓的词类及文法，虽较常人为多，所识的单字，则根本无甚相异。认识了几千个字，就能读自古至今的书，也就能通并时的各种文学，即由于此。所以以一字代表一音，实在是中国文字的一个进化。至此，文字才真正成了语言的代表。这亦是文字进化到相当程度，然后实现的。

最初并非如此。《说文》：㸼，三岁牛。䭵，马八岁。㸼从参声，䭵从八声，笔之于书，则有牛马旁，出之于口，与"三八"何异？听的人焉知道是什么话？然则㸼决非读作参，䭵决非读作八；㸼䭵两字，决非代表参八两个音，而系代表三岁牛，马八岁两句话。两句话只要写两个字，似乎简便了，然以一字代表一音纯一之例破坏，总是弊余于利的。所以宁忍书写之烦，而把此等字淘汰去。这可见自然的进化，总是合理的。新造的氩氮等字，若读一音，则人闻之而不能解，徒使语言与文字分离，若读两音，则把一字代表一音的条例破坏，得不偿失。这实在是退化的举动。所以私智穿凿，总是无益有损的。

语言可由分歧而至统一，亦可由统一而至分歧。由分歧而至统一，系由各分立的部族，互相同化。由统一而至分歧，则由交通不便，语音逐渐讹变；新发生的事物，各自创造新名；旧事物也有改用新名的。所以（一）语音，（二）词类，都可以逐渐分歧。只有语法，是不容易变化的。中国语言，即在此等状况下统一，亦即在此等状况下分歧。所以语音、词类，各地方互有不同，语法则无问题。在崇古的时代，古训是不能不研究的。研究古训，须读古书。古书自无所谓不统一。古书读得多的人，下笔的时候，自然可即写古语。虽然古语不能尽达现代人的意思，然（一）大体用古语，而又依照古语的法则，增加一二俗语；（二）或者依据古语的法则，创造笔下有而口中无的语言；自亦不至为人所不能解。遂成文字统一，语言分歧的现象。论者多以此自豪。这在中国民族统一上，亦确曾收到相当的效果。然但能统一于纸上，而不能统一于口中，总是不够用的。因为（一）有些地方，到底不能以笔代口。（二）文字的进化，较语言为迟，总感觉其不够用。（三）文字总只有一部分人能通。于是发生（一）语言统一，（二）文言合一的两个问题。

语言统一，是随着交通的进步而进步的。即（一）各地方的往来频繁。（二）（甲）大都会，（乙）大集团的逐渐发生。用学校教授的方法，收效必小。

因为语言是实用之物，要天天在使用，才能够学得成功，成功了不至于忘掉。假使有一个人，生在穷乡僻壤，和非本地的人永无交接，单用学校教授的形式，教他学国语，是断不会学得好，学好了，亦终于要忘掉的。所以这一个问题，断不能用人为的方法，希望其在短时间之内，有很大的成功。至于言文合一，则干脆的只要把口中的语言写在纸上就够了。这在一千年以来，语体文的逐渐流行，逐渐扩大，早已走上了这一条路。但还觉得其不够。而在近来，又发生一个文字难于认识的问题，于是有主张改用拼音字的。而其议论，遂摇动及于中国文字的本身。

拼音字是将口中的语言，分析之而求其音素，将音素制成字母，再将字母拼成文字的。这种文字，只要识得字母，懂得拼法，识字是极容易的，自然觉得简便。但文字非自己发生，而学自先进民族的，可以用此法造字。文字由自己创造的民族，是决不会用此法的。因为当其有文字之初，尚非以之代表语言，安能分析语言而求其音素？到后来进化了，知道此理，而文字是前后相衔的，不能舍旧而从新，拼音文字，就无从在此等民族中使用了。印度是使用拼音文字的，中国和印度交通后，只采用其法于切音，而卒不能改造文字，即由于此。

使用拼音文字于中国，最早的，当推基督教徒。他们鉴于中国字的不易认识，用拉丁字母拼成中国语，以教贫民，颇有相当的效果。中国人自己提倡的，起于清末的劳乃宣。后来主张此项议论的，亦不乏人。以传统观念论，自不易废弃旧文字。于是由改用拼音字，变为用注音字注旧文字的读音。遂有教育部所颁布的注音符号。然其成效殊鲜。这是由于统一读音和统一语音，根本是两件事。因语音统一，而影响到读音，至少是语体文的读音，收效或者快些。想靠读音的统一，以影响到语音，其事的可能性怕极少。因为语言是活物，只能用之于口中。写在纸上再去读，无论其文字如何通俗，总是读不成语调的。而语言之所以不同，并非语音规定语调，倒是语调规定语音。申言之：各地方人的语调不同，并非由其所发的一个个音不同，以至积而成句，积而成篇，成为不同的语调。倒是因其语调不同，一个个音，排在一篇一句之内，而其发音不得不如此。所以用教学的方法传授一种语言，是可能的。用教学的方法，传授读音，希望其积渐而至于统一语言，则根本不会有这回事。

果真要用人为的方法，促进语言的统一，只有将一地方的言语，定为标准语，即以这地方的人作为教授的人，散布于各地方去教授，才可以有相当的效果。教授之时，宜专于语言，不必涉及读书。语言学会了，自会矫正读音，至于某程度。即使用教学的方法，矫正读音，其影响亦不过如是而止，决不会超过的。甚或两个问题，互相牵制，收效转难。注音符号，意欲据全国人所能发的音，制造成一种语言。这在现在，实际上是无此语言的。所以无论什么地方的话，总不能与国语密合。想靠注音符号等工具，及教学的方法，造成一种新语言，是不容易的。所以现在所谓能说国语的人，百分之九十九，总还夹杂土话。既然总不密合，何不拣一种最近于国语的言语，定为标准语，来得痛快些呢？

至于把中国文字，改成拼音文字，则我以为在现在状况之下，听凭两种文字同时并行，是最合理的。旧日的人视新造的拼音文字为洪水猛兽，以为将要破坏中国的旧文化，因而使中国人丧失其民族性；新的人，以为旧文字是阻碍中国进化的，也视其为洪水猛兽；都是一偏之见。

认识单字，与年龄有极大的关系。超过一定年龄，普通的人，都极难学习。即使勉强学习，其程度也很难相当的。所以中国的旧文字，决不能施之成人。即年龄未长，而受教育时间很短的人，也是难学的。因为几千个单字，到底不能于短时间之内认识。如平民千字识字课等，硬把文字之数减少，也是不适于用的。

怀抱旧见解的人，以为新文字一行，即将把旧文化破坏净尽，且将使中国民族丧失其统一性。殊不知旧文字本只有少数人通晓。兼用拼音字，这少数通晓旧文字的人，总还是有的。使用新文字的人，则本来都是不通旧文字的，他们所濡染的中国文化，本非从文字中得来，何至因此而破坏中国的旧文化，及民族的统一性？就实际情形平心而论，中国旧文化，或反因此而得新工具，更容易推广，因之使中国的民族性，更易于统一呢？吴敬恒说："中国的读书人，每拘于下笔千秋的思想，以为一张纸写出字来，即可以传之永久。"于是设想：用新文字写成的东西，亦将像现在的旧书一般，汗牛充栋，留待后人的研究，而中国的文化，就因之丧失统一性了。殊不知这种用新文字写成的东西，都和现在的传单报纸一般，阅过即弃，至于有永久性的著作，则必是受教育程度稍深的人然后能为，而此种人，大都能识得旧文字。所以依我推想，即使听新旧文字同时并行，也决不会有多少书籍堆积起来。而且只能学新文字的人，其生活和文字本来是无缘的。现在虽然勉强教他以几个文字，他亦算勉强学会了几个文字，对于文字的关系，总还是很浅的。怕连供一时之用的宣传品等，还不会有多少呢。何能因此而破坏中国的文化和民族统一性？

准此以谈，则知有等人说：中国现在语言虽不统一，文字却是统一的。若拼音字不限于拼写国语，而许其拼写各地方的方言，将会有碍于中国语言的统一，也是一样的缪见。因为（一）现在文字虽然统一，决不能以此为工具，进而统一语言的。（二）而只能拼写方言的人，亦即不通国语的人，其语言，亦本来不曾统一。至于说一改用拼音文字，识字即会远较今日为易，因之文化即会突飞猛进，也是痴话。生活是最大的教育。除少数学者外，读书对于其人格的关系，是很少的。即使全国的人，都能读相当的书，亦未必其人的见解，就会有多大改变。何况识得几个字的人，还未必都会去读书呢？拼音文字，认识较旧文字为易是事实，其习熟则并无难易之分。习熟者的读书，是一眼望去便知道的，并不是一个个字拼着音去认识，且识且读的。且识且读，拼音文字是便利得多了。然这只可偶一为之，岂能常常如此？若常常如此，则其烦苦莫甚，还有什么人肯读书？若一望而知，试问 Book 与书有何区别？所以拼音文字在现在，只是供一时一地之用的。其最大的作用，亦即在此。既然如此，注音符号、罗马字母等等杂用，也是无妨的。并不值得争论。

主张采用罗马字母的人，说如此我们就可以采用世界各国的语言，扩大我国的语言，这也是痴话。采用外国的语言，与改变中国的文字何涉？中国和印度交通以来，佛教的语言，输入中国的何限？又何尝改用梵文呢？

文字的流传，必资印刷。所以文字的为用，必有印刷而后弘，正和语言之为用，必得文字而后大一样。古人文字，要保存永久的，则刻诸金石。此乃以其物之本身供众览，而非用以印刷，只能认为印刷的前身，不能即认为印刷事业。汉代的石经，还系如此。后来就此等金石刻，加以摹拓。摹拓既广，觉得所摹拓之物，不必以之供众览，只须用摹拓出来的东西供览即可。于是其雕刻，专为供印刷起见，就成为印刷术了。既如此，自然不必刻金石，而只要刻木。

刻板之事，现在可考的起于隋。陆深《河汾燕闲录》说，隋文帝开皇十三年，勅废像遗经，悉令雕版。其时为民国纪元前一千三百十九年，西历五九三年。《敦煌石室书录》有《大隋永陀罗尼本经》，足见陆说之确。唐代雕本，宋人已没有著录的，惟江陵杨氏，藏有《开元杂报》七叶。日本亦有永徽六年唐高宗年号。民国纪元前一千二百五十七年，西历六五五年《阿毗达磨大毗婆裟论》。后唐明宗长兴三年民国纪元前九百八十年，西历九三二年，宰相冯道、李愚，请令判国子监田敏，校正九经，刻板印卖，是为官刻书之始。历二十七年始成。周太祖广顺三年。宋代又续刻义疏及诸史。书贾因牟利，私人因爱好文艺而刻的亦日多。仁宗庆历中，民国纪元前八百七十一至八百六十四年，西历一〇四一至一〇四八年。毕昇又造活字。系用泥制。元王祯始刻木为之。明无锡华氏始用铜。清武英殿活字亦用铜制。于是印刷事业，突飞猛进，宋以后书籍，传于后世的，其数量，就远非唐以前所可比了。此节据孙毓修《中国雕板源流考》，其详可参考原书。商务印书馆本。

第十七章　学　术

学术思想，是一个民族的灵魂。看似虚悬无薄，实则前进的方向全是受其指导。中国是一个学术发达的国家。几千年来，学术分门别类，各致其精。如欲详述之，将数十百万言而不能尽。现在所讲的，只是思想转变的大略，及其和整个文化的关系。依此讲，则中国的学术思想，可分为三大时期：

（一）自上古至汉魏之际。

（二）自佛学输入至亡清。其中又分为（甲）佛学时期，（乙）理学时期。

（三）自西学输入以后。

上古至汉魏的学术流变

现在研究先秦诸子的人，大都偏重于其哲学方面。这个实在是错误的。先秦诸子的学术，有两个来源：其（一）从古代的宗教哲学中，蜕化而出。其（二）从各个专门的官守中，孕育而成。前者偏重玄学方面，后者偏重政治、社会方面。《汉书·艺文志》说诸子之学，其原皆出于王官。《淮南要略》说诸子之学，皆出于救时之弊。一个说其因，一个说其缘，都不及古代的哲学。尤可见先秦诸子之学，实以政治、社会方面为重，玄学方面为轻。此意，近人中能见得的，只有章炳麟氏。

从古代宗教中蜕化而出的哲学思想，大致是如此的：（一）因人有男女，鸟有雌雄，兽有牝牡，自然界又有天地日月等现象，而成立阴阳的概念。（二）古代的工业，或者是分做水、火、木、金、土五类的。实际的生活影响于哲学思想，遂分物质为五行。（三）思想进步，觉得五行之说，不甚合理，乃认万物的原质为一，而名之曰气。（四）至此，遂并觉阴阳两力，还不是宇宙的根源。因为最后的总是唯一的，也只有唯一的能算最后的。乃再成立一个唯一的概念，是即所谓太极。（五）又知质与力并非两物，于是所谓有无，只是隐显。（六）隐显由于变动，而宇宙的根源，遂成为一种动力。（七）这种动力，是颇为机械的。一发动之后，其方向即不易改变。所以有谨小、慎始诸义。（八）自然之力，是极

· 194 ·

其伟大的。只有随顺，不能抵抗。所以要法自然。所以贵因。（九）此种动力，其方向是循环的。所以有祸福倚伏之义。所以贵知白守黑，知雄守雌。（十）既然万物的原质，都是一个，而又变化不已，则万物根本只是一物。天地亦万物之一，所以惠施要提倡泛爱，说天地万物一体，而物论可齐。论同伦，类也。（十一）因万物即是一物，所以就杂多的现象，仍可推出其总根源。所谓"穷理尽性，以至于命"。此等思想，影响于后来，极为深刻。历代的学术家，几乎都奉此为金科玉律。诚然，此等宽廓的说法，不易发现其误谬。而因其立说的宽廓，可以容受多方面的解释，即存其说为弘纲，似亦无妨。但有等错误的观念，业已不能适用的，亦不得不加以改正。如循环之说，古人大约由观察昼夜寒暑等现象得来。此说施诸自然界，虽未必就是，究竟还可应用。若移用于社会科学，就不免误谬了。明明是进化的，如何说是循环。

先秦诸子，关于政治、社会方面的意见，是各有所本的，而其所本亦分新旧。依我看来：（一）农家之所本最旧，这是隆古时代农业部族的思想。（二）道家次之，是游牧好侵略的社会的反动。（三）墨家又次之，所取法的是夏朝。（四）儒家及阴阳家又次之，这是综合自上古至西周的政治经验所发生的思想。（五）法家最新，是按切东周时的政治形势所发生的思想。以上五家，代表整个的时代变化，其关系最大。其余如名家，专讲高深玄远的理论。纵横家、兵家等，只效一节之用。其关系较轻。

怎说农家是代表最古的思想的呢？这只要看许行的话，便可明白。许行之说有二：（一）君臣并耕，政府毫无威权。（二）物价论量不论质。如非根据于最古最简陋的社会的习俗，决不能有此思想。见《孟子·滕文公上篇》。

怎说道家所代表的，是游牧好侵略的社会的逆反思想呢？汉人率以黄老并称。今《列子》虽系伪书，然亦有其所本。此凡伪书皆然，不独《列子》。故伪书既知其伪之后，在相当条件下，其材料仍可利用。此书《天瑞篇》有《黄帝书》两条，其一同《老子》。又有黄帝之言一条。《力命篇》有《黄帝书》一条。与《老子》亦极相类。《老子》书（一）多系三四言韵语。（二）所用名词，极为特别。如有雌雄牝牡而无男女字。（三）又全书之义，女权皆优于男权。足证其时代之古。此必自古口耳相传之说，老子著之竹帛的，决非老子所自作。黄帝是个武功彪炳的人，该是一个好侵略的部族的酋长。侵略民族，大抵以过刚而折。如夷羿、殷纣等，都是其适例。所以思想上发生一种反动，要教之以守柔。《老子》书又主张无为。无为两字的意义每为后人所误解。为训化。《礼记·杂记》：子曰："张而不弛，文武不能也。弛而不张，文武不为也。"此系就农业立说。言弛而不张，虽文武亦不能使种子变化而成谷物。贾谊《谏放民私铸疏》："奸钱日多，五谷不为"，今本作"五谷不为多"，多字系后人妄增。正是此义。

　　野蛮部族往往好慕效文明，而其慕效文明，往往牺牲了多数人的幸福[（一）因社会的组织，随之变迁。（二）因在上的人，务于淫侈，因此而刻剥其下]。所以有一种反动的思想，劝在上的人，不要领导着在下的人变化。在下的人，"化而欲作"，还该"镇之以无名之朴"。这正和现今人因噎废食，拒绝物质文明一样。

　　怎样说墨家所代表的，是夏代的文化呢？《汉书·艺文志》说墨家之学，"茅屋采椽，是以贵俭。古人的礼，往往在文明既进步之后，仍保存简陋的样子，以资纪念。如既有酒，祭祀仍用水，便是其一例。汉武帝时，公玉带上明堂图，其上犹以茅盖，见《史记·封禅书》。可见《汉志》此说之确。养三老五更，是以兼爱。三老五更，乃他人的父兄。选士大射，是以尚贤。平民由此进用。参看第七章。宗祀严父，是以右鬼。人死曰鬼。顺四时而行，是以非命。命有前定之义。顺四时而行，即《月令》所载的政令。据《月令》说：政令有误，如孟春行夏令等，即有灾异。此乃天降之罚。然则天是有意志，随时监视着人的行动，而加以赏罚的。此为墨子天志之说所由来。他家之所谓命，多含前定之义，则近于机械论了。以孝视天下，视同示。是以上同。"都显见得是明堂中的职守。所以《汉志》说他出于清庙之官。参看第十五章。《吕览·当染篇》说："鲁惠公使宰让请郊庙之礼于天子。天子使史角往，惠公止之。其后在鲁，墨子学焉。"此为墨学出于清庙之官的确证。清庙中能保存较古之学说，于理是可有的。

　　墨家最讲究实用，而《经》《经说》《大小取》等篇，讲高深的哲学，为名家所自出的，反在墨家书中，即由于此。但此非墨子所重。墨子的宗旨，主于兼爱。因为兼爱，所以要非攻。又墨子是取法于夏的，夏时代较早，又值水灾之后，其生活较之殷、周，自然要简朴些，所以墨子的宗旨，在于贵俭。因为贵俭，所以要节用，要节葬，要非乐。又夏时代较早，迷信较深，所以墨子有天志、明鬼之说。要讲天志、明鬼，即不得不非命。

　　墨家所行的，是凶荒札丧的变礼。参看第五章。其所教导的，是沦落的武士。参看第四章。其实行的精神，最为丰富。

　　怎样说儒家、阴阳家是西周时代所产生的思想呢？荀子说："父子相传，以持王公，三代虽亡，治法犹存，官人百吏之所以取禄秩也。"《荣辱篇》。国虽亡而治法犹存，这是极可能的事。然亦必其时代较近，而后所能保存的才多。又必其时的文化，较为发达，然后足为后人所取法。如此，其足供参考的，自然是夏、殷、周三代。所以儒家有通三统之说。封本朝以前两代之后以大国，使之保存其治法，以便与本朝之治，三者轮流更换。《史记·高祖本纪》赞所谓"三王之道若循环"，即是此义。这正和阴阳家所谓五德终始一样。五德终始有两说：旧说以所克者相代。如秦以周为火德，自己是水德；汉又自以为土德是。前汉末年，改取相生之说。以周为木德，说秦朝是闰位，不承五行之运，而自以为是火德。后来魏朝又自以为是土德。

《汉书·严安传》：载安上书，引邹子之说，说："政教文质者，所以云救也。当时则用，过则舍之，有易则易之。"可见五德终始，乃系用五种治法，更迭交换。邹衍之学，所以要本所已知的历史，推论未知；本所已见的地理，推所未见；正是要博观众事，以求其公例。治法随时变换，不拘一格，不能不说是一种进步的思想。此非在西周以后，前代的治法，保存的已多，不能发生。阴阳家之说，缺佚已甚，其最高的蕲向如何，已无可考。

儒家的理想，颇为高远。看第五章所述大同小康之说可见。《春秋》三世之义，据乱而作，进于升平，更进于大平，明是要将乱世逆挽到小康，再逆挽到大同。儒家所传的，多是小康之义。大同世之规模，从升平世进至大平世的方法，其详已不可得闻。几千年来，崇信儒家之学的，只认封建完整时代，即小康之世的治法，为最高之境，实堪惋惜。但儒家学术的规模，是大体尚可考见的。他有一种最高的理想，企图见之于人事。这种理想，是有其哲学上的立足点的。如何次第实行，亦定有一大体的方案。儒家之道，具于六经。六经之中，《诗》《书》《礼》《乐》，乃古代大学的旧教科，说已见第十五章。《易》《春秋》则为孔门最高之道所在。《易》言原理，《春秋》言具体的方法，两者互相表里，所以说"《易》本隐以之显，《春秋》推见至隐"。

儒家此等高义，既已隐晦。其盛行于世，而大有裨益于中国社会的，乃在个人修养部分。（一）在理智方面，其说最高的是中庸。其要在审察环境的情形，随时随地定一至当不易的办法。此项至当不易的办法，是随时随地，必有其一，而亦只能有一的，所以贵择之精而守之坚。（二）人之感情，与理智不能无冲突。放纵感情，固然要撞出大祸，抑压感情，也终于要溃决的，所以又有礼乐，以陶冶其感情。（三）无可如何之事，则劝人以安命。在这一点，儒家亦颇有宗教家的精神。（四）其待人之道，则为絜矩。两字见《大学》。消极的"己所不欲，勿施于人"。积极的则"所求乎子以事父，所求乎臣以事君，所求乎弟以事兄，所求乎朋友先施之"。我们该怎样待人，只要想一想，我们希望他怎样待我即得，这是何等简而赅。怎样糊涂的人，对这话也可以懂的，而圣人行之，亦终身有所不能尽，这真是一个妙谛。至于（五）性善之说，（六）义利之辨，（七）知言养气之功，则孟子发挥，最为透彻，亦于修养之功，有极大关系。

儒家之遗害于后世的，在于大同之义不传，所传的多是小康之义。小康之世的社会组织，较后世为专制。后人不知此为一时的组织，而认为天经地义，无可改变，欲强已进步的社会以就之，这等于以杞柳为杯棬，等于削足以适履，所以引起纠纷，而儒学盛行，遂成为功罪不相掩之局。这只可说是后来的儒家不克负荷，怪不得创始的人。但亦不能一定怪后来的任何人。因儒学是在这种社会之中，逐渐发达的。凡学术，固有变化社会之功，同时亦必受社会的影响，而其本身自起变化。这亦是无可如何的事。

怎样说法家之学，是按切东周时代的情形立说的呢？这时候，最要紧的，是（一）裁抑贵族，以铲除封建势力。（二）富国强兵，以统一天下。这两个条件，秦国行之，固未能全合乎理想，然在当时，毕竟是最能实行的，所以卒并天下。致秦国于富强的，前有商鞅，后有李斯，都是治法家之学的。法家之学的法字，是个大名。细别起来，则治民者谓之法，裁抑贵族者谓之术，见《韩非子·定法篇》。其富国强兵之策，则最重要的，是一民于农战。《商君书》发挥此理最透，而《管》《韩》两子中，亦有其理论。法家是最主张审察现实，以定应付的方法的，所以最主张变法而反对守旧。这确是法家的特色。其学说之能最新，大约即得力于此。

以上所述五家，是先秦诸子中和中国的学术思想及整个的文化最有关系的。虽亦有其高远的哲学，然其所想解决的，都是人事问题。而人事问题，则以改良社会的组织为其基本。粗读诸子之书，似乎所注重的，都是政治问题。然古代的政治问题，不像后世单以维持秩序为主，而整个的社会问题，亦包括在内。所以古人说政治，亦就是说社会。

诸家之学，并起争鸣，经过一个相当时期之后，总是要归于统一的。统一的路线有两条：（一）淘汰其无用，而存留其有用的。（二）将诸家之说，融合为一。在战国时，诸家之说皆不行，只有法家之说，秦用之以并天下，已可说是切于时务的兴，而不切于时务的亡了。但时异势殊，则学问的切于实用与否，亦随之而变。天下统一，则需要与民休息，民生安定，则需要兴起教化。这两者，是大家都会感觉到的。秦始皇坑儒时说："吾前收天下书不中用者尽去之。悉召文学方术士甚众，欲以致太平。方士欲练，以求奇药。"兴太平指文学士言。可见改正制度，兴起教化，始皇非无此志，不过天下初定，民心未服，不得不从事于镇压；又始皇对外，颇想立起一个开拓和防御的规模来，所以有所未遑罢了。

秦灭汉兴，此等积极的愿望，暂时无从说起。最紧要的，是与民休息。所以道家之学，一时甚盛。然道家所谓无为而治，乃为正常的社会说法。社会本来正常的，所以劝在上的人，不要领导其变化；且须镇压之，使不变化，这在事实上虽不可能，在理论上亦未必尽是，然尚能自成一说。若汉时，则其社会久已变坏，一味因循，必且迁流更甚。所以改正制度，兴起教化，在当时，是无人不以为急务的。看贾谊、董仲舒的议论，便可明白。文帝亦曾听公孙臣的话，有意兴作。后因新垣平诈觉，牵连作罢。这自是文帝脑筋的糊涂，做事的因循，不能改变当时的事势。到武帝，儒学遂终于兴起了。儒学的兴起，是有其必然之势的，并非偶然之事。因为改正制度，兴起教化，非儒家莫能为。论者多以为武帝一人之功，这就错了。武帝即位时，年仅十六，虽非昏愚之主，亦未闻其天亶夙成，成童未几，安知儒学为何事？所以与其说汉武帝提倡儒学，倒不如说儒学在当时自有兴盛之势，武帝特顺着潮流而行。

儒学的兴起，虽由社会情势的要求，然其得政治上的助力，确亦不少。其中最紧要的，便是为五经博士置弟子。所谓"设科射策，劝以官禄"，自然来者就多了。儒学最初起的，是《史记·儒林传》所说的八家：言《诗》：于鲁，自申培公。于齐，自辕固生。于燕，自韩太傅。言《书》，自济南伏生。言《礼》，自鲁高堂生。言《易》，自菑川田生。言《春秋》：于齐、鲁自胡毋生。于赵自董仲舒。东汉立十四博士：《诗》齐、鲁、韩。《书》欧阳、大小夏侯。《礼》大小戴。《易》施、孟、梁丘、京。《春秋》严、颜。见《后汉书·儒林传》。《诗》齐、鲁、韩下衍毛字。大体仍是这八家之学。惟京氏《易》最可疑。但是在当时，另有一种势力，足以促令学术变更。那便是第五章所说：在当时，急须改正的，是社会的经济制度。要改正社会经济制度，必须平均地权，节制资本。而在儒家，是只知道前一义的。后者之说，实在法家。当时儒家之学，业已成为一种权威，欲图改革，自以自托于儒家为便，儒家遂不得不广采异家之学以自助，于是有所谓古文之学。读第五章所述，已可明白了。但是学术的本身，亦有促令其自起变化的。那便是由专门而趋于通学。

先秦学术，自其一方面论，可以说是最精的。因为他各专一门，都有很高的见解。自其又一方面说，亦可以说是最粗的。因为他只知道一门，对于他人的立场，全不了解。譬如墨子所主张，乃凶荒札丧的变礼，本不谓平世当然。而荀子力驳他，说天下治好了，财之不足，不足为患，岂非无的放矢？理论可以信口说，事实上，是办不到只顾一方面的。只顾一方面，一定行不通。所以先秦时已有所谓杂家之学。《汉志》说：杂家者流，出于议官。可见国家的施政，不得不兼顾到各方面了。情势如此，学术自然不得不受其影响，而渐趋于会通，古文之学初兴时，实系兼采异家之说，后来且自立新说，实亦受此趋势所驱使。倘使当时的人，痛痛快快，说儒家旧说不够用了，我所以要兼采异说；儒家旧说，有所未安，我所以要别立新说；岂不直捷？无如当时的思想和风气，不容如此。于是一方面说儒家之学，别有古书，出于博士所传以外；其中最重要的，便是孔壁一案，参看第十六章。一方面，自己研究所得，硬说是某某所传；如《毛诗》与《小序》为一家言。《小序》明明是卫宏等所作，而毛公之学，偏要自谓子夏所传。纠纷就来得多了。流俗眩于今古文之名，以为今古文经，文字必大有异同，其实不然。今古文经的异字，备见于《仪礼》郑《注》，从今文处，则出古文于注。从古文处，则出今文于注。如古文位作立，仪作义，义作谊之类，于意义毫无关系。他经度亦不过如此。有何关系之可言？

今古文经的异同，实不在经文而在经说。其中重要问题，略见于许慎的《五经异义》。自大体言之：今文家说，都系师师相传。古文家说，则自由研究所得。不为古人的成说所囿，而自出心裁，从事研究，其方法似觉进步。但（一）其成绩并不甚佳。又（二）今文家言，有传讹而无臆造。传讹之说，略有其途径可寻，所以其说易于还原。一经还原，即可见古说的真相。其未曾传讹的，自然更不必说。古文家言，则各人凭臆为说，其根源无可捉摸。所以把经学当作古史的材料看，亦以今文家言价值较高。

然古学的流弊，亦可说仍自今学开之。一种学术，当其与名利无关时，治其学者，都系无所为而为之，只求有得于己，不欲眩耀于人，其学自无甚流弊。到成为名利之途则不然。治其学者，往往不知大体，而只斤斤计较于一枝一节之间。甚或理不可通，穿凿立说。或则广罗异说，以自炫其博。引人走入旁门，反致抛荒正义。从研究真理的立场上言，实于学术有害。但流俗的人，偏喜其新奇，以为博学。此等方法，遂成为哗世取宠之资。

汉代此等风气，由来甚早。《汉书·夏侯胜传》说："胜从父子建，师事胜及欧阳高，左右采获。又从五经诸儒问与《尚书》相出入者，牵引以次章句，具文饰说。胜非之曰：建所谓章句小儒，破碎大道。建亦非胜为学疏略，难以应敌。"专以应敌为务，真所谓徇外为人。此种风气既开，遂至专求闻见之博，不顾义理之安；甚且不知有事理。如郑玄，遍注群经，在汉朝，号称最博学的人，而其说经，支离灭裂，于理决不可通，以及自相矛盾之处，就不知凡几。此等风气既盛，治经者遂多变为无脑筋之徒。虽有耳目心思，都用诸琐屑无关大体之处。而于此种学问，所研究的，究属宇宙间何种现象？研究之究有何益？以及究应如何研究？一概无所闻见。

学术走入此路，自然只成为有闲阶级，消耗日力精力之资，等于消闲遣兴，于国家、民族的前途，了无关系了。此等风气，起于西汉中叶，至东汉而大盛，直至南北朝、隋唐而未改。汉代所谓章句，南北朝时所谓义疏，都系如此。读《后汉书》及《南北史》《儒林传》，最可见得。

古学既继今学而起，到汉末，又有所谓伪古文一派。据近代所考证：王肃为其中最重要的一个人。肃好与郑玄立异，而无以相胜。乃伪造《孔子家语》，将己说窜入其中，以折服异己，经学中最大的《伪古文尚书》一案，虽不能断为即肃之所造，然所谓《伪孔安国传》者，必系与肃同一学派之人所为，则无可疑。《伪古文尚书》及《伪孔安国传》之伪，至清阎若璩作《古人尚书疏证》而其论略定。伪之者为哪一派人，至清丁晏作《尚书余论》而其论略定。此即由当时风气，专喜广搜证据，只要所搜集者博，其不合理，并无人能发觉，所以容得这一班人作伪。

儒学至此，再无西汉学者经世致用的气概。然以当时学术界的形势论，儒学业已如日中天。治国安民之责，在政治上，在社会上，都以为惟儒家足以负之。

这一班人，如何当得起这个责任？他们所想出来的方案，无非是泥古而不适于时，专事模仿古人的形式。这个如何足以为治？自然要激起有思想的人的反对了。于是魏晋玄学，乘机而起，成为儒佛之间的一个过渡。

魏晋玄学，人多指为道家之学。其实不然。玄学乃儒道两家的混合。亦可说是儒学中注重原理的一派，与拘泥事迹的一派相对立。先秦诸子的哲学，都出自古代的宗教哲学，大体无甚异同，说已见前。

儒家之书，专谈原理的是《易经》。《易》家亦有言理、言数两派。言理的，和先秦诸子的哲学，无甚异同。言数的，则与古代术数之学相出入。《易》之起源，当和术数相近；孔门言易，则当注重于其哲学；这是通观古代学术的全体，而可信其不诬的。今文《易》说，今已不传。古文《易》说，则无一非术数之谈。《汉书·艺文志》：易家有《淮南·道训》两篇。自注云："淮南王安，聘明《易》者九人，号九师说。"此书，当即今《淮南子》中的《原道训》。今《淮南子》中，引《易》说的还有几条，都言理而不及数，当系今文《易》说之遗。然则儒家的哲学，原与道家无甚出入。不过因今文《易》说失传，其残存的，都被后人误认为道家之说罢了。如此说来，则魏晋玄学的兴起，并非从儒家转变到道家，只是儒家自己的转变。不过此种转变，和道家很为接近，所以其人多兼采道家之学。观魏晋以后的玄学家，史多称其善《易》《老》可知。

儒学的本体，乃以《易》言原理，《春秋》则据此原理，而施之人事。魏晋的玄学家，则专研原理，而于措之人事的方法，不甚讲求。所以实际上无甚功绩可见，并没有具体可见之施行的方案。然经此运动之后，拘泥古人形式之弊遂除。凡言法古的，都是师其意而不是回复其形式。泥古不通之弊，就除去了，这是他们摧陷廓清莫大的功绩。玄学家最重要的观念，为重道而遗迹。道即原理，迹即事物的形式。

从新莽改革失败以后，彻底改变社会的组织，业已无人敢谈。解决人生问题的，遂转而求之个人方面。又玄学家探求原理，进而益上，其机，殊与高深玄远的哲学相近。在这一点上，印度的学术，是超过于中国的。佛学遂在这种情势之下兴起。

佛教传入中国

佛，最初系以宗教的资格输入中国的。但到后来，则宗教之外，别有其学术方面。

佛教，普通分为大小乘。依后来详细的判教，则小乘之下，尚有人天；专对人天说法，不足以语四圣。见下。大乘之中，又分权实。所谓判教，乃因一切经论，佛所说谓之经，菩萨以下所说谓之论。僧、尼、居士等所应守的规条谓之律。经、律、论谓之三藏。立说显有高低，所以加以区别，说佛说之异，乃因其所对待的人不同而然。则教外的人，不能因此而诋佛教的矛盾，教中的人，亦不必因此而起争辩了。依近来的研究：佛教在印度的兴起，并不在其哲学的高深，而实由其能示人以实行的标准。缘印度地处热带，生活宽裕，其人所究心的，实为宇宙究竟、人生归宿等问题。所以自古以来，哲学思想即极发达。到佛出世时，各家之说，所谓外道。已极高深，而其派别亦极繁多了。群言淆乱，转使人无所适从。释迦牟尼出，乃截断无谓的辩论，而教人以实行修证的方法。从之者乃觉得所依归，而其精神乃觉安定。故佛非究竟真理的发现者，中国信佛的人，视佛如此。而为时代的圣者。

佛灭后百年之内，其说无甚异同。近人称为原始佛教。百年之后而小乘兴，五六百年之后而大乘出，则其说已有改变附益，而非复佛说之旧了。然则佛教的输入中国，所以前后互异，亦因其本身的前后，本有不同，并非在彼业已一时具足，因我们接受的程度，先后不同，而彼乃按其深浅，先后输入的了。此等繁碎的考据，今可勿论。但论其与中国文化的关系。

佛教把一切有情，分为十等：即（一）佛，（二）菩萨，（三）缘觉，（四）声闻，是为四圣。（五）天，（六）人，（七）阿修罗，（八）畜生，（九）饿鬼，（十）地狱，是为六凡。辗转于六凡之中，不得超出，谓之六道轮回。佛不可学，我们所能学的，至菩萨而止。在小乘中，缘觉、声闻，亦可成佛，大乘则非菩萨不能。所谓菩萨，系念念以利他为主，与我们念念都以自己为本位的，恰恰相反。至佛则并利他之念而亦无之，所以不可学了。缘觉、声闻鉴于人生不能离生、老、病、死诸苦，死后又要入轮回；我们幸得为人，尚可努力修持，一旦堕入他途便难了。畜生、饿鬼、地狱亦称三途，不必论了。阿修罗神通广大，易生嗔怒；诸天福德殊胜，亦因其享受优越，转易堕落；所以以修持论，皆不如人。所以觉得生死事大，无常迅速，实可畏怖，生前不得不努力修持。其修持之功，固然坚苦卓绝，极可佩服。即其所守戒律，亦复极端利他。然根本观念，终不离乎自利，所以大乘斥其不足成佛。此为大小乘重要的异点。亦即大乘教理，较小乘为进化之处。又所谓佛在小乘即指释迦牟尼其人。大乘则佛有三身：（一）佛陀其人，谓之报身，是他造了为人之因，所以在这世界上成为一个人的。生理、心理等作用，一切和我们一样。不吃也要饿，不着也要冷，置诸传染病的环境中，也会害病；饿了，冷了，病重了，也是会死的。（二）至于有是而无非，威权极大。我们动一善念，动一恶念，他都无不知道。善有善报，恶有恶报，丝毫不得差错。是为佛之法身，实即自然力之象征。（三）一心信佛者，临死或在他种环境中，见有佛来接引拯救等事，是为佛之化身。佛在某种环境中，经历一定的时间，即可修成。所以过去已有无数的佛，将来还有无数的佛要成功，并不限于释迦牟尼一人。大乘的说法，当他宗教信，是很能使人感奋的。从哲学上说，其论亦圆满具足，无可非难。宗教的进化，可谓至斯而极。

佛教的宇宙观，系以识为世界的根本。有眼、耳、鼻、舌、身、意，即有色、声、香、味、触、法。此为前六识，为人人所知。第七识为末那，第八识为阿赖耶，其义均不能译，故昔人惟译其音。七识之义，为"恒审思量，常执有我"。我们念念以自己为本位，一切现象，都以自己为本位而认识。一切利害，都以自己为本位而打算。即七识之作用。至八识则为第七识之所由生，为一切识的根本。必须将他灭尽，才得斩草除根。但所谓灭识，并不是将他铲除掉，至于空无所有。有无，佛教谓之色空。色空相对，只是凡夫之见。佛说则"色即是空，空即是色"。如在昼间，则昼为色，夜为空。然夜之必至，其确实性，并不减于昼之现存。所以当昼时，夜之现象，虽未实现，夜之原理，业已存在。凡原理存在者，即与其现象存在无异。已过去之事，为现在、未来诸现象之因。因果原系一事。所以已过去的事，亦并未消灭。所以所谓灭识，并非将识消灭，而系"转识成智"。善恶同体。佛说的譬喻，是如水与波。水为善，动而为波即成恶。按照现在科学之理，可以有一个更妙的譬喻，即生理与病理。病非别有其物，只是生理作用的异常。去病得健，亦非把病理作用的本体消灭，只是使他回复到生理作用。所以说"真如无明，同体不离"。真如为本体，无明为恶的起点。行为的好坏，不是判之于其行为的形式的，而是判之于其用意。所以所争的只在迷悟。迷时所做的事，悟了还是可以做的。不过其用意不同，则形式犹是，而其内容却正相反，一为恶业，一为净业了。喻如母亲管束子女，其形式，有时与厂主管理童工是一样的。所以说："共行只是人间路，得失谁知霄壤分。"

佛教为什么如此重视迷悟呢？因为世界纷扰的起因，不外乎（一）怀挟恶意，（二）虽有善意，而失之愚昧。怀挟恶意的，不必论了。失之愚昧的，虽有善意，然所做的事，无一不错，亦必伏下将来的祸根。而愚昧之因，又皆因眼光只限于局部，而不能扩及全体。兼时间、空间言。所以佛说世俗之善，"如以少水而沃冰山，暂得融解，还增其厚。"此悟之所以重要。佛教的人生问题，依以上所说而得解答。至于你要追问宇宙问题的根源，如空间有无界限，时间有无起讫等，则佛教谓之"戏论"，置诸不答。外道以此为问，佛不答，见《金七十论》。这因为：我们所认识的世界，完全是错误的。其所以错误，即因我们用现在的认识方法去认识之故。要把现在的认识方法放下，换一种方法去认识，自然不待言而可明。若要就现在的认识方法，替你说明，则非我的不肯说，仍系事之不可能。要怎样才能换用别种认识方法呢？非修到佛地位不可。佛所用的认识方法，是怎样的呢？固非我们所能知。要之是和我们现在所用，大不相同的。这个，我们名之曰证。所以佛教中最后的了义，"惟佛能知"，探求的方法，"惟证相应"。这不是用现在的方法，所能提证据给你看的。信不信只好由你。所以佛教说到最后，总还是一种宗教。

佛教派别很多，然皆小小异同，现在不必一一论述。其中最有关系的，（一）为天台、唯识、华严三宗。唯识宗亦称相宗，乃就我们所认识的相，阐发万法唯识之义。天台亦称性宗，则系就识的本身，加以阐发。实为一说的两面。华严述菩萨行相。即具体的描写一个菩萨的样子给我们看，使我们照着他做。此三宗，都有很深的教理，谓之教下三家。（二）禅宗则不立文字，直指心源，专靠修证，谓之教外别传。（甲）佛教既不用我们的认识，求最后的解决，而要另换一种认识方法，_{所谓转识成智}。则一切教理上的启发、辩论，都不过把人引上修证之路，均系手段而非目的。所以照佛教发达的趋势，终必至于诸宗皆衰，禅宗独盛为止。（乙）而社会上研究学问的风气，亦是时有转变的。佛教教理的探求，极为烦琐，实与儒家的义疏之学，途径异而性质相同。中唐以后，此等风气，渐渐衰息，诸宗就不得不衰，禅宗就不得不独盛了。（三）然（子）禅宗虽不在教义上为精深的探讨，烦琐的辩论，而所谓禅定，理论上也自有其相当的高深。（丑）而修习禅定，亦非有优闲生活的人不能。所以仍为有闲阶级所专有。然佛教此时的声势，是非发达到普及各阶层不可的。于是适应大众的净土宗复兴。所谓净土宗，系说我们所住的世界，即娑婆世界的西方，另有一个世界，称为净土。诸佛之中，有一个唤做阿弥陀佛的，与娑婆世界特别有缘。曾发誓愿：有一心皈依他的，到临终之时，阿弥陀佛便来接引他，往生净土。往生净土有什么利益呢？原来成佛极难，而修行的人，不到得成佛，又终不免于退转。如此示人以难，未免使人灰心短气。然（A）成佛之难，（B）以及非成佛则不能不退转，又经前此的教义，说得固定了，无可动摇。于是不得不想出一个补救的方法，说我们所以易于退转，乃因环境不良使然。倘使环境优良，居于其中，徐徐修行，虽成佛依旧艰难，然可保证我们不致中途堕落。这不啻给与我们以成佛的保证，而且替我们祛除了沿路的一切危险、困难，实给意志薄弱的人以一个大安慰、大兴奋。而且净土之中，有种种乐，无种种苦，也不啻给与祈求福报的人以一个满足。所以净土宗之说，实在是把佛教中以前的某种说法取消掉了的。不过其取消之法很巧妙，能使人不觉得其立异罢了。其修持之法，亦变艰难而归简易。其法：为（a）观，（b）想，（c）持名，三者并行，谓之念佛。有一佛像当前，而我们一心注视着他，谓之观。没有时，心中仍想象其有，谓之想。口诵南无阿弥陀佛，_{自然心也要想着他}。谓之持名。

佛法贵止观双修。止就是心住于其所应住之处，不起妄念。观有种种方法。如（a）我们最怕死，乃设想尖刀直刺吾胸，血肉淋漓，又人谁不爱女人，乃设想其病时的丑恶，死后的腐朽，及现时外观虽美，而躯壳内种种汙秽的情形；以克服我们的情意。（b）又世事因缘复杂，常人非茫无所知，即认识错误，必须仔细观察。如两人争斗，粗观之，似由于人有好斗之性。深观之，则知其实由教化的不善；而教化的不善，又由于生计的窘迫；生计的窘迫，又由于社会组织的不良。如此辗转推求，并无止境。要之观察得愈精细，措施愈不至有误。这是所以增长我们的智识的。止观双修，意义诚极该括，然亦断非愚柔者所能行，净土宗代之以念佛，方法简易，自然可普接利钝了。所以在佛教诸宗皆衰之后，禅宗尚存于上流社会中，净土宗则行于下流社会，到现在还有其遗迹。

佛教教义的高深，是无可否认的事实。在他，亦有种种治国安民的理论，读《华严经》的五十三参可知。又佛学所争，唯在迷悟。既悟了，一切世俗的事情，仍无有不可做的，所以也不一定要出家。然佛教既视世法皆非了义，则终必至于舍弃世事而后止。以消灭社会为解决社会之法，断非社会所能接受。于是经过相当的期间，而反动又起。

宋学的发展

佛教反动，是为宋学。宋学的渊源，昔人多推诸唐之韩愈。然韩愈辟佛，其说甚粗，与宋学实无多大关系。宋学实至周张出而其说始精，二程继之而后光大，朱陆及王阳明又继之，而其义蕴始尽。

哲学是不能直接应用的，然万事万物，必有其总根源。总根源变，则对于一切事情的观点，及其应付的方法，俱随之而变。所以风气大转变时，哲学必随之而变更。宋儒的哲学，改变佛学之处安在呢？那就是抹杀认识论不谈，而回到中国古代的宇宙论。中国古代的哲学，是很少谈到认识论的。佛学却不然，所注重的全在乎此。既注重于认识论，而又参以宗教上的悲观，则势必至于视世界为空虚而后止。此为佛教入于消极的真原因。宋学的反佛，其最重要的，就在此点。然从认识论上驳掉佛说，是不可能的。乃将认识论抹杀不谈，说佛教的谈认识论便是错。所以宋学反佛的口号，是"释氏本心，吾徒本天"。所谓本心，即是佛家万法唯识之论。所谓本天，则是承认外界的实在性。万事万物，其间都有一个定理，此即所谓天理。所以宋学的反佛，是以唯物论反对唯心论。

宋学中自创一种宇宙观和人生观的，有周敦颐、张载、邵雍三人。周敦颐之说，具于《太极图说》及《通书》。他依据古说，假定宇宙的本体为太极。太极动而生阳，静而生阴。动极复静，静极复动。如此循环不已，因生水、火、木、金、土五种物质。此五种物质，是各有其性质的。人亦系此五种物质所构成，所以有智（水）、礼（火）、仁（木）、义（金）、信（土）五种性质。及其见诸实施，则不外乎仁义二者。所以配阴阳。仁义的性质，都是好的，然用之不得其当，则皆可以变而为恶，如寒暑都是好的，不当寒而寒，不当暑而暑则为恶。所以要不离乎中正。所以配太极。不离乎中正谓之静。所以说："圣人定之以仁义中正而主静，立人极焉。"

张载之说，具于《正蒙》。其说：亦如古代，以气为万物的原质。气是动而不已的。因此而有聚散。有聚散则有疏密。密则为吾人所能知觉，疏则否，是为世俗所谓有无。其实则是隐显。隐显即是幽明。所以鬼神之与人物，同是一气。气之运动，自有其一定的法则。在某种情形之下，则两气相迎；在某种情形之下，则两气相距；是为人情好恶之所由来。此说将精神现象的根源，归诸物质，实为极彻底的一元论。然此等自然的迎距，未必得当。好在人的精神，一方面受制于物质，一方面仍有其不受制于物质者存。所以言性，当分为气质之性受制于物质的与义理之性不受制于物质的。人之要务，为变化其气质，以求合乎义理。此为张氏修己之说。张氏又本其哲学上的见地，创万物一体之说，见于其所著的《西铭》。与惠施泛爱之说相近。

邵雍之说，与周张相异。其说乃中国所谓术数之学。中国学术，是重于社会现象，而略于自然现象的。然亦有一部分人，喜欢研究自然现象。此等人，其视万物，皆为物质所构成。既为物质所构成，则其运动，必有其定律可求。人若能发现此定律，就能知道万物变化的公例了。所以此等人的愿望，亦可说是希冀发现世界的机械性的。世界广大，不可遍求，然他们既承认世界的规律性，则研究其一部分，即可推之于其余。所以此一派的学者，必重视数。他们的意思，原不过借此以资推测，并不敢谓所推之必确，安敢谓据此遂可以应付事物？然（一）既曾尽力于研求，终不免有时想见诸应用。（二）又此学的初兴，与天文、历法关系极密，古人迷信较深，不知世界的规律性不易发现，竟有谓据此可以逆臆未来的。（三）而流俗之所震惊，亦恒在于逆臆未来，而不在于推求定理。所以此派中亦多逆臆未来之论，遂被称为术数之学。此派学者，虽系少数，著名的亦有数家，邵雍为其中之最善者。雍之说，见于《观物内外篇》及《皇极经世书》。《观物篇》称天体为阴阳，地体为刚柔，又各分太少两者，日为太阳。月为太阴。星为少阳。辰为少阴。火为太刚。水为太柔。石为少刚。土为少柔。其说曰：阳燧取于日而得火，火与日相应也。方诸取于月而得水，水与月一体也。星陨为石；天无日月星之处为辰，地无山川之处为土；故以星与石，辰与土相配。其余一切物与阴阳刚柔相配，皆准此理。以说明万物的性质及变化。《皇极经世书》以十二万九千六百年为一元。日之数一为元。月之数十二为会。星之数三百六十为运。辰之数四千三百二十为世。一世三十年。以三十乘四千三百二十，得十二万九千六百。他说："一元在天地之间，犹一年也。"这和扬雄作《太玄》，想本一年间的变化，以窥测悠久的宇宙一样。邵雍的宗旨，在于以物观物。所谓以物观物，即系除尽主观的见解，以冀发现客观的真理，其立说精湛处甚多。但因术数之学，不为中国所重视，所以在宋学中不被视为正宗。

经过周、张、邵诸家的推求，新宇宙观和新人生观可谓大致已定。二程以下，乃努力于实行的方法。大程名颢，他主张"识得此理，以诚敬存之"。但何以识得此理呢？其弟小程名颐，乃替他补充，说"涵养须用敬，进学在致知"。致知之功，在于格物。即万事而穷其理，以求一旦豁然贯通。这话骤听似乎不错的。人家驳他，说天下之物多着呢，如何格得尽？这话也是误解。因为宋儒的所求，并非今日物理学家之所谓物理，乃系吾人处事之法。如曾国藩所谓："冠履不同位，凤皇鸱鸮不同栖，物所自具之分殊也。鲧湮洪水，舜殛之，禹郊之，物与我之分际殊也。"

天下之物格不尽，吾人处事的方法，积之久，是可以知识日臻广博，操持日益纯熟的。所以有人以为格物是离开身心，只是一个误解。问题倒在（一）未经修养过的心，是否能够格物？（二）如要修养其心，其方法，是否以格物为最适宜？所以后来陆九渊出，以即物穷理为支离，要教人先发其本心之明，和赞成小程的朱熹，成为双峰并峙之局。

王守仁出，而其说又有进。守仁以心之灵明为知。即人所以知善知恶，知是知非，此知非由学得；无论如何昏蔽，亦不能无存；所以谓之良知。知行即是一事。《大学》说："如恶恶臭，如好好色。"知恶臭之恶，好色之好，是知一方面事。恶恶臭，好好色，是行一方面事。人们谁非闻恶臭即恶，见好色即好的？谁是闻恶臭之后，别立一心去恶？见好色之后，别立一心去好？然则"知而不行，只是未知"。然因良知无论如何昏蔽，总不能无存，所以我们不怕不能知善知恶，知是知非，只怕明知之而不肯遵照良心去做。如此，便要在良知上用一番洗除障翳的功夫，此即所谓致知。至于处事的方法，则虽圣人亦有所不能尽知。然苟得良知精明，毫无障翳，当学时，他自会指点你去学；当用人时，他自会指点你去求助于人；正不必以此为患。心之灵明谓之知，所知的自然有一物在。不成天下之物都无了，只剩一面镜子，还说这镜子能照。所以即物穷理，功夫亦仍是用在心上。而心当静止不动时，即使之静止不动，亦即是一种功夫。所以"静处体悟，事上磨炼"，两者均无所不可。

程朱的涵养须用敬，进学在致知，固然把道德和知识，分成两截。陆九渊要先发人本心之明，亦不过是把用功的次序倒转了，并没有能把两者合而为一。王守仁之说，便大不相同了。所以理学从朱陆到王，实在是一个辩证法的进步。但人之性质，总是偏于一方面的，或喜逐事零碎用功夫，或喜先提挈一个大纲。所以王守仁之说，仍被认为近于陆九渊，并称为陆王。人的性质，有此两种，是一件事实，是一件无可变更的事实。有两种人自然该有两种方法给他用，而他们亦自然会把事情做成两种样子。所以章学诚说："朱陆为千古不可无之同异，亦为千古不能无之同异。"见《文史通义·朱陆篇》。其说最通。

以一种新文化，替代一种旧文化，此新文化，必已兼摄旧文化之长，此为辩证法的真理。宋学之于佛学，亦系如此。宋学兼摄佛学之长，最显著的有两点：（一）为其律己之严。（二）为其理论的彻底。论治必严王霸之辨，论人必严君子小人之分，都系由此而出。此等精严的理论，以之律己则可，以之论事，则不免多所窒碍。又宋学家虽反对佛教的遗弃世事，然其修养的方法，受佛教的影响太深了。如其说而行之，终不免偏于内心的修养，甚至学问亦被抛荒，事为更不必说，所以在宋代，宋学中的永嘉、永康两派，就对此而起反动。永嘉派以叶适、陈傅良为魁首。反对宋学的疏于事功，疏于实学的考究。永康派以陈亮为魁首，对于朱熹王霸之辨，持异议颇坚，亦是偏于事功的。到清代，颜元、李塨一派，亦是对此力加攻击的。然永嘉、永康两派和朱陆，根本观念上，实无甚异同，所争的只是程度问题，无关宏旨。颜李一派，则专讲实务，而反对在心上用功夫，几乎把宋学根本取消了。近来的人，因反对中国的学者多尚空言而不能实行，颇多称道颜李的。然颜、李的理论，实极浅薄，不足以自成一军。因为世界进步了，分工不得不精。一件事，合许多人而分工，或从事于研究，或从事于实行，和一个人幼学壮行，并无二致。研究便是实行的一部。颜、李之说，主张过甚，势必率天下人而闭目妄行。即使主张不甚，亦必变精深为浅薄。所以其说实不能成立。

从理论上反对宋儒的，还有戴震。谓宋儒主张天理人欲之辨太过，以致（一）不顾人情。视斯民饮食男女之欲，为人生所不能无的，都以为毫无价值而不足恤。（二）而在上者皆得据理以责其下，下情却不能上达，遂致有名分而无是非，人与人相处之道，日流于残酷。此两端：其前一说，乃宋学末流之弊，并非宋学的本意。后一说则由宋学家承认封建时代的秩序为社会合理的组织之故。戴氏攻之，似得其当。然戴氏亦不知其病根之所在，而说只要舍理而论情，人与人的相处，就可以无问题，其说更粗浅牵强了。在现在的文化下所表现出来的人情，只要率之而行，天下就可以太平无事么？戴氏不是盲目的，何以毫无所见？

清代学术

宋学衰敝以后，在主义上，能卓然自立，与宋学代兴的，实无其人。梁启超说：清代的学术，只是方法运动，不是主义运动，见所著《清代学术概论》。可谓知言了。质实言之，清代考证之学，不过是宋学的一支派。宋学中陆王一派，是不讲究读书的，程朱一派本不然。朱子就是一个读书极博的人。其后学如王应麟等，考据尤极精审。清学的先驱，是明末诸大儒。其中顾炎武与清代考证之学，关系尤密，也是程朱一派。其喜言经世，则颇近永嘉。

清代所谓纯汉学，实至乾、嘉之世而后形成，前此还是兼采汉、宋，择善而从的。其门径，和宋学并无区别。清学的功绩，在其研究之功渐深，而日益趋于客观。因务求古事的真相，觉得我们所根据的材料，很不完全，很不正确；材料的解释，又极困难。乃致力于校勘；致力于辑佚；对于解释古书的工具，即训诂。尤为尽心。其结果，古书已佚而复见的，古义已晦而复明的不少，而其解决问题的方法，亦因经验多了，知道凭臆判断，自以为得事理之平，远不如调查其来路，而凭以判断者之确。于是折衷汉、宋，变为分别汉、宋，其主意，亦从求是变而为求真了。非不求是，乃以求真为求是。清学至此，其听至，已非复宋儒所能限，然仍是一种方法的转变，不足以自成一军。

清学在宗旨上，渐能脱离宋学而自立，要到道、咸时今文之学兴起以后。西汉经师之说，传自先秦，其时社会的组织，还和秦、汉以后不同。有许多议论，都不是东汉以后人所能了解的。自今文传授绝后，久被搁置不提了。清儒因分别学派，发现汉儒亦自有派别，精心从事于搜剔，而其材料始渐发现，其意义亦渐明白。今学中有一派，专务材料的搜剔，不甚注意于义理。又一派则不然，常州的庄存与、刘逢禄，号称此学的开山，已渐注意于汉儒的非常异义。龚自珍魏源两氏继之，其立说弥以恢廓。到廖平、康有为出，就渐渐的引上经世一路，非复经生之业了。

廖平晚岁的学说，颇涉荒怪。然其援据纬说，要把孔道的规模，扩充到无限大，也仍是受世变的影响的。但廖氏毕竟是个经生。其思想，虽亦受世变的影响，而其所立之说，和现代的情形，隔膜太甚。所以对于学术界，并不能发生多大的影响。康氏就不然了。康氏的经学远不如廖氏的精深。然其思想，较之廖氏，远觉阔大而有条理。他怀抱着一种见解，借古人之说为材料而说明之。以《春秋》三世之义，说明进化的原理，而表明中国现在的当改革。而以孔子托古改制之说辅之。其终极的目的，则为世界大同。恰和中国人向来怀抱的远大的思想相合，又和其目前急须改革的情形相应，所以其说能风靡一时。但康有为的学说，仍只成为现代学术思想转变的一个前驱。这是为什么呢？因为学术是利于通的，物穷则变，宋明以来的文化，现在也几乎走到尽头了。即使没有西学输入，我们的学术思想，也未必不变。但既与西洋学术相值，自然乐得借之以自助。何况现在西洋的科学方法，其精密，确非我们之所及呢？所以近数十年来，中国学术思想的变化，虽然靠几个大思想家做前驱，而一经发动之后，其第二步，即继之以西洋学术的输入。

和中国学术思想的转变最有关系的人是梁启超。梁氏的长处：在其（一）对于新科学，多所了解。（二）最能适应社会的程度，从事于介绍。（三）且能引学说以批评事实，使多数人感觉兴味。即此趋势的说明。

近代西学的输入

西洋学术输入以来，中国人对之之态度，亦经数变。（一）其初是指采用西法者为用夷变夏，而极力加以排斥的。（二）继则变为中学为体，西学为用。（三）再进一步，就要打倒孔家店，指旧礼教为吃人，欢迎德谟克拉西先生、赛因斯先生，并有主张全盘西化的了。其实都不是这么一回事。欧美近代，最初发达的是自然科学。因此引起的整个学术思想的变化，即对于一切事情的观点及其应付方法。较诸旧说，都不过是程度问题。后来推及社会科学亦然。

现在文化前途的改变，乃是整个社会组织的改变，并非一枝一节的问题。这个问题，乃中国与西洋之所同，而非中国之所独。具体言之，即是中国与西洋，以及全世界的各民族，都要携手相将，走上一条新的径路。其间固无一个民族，能够守旧而不变，也断非哪一个民族，尽弃其所固有，而仿效别一个民族的问题。因为照现状，彼此都是坏的，而且坏得极相像。然则各种学术，能指示我们以前途，且成为各学之王，而使他种学术，奔走其下，各尽其一枝一节之用的，必然是社会学。一切现象，都是整个社会的一枝一节，其变化，都是受整个社会的规定的。唯有整个社会，能说明整个社会。亦唯有整个社会，能说明一枝一节的现象的所以然。人们向来不知，只是把一枝一节的现象，互相说明，就错了。这是因为从前的人，不知道整个社会，可成为研究的对象，所以如此。现在便不同了。所以只有最近成立的社会学，为前此之所无。亦只有整个的社会学，能够说明文化之所由来，而评判其得失，而指示我们以当走的路径。即如文明愈进步，则风俗愈薄恶，这是一件众所周知的事实，而亦是向来所视为无可如何的事实。毁弃文明固不可，亦不能。任社会风俗之迁流，而日趋于薄恶，也不是一回事。提倡道德，改良政治等，则世界上无论哪一个文明国，都已经努力了几千年，而证明其无效的了。人道其将终穷乎？

从社会学发明以来，才知道风俗的薄恶，全由于社会组织的不良，和文明进步，毫无关系。我们若能把社会组织彻底改良，则文明进步，就只有增加人类的福利了。这是社会学指示给我们前途最大的光明。而社会学之所以能发明，则和现代各地方蛮人风俗的被重视，以及史前史的发现，有极大的关系。因此，我们才知道社会的组织，可以有多种。目前的组织，只是特种事实所造成，并非天经地义，必不可变。变的前途，实有无限的可能。变的方法，我们所知道的，亦与前人迥异了。

文学的演变

以上论中国学术思想转变的大概，以下再略论中国的文学和史学。

文学的发达，韵文必先于散文，中国古代，亦系如此。现存的先秦古书，都分明包含着两种文字：一种是辞句整齐而有韵的。一种则参差不齐，和我们的口语一样。前者是韵文，后者是散文。散文的发达，大约在东周之世，至西汉而达于极点。散文发达了，我们的意思，才能够尽量倾吐，因为到这时候，文字和语言，才真正一致。所以是文学的一个大进步。西汉末年，做文章的，渐渐求其美化。其所谓美是：（一）句多偶丽。（二）不用过长过短之句。（三）用字务求其足以引起美感。其结果，逐渐成汉魏体的骈文。汉魏体的骈文，只是字句修饰些，声调啴缓些，和散文相去，还不甚远。以后一直向这趋势发达，至齐梁时代，遂浮靡而不能达意了。此时供实用之文，别称为笔。然笔不过参用俗字俗语；用字眼、用典故，不及文来得多；其语调还和当时的文相近，与口语不合，还是不适于用。积重之势，已非大改革不可。改革有三条路可走：（一）径用口语。这在昔日文字为上中流社会所专有的时代，是不行的。（二）以古文为法。如苏绰的拟《大诰》是。这还是不能达意。只有第（三）条路，用古文的义法，即文字尚未浮靡时的语法。以运用今人的言语，是成功的。唐朝从韩、柳以后，才渐渐的走上这条路。散文虽兴，骈文仍自有其用，骈散自此遂分途。

宋朝为散文发达的时代。其时的骈文，亦自成一格。谓之宋四六。气韵生动，论者称为骈文中的散文。

诗歌另是一体。文是导源于语言，诗是导源于歌谣的。所以诗体，当其发生之时，即非口语之调。近人以随意写来的散文，亦称为诗。新诗。这至少要改变向来诗字的定义然后可。古代的诗，大抵可歌，传于后世的，便是《诗经》和《楚辞》。到汉朝，风尚变了。制氏雅乐虽存，不为人之所好。汉武帝立新声乐府，采赵、代、秦、楚之讴，使李延年协其律，司马相如等为之辞，是为汉代可歌的诗。古代的诗，则变为五言诗，成为只可吟诵之物。论者多以此为诗体的退化，这是为尊古之见所误。其实凡事都到愈后来愈分化。吟诵的诗和合乐的诗的判而为二，正是诗体的进化。歌唱的音调，和听者的好尚的变迁，是无可如何的事。隋唐时，汉代的乐府，又不为人之所好，而其辞亦渐不能合乐了。听者的好尚，移于外国传来的燕乐。按其调而填词，谓之词。极盛于两宋之世。至元以后，又渐成为但可吟诵，不能协律之作，而可歌的限于南北曲。到清朝，按曲谱而填词的，又多可诵而不可歌了。

中国的所谓诗，扩而充之，可以连乐府、词、曲，都包括在内。因为其起源，同是出于口中的歌的。一个民族的歌谣，不容易改变。试看现代的山歌，其音调，还与汉代的乐府一样，便可知道。所以现在，非有新音乐输入，诗体是不会变化的。现在万国交通，新音乐输入的机会正多。到我国人的口耳与之相习，而能利用之以达自己的美感时，新诗体就可产生了。

文学初兴之时，总是与语言相合的。但到后来，因（一）社会情形的复杂，受教育的程度，各有不同；（二）而时间积久了，人的语言，不能不变，写在纸上的字，却不能再变；言文就渐渐的分离了。合于口语的文字，是历代都有的。如（一）禅宗和宋儒的语录。（二）元代的诏令，（三）寒山、拾得的诗，（四）近代劝人为善的书都是。（五）而其用之，要以平话为最广。这是非此不可的。从前文言、白话，各有其分野，现在却把白话的范围推广了。这因（一）受教育的人渐多，不限于有闲阶级；而所受的教育，亦和从前不同；不能专力于文字。（二）世变既亟，语言跟着扩充、变化，文字来不及相随，乃不得不即用口语。此乃事势的自然，无人提倡，也会逐渐推广的。守旧的人，竭力排斥白话，固然是不达。好新的人，以此沾沾自喜，也是贪天之功，以为己力的。

所谓古文，大部分系古代的言语。其中亦有一部分，系后人依据古代的语法所造的，从未宣诸唇吻，只是形之楮墨。然楮墨之用，亦系一种广义的语言。既有其用，自不能废。而况纸上的言语，有时亦可为口语所采用。所以排斥文言，也是偏激之论。

文以载道，文贵有用之说，极为近人所诋毁。此说固未免于迂，然亦不能谓其全无道理。近人袭西洋文学的理论，贵纯文学而贱杂文学，这话固然不错。然以为说理论事之作，必是杂文学，必写景言情之作，而后可以谓之纯文学，则是皮相之谈。美的原质，论其根柢，实在还是社会性。社会性有从积极方面流露的，如屈原、杜甫的忠爱是。有从消极方面流露的，如王维、孟浩然的闲适是。积极的人人所解，消极的似乎适得其反，其实不然。积极的是想把社会改好，消极的则表示不合作。虽然无所作为，然（一）使人因此而悟现社会之坏，（二）至少亦使社会减少一部分恶势力，其功效也还是一样的。文字上的所谓美，表面上虽若流连风景，其暗中深处，都藏有这一个因素在内。诗词必须有寄托，才觉得有味，真正流连风景的，总觉得浅薄，就是为此。然则文字的美恶，以及其美的程度，即视此种性质之有无多寡以为衡，其借何种材料而表现，倒是没有关系的。忧国忧民，和风花雪月，正是一样。以说理论事，或写景言情，判别文学的为纯为杂，又是皮相之谈了。文以载道，文贵有用等说，固然不免于迂腐。然载道及有用之作，往往是富于社会性的，以此为第一等文字，实亦不为无见，不过抛荒其美的方面，而竟以载道和有用为目的，不免有语病罢了。

史学的演变

中国的有史籍甚早。《礼记·玉藻》说："动则左史书之，言则右史书之。"郑《注》说："其书，《春秋》《尚书》其存者。"《汉书·艺文志》说"右史记事，左史记言"是错的。《礼记·祭统》说"史由君右，执策命之"，即右史记言之证。这大约是不错的。《周官》还有小史，记国君及卿大夫的世系，是为《帝系》及《世本》。

我国最古的史籍《史记》，其本纪及世家，似系据《春秋》和《系》《世》编纂而成。列传则源出记言之史。记言之史，称为《尚书》。乃因其为上世之书而得此名，其原名似称为语。语之本体，当系记人君的言语，如现在的训辞讲演之类。后来扩充之，则及于一切嘉言。嘉言的反面是莠言，间亦存之以昭炯戒。记录言语的，本可略述其起因及结果，以备本事。扩充之则及于一切懿行，而其反面即为恶行。此体后来附庸蔚为大国，名卿大夫，及学术界巨子，大抵都有此等记录，甚至帝王亦有之。其分国编纂的，则谓之《国语》。关于一人的言行，分类编纂的，则谓之《论语》。记载一人的大事的，则如《礼记·乐记》，述武王之事，谓之《牧野之语》都是。《史记》的列传，在他篇中提及多称为语，如《秦本纪》述商鞅说孝公变法事曰："其事在《商君语》中。"可见其源出于语，推而广之，则不名为语的，其实亦系语体。如《晏子春秋》及《管子》中的《大中小匡》等是。八书是记典章经制的，其源当亦出于史官，不过不能知其为何官之史罢了。

史官以外，还有民间的传述。有出于学士大夫之口的，如魏绛、伍员述少康、羿、浞之事是。见《左氏》襄公四年，哀公元年，及《史记·吴太伯世家》。亦有出于农夫野老之口的，如孟子斥咸丘蒙所述为齐东野人之语是。

古史的来源，大略如此。秦始皇烧书，《史记·六国表》说"诸侯史记尤甚"，大约史官所记载，损失极多。流行民间之书，受其影响当较少。口耳相传，未著竹帛的，自然更不必说了。

有历史的材料是一事，有史学上的见地又系一事。古代史官，虽各有专职，然大体不过奉行故事。民间传述，或出惊奇之念，或出仰慕之忱，所谓多识前言往行，以蓄其德。亦说不上什么史学上的见地。到司马谈、迁父子出，才网罗当时所有的史料，编纂成一部大书。这时的中国，在当时人的眼光中，实已可谓之天下。因为所知者限于此。在所知的范围中，并没有屏斥异国或异族的史料不载。所以《太史公书》，这是《史记》的本名。《汉书·艺文志》著录即如此。《史记》乃史籍通名，犹今言历史。《太史公书》，为史部中最早的著述，遂冒其一类的总名。实自国别史进于世界史，为史体一大进步。

从此以后，国家亦渐知史籍的重要了。后汉以后，乃有诏兰台、东观中人述作之事。魏晋以后，国家遂特设专官。此时作史的，在物力上，已非倚赖国家不行。一因材料的保存及搜辑，一因编纂时之费用。至于撰述，则因材料不多，还为私人之力所能及。所以自南北朝以前，大率由国家供给材料及助力，而司编撰之事的，则仍系一二人，为私家著述性质。唐以后史料更多，不徒保存、搜集，即整理、排比，亦非私人之力所及，于是独力的著述，不得不变为集众纂修之局了。私家著述及集众纂修，昔人的议论，多偏袒前者，这亦是一偏之见。姑无论材料既多，运用为私人之力所不及。即舍此勿论，而昔时的正史，包括的门类很多，亦非一人所能兼通。所以即就学术方面论，两者亦各有长短。唐修《新晋书》，即今正史中的《晋书》。其志非前人所能及，即其一证。关于正史的历史，可参看《史通》的《六家》《二体》《古今正史》《史官建置》各篇，及拙撰《史通评》中这几篇的评。商务印书馆本。

从前的历史，系偏重于政治方面的。而在政治方面，则所注重的，为理乱兴衰、典章经制两类。正史中的纪传，是所以详前者的志则所以详后者。已见《绪论》中。编年史偏详前者。《通典》《通考》一类的书，则偏详后者，都不如纪传表志体的完全。所以后来功令，独取纪传表志体为正史。然编年体和政书，《通典》《通考》等。在观览上亦各有其便，所以其书仍并为学者所重。这是中国旧日所认为史部的重心的。纪传体以人为单位，编年史以时为系统，欲句稽一事的始末，均觉不易。自袁枢因《通鉴》作《纪事本末》后，其体亦渐广行。

中国的史学，在宋时，可谓有一大进步。（一）独力著成一史的，自唐已后，已无其事。宋则《新五代史》出欧阳修一人；《新唐书》虽出修及宋祁两人，亦有私家著述性质；事非易得。（二）编年之史，自三国以后，久已废阙。至宋则有司马光的《资治通鉴》，贯串古今。朱熹的《通鉴纲目》，叙事虽不如《通鉴》的精，体例却较《通鉴》为善。《通鉴》有目无纲，检阅殊为不便。司马光因此，乃有《目录》之作，又有《举要》之作。《目录》既不与本书相附丽。《举要》则朱子《答潘正叔书》，讥其"详不能备首尾，略不可供检阅"，亦系实情。所以《纲目》之作，确足以改良《通鉴》的体例。（三）讲典章经制的书，虽起于唐杜佑的《通典》，然宋马端临的《文献通考》，搜集尤备，分类亦愈精。又有会要一体，以存当代的掌故，并推其体例，以整理前代的史实。（四）郑樵《通志》之作，网罗古今。其书虽欠精审，亦见其魄力之大。（五）当代史料，搜辑綦详。如李焘《续资治通鉴长编》、李心传《建炎以来系年要录》、徐梦莘《三朝北盟会编》、王偁《东都纪略》等都是。（六）自周以前的古史，实系别一性质。至宋而研究加详。如刘恕《通鉴外纪》、金履祥《通鉴纲目前编》、苏辙《古史考》、胡宏《皇王大纪》、罗泌《路史》等都是。（七）研究外国史的，宋朝亦加多。如叶隆礼《契丹国志》、孟珙《蒙鞑备录》等是。（八）考古之学，亦起于宋时。如欧阳修的《集古录》、赵明诚的《金石录》等，始渐求材料于书籍之外。（九）倪思的《班马异同评》、吴缜的《新唐书纠缪》等，皆出于宋时。史事的考证，渐见精核。综此九端，可见宋代史学的突飞猛进。

元明时代复渐衰。此因其时之学风，渐趋于空疏之故。但关于当代史料，明人尚能留心收拾。到清朝，文字之狱大兴，士不敢言当代的史事；又其时的学风，偏于考古，而略于致用；当代史料，就除官书、碑传之外，几乎一无所有了。但清代考据之学颇精。推其法以治史，能补正前人之处亦颇多。

研究史法之作，专著颇少。其言之成理，而又有条理系统的，当推刘知几的《史通》。《史通》是在大体上承认前人的史法为不误，而为之弥缝匡救的。其回到事实上，批评历代的史法，是否得当；以及研究今后作史之法当如何的，则当推章学诚。其识力实远出刘知几之上。此亦时代为之。因为刘知几之时，史料尚不甚多，不虑其不可遍览，即用前人的方法撰述已足。章学诚的时代，则情形大不同，所以迫得他不得不另觅新途径了。然章氏的识力，亦殊不易及。他知道史与史材非一物，保存史材，当务求其备，而作史则当加以去取；以及作史当重客观等，见《文史通义·史德篇》。实与现在的新史学，息息相通。不过其时无他种科学，以为辅助，所以其论不如现在新史学的精审罢了。然亦不过未达一间而已，其识力亦很可钦佩了。

第十八章　宗　教

宗教的原理和基础

宗教的信仰，是不论哪一个民族都有的。在浅演之时固然，即演进较深之后，亦复如此。这是因为：学问之所研究，只是一部分的问题，而宗教之所欲解决，则为整个的人生问题。宗教的解决人生问题，亦不是全不顾知识方面的。他在感情方面，固然要与人以满足。在知识方面，对于当时的人所提出的疑问，亦要与以一个满意的解答。所以一种宗教，当其兴起之时，总是足以解决整个人生问题的。但既兴起之后，因其植基于信仰，其说往往不易改变；而其态度亦特别不宽容；经过一定时期之后，遂成为进化的障碍，而被人斥为迷信。

宗教所给与人的，既是当下感情上和知识上的满足，其教义，自然要随时随地而异。一种宗教，名目未变，其教义，亦会因环境而变迁。原始的人，不知道自然界的法则。以为凡事都有一个像人一般的东西，有知识，有感情，有意志，在暗中发动主持着。既不知道自然界的法则，则视外界一切变化，皆属可能。所以其视环境，非常之可畏怖。而其视其所祈求的对象，能力之大，尤属不可思议。有形之物，虽亦为其所崇拜，然其所畏怖而祈求的，大概非其形而为寓于其中的精灵。

无形可见之物，怎会令人深信不疑呢？原来古人不知道生物与无生物之别，更不知道动物与植物、人与动物之别，一切都看作和自己一样，而人所最易经验到而难于解释的，为梦与死。明明睡在这里没有动，却有所见，有所闻，有所作为；明明还是这个人，而顷刻之间，有知已变为无知了；安得不相信人身之中，别有一物以为之主？既以为人是如此，就推之一切物，以为都是如此了。这是我们现在，相信人有灵魂；相信天地、日月、山川等，都有神为之主；相信老树、怪石、狐狸、蛇等等，都可以成为精怪的由来。虽然我们现在，已知道自然界的法则了；知道生物与无生物、动物与植物、人与其他动物之别了；然此等见解，根株仍未拔尽。

· 216 ·

古代信仰的演变

人类所崇拜的灵界，其实是虚无缥缈的，都是人所想象造作出来的。所以所谓灵界，其实还是人间世界的反映。人类社会的组织变化了，灵界的组织，也是要跟着变化的。我们现在所看得到的，其第一步，便是从部族时代进于封建时代的变化。

部族的神，大抵是保护一个部族的，和别一个部族，则处于敌对的地位。所以《左氏》僖公十年说："神不歆非类，民不祀非族。"孔子也说："非其鬼而祭之，谄也。"《论语·为政》。到封建时代，各个神灵之间，就要有一个联系。既要互相联系，其间自然要生出一个尊卑等级来。在此时代，宗教家所要做的工作就是：（一）把神灵分类。（二）确定每一类之中及各类之间尊卑等级的关系。我们在古书上看得见的，便是《周官》大宗伯所分的（一）天神，（二）地祇，（三）人鬼，（四）物魅四类。四类相互之间，自然天神最尊，地祇次之，人鬼次之，物魅最下。天神包括日月、星辰、风雨等。地祇包括山岳、河海等。但又有一个总天神和总地祇。人鬼：最重要的，是自己的祖宗。其余一切有功劳、有德行的人，也都包括在内。物魅是列举不尽的。天神、地祇、人鬼等，都是善性居多。物魅则善恶无定。这是中国人最普通的思想，沿袭自几千年以前的。

宗教发达到这一步，离一般人就渐渐的远了。"天子祭天地，诸侯祭其境内名山大川"，《礼记·王制》。和一般人是没有关系的。季氏旅于泰山，孔子就要讥其非礼了，《论语·八佾》。何况平民？

昊天上帝之外，还有主四时化育的五帝：东方青帝灵威仰，主春生。南方赤帝赤熛怒，主夏长。西方白帝白招拒，主秋成。北方黑帝汁光纪，主冬藏。中央黄帝含枢纽，则兼主四时化育。

每一朝天子的始祖，据说实在是上帝的儿子。譬如周朝的始祖后稷，他的母亲姜嫄，虽说是帝喾之妃，后稷却不是帝喾的儿子。有一次，姜嫄出去，见一个大的足印。姜嫄一只脚，还不如他一个拇指大。姜嫄见了，觉得奇怪。把自己的脚，在这足印里踏踏看呢。一踏上去，身体就觉得感动。从此有孕了。生了一个儿子，就是后稷。又如商朝的始祖契。他的母亲简狄，也是帝喾之妃，然而契也不是帝喾的儿子。简狄有一次，到河里去洗澡，有一只玄鸟，掉下一个卵来。简狄取来吞下去，因此有孕了。后来就生了契。这个谓之"感生"。见《诗·生民》及《玄鸟》。《史记·殷周本纪》述契、后稷之生，即系《诗说》。《周官》大宗伯，以禋祀祀昊天上帝。小宗伯，兆五帝于四郊。郑玄谓天有六，即五帝和昊天上帝耀魄宝。可看《礼记·祭法疏》，最简单明了。五帝之名，虽出纬候，然其说自系古说。所以《礼记·礼运》

"因名山以升中于天，因吉土以飨帝于郊"，已经把天和帝分说了。契、稷等因系上帝之子，所以其子孙得受命而为天子。按诸"神不歆非类，民不祀非族"之义，自然和平民无涉的，用不着平民去祭。其余如"山林、川谷、丘陵，能出云，为风雨，见怪物"。而且是"民所取材用"的，《礼记·祭法》。虽和人民有关系，然因尊卑等级，不可紊乱之故，也就轮不着人民去祭了。

宗教发达到此，神的等级愈多，上级的神威权愈大，其去一般人却愈远，正和由部族之长，发展到诸侯，由列国并立的诸侯，进步到一统全国的君主，其地位愈尊，而其和人民相去却愈远一样。

人，总是讲究实际的。所敬畏的，只会是和自己切近而有关系的神。日本田崎仁义所著《中国古代经济思想及制度》说：古代宗教思想，多以生物之功，归之女性；又多视日为女神。中国古代，最隆重的是社祭。《礼记·郊特牲》说："惟为社事，单出里。惟为社田，国人毕作。惟社，丘乘共粢盛。"单同墠。而这所谓社，则只是一地方的土神，据《礼记·祭法》，王、诸侯、大夫等，均各自立社。并不是与天神相对的后土。《易经·说卦传》：离为日，为中女。《山海经》和《淮南子》，以生日驭日的羲和为女神。《山海经·大荒南经》："东南海之外，甘水之间，有羲和之国。有女子，名羲和，方浴日于甘渊。羲和者，帝俊之妻，生十日。"《淮南子·天文训》："至于悲泉，爰止其女，爰息其马，是谓县车。"而《礼记·郊特牲》说，郊之祭，乃所以迎"长日之至"。可见以郊祭为祭天，乃后起之事，其初只是祭日；而祭日与祭社，则同是所以报其生物之功。后来虽因哲学观念的发达，而有所谓苍苍者天，抟抟者地，然这整个的天神和整个的地神，就和人民关系不切了，虽没有政治上"天子祭天地"的禁令，怕也不会有什么人去祭他的。日月星辰风雨等，太多了，祭不胜祭；亦知道其所关涉者广，用不着一地方去祭他。只有一地方的土神，向来视为于己最亲的，其祭祀还相沿不废。所以历代以来，民间最隆重的典礼是社祭，最热闹的节场是作社。还有所谓八蜡之祭，是农功既毕之后，举凡与农事有关之神，一概祭飨他一次。见《郊特牲》。

又古代视万物皆有神，则有所谓中霤，有所谓门，有所谓行，有所谓户，有所谓灶。均见《祭法》。此等崇拜，倒也有残留到后世的。又如古代的司命，是主人的生死的。司命亦见《祭法》。《庄子·至乐》云："庄子之楚，见髑髅而问之。夜半，髑髅见梦。庄子曰：吾使司命复生子形，为子骨肉肌肤。"知古谓人生死，皆司命主之。后世则说南斗主生，北斗主死，所以南北斗去人虽远，倒也有人崇拜他。诸如此类，悉数难终。总之于人有切近的关系的，则有人崇拜，于人无切近的关系的，则位置虽高，人视之，常在若有若无之间。

现在人的议论，都说一神教比多神教进化，中国人所崇拜的对象太杂，所以其宗教，还是未甚进化的。其实不然。从前俄国在专制时代，人民捐一个钱到教堂里去，名义上也要以俄皇的命令允许的。这和佛教中的阿弥陀佛有一个人皈依他，到临死时，佛都自己来接引他到净土去一样。中国的皇帝，向来是不管小事的，所以反映着人间社会而成的灵界组织，最高的神，亦不亲细务。假使中国宗教上的灵界组织，是以一个大神，躬亲万事的，中国人也何尝不会专崇拜这一个神？然而崇拜北斗，希冀长生，和专念阿弥陀佛，希冀往生净土的，根本上有什么区别呢？若说一神教的所谓一神，只是一种自然力的象征，所以崇拜一神教的，其哲学上的见地，业已达于泛神论了，要比多神教高些。则崇拜一神教的，都是当他自然力的象征崇拜的吗？老实说：泛神论与无神论，是一而二，二而一的。真懂得泛神论的，也就懂得无神的意义，不会再有现在某些宗教家的顽固见解了。

较神的迷信进一步的，则为术。术数两字，古每连称，其实两者是不同的，已见上章。术之起源，由于因果的误认。如说做一个木人，或者束一个草人，把他当作某人，用箭去射他，就会使这个人受伤。又如把某人贴身之物，加以破坏，就能使这个人受影响之类。苌弘在周朝，把狸首象征不来的诸侯去射他，以致为晋人所杀。见《史记·封禅书》。豫让为赵襄子所擒，请襄子之衣，拔剑三跃而击之，衣尽出血，襄子回车，车轮未周而亡。就是此等见解。凡厌胜咒诅之术，均自此而出。又有一种，以为此地的某种现象，与彼地的某种现象；现在的某种现象，和将来的某种现象，有连带关系的。因欲依据此时此地的现象，以测知彼时彼地的现象。是为占卜之术所自始。此等都是所谓术。

更进一步则为数。《汉书·艺文志》说形法家之学道："形人及六畜骨法之度数，器物之形容，以求其声气贵贱吉凶，犹律有长短，而各征其声，非有鬼神，数自然也。"全然根据于目可见、身可触的物质，以说明现象的原因，而否认目不可见的神秘之说，卓然是科学家的路径。惜乎这种学派中人，亦渐渐的枉其所信，而和术家混合为一了。《汉志·术数略》，共分六家：曰天文、曰历谱、曰五行、曰蓍龟、曰杂占、曰形法。蓍龟和杂占，纯粹是术家言。天文、历谱、五行、形法都饶有数的意味，和术家混合了，为后世星相之学所自出。

宗教在我国的地位与影响

社会变乱之际，豪杰之士，想结合徒党，有所作为的，亦往往藉宗教为工具。如前代的张角、孙恩，近代的太平天国等都是。此特其荦荦大者，其较小的，则不胜枚举。此等宗教，大率即系其人所创造，多藉当时流行之说为资料。如张角讹言"苍天已死，黄天当立"，苍，疑当作赤，为汉人所讳改。系利用当时五行生胜之说；白莲教依托佛教；上帝教依托基督教是。然此实不过借为资料，利用其业已流行于社会。其教理，实与其所依附之说，大不相同。其支离灭裂，往往使稍有智识之人，闻之失笑。上帝教和义和团之说，因时代近，传者较多，稍一披览，便可见得。然非此不足以煽动下流社会中人。我们现在的社会，实截然分为两橛。一为上中流知识阶级，一为下流无知识阶级。我们所见、所闻、所想，实全与广大的为社会基础的下层阶级相隔绝。我们的工作，所以全是浮面的，没有真正的功效，不能改良社会，即由于此。不可不猛省。

中国社会，迷信宗教，是不甚深的。此由孔教盛行，我人之所祈求，都在人间而不在别一世界之故。因此，教会之在中国，不能有很大的威权。因此，我们不以宗教问题和异族异国，起无谓的争执。此实中国文化的一个优点。

现今世界文化进步，一日千里。宗教因其性质固定之故，往往成为进化的障碍。若与之争斗，则又招致无谓的牺牲，欧洲的已事，即其殷鉴。这似乎是文化前途一个很大的难题。然实际生活，总是顽强的观念论的强敌。世界上任何宗教，其教义总有几分禁欲性的，事实上，却从没看见多数的教徒，真能脱离俗生活。文化愈进步，人的生活情形，变更得愈快。宗教阻碍进步之处，怕更不待以干戈口舌争之了。这也是史事无复演，不容以旧眼光推测新变局的一端。

中国政治思想史

序

  《中国政治思想史》民国二十四年在上海光华大学所讲，予女翼仁笔记之，而予为之订补。以阅时甚暂，故所讲甚略，特粗引其端而已。虽然，古之所贵乎朋友讲习者，曰讲明；学者于义有所不彻，教者罕譬而喻焉，曰讲贯；既习其数矣，而未能观其会通，故教者为引而信之，触类而长之也；故曰：予非多学而识之，予一以贯之者也。专门之士，穷幽凿险，或非圣人所能为。然覆杯水于堂坳，则芥为之舟，置杯焉则胶，致远恐泥，是以君子弗为也。况于翻检抄录，又不足以语于致曲者邪。抑闻之，古之为政者，必立谏鼓，置谤木，岂不知忠言之逆耳，馋谄面谀之快于心，虽睿智，思虑有所弗能用；虽聪明，耳目有所弗能及。是以用众以自辅，求贤以自鉴，而不蔽于其所亲昵也。若乃将直言极谏，与诽谤同科。举国计民生，惟党徒之殉，弗思耳矣，亦已焉哉。

云南起义前夕自记

第一讲　中国政治思想史的分期

中国的政治思想史，是颇为难讲的，因为：

（一）政治思想和政治制度不同。政治制度，是有事实可考的，历代都有记载。记载自然有缺漏，但是一件事实，缺落其一部分，或者中间脱去一节，是很容易看得出来的，自然有人去研究，用考据手段去补足他。政治思想则不然，他是存于人的心里的。有许多政治思想，怕始终没有发表过；即或发表过的，亦不免于佚亡；凡是高深的学说，往往与其时的社会不相宜，此等学说不容易发表，即使发表了，亦因其不受大众的注意，或且为其所摧残而易至于灭亡。此等便都无可稽考。

（二）中国是一个政治发达的国家；而且几千年来，研究学术的人，特别重视政治；关于政治的议论，自然有许多，但都不是什么根本上的问题。为什么呢？因为一件事情，我们倘然看作问题而加以研究，必先对于这件事情发生了疑问；而疑问是生于比较的。我们都知道：希腊的政治思想，发达得很早。在亚里斯多德时，已经有很明晰的学说了。这就是由于希腊的地小而分裂，以区区之地，分成许多国，各国所行的政体，既然不同，而又时有变迁。留心政治问题的人，自然觉得政治制度的良否，和政治的良否大有关系，而要加以研究了。中国则不然。中国是个大陆之国，地势是平坦而利于统一的。所以其支离破碎，不如希腊之甚。古代的原民族——即今日所谓汉族——分封之国虽多，所行的政体，大概是一样。其余诸民族自然有两样的，但因其文明程度的低下，中原人不大看得起他，因而不屑加以比较研究。孔子说夷狄之有君，不如诸夏之无也，见《论语·八佾》。最可以代表这种思想、这种趋势。直到后世，还是如此。没有比较，哪里会产生疑问？对于政治，如何会有根本上的研究呢？因此，中国关于政治的史料虽多，大都系于实际政务的意见——如法律当如何改订、货币当如何厘定之类——此等学说，若一一列举，则将不胜其烦，而其人对于政治思想依旧没有明了。研究中国的政治思想，非将一个思想家的学说，加以综合，因其实际的议论而看出其政治上的根本主张来不可。这是谈何容易的事情？

凡思想总是离不开环境的，所以要讲政治思想，必先明白其时的政治制度和政治事实，而政治制度和事实的变迁，就自然可以影响到政治思想而划分其时期。我们根据于这种眼光，把中国的政治思想分为四个时期：

第一期　自上古至战国　这是中国的社会组织发生一个很大的变迁的时期，自政治上言之，则为由部落至封建，由封建至统一。

第二期　自秦至唐　秦汉是中国初由封建而入于统一的时期。封建之世不适宜的制度，在此时期中，逐渐凋谢；统一之世所需要的制度，在此时期中，逐渐发生；逐渐发生的制度，自然又有不适宜的，不免酿成病态，政治家所研究的，就集中于此等问题。

第三期　自宋至清中叶　第二期中所发生的病象，到此渐觉深刻了，大家的注意，自然更切，而其研究也渐深，往往能触及根本问题。而这时期之中，民族问题也特别严重。实际上，民族问题在秦汉时代已经发生，当"五胡乱华"之时，已经很严重了。但是人们的思想，往往较事实要落后些，当彼其时还不曾感觉他十分严重，到宋朝以后，却不容我们不感觉了。要御侮先要自己整饬，因此，因为对外问题的严重，也引起了内部改革的问题。

第四期　自清中叶至现代　这是中国和欧洲人接触而一切思想都大起变化的时期。政治思想当然不是例外。

第二讲　中国政治思想史上的两派

要讲很复杂的政治思想，我们必须先有一个把握。这个把握是什么？就是把几千年来的政治思想先综括之而作一鸟瞰，得一个大概的观念。然后，持之以研究繁杂的材料——这是为入手之初方便起见，自然不是研究之后不许修正的。本此眼光而立论，我敢说中国的政治思想可以

（1）进取

（2）保守

两派概括之。为什么会有这两派呢？为什么不会有第三派？又为什么不会只剩了一派？

这是因为社会的本身同时有两种需要，而这两派各代表其一种。所以，这两派是都有其确实的根据，都有其正当而充足的理由的。

这话怎样说呢？说到这句话，我们先要问一问：国家和社会到底是合一的还是分离的，就是国家和社会到底是一件东西，还是两件东西？

这个问题是很容易回答的：

（1）有许多人民还没有能够组织国家，然而我们不能说他没有社会。

（2）有许多国家已经灭亡了，然而其社会依然存在。

（3）所谓社会，其界限是和国家不合的，一个国家之中可以包含许多社会，而一个社会也可以跨据许多国家。

据此社会和国家确系两物。未有国家之前先有社会，社会是不能一天没有的。人永远离不开社会的，出乎社会之外而能生存的人，我们简直不能想象，而国家则是社会发展到某程度应于需要而生的。我们现在固然很需要国家，我们非极力保存我们的国家、扩张我们的国家不可。然而，国家并不是我们终极的目的。照我们现在的希求而逐渐向上，国家终究是要消灭的。这不是我一人的私言，古今中外的哲人怀抱此等思想的，不知凡几。不过这件事情是很艰难，其路途是很遥远，我们现在不但没有能达到目的，甚至连达到目的最好的途径都还没有发现罢了。然而，事在人为。民之所欲，天必从之，并非真有什么天神监观下民哀矜之而从其所欲，不过全人类真正的欲望，其实是相同的。虽然因环境的不良而暂时隐蔽着，及其环境一变，真正的欲望马上就要发露出来。而且环境的改

易，也并非天然的变迁，实际上就是人因其为真正欲望的障碍，而在无形中大家各不相知地把其改造之。故环境改造得一分，人的真正欲望实现的可能程度便高一分，而去其实现之境也就接近一分。如此努力向前，我敢相信路途虽然遥远，终有达到目的的一日。然则国家在现在虽然很需要，到将来终有消灭的一天的。所谓政治，就是国家所做的事情，国家既是社会发展到某程度应运而生的东西，政治自然也是社会发展到某程度应运而生的现象。

然则在社会发展的历程中，为什么要生出国家这一种东西，产生出政治这一种现象来呢？须知人类所组织的社会，有两心交战，正和我们一个人的心有善恶两念交战一样。这两条心是什么？便是

（1）公心

（2）私心

公心，是己欲立而立人，己欲达而达人。一个人好，就希望大家好，甚而至于为著人家不恤牺牲自己。因此，就发挥出许多好的制度和好的事实——代表公意的制度和事实来。私心，是只顾自己不顾别人的，不但不肯损己以利人，还要损人以利己。因此，便生出许多坏的制度和坏的事实来。社会进化到某程度，私心发生了，就有抱着公心的人出来和他抵抗。这所谓抱着私心和抱着公心，并不是指具体的人。同是一个人，对于这件事怀抱着公心，对于那件事可以怀抱着私心。在这时期这地方怀抱着私心，换一个时期一个地方又可以怀抱着公心。所以，与其说是两个人，不如说是两个阶级。坏的阶级把好的阶级完全消灭，这件事是不能想象的，因为如此人类就要灭绝了，而且这不是人类的本性，当然也不会有这一回事。好的阶级完全把坏的阶级消灭，还非现在所能。在现在，事实上是如此的一个政府，一方面代表全社会的公意，一方面也代表其阶级的私意，这是古今中外凡有政府都是如此的，不过两者的成分或多或少罢了。

因为社会上先有了所谓恶意，然后有政治出来矫正他。所以矛盾不消灭，政治也不消灭。而政治实际上没有单代表公心的，总兼代表着私心，他所以跃居治者之地位，就有一部分为是要达其私意之故。既已居于治者的地位，自然更可将这种私心实现。所以政治的本身也是能造成矛盾的，政治不消灭，矛盾也不消灭。

人类的公心是无时而或绝的，总想把这社会弄得很好。因此，在任何时代任何地方，总要想上进。但是，因为私心未能绝灭之故，任何事情都不容易办好，而且不办事则已，一办事往往因此而又造出一种坏来。人的性质是各有所偏的，有人富于热烈的感情，对于现状深恶痛绝，这种人自然容易发见现状之坏。研究改革之方，而于改革之难达目的，及其因此而反生弊端，却较少顾虑。如此便成

为进取派，而其性质和他相反的，就自然成为保守派。人的性质是有此两种。所以古往今来的政治思想都可以这两派括之，至于哪一派的势力较强，自然和其时代也有关系。在这一种观念之下，去了解中国的政治思想，我以为是较容易的。

　　以上所说的话是很抽象的，以下用具体的话来证明他。

第三讲　上古到战国的社会变迁

上古到战国，划分为政治思想史上的一个时期，前文已经说过了。这一个时期之内，政治思想的背景，是怎样呢？

这一个时代，在政治上，可以说是从部落进于封建，从封建进于统一的时代。

人类最初的组织，大概是依据血统的。但是到后来，就渐渐地从血统的联结而进于地域的联结了，这就成为部落。

部落的生活，大概是渔猎、游牧、农耕三种。从前的人，都说人类进化的程序，是从渔猎到游牧，游牧到农耕的，其实也不尽然。依现在社会学家所考究：大抵山林川泽之地，多从渔猎径进于农耕；平原旷莽之区，则从渔猎进化到畜牧。至于进化而成为国家，则游牧、农耕两种人民，关系最大。古代各部落间，彼此无甚关系，因之不能互相了解，相遇之时，就不免于争斗。渔猎民族，需要广大的土地，才能养活少数的人口，所以其人数不能甚多；而文明程度也较低；与游牧民族战争时，多不免于败北。

农耕民族，文明程度是最高的；其人口也较多。和游牧民族战争，本来可得胜利。但因其性质爱好和平，而又安土重迁，不能兴师远征；所以游牧民族来侵犯时，虽可把他击退，总不能扫穴犁庭。而游牧民族，败则易于遁逃；及其强盛之时，又可以集合起来去侵略他人，农耕民族，总不免有时为其所乘。所以以斗争论，游牧民族，对于渔猎民族和农耕民族，都是很有利的。但是渔猎民族，文明程度本低，加以败北之后，可以遁迹山林，游牧民族，倒也无如之何。农耕民族，却和土地的关系密切了，宁受压迫而不愿遁逃。游牧民族战胜时，便可以强制他服从，勒令他纳贡。进一步，还可以侵入其部落之内，而与之同居；强制其为自己服役。如此，一个部落之内，有征服者和被征服者两个阶级对立；征服者治人而食于人，被征服者治于人而食人；就成为现代国家的起源了。

以上所述，是现代社会学家的成说，从我国古史上研究，似乎也是相合的。古代相传的帝王，事迹较有可考的，是巢、燧、羲、农。有巢氏教民构木为巢，燧人氏教民取火熟食，其为渔猎时代的酋长，显而易见。伏羲氏，因为相传有"驯伏牺牲"之说，大家就都认他为游牧时代的酋长。其实这全是望文生义的。

"伏羲"二字，乃"下伏而化之"之意，见于《尚书大传》。其事迹，则《易经》的《系辞传》，称其作网罟以佃以渔。《尸子》亦说：燧人氏之世，天下多水，故教民以渔；伏羲氏之世，天下多兽，故教民以猎。其为渔猎时代的酋长，也显而易见。伏羲氏之后是神农氏，则名义上，事迹上，都昭然无疑，是农耕时代的酋长了。其根据之地：有巢氏治石楼山，在琅琊南；燧人氏出旸谷，分九河；伏羲氏都陈；神农氏都鲁；都在今河南山东黄河以南。黄帝邑于涿鹿之阿，则在今河北涿州市。大约古代山东半岛之地，有一个从渔猎进化到农耕的民族，便是巢燧羲农；而黄帝则为河北游牧之族。阪泉涿鹿之战，便是这个农耕民族为游牧民族所征服的事迹。

社会的内部，其初是荡荡平平，毫无阶级的。但是经过相当的时间，便要生出男妇和老幼的区别。前者是基于两性的分工；后者则由于知识技艺的传授，以及遇事的谋略，临事的指挥；自然经验丰富的人，总处于重要的地位。所以在浅演的社会里，虽然还行着女系，而掌握实权的，也以男子为多。至于年老的人，则其地位尤为优越。社会愈进步，分工的作用愈显著，处于特别地位的人，自然愈显重要。如此，专门指挥统率的人，权力逐渐增大，就成为君的起源。其偏于保存智识的人，则成为僧侣阶级。凡此等，都是一个团体之内，特殊阶级之所以形成。然而总不如用兵力征服的关系来得大。

这一个部落，征服那一个部落，其初是用勒令进贡的方法，去剥削他的。至于被征服部落内部的情形，则丝毫不管。中国从黄族征服了炎族以后，直到夏禹之世，对于被征服者，还有这种情形。所以夏后氏对于农民所收的租税称为贡，和这一国献给那一国的礼物，名称相同。其方法，则系按几年收获的平均额，向他征取。至于丰年可以多取而不取，以致谷物不免浪费；凶年不能足额而强要足额，以致人民受累；他是丝毫不管的。可见这时候，征服之族和被征服之族，还没有融合。到殷周时代，情形就不同了。殷代收税之法名为助，是强制人民代耕公田的。周代收税的法子名为彻，是田亩不分公私，而国家按其所入，取其十分之一。可见这时候，征服者和被征服者，已合并成一个社会了。

古代农耕的社会，其内部，本来是有很好的规则的。凡榨取，必须要保存被榨取的对象。征服之族，只要榨取就够了，何苦而去干涉被榨取的社会内部的事情？所以农耕社会，虽然被游牧民族征服，而其内部良好的规则，还得保存。进一步，征服民族对于被征服的民族，关系渐渐地深了；管理干涉，也渐渐的严密了，然而也还是本于这种规则以行事；甚至还能代他修整，助其保持。这时代的君主，就是后世所称为圣主贤君的；而这时代，就是孔子所说的小康时代。至于那已经过去的毫无阶级的时代，那自然就是所谓大同时代了。当此时代，征服者和被征服者阶级的对立是：（一）贵族，（二）自由民，（三）奴隶三者。贵族是征服阶级里握有政权的人，如契丹之有耶律萧氏。自由民是征服阶级里的平民，如契丹之有部族，被征服的民族，那就是奴隶了。

其初，征服阶级和被征服阶级的对立，是很为尖锐的。所以贵族和自由民之间，其相去近；自由民和奴隶之间，其相去远。但是到后来，压迫的关系，渐成为过去；平和的关系，日渐增长；而掌握政权的人，其权力却日渐发达。于是贵族和自由民，相去渐远；自由民和奴隶，相去转日近，驯至因彼此通婚，而混合为一。我国古书上百姓和民、民和氓，有时是有区别的，有时却又没有，就是这个关系。

以上所说，是从部落时代，进化到封建时代的大略。但是进化到封建时代，还是不得安稳的。因为此等封建之国，其上层阶级，本来是一个喜欢侵略的民族；在侵略的民族中，战争就是生利的手段。当其初征服别一个民族时，生活上自然暂时得到满足。但是经过相当的年代，寄生之族的人口，渐渐的增加了；而其生活程度，也渐渐增高；就又要感觉到不足。感觉到不足，那除向外侵略，夺他人的土地人民为已有，是没有别法的。在战国以前，列国所以要互相吞并；一国中的大夫，也要互相吞并；这就是其中很重要的原因。如此，一步的向前进行，晋国的六卿，并成三家；春秋时的百四十国，变为战国时的七国；世运就渐进于统一了。

政治一方面，情形如此；社会一方面，也有很重要的变迁。征服之族，初征服被征服之族时，是把他们的人，掳来作为奴隶使用。此时的奴隶，是以多数的人，替少数的贵族耕作广大的土地的。生命尚非己有，何况耕作之所得？在此等情形之下，奴隶的耕作未必出力；而此时耕作的方法，也还幼稚；自然可以多数的人，耕作广大的土地。到后来，耕作的方法渐渐进步了；压迫的关系，也渐渐变化；即发现用武力强迫人家劳动，不如在自利的条件下，奖励人家劳动之为得计。并发现以多数人粗耕广大的土地，不如任一家一户精耕较小的土地之为有利。于是广大的田庄，变成分立的小家户。这是说征服之族，把被征服之族掳掠得来，强制他为自己劳动的社会的变化。其从纳贡的关系，进化到代为管理，始终没有破坏被征服之族内部的规则的，自更不必说了。但是无论其为征服之族将被征服之族掳掠来而强制其为自己劳动；或者由纳贡的关系而进化到收税；伴随着生产方法的进步，广大的田庄，总有变为小农户的趋势。我国古代，土地虽非人民所有，然而必要有一个五十亩、七十亩、百亩的分配办法，而不容笼笼统统的，把若干公有的土地，责令若干人去共同耕种，即由于此。于此，已伏着一个土地私有的根源。又因人口的增加，土地分配，渐感不足；而分配又未必能平均；于是渐有无田可耕的人；又或因所耕的田太劣，而愿意换种好田；于是地代就渐渐发生。有权支配的人，就将好田与坏田收获的差额，悉数取为己有。于是土地的私有，渐渐的成立了。

又因生产方法的进步，工业渐渐的脱离农家的副业而独立。于是交换愈益频繁，而专司交换的关键的商人也出现了。商人对于农工，在交换上，是处于有利的地位的。因为要以其所有，易其所无的人，都有非易不可之势；而在交易的两方，都无从直接，交换都要通过商人之手才行。于是商人乘卖主找不到买主时，可以用很廉的价格买进；到买主找不到卖主时，又可以用很贵的价格卖出。一转手之间，生产者和消费者，都大受其剥削。所以在近代工业资本发展以前，商业资本在社会上，始终是很活跃的。这是中国几千年来一贯的趋势，更无论古代经济初进步的时候了。因商业资本发达，则农人受其操纵而愈益穷困。于是高利贷出现。在这两种剥削之下，再加之暴政的榨取，农民乃无可控诉，而至于流亡。其投靠到富豪的，或则售其田产，而变为佃农；或竟自鬻其身，而成为奴隶。除非在社会上有所需求，都可以靠暴力胁夺，如其不然，有所求于人，就非得其允许不可，或者守着社会上公认的交换规则，进行交换，则相需甚股的一方面，总是吃亏，而其势较缓的一方面，总是处于有利的地位的。所以在春秋战国时，商人的势力大盛。便国家也不能不谨守和他们订立的契约；指郑子产不肯强市商人货物之事。见《左氏》昭公十六年。甚而至于与他们分庭抗礼。子贡之事，见《史记·货殖列传》。一方面，都市的工商业家，乡下的大地主，新阶级兴起了；一方面，则因战争的剧烈，亡国败家者相随属，而封建时代的贵族，日益沦落；于是贵贱的阶级渐平，贫富的阶级以起。然而当这时代，国家的政治权力，不是缩小了，而反是扩大了。因为政治是可以调和矛盾，也可说是优胜的一个阶级用来压迫劣败的阶级的。社会的矛盾，日益加甚，自然政治的权力，日益加大。但是这时候，代表政治上的权力的，不是从来拥有采地的封建主，而是国王所信任的官僚。

官僚阶级是怎样兴起的呢？那便是：（一）新兴的工商家，和地主阶级中较有知识的分子；（二）没落的旧贵族尤多，他们的地位身份虽然丧失，其政治上的才能和知识，是不会随而丧失的。现代的县名，还有一部分沿自秦汉时代，秦汉的县名很容易看得出，有一部分就是古代的国名；可见其本为一独立国。独立国夷而为县，并不是从秦汉时代开始的；春秋战国时，早已有许多小国，变成大国中的一县了。国变而为县，便是固有君主的撤废，中央政府派遣地方官吏的成功。质而言之，就是后代的改土归流。因封建制度崩溃，而官僚阶级增多；亦因官僚阶级增多，而大国的君主，权力愈扩大，封建政体，因之愈趋于崩溃。还有加重大国的权力的，便是军队的加多与加精。在古代，大约是征服之族服兵役，被征服之族则不然的。这并不是被征服之族，都不会当兵，不过不用他做正式的军队罢了。我国古代，天子畿方千里，公侯皆方百里，幅员的大小，为百与一之比，而兵额却不过两三倍，就是为此。《礼记·文王世子》是古代的庶子官管理王族之法，而其中说战则守于公称；鄢陵之战，晋国人说"楚之良，在其中军王族而已"；可见古代的战斗，不但全用征服之族，组织军队，并且还是以王族为中心的。至于被征服之族，则不过叫他保守本地方，并不用他做正式的车队，所以说寓兵于农。寓兵于农，谓以农器为兵器，非谓以农夫为军人，见《六韬·农器》篇。到春秋时，这种情形就大变了。变迁的途径有二：一是蓄养勇士，求其战斗力之加强；一是训练民众，求其兵数之加多。前者如齐庄公是其代表；后者如管仲作内政寄军令，是其代表。到战国时代，则这两种趋势，同时并进。如魏国的兵制，挑选人民强壮的，复其身，利其田宅；见《荀子·议兵》篇。又如秦国商鞅之法，把全国的人民都训练成战士。此等多而且精的军队，自然非小国所能抵敌了。

政治上的互相争斗，可以说是使人群趋于纷争角立的，而自经济上言之，则总以互相联合为有利。亦且人类的本性，原是互相亲爱的；政治上的纷争，只可说是社会的病态。所以在封建时代，政治上的情形，虽然四分五裂，而社会的同化作用，还是不断进行的。《中庸》说："今天下，车同轨，书同文，行同伦。"可见当春秋战国时，社会的物质和精神，都已大略一致；因为只从古相传下来，凭恃武力的阶级所把持，以致统一不能实现罢了。此等政治上争斗的性质，固因有国有家者，各欲保守其固有的地位，而至于纷争；亦因其贪求无已，不夺不餍，而渐趋于统一。并兼之势日烈，则统一之力加强。政治的社会的两力并行，而统一遂终于实现。

统一，自然是有利的事。人类不论从哪一方面讲，总是以统一为有利的。但是前此的纷争，固然不好，后来虽勉强统一，而其联结的办法，还不是最好的。因而处于这一个大国家社会之中的人，不能个个都得到利益；而且有一部分是被牺牲的。而国家社会的自身，亦因此而不得进化。这种趋势，是从皇古时代，因社会内部的分化和其相互间的争斗而就开始进行的；到战国的末年，已经过很长的时间了。在这长时期中，从民族和国家的全体上看，是由分趋合，走上了进化的大路的。从社会组织上看，则因前此良好的制度逐渐废坠；人和人相互之间的善意逐渐消失；而至于酿成病态。于是有所谓政治者，起而对治之。政治是药，他是因病而起的，亦是想治好病的。人谁不想好？谁肯安于坏？于是有政治上种种的主张而形成政治思想。

第四讲　先秦的政治思想

从上古到战国，这一期中的政治背景，业经明白了，就可进而讲述其政治思想。

这一期中的政治思想，最重要的，自然就是所谓先秦诸子。这都是东周时代的思想。自此以前，自然不是没有政治思想的，然无甚重要关系，所以略而不述。实际上，先秦诸子的思想，都是很受前此思想的影响而发展起来的；研究先秦诸子，西周以前的思想，也可以见其大概了。

怎样说先秦诸子的思想，都是很受前此思想的影响呢？中国人向来是崇古的。对于古人的学说，崇拜总超过批评。这种风气，近来是逐渐改变了，然其对于古人的批评，亦未必都得其当。先秦诸子，离现在时代较远，不大容易了解，因而也不大容易批评。所以不论从前和现在的批评，都很少搔着痒处。对于先秦诸子，大家是比较的抱着好感的。不论从前和现在，对于他们的批评，都是称颂的居多；即有批评其短的，也都是隔靴搔痒，并没有能发现其短处，自然更说不到发现其致误之由。然则先秦诸子，有没有错误之处呢？自然是有的，其错误而且还颇大。假使先秦诸子而真见用于世，见用社会，而真本其所学以行事，具结果，怕会弄得很糟的。我们现在，且先说一句总批评，那便是：先秦诸子的思想，都是落伍的。

这话怎样说呢？要说明这句话，先得知道先秦诸子所代表的，是哪一个时代的思想。我以为：

农家　代表神农时代的思想。

道家　代表黄帝时代的思想。

墨家　代表夏禹时代的思想。

儒家、阴阳家（？）　代表西周时代的思想。

法家、兵家　代表东周时代的思想。

这所谓代表某一时代的思想，只是说其思想是以那一个时代为根据而有所发展，并不是说他完全是某一个时代的思想，不可误会。

人的思想，是多少总有些落伍的。今天过去了，只会有明天，今年过去了，只会有明年。明天明年的事情，是无论如何不会和今天今年相同的，何况昨天和去年？然而人是只知道昨天和去年的。对付明天明年的事情，总是本于昨天和去年以前的法子。各人所用的法子，其迟早亦许相去很远，然而总只是程度问题。所以其为落伍，亦只是程度问题。

人的思想，总是在一种文化中涵养出来的。今试找一个乡气十足的村馆先生，再找一个洋气十足的留学生，把一个问题，请他们解决；他们解决的方法，一定大相悬殊；这并不是这两个人的本性相去如此之远，乃由其所接受的文化不同；所谓性相近，习相远。知此，然后以论先秦诸子。

一、农　家

先秦诸子，所代表的，不是一时的思想，这是很容易见得的。因为最难作伪的是文学。先秦诸子中，都包容着两种时代不同的文学——未有散文前的韵文，和时代较后的散文。我们现在不讲考据，这个问题，且置诸不论。我们现在，只从思想上批判其所代表的文化时代的远近。如此，农家之学，我以为其所代表的文化的时代，是最早的。

农家之学，现在仅有许行一人尚有遗说，从《孟子》中可以窥豹一斑。许行有两种主张，是：

（一）政府毫无威权。所谓贤者与民并耕而食，饔飧而治，就是说人君也要自己种田、自己做饭，像现在乡下的村长一样。

（二）物价论量不论质。不论什么东西，只要他的量是一样，其价格就是一样。

这种思想，显然是以古代的农业共产社会做根据的。我们如诘问他：既然可以并耕而食，饔飧而治，何必还要有君？既然交换的价格，和成本全不相干，则已变为一种赠予，何必还要交换？他可以说：我所谓政府，是只有办事的性质，而没有威压的性质的。至于交换，我本来要消灭他，强迫交换的价格，论量不论质，只是一种过渡的方法。况且这也是禁奢的一种手段。所以刚才的话，是不能驳许行的。我们要问许行的，是用何种手段，达到他这一个办法？无政府主义，是没有一个人不可承认其为最高的理想的；亦没有什么人敢断定其终不能达到。不过在现在，决没有人主张，即以无政府的办法为办法。因为这是决不能行的事。从我们的现在，达到无政府的地位，不知要经过多少次平和或激烈的革命呢。许行的说法，至少得认为无政府主义的初期，许行却把那一种办法做桥梁，渡到这一个彼岸呢。假使许行是有办法的，该教滕文公从桥上走，或者造起桥来，不该教他一跳就跳到彼岸。如其以为一跳就可以跳过去的，那其思想，比之乌托邦更为乌托了。许行究竟是有办法没有办法的呢？许行如其有办法，其信徒陈相，应该以其办法反对孟子的办法，不该以其理想的境界反对孟子的办法，所以许行的学说，虽然传下来的很不完全，我们可以推定其是无办法的。然则许行的思想是一种最落伍的思想。

二、道 家

道家当以老子为代表。古人每将黄老并称。古书中引黄帝的话，也很和老子相像。《列子·天瑞》篇引《黄帝书》两条，黄帝之言一条，《力命》篇亦引《黄帝书》一条。《天瑞》篇所引，有一条与《老子》同，余亦极相类。这自然不是黄帝亲口说的话，然而总可以认为黄帝这个社会里、民族里相传的训条。

老子的思想，导源于远古的黄帝这一个社会，是可能的。因为老子的道理是：

（一）主张柔弱。柔弱是一种斗争的手段。所谓欲取姑与。浅演的社会，是只知道以争斗为争斗，不知道以退让为争斗的。所以因刚强躁进而失败的人很多。如纣，如齐顷公、庄公、晋厉公、楚灵王、吴夫差、宋王偃等都是。其实秦皇、汉武，也还是这一流人。这种人到后世就绝迹了。这可见人的性质，都是社会养成的。黄帝的社会，是一个游牧的社会，君民上下，都喜欢争斗，自然可以发生这一类守柔的学说。儒家所以要教民以礼让，礼之不足，还要以乐和其内心，也是为此。

（二）主张无为。"为"字近人都当"作为"解，这是大错了的。为，化也。无为就是无化。无为而无不为，就是无化而无不化。就是主张任人民自化，而不要想去变化他。"化而欲作，吾将镇之以无名之朴"，就是说人民要变化，我们还要制止他，使他不要变化。怎样叫变化呢？《老子》一书，给后来的人讲得太深了，怕反而失其真意。《老子》只是一部古代的书，试看：（A）其书的大部分，都是三四言韵语，确是未有散文以前的韵文；（B）其所用的名词，也很特别，如书中没有男女字，只有牝牡字——这尤可表见其为游牧民族。所以我说《老子》的大部分，该是黄帝这一个民族里相传的古训，而老子把他写出来的；并不是老子自著的书。我们若承认此说，"无为"两个字，就容易解释了。当《老子》这一部书著作的时候——不是周朝的老聃把他写出来的时候——作者所处的社会，不过和由余所居的西戎、中行说所居的匈奴差不多。这种社会里的政治家的所谓为：坏的，是自己要奢侈，而引进许多和其社会的生活程度不相称的事来；刻剥人民去侍奉他，并且引起人民的贪欲。好的，是自以其社会为野蛮，而仰慕文明社会的文明，领导着百姓去追随他。《史记·商君列传》：商君对赵良自夸说："始秦戎翟之教，父子无别，同室而居，今我更制其教，而为其男女之别，大筑冀阙，营如鲁、卫矣。"就有这种意思。文明的输入，自然是有利的。然而文明社会的文明，是伴随着社会组织的病态而进步的；我们跟着他跑，文明固然进步了，社会的病态，也随而深刻了，这也可以说是得不偿失的事。《老子》一书中所主张的"无为"，不过是由余夸张戎人，中行说劝匈奴单于勿变俗、好汉物的思想。见《史记·秦本纪》《匈奴列传》。《老子》的所以为人附会，（一）以其文义之古，难于了解，而易于曲解；（二）因其和一部分的宗教思想相杂。《老子》的宗教思想，也是游牧民族的宗教思想。因为（a）其守柔的思想，是源于自然力的循环；而自然力的循环，是从观察昼夜四时等的更迭得来的；（b）无为的思想，是本于自然现象的莫之为而为；所谓"天何言哉？四时行焉，百物生焉"。两者都是从天文上得来的；而天文知识的发达，正在游牧时代。

老子这种思想，可以说是有相当的价值的。但是守柔在不论什么时代，都可以算竞争上的一种好手段。至于无为，则社会的变化，不易遏止。即使治者阶级，尚都能实行老子之说，亦不过自己不去领导人民变化。而社会要变化，还是遏止不住的。我虽然辅万物的自然而不敢为，而万物化而欲作，恐终不是无名之朴，可以镇压得住。在后世，尽有清心寡欲的君主，然而对于社会，还是丝毫无补，就是这个理由。这一点，讲到将来，还可更形明白，现在姑止于是。只要知道就无为这一点上说，老子的思想，也是落伍的就够了。

或问在古代，民族的竞争，极为剧烈，老子如何专教人守雌？固然守雌是有利于竞争的，然而守如处女，正是为出如脱兔之计，而观老子的意思，似乎始终是反对用兵的，既终没有一试之时，蓄力又将作何用？在古代竞争剧烈的世界，如何会有这一种学说呢？我说，中国古代民族的竞争，并不十分剧烈。民族问题的严重，倒是从秦汉以后才开始的。大约古代民族的斗争，只有姬、姜二姓曾有过一次剧烈的战事——河南农耕民族，与河北游牧民族之战——其结果，黄帝之族是胜利了。经过颇短的时间，就和炎帝之族同化。其余诸民族，文化程度，大抵比炎黄二族为低，即战斗力亦非其敌。所以当时，在神州大陆上，我们这一个民族——炎黄混合的民族——是侵略者。其余民族——当时所谓夷蛮戎狄——是被侵略者。我们这时候所怕的，是贪求无厌，黩武不已，以致盛极而衰，对于异族的斗争，处于不利的地位；而同族间也要因此而引起分裂。至于怕异族侵略，在古代怕是没有这事的。如其有之，道家和儒家等，就不会一味主张慈俭德化；而法家和兵家等，也要以异族为斗争的对象，而不肯专以同族的国家为目标了。我国民族问题的严重，是周秦之际，和蒙古高原的游牧民族接触，然后发生的。在古代骑寇很少，居于山林的异族，所有的只是步兵，而我族则用车兵为主力。毁车崇卒和胡服骑射，都是我族侵略的进步，不是防御行为。中山并非射骑之国，赵武灵王是学了骑寇的长技，再借用骑寇的兵，去侵略中山。

　　道家中还有一派是庄子。庄子的思想，是和杨朱很为接近的。现在《列子》中的《杨朱》篇，固然是伪物，然而不能说他的内容全无根据。因为其思想，和《庄子》的《盗跖》篇是很接近的。《盗跖》篇不能认为伪作。这一派思想，对于个人自处的问题，可以"委心任运"四个字包括之。这全是社会病态已深，生于其间的人，觉得他没法可以控制时的表现。至其对于政治上的见解，则杨子拔一毛利天下而不为之说，足以尽之。拔一毛利天下而不为，是怎样一个说法呢？此其理颇为微妙。我们现在且不惮繁复，略述如下：

　　《吕氏春秋·不二》篇：

　　　　楚王问为国于詹子。詹子对曰：何闻为身，不闻为国。詹子岂以国可无为哉？以为为国之本，在于为身。身为而家为，家为而国为，国为而天下为，故曰：以身为家，以家为国，以国为天下。

　　身当如何为法呢？
　　《淮南子·精神训》：

　　　　知其无所用，贪者能辞之，不知其无所用，廉者不能让也。夫人主之所以残亡其国家，损弃其社稷，身死于人手，为天下笑，未尝非为非欲也。夫仇由贪大钟之赂而亡其国，虞君利垂棘之璧而禽其身，献公艳骊姬之美而乱四世，桓公甘易牙之和而不以时葬，胡王淫女乐之娱而亡土地。使此五君者，适情辞余，以己为度，不随物而动，岂有此大患哉？

　　又《诠言训》：

　　　　原天命，治心术，理好憎，适情性；则治道通矣。原天命则不惑祸福。治心术则不妄喜怒。理好憎则不贪无用。适情性则欲不过节。不惑祸福，则动静循理。不妄喜怒，则赏罚不阿。不贪无用，则不以欲用害性。欲不过节，则养性知足。凡此四者，弗求于外，弗假于人，反己而得矣。

　　野蛮时代之所虑，就是在上者的侈欲无度，动作不循理。其过于要好的，则又不免为无益的干涉。所以杨朱一派，要使人君自治其心，绝去感情，洞明事理，然后不做一件无益而有损的事。所以说："以若之治外，其法可暂行于一国，而未合于人心；以我之治内，可推之于天下。"话固然说得很精了。然而又说："善治外者，物未必治。善治内者，物未必乱。"未必乱是物自己不乱，并不是我把他治好的，设使物而要乱，我即善治内，恐亦将无如之何。固然，人人不损一毫，人人不利天下，天下治矣。然今天下纷纷，大多数都是利天下的人，因而又激起少数人，要想摩顶放踵，以利天下。譬如集会之时，秩序大乱，人人乌合抢攘，我但闭目静坐，何法使之各返其位，各安其位呢？如其提出这一个问题来，杨朱就将无以为答。然则杨朱的治天下，等于无术。他的毛病，和老子的无为主义是一样的。他们还是对于较早的时代的目光。此时的社会，人民程度很低，还没有"为"的资格。所虑的，是在上的人，领导着他去"为"。老子庄周的话，到这种社会里去说，是比较有意思的。到春秋战国时，则其社会的"为"，已经很久了；不是化而欲作，而是已化而作了；还对他说无为，何益？

三、墨 家

墨家之道原于禹，这句话是不错的。一者《墨子》书中屡次提起夏禹。二者墨子所定的法度，都是原出于夏的。详见孙星衍《墨子后序》。

儒家说夏尚忠，又说夏之政忠。忠便是以忠实之心对人；不肯损人以利己，还要损己以利人。夏朝时代较早，大约风气还很诚朴。而且其时遭遇水患，自然可以激起上下一体，不分人我的精神；和后来此疆彼界的情形，大不相同。由此道而推之，则为兼爱。兼爱是墨学的根本。至其具体的办法，对内则为贵俭，对外则为非攻。

要明白贵俭的意思，首须知道古代的社会和后世不同。后世习惯于私有财产久了，人家没有而我有，公家穷困而私人奢侈，是丝毫不以为奇的。春秋战国时代则不然。其时的社会，去公产之世未远。困穷之日，须谋节省；要节省，须合上下而通筹；这种道理，还是人人懂得的。即其制度，也还有存在的。譬如《礼记·曲礼》说："岁凶，年谷不登，君膳不祭肺，马不食谷，驰道不除，祭祀不县，大夫不食粱，士饮酒不乐。"《玉藻》说"至于八月不雨，君不举"等都是。卫为狄灭，而文公大布之衣，大帛之冠；齐顷公败于鞍，而七年不饮酒，不食肉；都是实行此等制度的。就越勾践的卧薪尝胆，怕也是实行此等制度，而后人言之过甚。然则墨子所主张的，只是古代凶荒札丧的变礼，并不是以此为常行之政，说平世亦当如此。庄子驳他说"其道大觳，反天下之心，使人不堪"，只是说的梦话。不论人家的立场，妄行攻驳，先秦诸子，往往有此病。贵俭的具体办法是节用，古人的葬事，靡费得最利害，所以又要说节葬。既然贵俭，一切图快乐求舒适的事，自然是不该做的，所以又要非乐。

隆古之世，自给自足的农业共产社会，彼此之间，是无甚冲突的，所以也没有争战之事，这便是孔子所谓讲信修睦。后来利害渐渐的冲突了，战争之事就渐起。然而其社会，去正常的状态还未远，也不会有什么残杀掳掠之事，这便是儒家所谓义兵。义兵之说，见于《吕氏春秋》的《孟秋纪》《淮南子》的《兵略训》，这绝不是古代没有的事。譬如西南的土司，互相攻伐，或者暴虐其民，王朝的中央政府，出兵征讨，或易置其酋长，或径代流官，如果止于如此而已，更无他种目的，岂非吊民伐罪？固然，此等用兵，很难保军士没有残杀掳掠的事。然而这是后世的社会，去正常的状态已久，已经有了要残杀掳掠的人；而又用他来编成军队之故。假使社会是正常的，本来没有这一回事，没有这一种人，那么，当征伐之际，如何会有残杀掳掠的行为呢？就是在后世，当兵的人，已经喜欢残杀掳掠了，然而苟得良将以御之，仍可以秋毫无犯。不正常的军队，而偶得良将，还可以秋毫无犯，何况正常的社会中产生出来的正常的军队呢？所以义兵绝不是没有的事。再降一步，就要变成侵略的兵了。此等兵，其主要的目的只是争利，大之则争城争地，小之则争金玉重器；次之则是斗气，如争做霸主或报怨之类。此等用兵，没有丝毫正当的理由。然而春秋战国时代的用兵，实以此类的动机为最多。所以墨子从大体上判定，说攻是不义的。既以攻为不义，自然要承认救守是义的了。墨子的话，不过救时之论，和我们现在反对侵略、主张弱小民族自决等一般。人类到底能不能不用兵呢？用兵到底本身是件坏事情，还是要看怎样用法的呢？这些根本问题，都不是墨子计虑所及。拿这些根本问题去驳墨子，也只算是梦话。

在春秋战国时代，有一个共同的要求，是定于一。当时所怕的，不但是君大夫对人民肆行暴虐，尤其怕的是国与国、家与家之间争斗不绝。前者如今日政治的不良，后者如今日军人的互相争斗。两者比较起来，自然后者诒祸更大了。欲除此弊，希望人民出来革命，是没有这回事的。所可希望的，只是下级的人，能服从上级，回复到封建制度完整时代的秩序。此义是儒、墨、名、法诸家共同赞成。墨家所表现出来的，便是尚同。

当东周之世，又是贵族阶级崩溃，官僚阶级开始抬头的时代。任用官僚，废除贵族，怕除贵族本身外，没有不赞成的。儒家所表现出来的是讥世卿，法家所表现的是贵法术之士，墨家所主张的则为尚贤。

墨子主张行夏道，自然要想社会的风气，回复到夏代的诚朴。其所以致此的手段，则为宗教。所以要讲天志、明鬼。天和鬼都要有意识，能赏罚的，和哲学上的定命论，恰恰相反，定命论而行，天志、明鬼之说，就被取消了。所以又要非命。

墨子的时代，《史记》说："或曰并孔子时，或曰在其后。"这话大约不错的。墨子只该是春秋末期的人。再后，他的思想，就不该如此陈旧了。农家道学的说法，固然更较墨家为陈旧，然只是称颂陈说，墨子则似乎根据夏道，自己有所创立的。然而墨子的思想，也是够陈旧了的。

以墨子之道来救时，是无可非议的，所难的，是他这道理，如何得以实行？希望治者阶级实行么？天下只有天良发现的个人，没有天良发现的阶级；只有自行觉悟的个人，没有自行觉悟的阶级；所以这种希望只是绝路，这固然是诸家的通病。然而从墨子之道，治者阶级，所要实行的条件，比行别一家的道，还要难些。所以墨子的希望，似乎也更难实现些。墨子有一端可佩服的，便是他实行的精神。孟子说他能摩顶放踵，以利天下。《淮南子》说：墨子之徒百八十人皆可使之赴汤蹈火，死不旋踵。这些话，我们是相信的。我常说：儒侠是当时固有的两个集团。他们是贵族阶级失其地位后所形成的——自然也有一部分新兴的地主，或者工商阶级中人附和进去，然而总是以堕落的贵族为中坚——他们的地位虽然丧失了，一种急公好义、抑强扶弱、和矜重人格的风气还在。因其天性或环境，而分成尚文与尚武两派。孔子和墨子，只是就这两个集团，施以教育。天下唯有团体，才能够有所作为。罗素说："中国要有热心的青年十万人，团结起来，先公益而后私利，中国就得救了。"就是这种意思，孔子和墨子，都能把一部分人团结起来了。这确是古人的热心和毅力，可以佩服之处。然而如此，就足以有为了吗？须知所谓化，是两方面都可以做主动，也都可以成被动的。这些道术之士，都想以其道移易天下。他的徒党，自然就是为其所化的人；他和他的信徒，自然总能将社会感化几分；然而其本身，也总是受社会风气感化的。佛陀不是想感化社会的吗？为什么现在的和尚，只成为吃饭的一条路？基督不是想感化社会的吗？为什么中国称信教为吃教？固然，这是中国信道不笃的人，然使教会里面而丝毫没有财产，现在热心传教之士，是否还不远千里而来呢？也是一个疑问。我们不敢轻视宗教徒。其中热心信仰传布的人，我相信他是真的；也相信他是无所为而为之的；然而总只是少数。大多数人，总是平凡的，这是我所敢断言的。所以凭你本领大、手段高，结合的人多，而且坚固，一再传后，总平凡化了；总和普通的人一致了。儒者到后来，变做贪于饮食，惰于作务之徒；墨者到后来，也不看见了，而只有汉时的所谓游侠，即由于此。当孔子周游列国之时，岂不说："如有用我者，三千弟子，同时登庸，遍布于天下，天下岂不大治？"然而人在得志后的变化，是很难料的。在宰予微时，安知其要昼寝呢？从汉武帝以后，儒者的被登庸，可说是很多了。孔子周游列国时所希望的，或亦不过如此。然而当时的儒者是怎样呢？假使墨子而得势，赴汤蹈火之士，安知不变作暴徒？就使不然，百八十人，总是不够用的；到要扩充时，就难保投机分子不混进来了。所以墨子救世的精神，是很可佩服的，其手段则不足取。

四、儒家、阴阳家

儒家的书，传于后世的多了，其政治思想，可考见的也就多，几于讲之不可胜讲。好在儒家之道，在后世最盛行。其思想，几于成为普通思想，人人可以懂得。所以也不必细讲，只要提纲挈领的讲一讲就够了。

儒家的思想，大体是怎样呢？

他有他所想望的最高的境界。这便是所谓大顺。《礼记·乐记》："夫古者，天地顺而四时当，民有德而五谷昌，疾疢不作而无妖祥，此之谓大当。"《礼运》："故事大积焉而不苑，并行而不缪，细行而不失，深而通，茂而有间，连而不相及也，动而不相害也，此顺之至也。"

简而言之，是天下的事情，无一件不妥当；两间之物，无一件不得其所，如此理想的境界，用什么法子去达到他呢？儒者主张根据最高的原理，而推之于人事，所以说：《易》本隐以之显，《春秋》推见至隐。

《易》是儒家所认为宇宙的最高原理的。推此理以达诸人事，所谓本隐以之显。《春秋》是处置人事的法子。人事不是模模糊糊，遇着了随便对付的。合理的处置方法，是要以最高原理为根据的。所以说推见至隐。

宇宙最高的原理，儒家称之为元，所以《易经·乾卦象辞》说：大哉乾元，万物资始，乃统天。

圣人所以能先天而天弗违，就因其所作为，系根据这一种最高原理。何邵公《公羊解诂》，解释元年春王正月的意义道："《春秋》以元之气，正天之端；以天之端，正王之政；以王之政，正诸侯之即位；以诸侯之即位，正竟内之治。"

王，根据着宇宙最高的原理，以行政事，而天下的人，都服从他，这便是合理之治实现的方法。

合理之治，是可以一蹴而就的呢，还是要积渐而致的呢？提起这一个问题，就要想到《春秋》三世之义，和《礼运》大同、小康之说。春秋二百四十年，分为三世：第一期为乱世，第二期为升平世，第三期为太平世，是各有其治法的。孔子的意思，是希望把乱世逐渐治好，使之进于升平，再进于太平。据《礼运》之说，孔子似乎承认邃古时代，曾经有一个黄金世界。这个世界，就是孔子所谓大同。其后渐降而入小康。小康以后，孔子虽没有说，然而所谓大同者，当与《春秋》的太平世相当，所谓小康者，当与《春秋》的升平世相当，这是无疑义的，然则小康以后，就是《春秋》所谓乱世，也无可疑的了。所以孔子是承认世界从大同降到小康，再降到乱世，而希望把他从乱世逆挽到升平，再逆挽到太平的。

凡思想，总不能没有事实作根据。中国的文化，是以农业共产社会的文化作中心的，前一讲中，已经述及。此等农业共产的小社会，因其阶级的分化，还未曾显著，所以其内部极为平和；而且因社会小，凡事都可以看得见，把握得住，所以无一事不措置得妥帖。孔子所谓大同，大约就是指此等社会言之。其所希望的太平，亦不过将此等治法，推行之于天下；把各处地方，都造成这个样子。这自然不是一蹴而就的。所以从乱世进到太平，中间要设一个升平的阶段，所谓升平，就是小康。小康是封建制度的初期。虽因各部落互相争斗，而有征服者、被征服者之分，因而判为治人和治于人，食人和食于人的两个阶级，然而大同时代，内部良好的规制，还未尽破坏，总还算得个准健康体，这些话，前一讲中，亦已述及。孔子所认为眼前可取的途径，大约就是想回复到这一个时代。所以孔子所取的办法，是先回复封建完整时代的秩序。

孔子论治，既不以小康为止境，从小康再进于大同的办法，自也总曾筹议及之。惜乎所传者甚少了。

从乱世进入小康的办法，是怎样呢？

从来读儒家的书的，总觉得他有一个矛盾，便是他忽而主张君权，忽又主张民权。主张君权的，如《论语·季氏》篇所载，礼乐征伐，一定要自天子出；自诸侯出，已经不行；自大夫出，陪臣执国命，就更不必说了。主张民权的，如孟子说民为贵，社稷次之，君为轻；又说闻诛一夫纣矣，未闻弑君也；也说得极为激烈。近四十年来，不论是革命巨子，或者宗社党，遗老，都可以孔子之道自居，这真极天下之奇观了。然则儒家的思想，到底怎样呢？关于这个问题，我以为并不是儒家的思想有矛盾，而是后世读书的人，不得其解。须知所谓"王"与"君"，是有区别的。

怎样说"王"与"君"有区别呢？案荀子说："君者，善群也。群道当，则万物皆得其宜，六畜皆得其长，群生皆得其命。"君怎能使万物如此呢？那就得如班固《货殖传序》听说：这一类材料，古书中不胜枚举，现在只是随意引其一。昔先王之制：自天子公侯卿大夫士，至于皂隶抱关击柝者，其爵禄奉养，宫室车服棺椁祭祀死生之制，各有差品，小不得僭大，贱不得逾贵。夫然，故上下序而民志定。于是辨其土地川泽丘陵衍沃原隰之宜，教民种树畜养五谷六畜，及至鱼鳖鸟兽，萑蒲材干器械之资，所以养生送终之具，靡不皆育。育之以时，而用之有节。草木未落，斧斤不入于山林。豺獭未祭，罝网不布于野泽。鹰隼未击，矰弋不施于徯隧。既顺时而取物，然犹山不茬蘖，泽不伐天，蝝鱼麛卵，咸有常禁。所以顺时宣气，蕃阜庶物，蓄足功用，如此之备也。然后四民因其土宜，各任智力，夙兴夜寐，以治其业，相与通功易事，交利而俱赡，非有征发期会，而远近咸足。故《易》曰：后以财成辅相天地之宜，以左右民。

这便是《荀子》所谓"天有其时，地有其利，人有其治，夫是之谓能参"；亦即《中庸》所谓"能尽其性，则能尽人之性；能尽人之性，则能尽物之性；能尽物之性，则可以赞天地之化育；可以赞天地之化育，则可以与天地参"。言治至此，可谓毫发无遗憾了。然而所谓原始的"君"者，语其实，不过是一个社会中的总账房——总管理处的首领——账房自然应该对于主人尽责的。不尽责自然该撤换；撤换而要抗拒，自可加以实力的制裁。这便是政治上所谓革命，丝毫不足为怪。遍翻儒家的书，也找不到一句人君可以虐民、百姓不该反抗的话。所以民贵君轻，征诛和禅让，一样合理，自是儒家一贯的理论，毫无可以怀疑之处。至于原始的"王"，则天下归往谓之王，只是诸侯间公认的首领。他的责任在于：（一）诸侯之国，内部有失政，则加以矫正；（二）其相互之间，若有纠纷，则加以制止或处理。这种人，自然希望他的权力伸张，才能使列国之间，免入于无政府的状态，专恃腕力斗争，其内部则肆无忌惮，无所不为，以为民害。没有王，就是有霸主，也是好的；总胜于并此而无有；所以五霸次于三王。君是会虐民的，所以要主张民权，诸侯则较难暴虐诸侯，如其间有强凌弱、众暴寡的事，则正要希望霸王出来纠正，所以用不着对于天子而主张诸侯之权，对于诸侯而主张大夫之权。这是很明显的理论，用不着怀疑的。王与君的有区别，并不是儒家独特的议论，乃是当时社会上普通的见解。战国之世，卫嗣君曾贬号为君。五国相王，赵武灵王独不肯，曰：无其实，敢处其名乎？令国人谓己曰君，见《史记·赵世家》。就因为只管得一国的事，没有人去归往他之故。春秋之世，北方诸国，莫敢称王，吴楚则否，就因有人去归往他之故。《史记·越勾践世家》说：越亡之后，"诸族子争立，或为王，或为君，滨于江南海上，服朝于楚"。服朝于人的人，也可以称王，便见吴楚的称王，不足为怪了。天无二日，民无二王，是儒家的理想，不是古代的事实。在事实上，只要在一定的区域中，没有两个王就行了。

臣与民是有区别的。臣是被征服的人，受征服阶级的青睐，引为亲信，使之任某种职务，因而养活他的。其生活，自然较之一般被征服者为优裕；甚至也加以相当的敬礼。如国君不名卿老世妇之类。为之臣者，感恩知己，自然要图相当的报称。即使没有这种意气相与的关系，而君为什么要任用臣？臣在何种条件之下，承认君的任用自己？其间也有契约的关系，契约本来是要守信义的，所以说事君"先资其言，拜自献其身，以成其信"；"是故君有责于其臣，臣有死于其言"。见《礼记·表记》。君臣的关系，不过如此。"谋人之军师，败则死之，谋人之邦邑，危则亡之"，见《礼记·檀弓》。就不过是守信的一种。至于"生共其乐，死共其哀"，秦穆公和三良结约的话，见《韩诗外传》。则已从君臣的关系，进于朋友，非凡君臣之间所有了。这是封建时代的君臣之义，大约是社会上所固有的。儒家进一步，而承认臣对于君自卫的权利。所谓"君之视臣如土芥，则臣视君如寇仇"；"寇仇，何服之有"？《孟子·离娄下》。这是承认遇见了暴君，人臣没有效忠的义务的。再进一步，则主张臣本非君的私人，不徒以效忠于君为义务。"所谓有安社稷臣者，以安社稷为悦"；《孟子·尽心上》。"若为己死而为己亡，非其私昵，谁敢任之"？齐庄公死后晏子说的话，见《左传》。这是儒家对于君臣之义的改善。君臣尚且如此，君民更不必说了。古代的人，只知道亲族的关系，所以亲族以外的关系，也以亲族之道推之，所以以君臣和父子等视；所以说臣弑其君，子弑其父，是人伦的大变。然而既已承认视君如寇仇，则弑君之可不可，实在已成疑问；臣且如此，民更不必说了。——在古代，本亦没有民弑其君这句话。儒家君臣民之义，明白如此。后世顾有以王朝倾覆，樵夫牧子，捐躯殉节为美谈的，那真不知是从何而来的道理了。

儒家是出于司徒之官的，司徒是主教之官，所以儒家也最重教化。这是人人能明白的道理，用不着多讲。所当注意的，则（一）儒家之言教化，养必先于教。"救死而恐不赡，奚暇治礼义哉？"生活问题如没有解决，在儒家看起来，教化两字，简直是无从谈起的。（二）儒家养民之政，生产、消费、分配，三者并重，而其视消费和分配，尤重于生产。因为民之趋利，如水就下，只要你不去妨害他，他对于生产，自然会尽力的，用不着督促，倒是分配而不合理，使人欲生产而无从；消费而不合理，虽有一部分尽力于生产的人，亦终不能给足；而且奢与惰相连，逾分的享用，会使人流于懒惰。所以制民之产，和食之以时，用之以礼，同为理财的要义，不可或缺。（三）所谓教化，全是就实际的生活，为之轨范。譬如乡饮酒礼，是所以教悌的；乡射礼，是所以教让的；都是因人民本有合食会射的习惯，因而为之节文，并非和生活无关的事，硬定出礼节来，叫人民照做；更非君与臣若干人，在庙堂之上，像做戏般表演，而人民不闻不见。可参看《唐书·礼乐志序》。这三点，是后世的人，颇欠注意的；至少，对于此等关系，看得不如古人的清澈。

儒家又有通三统之说。所谓通三统，是封前代的二王之后以大国，使之保存其治法，以便自己的治法不适宜时，取来应用。因为儒者认为"三王之道若循环，终而复始"。所谓三王之道若循环，便是：

> 夏之政忠。忠之敝，小人以野，故殷人承之以敬。敬之敝，小人以鬼，故周人承之以文。文之敝，小人以薄，故救薄莫若以忠。《史记·高祖本纪赞》。薄，今本作"僿"，徐广曰："一作薄。"今从之。

儒家一方面兼采四代之法，以为创立制度的标准，而于施政的根本精神，则又斟酌于质文二者之间，其思虑可谓很周密了。所谓四代，就是虞、夏、殷、周。虞、夏的治法，大概是很相近的，所以有时也说三代。孔子兼采四代之法，读《论语·卫灵公》篇颜渊问为邦一节，最可见之。孔子答颜渊之问，是"行夏之时，乘殷之辂，服周之冕，乐则韶舞"。并不是为邦之事尽于此四者，这四句，乃是兼采四代，各取所长之意。孔子论治国之法，总是如此的，散见经传中的，不胜枚举。这是他精究政治制度，而又以政治理论统一之的结果。以政治思想论，是颇为伟大的。这不但儒家如此，就阴阳家也是如此。

阴阳家之始，行夏之时一句话，就足以尽其精义。阴阳家是出于羲和之官的，是古代管天文历法的官。古代生计，以农为本，而农业和季节，关系最大，一切政事，不论是积极的，消极的，都要按着农业的情形，以定其施行或不施行。其具体的规则，略见于《礼记》的《月令》《吕氏春秋》的《十二纪》《管子》的《幼宫》《淮南子》的《时则训》。这四者是同源异流，大同小异的。颜渊问为邦，孔子所以要主张行夏之时，因为行夏时，则（一）该办的事，都能按时兴办；（二）不该办的事，不致非时举行。好比在学校里，定了一张很好的校历，一切事只要照着他办，自然没有问题了。孔子所以主张行夏之时是为此，并非争以建寅之月为岁首。空争一个以某月为岁首，有什么意义呢？阴阳家本来的思想，亦不过如此。这本是无甚深意的，说不上什么政治思想。至于政令为什么不可不照着这个顺序行，则他们的答案是天要降之以罚。所谓罚，就是灾异，如《月令》等书有载，春行夏令，则如何如何之类，这并不离乎迷信，更足见其思想的幼稚了。但是后来的阴阳家，却不是如此。

阴阳家当以邹衍为大师。邹衍之术《史记》说他：

> 深观阴阳消息，而作怪迂之变，《终始》《大圣》之篇，十余万言。其语闳大不经。必先验小物，推而大之，至于无垠。先序今以上至黄帝，学者所共术。大并世盛衰。因载其禨祥度制，推而远之，至天地未生，窈冥不可考而原也。……称引天地剖判以来，五德转移，治各有宜，而符应若兹。

邹衍的五德终始，其意同于儒家的通三统。他以为治法共有五种，要更迭行用的。所以《汉书·严安传》引他的话，说：

> 政教文质者，所以云救也。当时则用，过则舍之，有易则易之。

其意跃然可见了。《史记》说衍之术迂大而闳辩，奭也文具难施，则邹奭并曾定有实行的方案，惜乎其不可见了。阴阳家的学说，缺佚太甚，因其终始五德一端，和儒家的通三统相像，所以附论之于此。核其思想发生的顺序，亦必在晚周时代，多见历代的治法，折衷比较，然后能有之。然其见解，较之法家，则又觉其陈旧。所以我以为他是和儒家同代表西周时代的思想的。

儒家的政治思想，是颇为伟大周密的，其缺点在什么地方呢？那就在无法可以实现。儒家的希望，是有一个"王"，根据着最高的原理，以行政事，而天下的人，都服从他。假如能够办到，这原是最好的事。但是能不能呢？其在大同之世，社会甚小，事务既极单简，利害亦相共同；要把他措置得十分妥帖，原不是件难事。但是这种社会，倒用不着政治了——也可以说本来没有政治的。至于扩而大之；事务复杂了，遍知且有所不能，何从想出最好的法子来？各方面的利害，实在冲突得太甚了，调和且来不及，就有好法子，何法使之实行？何况治者也是一个人，也总要顾著私利的。超越私人利害的人，原不能说是没有，但治天下绝不是一个人去治，总是一个阶级去治，超越利害的私人，则闻之矣，超越利害之阶级，则未之闻。所以儒家所想望的境界，只是镜花水月，绝无实现的可能。儒家之误，在于谓无君之世的良好状态，至有君之世，还能保存；而且这个"君道"，只要扩而充之，就可以做天下的"王"。殊不知儒家所想望的黄金世界，只是无君之世才有，到有君之世，就不是这么一回事了。即使退一步，说有君之世，也可以有一个准健康体，我们的希望，就姑止于是，然而君所能致之治，若把"君"的地位抬高扩大而至于"王"，也就无法可致了。因为治大的东西，毕竟和小的不同；对付复杂的问题，到底和简单的不同。所以儒家的希望，只是个镜花水月。

五、法　家

法家之学，在先秦诸子中，是最为新颖的。先秦诸子之学，只有这一家见用于时；而见用之后，居然能以之取天下；确非偶然之事。

法家之学，详言之，当分为法术两端，其说见于《韩非子》的《定法》篇。法术之学的所以兴起，依我看来，其理由如下：

（1）当春秋之世，列国之间，互相侵夺；内之则暴政亟行。当此之时，确有希望一个霸或王出来救世的必要。——后来竟做到统一天下，这是法家兴起之世所不能预料的。法家初兴之时，所希望的，亦不过是霸或王。而要做成一个霸或王，则确有先富国强兵的必要。要富国强兵，就非先训练其民，使之能为国效力不可。这是法家之学之所以兴起的原因。

（2）一个社会中，和一人之身一样的。不可有一部分特别发达。一部分特别发达，就要害及全体了。然社会往往有此病。一社会中特别发达的一部分，自然是所谓特权阶级。国与民的不利，都是这一阶级所为。法家看清了这一点，所以特别要想法子对付他。

法家主要的办法，在"法"一方面，是"一民于农战"。要一民于农战，当然要抑商贾，退游士。因为商贾是剥削农民的，商贾被抑，农民的利益，才得保全。国家的爵赏有限，施之于游士，战士便不能见尊异。"术"一方面的议论，最重要的，是"臣主异利"四个字。这所谓臣，并不是指个人，而是指一个阶级。阶级，在古人用语中，谓之朋党。朋党并不是有意结合的，只是"在某种社会中，有某种人，在某一方面，其利害处于共同的地位；因此有意的，无意的，自然会做一致的行动"。不论什么时代、什么社会里，总有一个阶级，其利害是和公益一致的。公共的利益，普通人口不能言，而这一阶级的人，知其所在；普通人没有法子去达到，而这一阶级的人，知其途径，能领导着普通人去趋赴；他们且为了大众，而不恤自己牺牲。这一个阶级，在这个时代，就是革命的阶级。社会的能否向上，就看这一个阶级能够握权周否。这一个阶级，在法家看起来，就是所谓法术之士。

法家本此宗旨，实行起来，则其结果为：

（一）官僚的任用。这是所以打倒旧贵族的。李斯《谏逐客书》庸或言之过甚，然而秦国多用客卿，这确是事实。《荀子·强国》篇说：

> 入境……及都邑官府，其百吏肃然，莫不恭俭敦敬忠信而不楛，古之吏也。入其国，观其士大夫，出于其门，入于公门，出于公门，归于其家，无有私事也；不比周，不朋党，偶然莫不明通而公也，古之士大夫也。观其朝廷，其间听决百事，不留，恬然如无治者，古之朝也。

这就是多用草茅新进之士的效验，腐败的旧贵族，万办不到的。秦国政治的所以整饬，就得力于此。

（二）国民军的编成。古代造兵之法有两种：其一如《管子》所述轨里连乡之制。有士乡，有工商之乡。作内政寄军令之法，专施之于士乡，工商之乡的人，并不当兵。此法兵数太少，不足以应付战国时的事势。其二是如《荀子·议兵》篇所述魏国之法。立了一种标准，去挑选全国强壮的人当兵。合格的，就复其户，利其田宅。这种兵是精锐了。然而人的勇力，是数年而衰的，而复其户，利其田宅的利益，不能遽行剥夺。如此，要编成多数的兵，则财力有所不给；若要顾虑到财政，则只好眼看着兵力的就衰。所以这种兵是强而不多，甚至于并不能强。只有秦国的法，刑赏并用，使其民非战无以要利于上，才能造成多而且精的兵。秦国吞并六国时，其兵锋东北到辽东，东南到江南。其时并不借用别地方的兵，都是发关中的军队出去打的。这是何等强大的兵力？秦人这种兵力，都是商君变法所造成。

以上两端，是法术之学应用到实际的效果。法家的长处，在于最能观察现实，不是听了前人的议论，就终身诵之的。所以他在经济上的见解，也较别一家为高超。儒家主张恢复井田，他则主张开阡陌。儒家当商业兴起之世，还说市廛而不税，关讥而不征。他则有轻重之说：主张将（一）农田以外的土地——山泽，和（二）独占的大企业——盐铁，收归国营；而（三）轻重敛散和（四）借贷，亦由国家操其权；免得特殊阶级，借此剥削一般人。轻重之说，不知当时曾否有个国家实行？开阡陌一事，虽然把古来的土地公有制度破坏了，然而照我们的眼光看，土地公有之制，在实际是久经破坏了的，商君不过加以公开的承认；而且在当时，一定曾借此施行过一次不回复旧法的整理。这事于所谓尽地力，是很有效的，该是秦国致富的一个大原因。

法家的政策如此，至其所以行之之道，则尽于"法自然"三字。法自然含有两种意义。其一自然是冷酷的，没有丝毫感情掺杂进去，所以法家最戒释法而任情。其二自然是必然的，没有差忒的，所以要信赏必罚。

法家之学，在先秦诸子中，是最新颖的，最适合于时势的，看上文所说，大略可以知道了。法家亦是先秦诸子之一，怎么在前面，又说先秦诸子的思想，都是落伍的呢？法家之学，亦自有其落伍之处。落伍之处在哪里呢？便是不知道国家和社会的区别。国家和社会，不是一物，在第二讲中，早已说过了。因此，国家和社会的利益，只是在一定的限度内是一致的，过此以往，便相冲突。国家是手段，不是目的。所以国家的权力，只该扩张到一定的程度，过此以往，便无功而有罪。法家不知此义，误以为国家的利益，始终和社会是一致的。社会的利益，彻头彻尾，都可用国家做工具去达到，就有将国权扩张得过大之弊。秦始皇既并天下之后，还不改变政策，这是秦朝所以灭亡的大原因。这种错误，不是秦始皇个人的过失，也不是偶然的事实；而是法家之学必至的结果。所以说法家的思想，也是落伍的。这一层道理，说起来话很长，现在仅粗引其端，其详细，讲到将来，自然更可明白。

"名法"二字，在古代总是连称的。名家之学，如惠施、公孙龙等，所说很近乎诡辩，至少是纯粹研究哲理的，如何会和法家这种注重实用的学问，发生密切的关系呢？关于这个问题，我的意见如此：礼是讲究差别的。为什么要差别，该有一个理论上的根据，从此研求，便成名家之学，而法家之学，是要讲综核名实的。所谓综核名实，含有两种意义：（一）察其实，命之以名。如白的称他为白，黑的称他为黑；牛呼之为牛，马呼之为马。此理推之应用，则马因才任使，如智者使之谋，勇者使之战。（二）循其名，责其实。有谋的责任的，不该无所用心；有战的责任的，不该临阵奔北。如此当加之以罚，能尽职则加之以赏。名家玄妙的理论，虽和法家无关，而其辨别名实的精细，则于法家的理论，深有裨益，所以法家亦有取于名家。名家关涉政治的一方面，已为法家所包含。其玄妙的一部分，则确与政治无关，所以现在不再讲述。还有兵家，亦不是单讲战守的，其根本问题，亦往往涉及治国。这一部分，亦已包含于法家之中，所以今亦不述。

第五讲　秦汉时代的社会

　　秦以前的政治，和周以前不同，是谁都会说的。然则其不同之处究竟安在呢？

　　秦始皇并天下后，令丞相御史说：天下大定，而名号不更，无以称成功，传后世。命他们议自己的称号，丞相御史等议上尊号的奏，亦说他"平定天下，海内为郡县，法令由一统，自上古以来未尝有，五帝所不及"。后来赵高弑二世，召集诸大臣公子说："秦故王国，始皇君天下，故称帝。今六国复自立，秦地益小，乃以空名为帝，不可；宜为王如故。"于是立公子婴为秦王。据此看来，当时田的人，对于皇和帝的观念，确是不同的。其异点，就在一"君天下"，一不君天下。当春秋时代和战国的前半期，希望尽灭诸国，而自己做一个一统之君，这种思想，大概还无人敢有。并吞六国、统一天下的思想，大概是发生于战国的末期的。前此大家所希望的，总不过是霸或王罢了。然而列国纷争，到底不是苏秦的合从所能加以团结；亦不是张仪的连衡，所能息其兵戈；悬崖转石之机，愈接愈厉，到底并做一国而后已。这可以说是出于前此政治家的虑外的。

　　帝政成功，则（一）内战可息；（二）前此列国间经济上的隔阂，亦可消除；如撤去列国时代所设的关，出入无需通行证。而且统一之后，对外的力量，自然加强；中国未统一时，蒙古高原不曾有像汉以后匈奴等强大的游牧民族，是中国的天幸。这确较诸霸或王更为有利。但是帝政成功了，君政却全废坠了。

　　怎样说帝政成功，而君政废坠呢？原来"君者善群也"。他的责任，就是把一群中的事情，措置得件件妥帖。这话，在第四讲论儒家时，业经说过了。原始的君，"固未必人人能如此，然以其时的制度论，则确是可以如此的。"所以只要有仁君，的确可以希望他行仁政。原来封建政体，即实行分封制的贵族政体中，保留有原始"君"的制度的残余，自从封建政体逐渐破坏，此种制度，亦就逐渐变更了。这话又是怎样说呢？要明白这个道理，先要知道从封建到郡县，在政治制度上，是怎样的一个变迁。我们都知道：秦汉时的县名，有许多就是古代的国名。这许多县，并不是起于秦的。前此地兼数圻的大国中，早已包含着不少了。这就是（一）从远古相传的国，被夷灭而成为大国中的一县。这是县的起源的一种。还有（二）卿大夫的采地，发达而成为县；如《左氏》说晋国韩赋七邑，皆成县之类。（三）以及国家有意设立的。如商君并小乡聚邑为县。此三者，虽其起源不同，而其实际等于古代的一个国则一。所以县等于国，县令等于国君。以次推之，则郡守等于方伯。然则大夫是什么呢？那就是秦汉时的三老、啬夫、游徼之属了。士是什么呢？那就是里魁和什伍之属了。后世都说县令是亲民之官，其实这不过和郡以上的官比较而云然，在实际，县令还不是亲民的。若乡老以下诸职，通统没有，做县令的，也就无所施其技，虽欲尽其"君者善群"的责任而不得了。从秦汉以后，这种职守，渐渐的没落而寝至于无。所以做县令的人，也一事不能办；而只得以坐啸卧治，花落讼庭闲，为为治的极则。县令如此，郡以上的官，更不必说了。所以说"帝政成功，而君政废坠"。

君政为什么会废坠呢？于此，我们又得知道政治上阶级变迁的情形。古代的治者阶级是贵族。他的地位，是因用兵力征服被治者而得的。后世的治者阶级是官僚，官僚是君主所任用的。封建政体的破坏，不但在列国的互相并吞，亦系于一国之中世袭的卿大夫的撤废。卿大夫撤废，皆代之以官僚。灭国而不复封建，而代之以任免由己的守令，亦是如此。所以封建政体灭亡，而官僚阶级，就达于全盛。凡阶级，总是要以其阶级的利益为第一位的；而且总有一种理由，替维持阶级利益做辩护。不一定是私意。官僚阶级里并不是没有好人；尽有顾全公众的利益，而肯牺牲自己的，但是总不免为其所处的地位所局限；以为欲维持公益，非维持其时的社会组织不可，不肖的更不必说了。所以官僚阶级的性质，从理论上说，往往是如此的：

（一）所尽的责任，灭至最小限度。

（二）所得的利益，扩充至最大限度。

所谓利益，是包含（甲）权势，（乙）物质上的收入；（乙）中又包含（A）俸禄，（B）一切因做官而得的收入。此种趋势，其限制：是（a）在上者的督责，（b）在下者的反抗。除此之外，便要尽量的扩充了。所以怠惰和贪污，乃是官僚阶级的本性，不足为怪。天下尽有不怠惰不贪污的官，此乃其人不但具有官僚性质，而无害于官僚阶级的性质，实系如此，犹之天下尽有不剥削生产者和消费者的商人，然以商业性质论，总是要以最低的价格买进，最高的价格卖出的。

官僚不但指现任官吏，凡（一）志愿做官，即准备以官为职业的人；与（二）无官之名，而与官相结托以牟利的人；都该算入官僚阶级之内。至于（三）为官的辅佐的人，那更不必说了。此三项中，尤以第二项为重要。乡职本来是人民自治的机关，其利益，该与人民一致的。官僚如欲剥削人民，乡职是应该加以反抗的。然到后来，乡职反多与官僚相结合，以剥削人民，即由于官僚阶级扩大，而将第二项人包含进去之故。如此，剥削人民的人，就日益增多，政治上顾全全体利益的方面，就不得不加以制止。要设立许多监察官，去监察乡老以下的自治职，是办不到的。就只得干脆把他废掉。这是汉世很有权威的三老啬夫等职，到后来所以有名无实，甚至并其名而无之的原因。隋世禁乡老听讼，为其间之一大转关。此等自治职既废，与官相结托以剥削人民者，遂变为现在的土豪劣绅；而自治职之仅存其名者，则沦为厮养，其本身变为被剥削者。以上是说第二项人。至于第一项，即所谓读书人。他们现在虽不做官，然而官僚阶级的得以持续，所靠的实在是这一项人。而且官僚阶级维护其阶级的理论，亦从这一项人而出。所以其关系也是很重要的。这一项人，未必都得到官做，然而前述的第二项中，包含这一项人实甚多；而且很容易转入第三项中的甲项。第三项，依其性质，再分为三类：即（甲）幕友，凡以学识辅助官者属之。（乙）胥吏，为官办例行公事。（丙）厮役，供奔走使令。（乙）之自利方法为舞文。（丙）之自利方法为敲诈。（甲）无与人民直接的机会，如欲剥削人民，必须与（乙）、（丙）或前述的第二项人联合。然官吏的固位、邀宠、卸责的谋划，大多出于甲类的人；而如干谒、行贿等事，甲类中人，亦可代为奔走。

凡一阶级，当其初兴之时，其利害，总是和大多数被压迫的人一致的。及其成功，即其取敌对阶级的地位而代之之时，其利害，便和大多数人相反了。官僚阶级取贵族而代之，即系如此。当这时代，大多数的人民，是怎样呢？因为凡稍有才力的人，都升入官僚阶级里去了。官僚阶级的数量，略有定限，自然有希望走进去而始终走不进的人。然而达得到目的与否是一事，抱这目的与否，又是一事。他们虽始终走不进去，总还希望走进去，而决不肯退到平民这一方面来，和官僚斗争。于是人民方面所剩的，就只是愚与弱。除掉以暴动为反抗外，就只有束手待毙。苏东坡《志林》论战国任侠最能道破此中消息。

在第二讲中不是说过么？凡社会总有两条心的：即（一）公心，（二）私心。私心虽是要自利，公心总是要利人的。贵族虐民，而官僚阶级出来和他反抗，就是公心的表现。即所谓法术之士。然则到官僚阶级转而虐民的时候，这种公心，到什么地方去了呢？不错，公心是无时而绝的，但是公心要有一条表显的路。在从前贵族阶级跋扈时，法术之士——即官僚阶级的前身，是作为君主为代表公心的机关，教他行督责之术，去打倒贵族阶级的。这时候，官僚阶级既代居贵族的地位，君主应即以其人之道，还治其人之身。但是理想是理想，事实是事实。理想的本性，总想做到十分，一落入事实界，就只能做到两分三分了。君主所行的是政治，政治是实际的事务。凡实际的事务，总是带有调和的性质的，即是求各种势力的均衡。官僚和民众的利益，是处于相反的地位的。而这两个阶级，都有相当的势力，做君主的，不但不能消灭那一方面，并不能过于牺牲那一方面，亦只得求其势力的均衡。所以做君主的，也只能保障官僚的剥削平民，限于某一限度以内。过此以往，便不能为人民帮忙。从前官场中总流行着一种见解："人民固应保护，做官的人，也该叫他有饭吃。"——譬如你为保护人民故，而裁撤官吏所得的陋规，官场中人，就会把这话批评你——就是这种意识的表现。

所以这时候的平民，自己是既愚且弱，不会办什么事了。官吏在责任灭至最小限度、权利扩至最大限度的原则下，不会来替你办什么事的；而且你要自己办事，还会为其所破坏。为什么呢？因为你会办事，你的能力就强了；就会反抗官吏的诛求。而且你有余款，照理，官吏是要榨取去的，怎会让你留着，谋你们的公益事务呢？如此，凡人民相生相养之事，在古代，由其团体自谋，而其后由人君代管其枢者，至此，乃悉废坠而无人过问，而人民遂现出极萧索可怜的状态。中国后世的人，都要讴思古代，这并不是无因的。因为表显在古书中那种"百废俱举，即人和人相生相养之事，积极的有计划、有规模，而人不是在最小限度之下，勉强维持其生存的现象"，在后世确乎是不可见了。在物质文明方面，总是随着时代而逐渐进步的，在社会组织方面，则确乎是退步了。人，究竟在物质文明进步、社会组织退步的环境中所得的幸福多呢，还是在物质文明较低、社会组织合理的环境中所得的幸福多呢？这本是很难说的话。何况想象的人，总只注意到古代社会组织合理的一方面，而不甚注意到其物质不发达的一方面呢？讴歌古代，崇拜古代，又何足为怪呢？所以说：帝政成功，君政废坠，实在是政治上的一个大变迁。

人，虽然和盲目的一般，不大会知道他自己所该走的路。然而经长时期的暗中摸索，也总会走上了该走的路。帝政的成功，君政的废坠，既然是政治退化的大原因，人为什么不回到老路上去，把一个大帝国，再斫而小之呢？此则由于人类本来是要联合的。无论从物质方面，精神方面讲，都是如此。而且全世界未至于风同道一，则不能不分为许多民族和国家。异民族和异国家之间，是常有冲突的。有冲突，我们亦利于大。这是已成的大帝国，不能斫而小之的原因。国既不能斫而小之，而国之内又不能无利害冲突，则只有仰戴一个能调和各阶级利害的君主，以希冀保持各阶级间势力的均衡了。帝政从秦灭六国之岁，至于亡清逊位之年，凡绵历两千余载，其原理即由于此。

然则当其时，在政治上，为人民的大害的，就是官僚——用旧话说，可以说是士大夫阶级。——要治天下，就是要把这一个阶级划除，但是要把这一个阶级划除，除非人民自行觉悟奋起不可——君主只能调和于两者之间，前面已经说过了——这是谈何容易的事。所以这时代，所谓政治思想，亦都是官僚阶级的政治思想。官僚阶级的政治思想，又是怎样呢？凡是人的思想，总不免于落伍，这个道理，在第四讲中，已可明白。所以周秦的思想，在周秦之世，已经落伍了，而汉以后人还是沿袭着它，他们受时势的影响而有所发展，可以分做三派：

其一，是看到人民的贫苦愚弱，而想要救济他们的，却没有想到救济人民，没有这一个操刀代斫的阶级。你叫他操刀，他就不代人家斫，而为着自己的目的斫了。

其二，是看到官僚阶级的罪恶，想要对付他的。但是此时的官僚阶级，和此前的贵族阶级不同，此前的贵族阶级，已经走到末路了，所以有新兴的官僚阶级出来打倒他。此时的官僚阶级则尚未至于末路，没有新兴的阶级，所以他始终没有被打倒。

其三，亦知道下级人民，贫苦愚弱得可怜。但是社会的本身，复杂万分。什么事都不是直情径行，所能达其目的的，不但不能连其目的，还怕像斯宾塞所说的那样：修理一块失平的金属板，就在凸处打一锥，凸处没有平，别的地方，倒又凹凸不平起来了。所以照这派人的意见，还是一事不办的好。

这三派的思想，我们把他排列起来，则

（一）左派：儒家。

（二）中间派：法家。

（三）右派：道家

我们现在，却先从道家讲起。

第六讲　汉代的政治思想

　　道家是汉定天下以后最早得势的学派。他的思想我们可以盖公和汲黯两个人来做代表。盖公之事，见于《史记·曹相国世家》。《曹相国世家》说，曹参以孝惠帝元年做齐国的丞相，此时天下初定，参尽召长老诸生，问所以安集百姓，诸儒以百数，言人人殊，参未知所定。闻胶西有盖公善治黄老言，使人厚币请之。盖公为言治道贵清静而民自定。曹参听了他的话，相齐九年，齐国安集，人称贤相。后来做了汉朝的宰相，也还是用这老法子。《史记》上记载这两件事，最可见得当时道家的态度。

　　参去，属其后相曰：以齐狱市为寄，慎勿扰也。后相曰：治无大于此者乎？参曰不然，夫狱市者，所以并容也，今君扰之，奸人安所容也？吾是以先之。

　　为汉相国，举事无所变更，一遵萧何约束。择郡国吏，木诎于文辞重厚长者，即召除为丞相史。吏之言文刻深欲务声名者，辄斥去之。

　　于此，我们可以知道道家得失。他的所谓并容里面，实包含着无限的丑恶。不务绝奸人，而反求所以并容之，天下哪有这治法？然而却能得到好声名，这是何故？原来天下事最怕的，是上下相蒙。大抵善为声名的人，总是涂泽表面，而内容则不堪问。你叫他去治狱市，他在表面上替你把狱市治得很好了，便是你自己去查查，也看不出什么毛病来，然而实际可以更坏。为什么呢？（一）他会嘱咐手下的人，说丞相要来查察什么什么事情——表面上的——你们要得当心些，暗中就可风示他，实际的事情拆烂污些不妨，甚至于公然嘱咐，只要涂泽表面就够了。如此，手下的人本来胆小不敢作弊的，就敢作弊了。本来老实不会作弊的，就会作弊了。（二）他可以威胁狱市中的人不敢举发他的弊病，甚而还要称颂他。（三）而他还可以得些物质上不正当的利益。所谓巧宦，其弊如此。所以用这一种人去治国，是旧弊未除，又生新弊。简而言之，就是弊上加弊，弊＋弊＝2弊。倒不如用老实的人，他虽无能力改良事情的内容，倒也想不出法子来，或者虽想得出法子而也不敢去涂泽表面，这却是弊＋0，所以从来用质朴无能的人，可以维持现状，使其不致更坏，即由于此。这就是曹参的所以成功，岂但曹参，汉文帝所以被称为三代后的贤君，也不外乎这个道理。所以后来汉武帝所做的事情，有许多并不能说是没有理由，至少他对朝臣所说的吾欲云云，其所云云者，绝不是坏话，然而汲黯看了，他就觉得很不入眼，要说他内多欲而外施仁义，奈何欲效唐虞之治了。

然则在中国历史上，放任政策总得到相当的成功，确有其很大的理由。这种放任政策确也不能不承认他是有相当的长处。然而其长处，亦只是维持现状而已，要说到改进治化就未免南辕北辙。试即以汉文帝之事为证。《史记·平准书》说：

> 至今上即位数岁，汉兴七十余年之间，国家无事，非遇水旱之灾，民则人给家足，都鄙廪庾皆满，而府库余货财。京师之钱累巨万，贯朽而不可校。太仓之粟，陈陈相因，充溢露积于外，至腐败不可食。众庶街巷有马，阡陌之间成群，而乘字牝者摈而不得聚会。守闾阎者食粱肉，为吏者长子孙，居官者以为姓号，故人人自爱而重犯法，先行义而后绌耻辱焉。当是之时，网疏而民富，役财骄溢，或至兼并，豪党之徒，以武断于乡曲。

兼并总是行于民穷财尽之时的，果真人给家足，谁愿受人的兼并？又谁能兼并人？然则《史记》所述富庶的情形，到底是真的呢，假的呢？从前有人说所谓清朝盛时的富庶，全是骗人的。不然为什么当时的学者如汪中、张惠言等，据其自述未达之时，会穷苦到这步田地。难道这些学者都是骗人的么？我说两方面的话，都是真的。大抵什么时代都有个不受人注意的阶级，他就再困苦煞，大家还是不闻不见的。所谓政简刑清，所谓人给家足，都只是会开口的、受人注意的阶级，得些好处罢了。所以董仲舒说：

> 富者田连阡陌，贫者无立锥之地，又颛川泽之利，莞山林之饶，荒淫越制逾侈以相高，邑有人君之尊，里有公侯之富。……贫民常衣牛马之衣，而食犬彘之食。

晁错也说：

> 今农夫五口之家，其服役者不过二人，其能耕者不过百亩，百亩之收，不过百石。春耕夏耘，秋获冬藏，伐薪樵，治官府，给繇役，春不得避风尘，夏不得避暑熟，秋不得避阴雨，冬不得避寒冻，四时之间，亡日休息。又私自送往迎来，吊死问疾，养孤长幼在其中。勤苦如此，尚复被水旱之灾，急政暴虐，赋敛不时，朝令而暮改。当其有者半价而

卖，亡者取倍称之息，于是有卖田宅鬻子孙以偿责者矣。而商贾大者积贮倍息，小者坐列贩卖，操其奇赢，日游都市，乘上之急，所卖必倍。故其男不耕耘，女不蚕织，衣必文采，食必粱肉，亡农夫之苦，有阡陌之得，因其富厚，交通王侯，力过吏势，以利相倾，千里游敖，冠盖相望，乘坚策肥，履丝曳缟。此商人所以兼并农人，农人所以流亡者也。

观此则《史记》所谓人给家足，是什么人，什么家，就很可以明白了，何怪其有兼并和被兼并的人呢？然则《汉书·刑法志》说：

> 及孝文即位，躬修玄默，劝趣农桑，减省租赋。而将相皆旧功臣，少文多质，惩恶亡秦之政，论议务在宽厚，耻言人之过失。化行天下，告讦之俗易，吏安其官，民乐其业，畜积岁增，户口寝息，风流笃厚，禁网疏阔。选张释之为廷尉，罪疑者予民，是以刑罚大省，至于断狱四百，有刑错之风。

这所谓禁网疏阔，就是《史记·平准书》所谓网疏；断狱四百，并非天下真没有犯罪的人，不过纵释弗诛罢了。所纵释的是何等样人，也就可想而知了。所以历代的放任政策，其内容，是包含着无限的丑恶的。难怪儒家要主张革命了。

汉代儒家的思想，可以分为两大端：一为均贫富，一为兴教化。他们的均贫富，还是注意于平均地权，激烈的要径行井田，缓和的则主张限民名田。他们对于经济的发展，认识是不足的，所以都主张重农抑商，主张返于自给自足时代经济孤立的状况。这个读《盐铁论》的《散不足》篇最易见得。关于经济问题，近来研究的人多了，书籍报章杂志时有论述，大家都有些知道，现因时间短促，不再多讲。现在且略述汉儒兴教化的问题。

汉儒对于兴教化，有一点，其见解是远出于后世人之上的。我们试看《史记·叔孙通传》，当他要定朝仪的时候：

> 使征鲁诸生三十余人。鲁有两生不肯行，曰：……今天下初定，死者未葬，伤者未起，又欲起礼乐。礼乐所由起，积德百年而后可兴也。吾不忍为公所为，公所为不合古。

这正和古人所谓先富后教，乐事劝功，尊君亲上，然后兴学同。所以汉人所谓兴教化，其根本乃在于改制度。我们试看《汉书·贾谊传》载他的话说：

秦人家富子壮则出分，家贫子壮则出赘。借父耰锄，虑有德色，母取箕帚，立而谇语；抱哺其子，与公併倨，妇姑不相说，则反唇而相稽。其慈子耆利，不同禽兽者亡几耳。……天下大败，众掩寡，知欺愚，勇威怯，壮陵衰，其乱至矣。……其遗风余俗，犹尚未改，今世以侈靡相竞，而上亡制度，弃礼义，捐廉耻，日甚，可谓月异而岁不同矣。逐利不耳，虑非顾行也，今其甚者，杀父兄矣。盗者剟寝户之帘，搴两庙之器，白昼大都之中，剽吏而夺之金，矫伪者出几十万石粟，赋六百余万钱，乘传而行郡国，此其亡行义之尤至者也。

可谓痛切极了。而他又说：

而大臣特以簿书不报，期会之间，以为大故。至于俗流失，世败坏因恬而不知怪，虑不动于耳目，以为是适然耳。夫移风易俗，使天下回心而乡道，类非俗吏之所能为也。……夫立君臣，等上下，使父子有礼，六亲有纪，此非天之所为，人之所设也。夫人之所设，不为不立，不植则僵，不修则坏。

他之所谓设则是：

以为汉兴二十余年，天下和洽，宜今"义"字。当改正朔，易服色制度，定官名，兴礼乐，乃草具其仪法，色上黄，数用五，为官名悉更，奏之。

色上黄，数用五，由今看来，固然是毫无关系之事，如此改革，似乎滑稽而且不离乎迷信，然而古人所谓改正朔、易服色等事，并不是像后世止于如此而已，而是相连有一套办法的。这个读第四讲中论儒家的话已可见得。然则当时贾谊所主张改变的，绝不止此两事，不过《史记》《汉书》都语焉不详罢了。但看他"为官名"三个字——这是改变一切机关——便可知其改革规模之大。

再一个显著的例，便是董仲舒。他说：

自古以来，未尝有以乱济乱，大败天下如秦者也。其遗毒余烈，至今未灭。使习俗薄恶，人民嚚顽，抵冒殊扞，孰烂如此之甚者也。孔子曰："腐朽之木不可雕也，粪土之墙不可圬也。"今汉继秦之后，如朽木粪墙矣。虽欲善治之，亡可奈何。法出而奸生，令下而诈起，如以汤止沸，抱薪救火，愈甚亡益也。窃譬之，琴瑟不调，甚者必解而更张之，乃可鼓也。为政而不行，甚者必变而更化之，乃可理也。

董仲舒对于汉代制度的改革，是大有功劳的人。"推明孔氏，抑黜百家，立学校之官，州郡举茂材孝廉，皆自仲舒发之。"

其尤激烈的则为翼奉。他以为：

祭天地于云阳汾阴，及诸寝庙，不以亲疏迭毁，皆烦费，违古制。又宫室苑囿，奢泰难供，以故民困国虚，亡累年之蓄。所繇来久，不改其本，难以末正。乃上疏曰：臣闻古者盘庚改邑，以兴殷道，圣人美之。窃闻汉德隆盛，在于孝文……如令处于当今，因此制度，必不能成功名。……臣愿陛下徙都于成周……迁都正本，众制皆定。

生活是最大的教育，要人民革新，必须替他造出新环境来，置之新环境中，虽日挞而求其旧，不可得矣。间尝论之，儒家之兴，并非偶然之事，秦始皇虽然焚书坑儒，然当他坑儒的时候曾说：

吾前收天下书不中用者尽去之，悉召文学方术士甚众，欲以兴太平，方士欲练以求奇药。

"欲以兴太平"上，当夺"文学"两字。文学便是当时的儒家。可知始皇并非不用儒者，所以要用儒者，就是因为当时的天下非更化不可，要更化非改制度不可，而改制度之事，唯有儒家最为擅长。所以假使秦始皇享国长久，海内更无其他问题，他一定能有一番改革——建设——改革。秦皇汉武正是一流人。

儒家所谓教化，其先决问题是民生，至于直接手段则是兴庠序，看《汉书·礼乐志》便可知道。他们对于现状，是认为极度的不安，而想要彻底改革的，所以我说他们是最革命的。

然而儒家不能不为法家所窃笑。为什么呢？我们试读《汉书》的《元帝本纪》：

立为太子……柔仁好儒，见宣帝所用多文法吏，以刑名绳下，大臣杨恽、盖宽饶等坐刺讥辞语为罪而诛，尝侍燕从容言：陛下持刑太深，宜用儒生。宣帝作色曰：汉家自有制度，本以霸王道杂之，奈何纯任德

教、用周政乎？且俗儒不达时宜，好是古非今，使人眩于名实，不知所
守，何足委任？乃叹曰：乱我家者，太子也。

宣帝所谓霸，便是法家；所谓王，是儒家；以霸王道杂之，谓以督责之术对
付官僚阶级，以儒家宽仁之政对待人民。质而言之，便是"严以察吏，宽以驭
民"，这实在是合理的治法。倘使纯用霸道，则待人民太暴虐，全社会都将骚然
不宁，丧其乐生之心，这便是秦朝的所以灭亡。至于纯用王道，则元帝便是一个
榜样。我试将《元帝纪》读一过。儒家所谓宽仁之政，几于史不绝书，然而汉
治反于此时大坏，这是什么缘故呢？因为官僚阶级的利益是和人民相反的，要保
护人民，其要义就在于约束官僚，使不能为民害，若并官僚阶级而亦放纵之，那
就是纵百万虎狼于民间了。汉朝政治之放纵——督责之术之废弛，是起于元帝之
世的，所以汉朝的政治，也坏于元帝时。为什么元帝会放纵治者阶级使为民害
呢？其弊便在于不察名实。名就是理论，实就是情形，理论虽好，要和现状相合
方才有用。比如合作运动自然是好的，然而能否推行于中国社会，换一方面说，
便是现在的中国社会能否推行合作运动？更具体些说，叫农民组织合作社，向农
民银行借款。到底来借款的是真正农民呢，还是营高利贷业者的化身？这是大须
考虑的。假如说现在来贷款的都是真正农民了，然而现在的农民银行设立尚未普
遍，假使要普遍设立，是否能保持现在的样子——即来贷款者真正都是农民——
如曰能之，还是目前就能够呢，还是要一面养成人才，一面整顿吏治徐徐进行的
呢？如此便又发生推广的迟速问题。这些都是应该考虑的、应该考察的实际。合
作事业的能否办好，就看这种事先的考虑是否周密，随时的考虑是否认真，单是
精于理论，即对于书本上的合作有研究，是无用的。现今模仿外国所以不能成
功，甚至反有弊病，即由于此。汉儒的崇拜古人，就和现在的崇拜外国一样，不
论什么事，只要儒家的书上说古代是如此的，就以为是好的，而不管所谓古代者
其情形与现代合不合，这正和现代有些人，只要是外国的总是好的，而不管其和
中国社会的情形合不合一样——此等人不论其所崇拜的是什么东西，总之皆成为
偶像了。要打倒偶像，这种偶像，就是该首先打倒的。泥塑木雕的倒还在其次。
不察名实，自然不达时宜——就是不知道现在该怎样，不知道现在该怎样，自然
可以信口开河——是古非今了。

法家也有法家的毛病，便是董仲舒所谓诛名而不责实，——诛名而不责实，
其实也还是不察名实。——然而真正的法家，的确不是如此。汉朝虽号称崇儒，
其实在政治上，有许多卓绝的法家。而我所要力劝大家读的，尤其是《汉书》
的《黄霸传》。现在且不避文繁，节录其辞如下：

　　黄霸字次公，淮阳阳夏人也。以豪杰役使，徙云陵。霸少学律令，喜为吏。……霸为人明察内敏，又习文法，然温良有让，足知，善御众。……自武帝末，用法深。昭帝立，幼，大将军霍光秉政，大臣争权，上官桀等与燕王谋作乱，光既诛之，遂遵武帝法度，以刑罚痛绳群下，繇是俗吏尚严酷以为能，而霸独用宽和为名。会宣帝即位，在民间时知百姓苦吏急也。闻霸持法平，召以为廷尉正，数决疑狱，庭中称平。守丞相长史，坐公卿大议庭中，知长信少府夏侯胜非议诏书大不敬，霸阿从不举劾，皆下廷尉，系狱当死。霸因从胜受《尚书》狱中。……上擢霸为扬州刺史。……为颍川太守。……时上垂意于治，数下恩泽诏书，吏不奉宣。………霸为选择良吏，分部宣布诏令。………使邮亭乡官皆畜鸡豚，以赡鳏寡贫穷者。然后为条教，置父老师帅伍长，班行之于民间，劝以为善防奸之意，及务耕桑，节用殖财，种树畜养，去食谷马。米盐靡密，初若烦碎，然霸精力能推行之。吏民见者，语次寻绎，问它阴伏，以相参考。尝欲有所司察，择长年廉吏遣行，属令周密。吏出，不敢舍邮亭，食于道旁，乌攫其肉。民有欲诣府口言事者适见之，霸与语道此。后日吏还谒霸，霸见迎劳之，曰：甚苦，食于道旁，乃为乌所盗肉。吏大惊，以霸具知其起居，所问毫厘不敢有所隐。鳏寡孤独有死无以葬者，乡部书言，霸具为区处，某所大木可以为棺，某亭猪子可以祭，吏往皆如言。其识事聪明如此，吏民不知所出，咸称神明。奸人去入它郡，盗贼日少。霸力行教化而后诛罚，务在成就全安。……霸以外宽内明得吏民心，户口岁增，治为天下第一。征守京兆尹。……归颍川太守官。……治如其前。前后八年，郡中愈治。是时凤皇神爵数集郡国，颍川尤多。天子……下诏称扬曰：颍川太守霸，宣布诏令，百姓乡化，孝子弟弟贞妇顺孙，日以众多，田者让畔，道不拾遗，养视鳏寡，赡助贫穷，狱或八年亡重罪囚，吏民乡于教化，兴于行谊……代邴吉为丞相……京兆尹张敞舍鹖雀飞集丞相府，霸以为神雀，议欲以闻。敞奏霸曰：窃见丞相请与中二千石博士杂问郡国上计长吏守丞，为民兴利除害，成大化，条其对，有耕者让畔，男女异路，道不拾遗，及举孝子弟弟贞妇者为一辈，先上殿，举而不知其人数者次之，不为条教者在后叩头谢。丞相虽口不言，而心欲其为之也。长吏守丞对时，臣敞舍有鹖雀飞止丞相府屋上，丞相以下见者数百人。边吏多知鹖雀者，问之，皆阳不知。丞相图议上奏曰：臣闻上计长吏守丞以兴化条，皇天报下神雀。后知从臣敞舍来，乃止。郡国吏窃笑丞相仁厚有知略，微信神怪也。昔汲黯为淮阳守，辞去之官，谓大行李息曰：御史大夫张汤怀诈阿意，以倾朝廷，公不早白，与俱受戮矣。息畏汤，终不敢言。后汤诛败，上闻黯与息语，乃抵息罪而秩黯诸侯相，取其思谒忠也。臣敞非敢毁丞相也，诚恐群臣莫白，而长吏守丞畏丞相指，归舍法令，各为私教，务相增加，浇淳散朴，并行伪貌，有名亡实，倾摇解怠，甚者为妖。假令京师先行让畔异路，道不拾遗，其实亡益廉贪贞淫之行，而以伪先天下，固未可也，即诸侯先行之，伪声轶于京师，非细事也。汉家承敝通变，造起律令，即以劝善禁奸，条贯详备，不可复加。宜令贵臣明饬长吏守丞，归告二千石，举三老、孝弟、力田、孝廉、廉吏，务得其人，郡事皆以义法令检式，毋得擅为条教，敢挟诈伪以奸名誉者，必先受戮，以正明好恶……

豪杰役使，颜师古曰：身为豪杰而役使乡里人也。可见黄霸本是所谓土豪劣绅之流。大抵善于邀名的人，必求立异于众。——因为不立异，则不过众人中的一人，天下人如此者多，就不足以得名了。……黄霸本是个务小知任小数的人，论他的才具很可以做一个汉朝的文吏，只因当时的官吏竞趋于严酷，为舆论所反对，乃遂反之以立名，而适又有夏侯胜的《尚书》以供其缘饰，又适会宣帝要求宽仁之吏，就给他投机投个正着，一帆风顺，扶摇直上了。生活是最大的教育，人是不能以空言感化的，人是个社会动物，处在何等社会中，就形成何等样人，丝毫不能勉强，断非空言之力所能挽回。所以古来言教民者，必在既富之后，质而言之，就是替他先造新环境，新环境既已造成，就不待教而自正了。如其不然，就万语千言悉成废话，这种道理，当发为空论之际，也是人人懂得的。及其见诸实施，却又以为人民可以空言感化，至少以为要先把人心改变过来，然后制度乃可随之而改了。人类缺乏一贯的思想，处处现出自相矛盾的景象，真可叹息。人民可以空言化，在庙堂之上的人，或者和社会隔绝了，信以为实。然在奉行其事的人，是不会不知道实际的情形的，然而竟没有一个人把无益实际的话入告，只见诏书朝下于京城宣布，夕遍于海澨，人类的自欺欺人，实在更可叹息。有手段的人，他要人家说的话，自然会有人替他说的，他要人家不说话，自然没有人敢说。他希望有什么事，自然会有人造作出来，他希望没有什么事，自然会有人替他隐讳掉。我只要看边吏多知鹠雀，问之皆阳不知，便可知道黄霸治郡时，所谓盗贼日少，户口岁增，是虚是实了。然则他怎会获得如此的好名誉呢？大抵人有两种：一种是远听的，一种是近看的。声名洋溢的人，往往经不起实际的考察，在千里万里之外听了，真是大圣大贤，到他近处去一看，就不成话了。但是社会是采取虚声的，一个人而苟有手段造成了他的虚名，你就再知道他是个坏人，也是开不得口。不但开不得口，而且还只能人云亦云的称颂他，不然人家不说他所得的是虚名，反说你所说的是假话。俗说若要人不知，除非己莫为。作伪的人，岂真有什么本领，使他的真相不露出来？不过社会是这样的社会，所以这种人的真相，虽然给一部分人知道了，却永远只有这一部分人知道，决不会散布扩大出去的。然而张敞居然敢弹劾盛名之下的黄霸，我们就不得不佩服法家综核名实的精神了。他奏黄霸的话，真乃句句是金玉。让畔异路，道不拾遗，其实亡益廉贪贞淫之行，造起律令，即以劝善禁奸，尤其是至理名言。因为你要讲革命是另一件事，在革命未成以前劝人为善，只是能为现状下之所谓善，禁奸也只能禁现状下之所谓奸。明明是现状下所不能为的事，你却要叫人去做，人家也居然会照着你的话去做，这不是作伪还是什么？其实何益呢？不过浇淳散朴罢了。

法家这种综核名实的精神，自元帝以后莫之能行，以至亡国。后汉得天下，光武帝虽然厚貌深文，其实行督责之术，是很严谨的。他当时对于一班开国的功臣，以及有盛名可以做三公的人，明知其不可施以督责，所以舍而弗用，而宁任用一班官僚，这就是后汉所以能开二百余年之治的原因。从中叶以后，督责之术又废了，于是官僚阶级又横行起来，益之以处士横议，而后汉遂至于灭亡。起而收拾残局的魏武帝、诸葛孔明，都是励行综核名实的人，所以事势又有转机。然而一两个人的苦力支撑，终不能回狂澜于既倒，于是纪纲日废，而魏晋清谈之俗兴，神州大陆遂终于不可保守而为五胡所占据了。

魏晋以后的政治思想，无甚特别之处——大抵承汉人的绪余——今因限于时间亦不再加讲述。还有一篇最值得注意的文字，便是《论衡》的《治期》篇。此篇力言国家之治乱，与君主的贤否无涉。换一句现在的话说，便是政治控制不住社礻会，社会而要向上，政治是无法阻止的。若要向下，政治亦无力挽回，而只好听其迁流之所届。这是我们论后世的政治所要十分注意的。

第七讲　魏晋至宋代以前的政治思想

　　魏晋南北朝是中国政治思想消沉的时代，这一个时代之中，并不是没有有政治思想的人，然其思想大都不脱汉人的科臼，直到两宋之世，而中国的政治思想才又发出万丈的光焰，这是什么缘故呢？

　　原来政治的目的，不外乎安内与攘外。当对外太平无事时，大家的眼光都注重在内治一方面。对外问题急迫了，整个国家的生存要紧，其余的问题，就只得姑置为缓图了。中国对外的问题是到什么时候才严重起来的呢？这个问题的答案，我们不能不说是宋代，这又是为什么呢？

　　在周以前，我们对于异族实在是一个侵略者，而不是一个被侵略者，这一层在第二讲中业经说过了。两汉时代，情形还是如此。五胡乱华，是中原受异族的侵略之始。但是这时候侵略的异族，民族意识都不甚晶莹，这个只要看当时的异族没一个不自附于汉族古帝皇之后可知。这（一）因他们的文化程度较低，（二）因归附中原、杂居塞内已久，当其乱华之时，业已有几分同化。到辽、金时代便不然了。辽人的民族意识业已较五胡为强，至金人则其和汉族的对立更为尖锐。只要看金世宗的所为，便可知道。而且五胡是以附塞或塞内的部落作乱的，也有一半可以说是叛民的性质，至于辽、金则是在塞外建立了强大的国家然后侵入的，所以其性质更为严重。

　　异族侵入的原因是什么呢？其中第一件，便是中原王朝兵备的废弛，以两汉时代的兵力，异族本没有侵入的可能，三国时代中原虽然分裂，兵力并没有衰弱，为什么前此归附的异族一到两晋时代居然能在中原大肆咆哮，而汉族竟无如之何呢？原来兵权的落入异族之手并非一朝一夕之故。中国在古代本不是全国皆兵的，各国正式的军队，只是当初的征服者，至于被征服者虽非不能当兵，然事实上只令他们守卫本地，和后世的乡兵一样。直到战国之世，战争的规模大了，旧有的兵不给于用，才把向来仅令其守卫本地的兵，悉数用作正式军队。这话在第三讲中亦已说过。从此以后我们就造成一个全国皆兵的制度了。但是这种制度，到秦汉之世却又逐渐破坏，这又是为什么呢？因为古代国小，人民从事于征戍，离家不甚远，所以因此而旷废时日以及川资运粮等等的耗费，亦比较不大，到统一以后，就不是这么一回事了。所以当用兵较少的时候，还可以调发民兵，较多的时候便要代之以谪发或谪戍。汉朝自文景以前，用兵大都调自郡国，而前乎此的秦朝以及后乎此的武宣都要用谪发和谪戍，就是这个道理。汉朝的兵制，是沿袭秦朝的。民年二十三则服兵役，至五十六乃免，郡国各有都尉，以司其讲肄和都试。戍边之责，也是均摊之于全国人的，人人有戍边三日的义务——虽然不能够人人自行，然而制度则是如此——自武宣多用谪发之后，实际上人民从征之事已较少，至后汉光武欲图减官省事，把郡国都尉废掉，从此以后，民兵制度就简直不存在了。当兵本来是人情容易怕的，统一之后，腹地的人民距边寇较远，就有民兵制度，也易流于有名无实，何况竟把他废掉呢？从此以后，普通的人民，就和当兵绝缘。当兵的总是特种的人民，——用得多的时候，固然也调发普通人民，然而只是特殊的事。——而尤其多被利用的，则是归附的异族。这种趋势，当东汉时代业已开始了，至西晋而尤甚。五胡乱华之后，自然多用其本族之人为主力的军队，所以这时候，武力是始终在异族手里的。这是汉人难于恢复的一个大原因。隋唐之世，汉族业已恢复了，局面似乎该一变，但是用异族当兵，业已用惯了，既有异族可以当兵，乐得使本国人及于宽典，况且用兵于塞外，天时于地利，都以即用该方面的人为适宜，而且劳费也较少。所以论起武功来，读史者总是以汉唐并称，其实汉唐不是一样的。汉代的征服四夷，十次中有七八次是发自己的兵，实实在在的去打——尤其对于最强的匈奴是如此。汉朝打西域，是用本国兵最少的，而西域却是最势分力弱的小敌——唐朝却多用蕃兵，到后来，并且守御边境亦用蕃兵为主力，因此酿成安史之乱。安史乱后，军队之数是大增加了，然而不是没有战斗力，就是不听命令，遇事总不肯向前，以致庞勋、黄巢之乱，都非靠沙陀兵不能打平。从此以后，沙陀就横行中原，而契丹也继之侵入了。分裂是最可痛心的事。当分裂之世，无论你兵力如何强大，是只会招致异族以共攻本国人，断不会联合本国人以共御外侮的——这是由于人情莫不欲争利，而利惟近者为可争，人情莫不欲避害，而害惟近者为尤切，所以非到本国统一之后，不能对外，什么借对外以图团结本国等等，都只是梦话——然而到中原既已统一之后，又因反侧之心未全消弭，非图集中兵权或更消灭或削弱某一部分的兵力不可，北宋便是这个时代。所以经前后汉之末两次大乱之后，中原王朝的兵力实在是始终不振的，而在塞外的异族却因岁月的推移逐渐强大，遂有辽、金、元等部落，在塞外先立了一个大国，而后以整个的势力侵入中原，使中原王朝始而被割掉一部分领土，继而丧失全国之半，终乃整个的被人征服了。所以当这时代，中原王朝的武力该怎样恢复，实在是一个大问题。

是把国内治好了，然后御外呢？还是专讲对外，其余都姑置为缓图呢？这自然是民族当危急存亡时，首先引起的重要问题。假如中国是一个小国，自然当危急存亡时，一切都将置诸不问，而姑以却敌为先务，然而事实不是如此。中国土地之大，人口之多，物资之丰富，以及文化程度之高，一切都远出异族之上，异族的凌侮无论如何剧烈，在中国政治家的眼光中，是不会成为唯一的问题的。况且中国人素来以平天下为怀，认为异族的凌侮，只是暂时的变态，到常态回复了，他们总要给我们同化的，这原是中国人应尽的责任。这种自负的心理，是不会因时局的严重而丧失的。而且物必自腐而后虫生，国必自伐而后人伐，外患的严重，其根源断不能说不由于内忧。所以外患的严重，本不能掩蔽内忧，而减少其重要性，而且因外患的严重，更促起政治家对于国内问题的反省，所以自宋到明这一个民族问题严重的时代，却引起政治思想的光焰。

这时候的政治思想集中在哪几点上面呢？国家的根本是人民，人民第一个重要的问题便是生活，生活都不能保持，自然一切无从说起了。假使生活而能保持了，那就要解决"饱食暖衣逸居而无教，则近于禽兽"的问题了，这也是传统的思想上看得极为严重的问题。这是中国自古以来就是如此的。从三国到南北朝，因为时局的纷扰，谈政治的人忙于眼前的问题，对于这种根本问题比较两汉时代要淡得多了。到隋唐之世因为时局较为安定，对于根本问题用心探索的人又较多，至宋代而大放其光焰。

当这一个时代，关于"教养"问题的现状却是怎样的呢？请略说其大概如下：

关于"养"的问题，平均地权和节制资本实在是一样的重要。但是自汉以后，儒家之学盛行，儒家是偏重于平均地权的，所以大多数人的思想也侧重在这一方面。儒家所怀抱的思想又分为两派，激烈的是恢复井田，缓和的是限民名田。激烈派的思想经新莽实行而失败了，没有人敢再提起，东汉以后多数认为切实易行的，是限民名田。晋朝的户调式、北魏的均田令、唐朝的租庸调法，都是实行此项理想的。后汉末的大乱，人民死亡的很多，自此经两晋南北朝，北方经过与蛮族的斗争，死亡也很剧烈。此时的土地是比较有余的，又得授田的制度以调剂其间，所以地权不平均的问题，比较不觉得严重。唐朝自贞观至于开元，时局是比较安静的。安静之时，资本易于蓄积，并兼之祸即随之而烈。天宝以后，藩镇割据，战祸除（一）安史之乱时；（二）黄巢乱时；（三）梁唐战争；（四）唐晋与契丹的战争，直接受祸的区域外，其实并不甚烈。人民死亡不能甚多。而（A）苛政亟行，（B）奢侈无度，封建势力和商业资本乘机大肆剥削，人民被逼得几于无路可走，我们试一翻《宋史》，便知道（1）当时的田无税的很多，（2）当时的丁不役的很多。这都是有特殊势力的人所得的好处，而其负担则皆并于贫弱之家。(3) 民间借贷自春及秋便本利相伴，设或不能归偿，则什么东西债权人都可以取去抵债。见《宋史·陈舜俞传》。所以当时司马光上疏说：农民的情景是"谷未离场，帛未下机，已非己有，所食者糠粃而不足，所衣者绨褐而不完，直以世服田亩，不知舍此更有何可生之路耳"。呜呼痛哉！在政治上，（甲）自两税法行后，连名存实亡的平均地权的法令都没有了，（乙）而役法又极酷，（丙）而唐中叶后新增的苛税如盐、茶、酒及商业上的过税、住税等，宋朝又多未能删除，这些直接间接也都是人民的负担。租税的大体，自宋迄明末之有改，而元朝以异族入主中原又加重了封建势力的剥削。明朝自中叶以后，朝政的紊乱，又为历代所未有，藩王、勋戚、宦官等的剥削平民以及所谓乡绅的跋扈，亦是历代所罕有，所以民生问题，可以说自宋至明，大致都在严重的情形中。

至于教的问题，则除汉朝贾生、董生等所说一种贫而弱而愚的可怜情形外，另有一个严重的问题。中国古代宗教上崇拜的对象，最大的是地，次之则是吃田豕的虎，吃田鼠的猫，或防水的堤防等，再次之则是在家的门神、灶神，出门时的行神，及管个人寿算的司命等。见《礼记·郊特牲》及《祭法》。古时的人们对于祭天，是没有关系的。至于地，则本没有一个统一的地神——以方泽对圜丘，是晚出的概念，所以只有《周官》上有——在古代只有各祭其所利用的一片土地，所以最隆重的是社，而社也是随着一个个农村而分立的。其最切近的为祖先，祖先不必说了，就是其余的神，也是限于一个很小的范围内的。这些神在氏族时代，则为一氏族内的人所崇拜，在部落时代，则为一部落的人所崇拜，彼此各不相干。在其部落以内，宗教师亦是一种分职，他所做的事情，虽无实益，却是人民对他有信仰心，并不嫌恶他。其实他自己亦不全是骗人的，多少总有些信以为真。他也无从分外榨取，至于氏族或部落以外，根本没有人信他，他更无从施展威权了。汉初的宗教还是如此，所以越巫、齐方士等各各独立。天子所祭的天神，虽然在诸神中取得最高的地位，然而诸侯尚且不许祭天，平民更不必说了。中国古代似乎贵族平民各有其所崇拜的对象，彼此各不相干，因此在上者要想借宗教之力以感化人民甚难，却也没有干涉人民的信仰，以致激变之事。列国间因本来怀抱着宗教是有地方性的观念，宗教信仰多包含在风俗习惯之中，君子行礼不求变俗，就是不干涉信仰的自由。所以彼此互不相干涉，亦没有争教的事。这实在是中国最合理的一件事，因为宗教总不过是生活的反映，各地方有各地方不同的生活，自然会产生不同的宗教，而亦正需要不同的宗教，硬要统一他做什么呢？老实说，就是勉强统一了，也只是一个名目，其内容还可以大不相同的。随着时代的变迁，从前个个分立的氏族或部落渐次统一而成一个大社会，社会既然扩大了，自然要有为全社会所共同信仰的大宗教，也自然会有为全社会所信仰的大宗教。这时代的大宗教，并不是单独发生，把从前的小宗教都消灭掉的。乃是从前的旧宗教所变化发达而成。（一）把从前性质仅限于一部落一氏族的神扩大之而为全社会之神，（二）各地方所崇拜的神，有本来相同的，那自然不成问题，（三）否则亦可以牵强附会，硬把他算作一个，（四）其无须合并的，则建立一个系统，把他编制一下。如此许多分立的小宗教，就可以合并而成一大宗教了。这就是中国所谓道教。这种变化，大约在很早的时代，随着社会的变动，就逐渐进行的，至后汉末年，在社会上大显实力，至北魏太武帝时，寇谦之乃正式得到政府的承认。当两汉之间，佛教从印度输入中国，至后汉末年，也在社会上渐露头角。佛教的哲理，较之道教更为精深。——中国的学问，并不是不及印度，但专就哲理而论，却应该自愧弗如的，而宗教所需要的，却特别在这一方面。为什么呢？因为宗教倘使在政治社会方面多作正面的主张，就不免和政治发生冲突，和政治发生冲突，就要受到压迫了。佛教却在这一方面，有其特别优胜之点。他对于社会问题和政治问题，几于毫无主张，只是在现在社会的秩序之下，努力于个人的解脱。如此，于政治问题，就觉其毫无关系，而多少还可以掩蔽现实，麻醉人民，而使之驰心于净土。如此在消极方面说，就可以不受政府的干涉，而多少还可受些保护。在积极方面，则因他主张轮回，替人把希望扩张到无限大，而又自有其高深的哲理，足以自圆其说，所以还能够得到王公贵人的提倡；在平民眼里，佛教道教本来是无甚区别的，谁宣传得起劲些，谁被信仰的机会就多些。如此佛教因其（一）给予人的希望之大，（二）哲理的精深，能得士大夫的信仰，其宣传之力，就超出于道教以上，所以其流行也较道教为盛。从两汉到南北朝，在精神界既然发生了全国共信的大宗教，就形成下列诸问题。

其一，在佛教尚未大行，道教也未十分组织成功之时，政治和社会，都有很大的不安，而宗教在这时代，业已从地域的进而为全国的了，自然会有人想利用他造成一种政治上反抗的力量，所以前后的变乱，含有宗教成分的很多。道教的大师如张角、张鲁、孙恩等不必说了，就和尚也有躬为祸首的，因此引起政治上的焚烧谶纬，禁止传习天文。

其二，第一问题在中国的关系不能算大，而为政府所承认的宗教，亦发生下列两大问题，即：（A）在物质方面，教徒既不耕而食，不织而衣，成为纯粹的分利分子，却还要消耗多大的布施，而且积蓄多了，使从事于兼并土地，役使奴仆，于经济的平均，很有妨害。（B）在精神方面，宗教麻醉的力量能使人离开现实，驰骛空虚，多少可以减少些反抗之力，缓和些怨恨之声，而且他多少要教人民以正直平和慈善，使社会增加几分安稳，这是政治上所希望的。所以历来也很有些儒者的议论，在这一方面承认二氏的功劳。但是宗教所教导的，断不能和政治上所要求的全然一致，而且和儒家传统的道德和伦理，不免有些不相容，而儒家却是在政治上积有权威的。因此之故，宗教问题在政治思想史上，也就有相当的关系了。

综括这一个时代，养的问题不能解决，教的问题亦觉得愚弱可怜，而严重的外患又相逼而来。稍加仔细观察，便觉得外患的成为问题，全是由于本国的社会病态太深之故，于是这一个时代的思想家，不期然而然的都触着了许多根本的问题。

第八讲　宋明的政治思想

第七讲中说：从宋到明的政治思想，触著了许多根本问题，这句话是怎么讲呢？关于这一点，我们可以自宋到明的井田封建论做代表。

井田封建，如何可行于后世？井田固然是一种平均分配的好方法，然（一）既成为后世的社会，是否但行井田，即能平均分配；（二）不将社会的他方面同时解决，井田是否能行。这都是很显明的疑问。至于封建，其为开倒车，自然更不必说了。宋元明的儒者，如何会想到这一着呢？关于这一点，我请诸位读一读顾亭林先生的《封建论》。原文颇长，今举其要点如下：

> 封建之废，非一日之故也，虽圣人起，亦将变而为郡县。方今郡县之敝已极，而无圣人出焉，尚一一仍其故事，此民生之所以日贫，中国之所以日弱，而益趋于乱也。何则？封建之失，其专在下；郡县之失，其专在上。改知县为五品官，正其名曰县令。必用千里以内，习其风土之人，任之终身。其老疾乞休者，举子若弟代。不举子若弟，举他人者听。既代去，处其县为祭酒，禄之终身。每三四县若五六县为郡，郡设一太守，三年一代，诏遣御史巡方，一年一代。其督抚司道悉罢。令以下设一丞。丞以下曰簿，曰尉，曰博士，曰驿丞，曰司仓，曰游徼，曰啬夫之属，备设之。令有得罪于民者，小则流，大则杀。其称职者，既家于县，则除其本籍。居则为县宰，去则为流人；赏则为世官，罚则为斩绞。何谓称职？曰土地辟，田野治，树木蕃，沟洫修，城郭固，仓廪实，学校兴，盗贼屏，戎器完，而其大者，则人民乐业而已。夫使县令得私其百里之地，则县之人民，皆其子姓；县之土地，皆其田畴；县之城郭，皆其藩垣；县之仓廪，皆其囷卯。为子姓，则必爱之而勿伤；为田畴，则必治之而勿弃；为藩垣、囷莇，则必缮之而勿损。自令言之，私也；自天子言之，所求平治天下者，如是焉止矣。一旦有不虞之变，必不如刘渊、石勒、王仙芝、黄巢之辈，横行千里，如入无人之境也；于是有效死勿去之守，于是有合从缔交之拒，非为天子也，为其私也；为其私，所以为天子也；故天下之私，天子之公也。

他的意思，只是痛于中国的日贫日弱，而思所以救之。而推求贫弱的根源，则以为由于庶事的废弛；庶事废弛的根源，他以为由于其专在上。所以说郡县之制已敝，而将复返于封建。

自宋至明——实在清朝讲宋学的人，也还有这一种意见——主张井田、封建的人很多。他们的议论虽不尽同，他们的办法亦不一致；然略其枝叶，而求其根本，以观其异中之间，则上文所述的话，可以算是他们意见的根本，为各家所同具。

他们的意见，可以说是有对有不对。怎说有对有不对呢？他们以为中国贫弱的根源，在于庶事的废弛，这是对的。以为庶事废弛的根源，是由于为政者之不能举其职，而为政者之不能举其职，是由于君主私心太重，要把天下的权都收归一己，因而在下的人，被其束缚而不能有为，这是错的。须知君主所以要把政治上的权柄，尽量收归自己，固不能说其没有私心，然亦自有其不得已的苦衷。在封建时代，和人民利害相反的是贵族，到郡县时代，和人民利害相反的是官僚，这话，在第五讲中，业经说过了，君主所处的地位，一方面固然代表其一人一家之私，如黄梨洲所云视天下为其私产；又一方面，则亦代表人民的公益，而代他们监督治者阶级。这一种监督，是于人民有利的。倘使没有，那就文官武将，竞起虐民，成为历代朝政不纲时的情形了。渴望而力求之，至于郡县之世而后实现的，正是这个。至于庶事的废弛，则其根据，由于征服阶级的得势，一跃而居于治者的地位。他们的阶级私利是寄生。为人民做事，力求其少，而剥削人民，则务求其多。此种性质，从贵族递嬗到官僚，而未之有改。所以大同时代社会内部相生相养良好合理的规则：（一）在积极方向，因治者阶级的懒惰而莫之能举。（二）在消极方面，因治者阶级的剥削而益见破坏。（三）而人民方面，则因其才且智者，皆羡治者阶级生活的优越，或则升入其中，或则与相结托，所剩的只有贫与弱。因而废弛的不能自举，被破坏的不能自保，仅靠君主代他们监督，使治者阶级，不能为更进一步的剥削，而保存此贫且弱的状况。除非被治者起而革命，若靠君主代为监督，其现状是只得如此的，不会再有进步的。因为君主是立于治者和被治者两阶级之间，而调和其矛盾的；他只能从事调和，而不能根本上偏袒那一阶级，所以只做得到这个样子。这话在第五讲中，业已说过了。所以说：他们以为贫弱的根源，在于庶事的废弛，这是对的。以为废弛的根源，在于君主，是不对的。天下眼光浅近的人多，治者阶级而脱离了君主的监督，那只有所做的事，更求其少，所得的利，更求其多，如何会勤勤恳恳，把所有的一块土地人民治好呢？若能有这一回事，封建政体，倒不会敝，而无庸改为郡县了。所以封建之论，的确是开倒车，虽然他们自以为并非开倒车，以为所主张的封建，和古代的封建有别。然而幸而没有实行，倘使实行起来，非酿成大乱不可。

他们有这一种思想，也无怪其然，因为人是凭空想不出法子的，要想出一种法子来，总得有所依傍。我们今日，为什么除掉专制、君宪、共和、党治之外，想不出什么新法子来呢？只因其无所依傍。然他们当日，陈列于眼前的政体，只有封建、郡县两种。郡县之制，他们既认为已敝而不可用，要他们想个法子，他们安得不走上封建的一条路呢？他们这种主张，如其要彻底实行，则竟是一种革命，自然是时势所不许，然就部分而论，则不能说他们没有实行。所谓部分的实行，并不是说他们曾有机会试行封建，亦不是说他们曾经大规模试办过井田。然而辟土地，治田野，蕃树木，修沟洫，固城郭，实仓廪，兴学校，屏盗贼，完成器，总而言之，是反废弛而为修举，则不能说他们没有部分的实行过，他们做封疆大吏、地方长官及绅士的，对于这许多事情，都曾尽力实行。他们并知道治化的良否，不尽系于政治，而亦由于社会，所以凡有关风俗之事，如冠、婚、丧、祭之礼等，都曾研究、讨论，定有规制，尽力提倡，示范实行。在这方面有功劳的，尤其是关学一派。他们这种举动，并不能说没有功劳，在今日宋明理学衰落之世，我们若留心观察，则见社会上还有许多地方自治的遗迹，或者自相约束扶助的规则，还都是这一个时代的儒者研究、制定、提倡、示范的功劳。改进社会，原有急进和渐进两种手段：前者是革命行为，把旧的都破坏了，然后徐图建设。后者是进化派的学者所主张的，在旧秩序之下，将新的事业，逐渐建设起来，达到相当的时机，然后把旧的障碍物一举除去。浅人每以二者为相反，其实是相成的。该取何种手段，只看特定社会的形势。而取了革命手段，进化派的事业，还是要补做的。我们所以要革命，只因旧的势力，障碍得太厉害了，不将他推翻，一切新的事业，都不容我们做，所以不得不把他先行打倒；然而打倒他，只是消极的举动，既把旧势力打倒之后，新事业自然要逐渐举办的。如其不行，则从前的革命，就变做无意识的举动了。至于进化派，并不是不要打倒旧势力，只是手段上以先建设新的，后打倒旧的为适宜。所以革命正所以助进化，进化的目的，正在于革命，二者是相需而成的。每革命一次，旧势力总要被破坏一些；每建设一事，新势力总要增长一些。浅人徒见革命之后，旧势力依然回复，便以为这次的革命是徒劳；建设一事，不久旋即废坠，便以为此举是毫无效果，这真是浅人之见。中国的社会，将来总是要大改革的，要改革，总是要反废弛而为修举的。从有宋以来，理学家研究、制定、提倡、示范的举动，实在替社会播下一个改革的种子，所以说，不能算他们无功。

在宋朝，既有这种大改革的见解，自然有人要想凭借政治之力来实行；而在旧时政治机构之下，要想借政治的力量来实行改革，自然免不了弊窦。这话，在第六讲中，亦业已说过。当这时代，自然有如第二讲所说，偏于痛恶现状之坏，而不措意于因改革而致弊的人；也有专注重于改革之难，而不肯轻言改革的人；

其结果，就形成熙宁时的新旧党。从来论党的人，每将汉朝的甘陵，唐朝的牛李，和宋朝的新旧党，并为一谈，这是大错。汉朝的甘陵，只是一班轻侠自喜、依草附木之徒，再加以奔走运动，营求出身，以及有财有势，标榜声华之士，以致闹成党锢之祸；唐朝的牛、李，只是官僚相排挤，哪里说得上政见？宋朝的新旧党，却是堂堂正正，各有其政见的。固然新旧党中，各有坏人；新旧党互相排挤报复，也各有不正当的手段；然而不害其为有政见。他们对于多种政治问题，都有不同的见解；而其见解，都是新党代表我所谓进化派，旧党代表我所谓保守派的。旧时的议论，都左袒旧党；现在的议论，则又左袒新党；其实二者是各有长短的。新党的所长，在于看透社会之有病而当改革，而且有改革的方案；而其所短，则在于徒见改革之利，而不措意于因改革所生之弊。旧党攻击因改革所生之弊，是矣，然而只是对人攻击，而自己绝无正面的主张，然则当时的政治是好了，不需改革了吗？明知其不好，亦只得听其自然了吗？我们倘使提出这个问题来，旧党亦将无以为对。所以我说他们是各有长短的。我对于他们的批评则如此：

国家和社会的利害，不是全然一致的，又不是截然分离的。因为国家的内部，有阶级的对立；凡国家的举动，总是代表治者阶级，压迫被治阶级的；所以国家和包含于国家中的人，利害总不能一致。然而在何种情形之下，则国家和全体社会的利害，是一致的；尤其是在对外的时候。因为别一个国家，侵入或加压迫于这一个国家，则最大多数的国民，必同蒙其不利。所以当这时候，国民应当和国家协力以对外。国家所要求于国民，不都是正当的——如为治者阶级的利益的时候——但因对外之故，而对于国民有所要求，则为合理。因为这是为着国民全体——至少是最大多数的利益。然而在实际，则其所要求，仍宜有一个限度。这不是道理上应该不应该的问题，而是手段上适宜不适宜的问题。因为国家有所求于国民，其事必须办得好；如其办不好，则是国民白受牺牲，国家亦无益处了。国家所恃以办事的是官僚。官僚在监督不及之处，是要求自利的。官僚的自利，而达到目的，则上无益于国，而下有损于民的。固然，官僚阶级中也有好人；而一国中监督官僚的人，其利害也总是和国与民相一致的；然而这总只是少数。所以国家所办的事，宜定一最大限度，不得超过；而这最大限度的设定，则以（一）必要，（二）监督所能及，不至非徒无益，反生他害为限。熙宁时新党之弊，在于所定的限度太大，而旧党之弊，则又在于所定的限度太小；二者皆不得其中，即皆不适当。

试举一实事为例：在北宋时，北有辽，西有夏，民族竞争，形势极为严重，自然不能无兵。宋朝是养兵百万而不可以一战的。募兵的制度，达于极弊。王安石主张用民兵，自然也有其极大的理由。但是实际如何呢？我们试看《宋史·兵志》所载反对方面的话。司马光说：

> 兵出民间，虽云古法，然古者……自两司马以上，皆选贤士大夫为之，无侵渔之患，故卒乘辑睦，动则有功。今……保长以泥棚除草为名，聚之教场，得赂则纵，否则留之。……又巡检指使，按行乡村，往来如织。保正保长，依倚弄权，坐索供给，多责赂遗，小不副意，妄加鞭挞，蚕食行伍，不知纪极。中下之民，罄家所有，侵肌削骨，无以供亿。愁苦困弊，靡所投诉。流移四方，襁属盈路。又朝廷时遣使者，遍行按阅，所至犒设赏赉，糜费金帛，以巨万计。此皆鞭挞下民，铢两丈尺而敛之，一旦用之如粪土。

王岩叟说：

> 保甲之害。三路之民，如在汤火。未必皆法之弊。盖由提举一司，上下官吏，逼之使然。……朝廷知教民以为兵，而不知教之太苛而民不能堪；知别为一司以总之，而不知扰之太烦而民以生怨。教之欲以为用也，而使之至于怨，则恐一日用之，有不能如吾意者，不可不思也。民之言曰：教法之难，不足以为苦，而羁縻之虐有甚焉；羁縻不足以为苦，而鞭笞之酷有甚焉；鞭笞不足以为苦，而诛求之无已有甚焉。方耕方耘而罢，方千方营而去，此羁縻之所以为苦也；其教也，保长得笞之，保正又笞之，巡检之指使，与巡检者又交挞之，提举司之指使，与提举使之干当公事者，又互鞭之，提举之官又鞭之。一有逃避，县令又鞭之。人无聊生，恨不得死，此鞭笞之所以为苦也。刱袍市中……之类，其名百出。故父老之谚曰："儿曹空手，不可以入教场。"非虚语也。都副两保正，大小两保长，平居于家，婚姻丧葬之问遗，秋成夏熟，丝麻谷麦之要求，遇于城市饮食之责望，此迫于势而不敢不致者也。一不如意，即以艺不如法为名，而捶辱之无所不至。又所谓巡检指使者，多由此徒以出，贪而冒法，不顾后祸，有逾于保正保长者。此诛求之所以为甚苦也。又有逐养子，出赘婿，再嫁其母，兄弟析居，以求免者；有毒其目，断其指，炙其肌肤，以自残废而求免者；有尽室以逃而不归者；有委老弱于家，而保丁自逃者。保丁者逃，则法当督其家出赏钱十千以募之。使其家有所出，当未至于逃，至于逃，则其穷困可知，而督取十千，何可以得？故每县常有数十百家老弱，嗟咨于道路，哀诉于公庭。……又保丁之外，平民凡有一马，皆令借供逐场教骑，终

日驰骤。往往饥羸，以至于毙。谁复敢言？其或主家，倘因他出，一误借供，遂有追呼答责之害。或因官遣督迫，不得已而易之，则有抑令还取之苦。故人人以有马为祸。此皆提举官吏，倚法以生事，重为百姓之扰者也。……臣观保甲一司，上下官吏，无毫发爱百姓意。故百姓视其官司，不啻虎狼，积愤衔怨，人人所同。比者保丁执指使，逐巡检，攻提举司干当官，大狱相继，今犹未已……安知其发不有甚于此者？

这许多话，我们决不能因同情新党而指为子虚。王安石所行之法，无一不意在福国利民，而当时旧党，皆出死力反对，其原因就在于此。举此一事，其余可以类推。然则新法都行不得？都只好不行么？司马光《疏》中又说："彼远方之民，以骑射为业，以攻战为俗，自幼及长，更无他务。中国之民，大半服田力穑，虽复授以兵械，教之击刺；在教场之中，坐作进退，有以严整；必若使之与敌人相遇，填然鼓之，鸣镝始交，其奔北溃败，可以前料，绝无疑也。"梁任公作《王荆公传》，说：如此，则"只好以臣妾于北虏为天职。此言也，虽对于国民而科以大不敬之罪可也"。这话以理言之，固然不错，然感情终不能变更事实，我们就不该因感情而抹杀事实。司马光的话，说不是当时的事实，也是断乎不能的。然则如之何而可呢？我说：中国不能如北狄之举国皆兵，这是事实；不能为讳，而亦不必为讳。因为我们的社会，进化了，复杂了，当然不能像他们这样举国一律，所以不足为辱。而且以中国之大，要抵御北狄，也用不到举国皆兵——两民族的争斗，并不限于兵争。文化经济等各方面，都是一种竞争。我们的社会复杂了，可以从各方面压伏北狄，就是我们从多方面动员攻击。——所以不足为忧。固然兵争是两国竞争时一种必要的手段，不可或缺。中国人固然不能如北狄之举国皆兵，然而以兵力抵抗北狄，亦自有其必要的限度。以中国之大，说在这一个限度以内的兵，而亦练不出，亦是决无此理的。须知社会进化了，则各阶级的气质不同。其中固然有不适宜于当兵的人，而亦必有一部分极适宜于当兵之人。然则以中国之大，并不是造不出强兵来，不过造之要得其法罢了。造之之法如何呢？我们看司马光说：

臣愚以为悉罢保甲使归农；召提举官还朝。量逐县户口，每五十户，置弓手一人。……募本县乡村户有勇力武艺者投充。……若一人缺额，有二人以上争投者，即委本县令尉，选武艺高强者充。或武艺衰退者，许他人指名与之比较。若武艺胜于旧者，即令充替。……如此，则不必教阅，武艺自然精熟。

王岩叟又说：

> 一月之间，并教三日，不若一岁之中，并教一月……起教则与正长论阶级，罢教则与正长不相谁何。

再看《旧唐书·李抱真传》：

> 为怀、泽、潞观察使留后。……抱真密揣山东当有变，上党且当兵冲。是时乘战余之地，土瘠赋重，人益困，无以养军士。籍户丁男，三选其一。有材力者，免其租徭，给弓矢，令之曰："农之隙，则分曹角射；岁终，吾当会试。"及期，按簿而征之。都试以示赏罚，复命之如初。比三年，则皆善射。抱真曰：军可用矣。于是举部内乡，得成卒二万。前既不廪费，府库益实，乃缮甲兵为战具，遂雄视山东。是时天下称昭义步兵冠诸军。

抱真的得力，就在乎仅令其分曹角射，而并不派什么提举巡检等等去检阅；亦不立正长等等名目，使其本来同等者，忽而生出等级来，所以没有宋朝保甲之弊，而坐收其利。然则王岩叟要人民和正长不相谁何，实在是保甲的要义；而司马光说不必教阅，武艺自然精熟，亦非欺人之谈了。有一位律师先生，曾对我说："我们当律师的人，是依据法律而绑票。"——实在就是借法律做护符而绑票。当阶级对立之世，谁不想绑票？只是苦于没有护符罢了，如何好多立名目，大发护符呢？王安石作《度支副使厅壁题名记》时曾说：

> 夫合天下之众者财，理天下之财者法，守天下之法者吏也。吏不良，则有法而莫守，法不善，则有财而莫理，有财而莫理，则阡陌闾巷之贱人，皆能私取予之势，擅万物之利，以与人主争黔首，而放其无穷之欲，非必贵强桀大，而后能如是，而天子犹为不失其民者，盖特号而已耳；虽欲食蔬衣敝，憔悴其身，愁思其心，以幸天下之给足而安吾政，吾知其犹不得也。然则善吾法而择吏以守之，以理天下之财，虽上古尧舜，犹不能毋以此为先急，而况于后世之纷纷乎？

他所谓阡陌闾巷的贱人，就是土豪和有商业资本的人。他深知他们是与平民处于对立的地位的，彼此利害不相容，非有以打倒之不可。然所恃以打倒他们的却是吏，吏也是和人民处于对立的地位的，其利害，也是彼此不相容。固然，现在政治上不能不用史，然而吏是离不开监督的，一离开监督，就出毛病。所以政治家最要的任务是：自量其监督之力所能及。在此范围之内，则积极进行，出此范围以外，则束手不办。王安石之徒所以失败，就由于不知此义。我曾说：王安石的失败，是由于规模太大，倘使他专以富国强兵为目的，而将切关涉社会的政策，搁置不办；或虽办而缩至相当的限度，则（一）所办之事，实效易见；（二）流弊难生；（三）不致引起他人的反对，而阻力可以减少；必可有相当的成功。如此，对于辽夏，或可以一振国威，而靖康之祸，且可以不做，所以我们目光不可不远，志愿不可不大，而脚步不可不着实，手段不可不谨慎，凡政治家，都该知此义。

中国之贫且弱，并非由于物质的不足，而全是一个社会组织不善，和人民未经训练的问题。这种思想，是宋人所通有的，不过有人魄力大，要想实行；有人魄力小，就止于发议论；而其言之又有彻底和不彻底罢了。臂如苏轼，是王安石的反对党，然而他对制科策说，要取灵武：

> 则莫若捐秦以委之。使秦人断然，如战国之世，不待中国之援，而中国亦若未始有秦者……则夏人举矣。

当时宋以全国之力，不能克西夏，而苏轼反欲以一秦当之，岂不可怪？然而一地方的实力，并非不足用，不过不善用之，所以发挥不出来罢了。当南宋之世，贺州的林勋，曾献一种《本政书》。他又有《比较书》二篇。《比较书》说：

> 桂州地东西六百里，南北五百里，以古尺计之，为方百里之国四十。当垦田二百二十五万二千八百顷；有田夫二百四万八千；出米二十四万八千斛；禄卿大夫以下四千人；禄兵三十万人。今桂州垦田约万四十二顷；丁二十一万六千六百一十五；税钱万五千余缗；苗米五万二百斛有奇；州县官不满百员；官兵五千一百人。

他所说古代田亩人口收入支出之数，固然不免夸大——因为古书本是计算之辞，并不是事实。所说当时垦田丁口之数，亦非实际的情形——因为必有隐匿。然而今古的相悬，要不能不认事实。如此，则后世的人民，富厚快乐，必且数十百倍于古了，然亦未见其然。然则上所不取之财，到哪里去了呢？这自然另有剥削的人，取得去了。——官和兵的数目虽减，要人民养活的人，其实并没有减。然则社会的贫穷，实在是组织不善之故。以此推之，其弱，自然也是训练之不得其法了。照他的《本政书》说：苟能实行他的计划，则民凡三十五年而役使一遍；而租税的收入，则十年之后，民之口算，官之酒酤，与凡茶、盐、香、矾之权，皆可弛以予民。如欲以一秦之力，独取西夏，自非有类乎这一种的组织不可，不过苏轼不曾详立计划罢了。所以一时代中的人物，其思想，总是相像的；有时候看似不同，而实际上仍有其共通之点。

讲到教化问题，宋朝人也有其触著根本的见解。我们于此，请以欧阳修的《本论》为代表。《本论》说：

> 佛法为中国患千余岁，世之卓然不惑而有力者，莫不欲去之；已尝去矣，而复大集；攻之暂破而愈坚，扑之未灭而愈炽，遂至于无可奈何。是果不可去邪？盖亦未知其方也。夫医者之于疾也，必推其病之所自来，而治其受病之处。病之中人，乘乎气虚而入焉。则善医者不攻其疾，而务养其气，气实则病去，此自然之效也。……佛为夷狄，去中国最远，而有佛固已久矣。尧舜三代之际，王政修明；礼义之教，充于天下；于此之明，虽有佛无由而入。及三代衰，王政阙，礼义废，后二百余年，而佛至乎中国。由是言之，佛所以为吾患者，乘其阙废之时而来，此其受患之本也。……昔尧舜三代之为政，设为井田之法，藉天下之人，计其口而皆授之田。……使天下之人，力皆尽于南亩，而不暇乎其他。然又惧其劳且息而入于邪僻也……于其不耕休力之时，而教之以礼。……饰之物采而文焉，所以悦之，使其易趣也；顺其情性而节焉，所以防之，使其不过也。然犹惧其未也，又为立学以讲明之。……其虑民之意甚精，治民之具甚备，防民之术甚周，诱民之道其笃。……耳闻目见，无非仁义；乐而趣之，不知其倦；终身不见异物，又奚暇夫外慕哉？……及周之衰，秦并天下，尽去三代之法，而王道中绝，后之有天下者，不能勉强，其为治之具不备，防民之渐不周；佛于此时，垂乘而出，千有余岁之间，佛之来者日益众，吾之所为者日益坏。井田最先废，而兼并游惰之奸起。其后……教民之具，相次而尽废，然后民之奸者，有暇而为他，其良者，泯然不见礼义之及已……佛于此时，乘其腺，方鼓其雄诞之说而牵之，则民不得不从而归矣。

此篇对于史事的观察，未必正确，然宗教的根源，乃是社会的缺陷，则其说确有至理。现在请引我所做的《大同释义》一段：

> 宗教果足以维持民心，扶翼民德，使之风淳俗美，渐臻上理邪？宗教者，社会既缺陷后之物，聊以安慰人心，如酒之可以忘忧云尔。宋儒

论佛教，谓其能行于中国，乃由中国礼义之教已衰，故佛得乘虚而入；亦由制民之产之法已敝，民无以为生，不得不托于二氏以自养。斯言也世之人久目为迂阔之论矣，然以论宗教之所由行，实深有理致，不徒可以论佛教也。世莫不知宗教为安慰人心之物，夫必其心先有不安，乃须有物焉以安慰之，此无可疑者也。人心之不安，果何自来哉？野蛮之民，知识浅陋，日月之运行，寒暑之迭代，风雨之调顺与失常，河川之安流与泛滥，皆足以为利为害，而又莫知其所以然，则以为皆有神焉以司之，乃从而祈之，而报之，故斯时之迷信，可谓由对物而起。人智既进，力亦增大，于自然之力，知所以御之矣；知祈之之无益，而亦无所事于报矣；此等迷信，应即消除，然宗教仍不能废者，何也？则社会之缺陷为之也。"出师未捷身先死，长使英雄泪满襟"，但恨在世时，饮酒不得足；无论其为大为小，为公为私，而皆有一缺陷随乎其后，人孰能无所求？憾享用之不足，则有托生富贵之家等思想焉；含冤愤而莫伸，则有为厉鬼以报怨等思想焉。凡若此者，悉数难终，而要皆社会缺陷之所致，则无疑也。人之所欲，莫甚于生，所恶莫甚于死，缺憾不能以人力弥补者，亦莫如生死；故佛家谓生死事大，无常迅速，借此以畏怖人。天国净土诸说，亦无非延长人之生命，使有所畏，有所歆耳。然死果人之所畏邪？求生为人欲之一，而人之有欲，根于生理。少之时，血气未定，戒之在色，及其壮也，血气方刚，戒之在斗；及其老也，血气既衰，则皆无是戒焉。然则血气渐灭而至于死，亦如倦者之得息，劳者之知归耳，又何留恋之有？《唐书·党项传》谓其俗，老而死，子孙不哭，少死以为夭枉，乃悲。此等风俗，在自命为文明之人，必且诮其薄，而不知正由彼之社会，未甚失常，生时无甚遗憾，故死亦不觉其可悲也。龟长蛇短，人寿之修短，固不系其岁月之久暂，而视其心事之了与未了；心事苟百未了一，虽逮大齐，犹为夭折也，曷怪其眷恋不舍？又曷怪旁观者之悲恸哉？夫人之所欲，莫甚于生，所恶莫甚于死，不能以人力弥补者，亦莫如生死，然其为社会之所为，而非天然之缺憾犹如此，然则宗教之根柢，得不谓为社会之缺陷邪？儒者论郅治之极，止于养生送死无憾，而不云死后有天堂可升，净土可入，论者或讥其教义不备，不足以普接利钝，而恶知夫生而有欲，死则无之，天堂净土，本非人之所愿欲邪？故曰宋儒论佛教之言，移以论一切宗教，深有理致也。

又一段说：

孔子果圣人乎？较诸佛、回、耶诸教主，亚里斯多德、柏拉图、康德诸大哲如何？此至难言也。吾以为但论一人，殆无从比较。若以全社会之文化论，则中国确有较欧洲、印度为高者。欧、印先哲之论，非不精深微妙，然或太玄远而不切于人生；又其所根据者，多为人之心理，而人之心理，则多在一定境界中造成，境界非一成不变者，苟举社会组织而丕变之，则前此哲学家所据以研求，宗教家所力求改革者，其物已消灭无余矣，复何事研求？孰与变革邪？人之所不可变革者何事乎？曰：人之生，不能无以为养；又生者不能无死，死者长已矣，而生者不可无以送之；故"养生送死"四字，为人所必不能免，余皆可有可无，视时与地而异有用与否焉者也。然则惟"养生送死无憾"六字，为真实不欺有益之语，其他皆聊以治一时之病者耳。今人率言：人制驭天然之力太弱，则无以养其生，而人与人之关系，亦不能善。故自然科学之猛晋，实为人类之福音。斯言固然，然自然科学，非孤立于社会之外，或进或退，与社会无干系者也。社会固随科学之发明而变，科学亦随社会之情形，以为进退。究之为人之利与害者，人最切而物实次之。人与人之关系，果能改善，固不虑其对物之关系不进步也。中国之文化，视人对人之关系为首要，而视人对物之关系次之，实实落落，以"养生送死无憾"六字为言治最高之境；而不以天国、净土等无可征验之说诳惑人。以解决社会问题，为解决人生问题之方法，而不偏重于个人之修养。此即其真实不欺，切实可行，胜于他国文化之处；盖文化必有其根源，中国文化，以古大同之世为其根源，故能美善如此也。

看这两段，就可知宋儒的论宗教，确能触及根本问题了。

宋儒的政治思想，还有一点，很可能注意的就是彻底。其彻底，一见之于王霸之辨，一见之于君子小人之辨。

王霸之辨，就是一系根本之计，一止求目前见功。根本之计，是有利无弊的。只求目前见功，则在这一方面见为利，在另一方面即见为害。或者虽可解决一时的问题，而他日的遗患，即已隐伏。譬如训练人民，使能和别国竞争，这是好的，然亦可隐伏他日之患。从前明朝倭寇滋扰时，福建沿海人民，有一部分，颇能自相团结，以御外侮。这自然是好的。但是到后来，外侮没有了，而（一）习于战斗之民，其性质业已桀骜不驯；（二）社会上有种种不妥洽的问题；（三）人民的生计，又不能解决；于是械斗之风大盛，且有专以帮人械斗为业的。因这一班人的挑唆鼓动，而械斗之风更甚。我说这话，并非说外侮之来，无庸训练人民，以从事于斗争。外国人打得来，我们岂能不和他打？要和他打，如何能不训练人民呢？但是人民固须训练之，以求其武勇，而（一）因此而发生的别种弊害，亦须在可能范围内，设法减免。（二）且其提倡，只可以必要之度为限，否则徒为将来"转手"时之累。——须知什么事，都不能但论性质，而要兼论分量。且性质和分量，原是一事。臂如服药，若超过适宜的分量，其所刺激起的生理作用，就和用适宜的分量时，大不相同了。这本是很明白的道理。但（甲）天下人，轻躁的居多，精神专注在一方面，就把别一方面，都抛开了。（乙）又有一种功名心盛的人，明知如此，而亦愿牺牲了别一方面，以求眼前之速成。（丙）再有一种谄佞之徒，明知其然，而为保持饭碗，或贪求富贵起见，不恤依附急功近名之士。于是不顾其后的举动就多，而隐患就潜伏着了。天下事件件要从根本上着手，原是事势所不许，"急则治标"，"两利相较取其重，两害相较取其轻"，原是任何人所不能免。但在知道标本之别，又无急功近名之心的人做起来，则当其致力一事之时，即存不肯超过限度之念；或者豫为他日转手之计。如是，则各方面都不虞偏重，祸根好少植许多了。所以立心不同的人，其所做的事，虽看似相同，而实有其大不同者在，所谓"共行只是人间路，得失谁知霄壤分"也，宋儒所以注重于王霸之辨，其原因就在于此。

有一种人，用他去办事，是弊上加弊，另一种人，用他去办事，则是维持现状，不致更坏，前面已经说过了。最好的自然是去弊加利。但才德兼全的人，很是少见，如其不然，则与其用弊上加弊的小人，毋宁用维持现状的君子。这种得失，是显而易见的。但是世人往往喜用小人，这是为什么呢？明知其恶，专为其便辟侧媚而用之的，就不必说了；误以其为好人而用之的人，其心原是大公无私的；误以为用了小人，能够弊少利多；殊不知小人全是行虚作假。假，本身就是弊。所以用了小人，能够使主持政治的人，全不知道政局的真相，大祸已在目前，还以为绝无问题，甚或以为大福将至。小人之所以能够蒙蔽，全在一个"忍"字，明知共事之有害，而为一己之功名富贵起见，则能够忍而为之。而作伪以欺其上，则于心能安。种种作伪的情形，固不能欺在下的人，而彼亦恬然不以为耻。人是监督不尽的。随事而监督之，势将劳而不可遍，所以用人必当慎辨其心术。

这两端，是世所目为迂阔的，然而在行政上，实有很大的参考价值。

凡事从根本上做起，既为事实所不许，则应付一时一事之术，大势亦不能不讲，这是所谓政治手腕。天下的体段太大了，一定要从根本上做起，深恐能发而不能收，倒还不如因任自然，小小补苴的好。这两种思想，前一种近于术家，后一种却近于道家了。宋朝的蜀学，就是这种性质。老苏和早年的大苏，是前一种思想，大苏到晚年，就渐近于后一种思想了。此种思想，历代都有，蜀学在宋朝，也不算时代的特色；所以今不深论。

　　宋、元、明三朝的思想，都是发源于宋朝的，其规模，也都是成立于宋朝的；元、明只是袭其余绪罢了。政治思想到明末，却有一种特色，那就是君主和国家的区别，渐渐明白。这是时势之所迫。一，因为明代的君主，实在太昏愚了，朝政实在太紊乱了。看够了这种情况，自然使人觉悟君主之为物，是无可希望的；要澄清政治之源，自非将君主制度打倒不可；二，又宋、元两朝，中国备受异民族的压迫，明朝虽得恢复，然及末年，眼看建州女真又要打进来了。被异民族征服，和自己国内王朝的起仆，不是一件事，也是显而易见的。因此，也能使人知道王朝和国家的区别，且能使人觉悟几分民族主义。这两者，前者是黄梨洲《原君》《原臣》之论。后者是顾亭林有亡国——今之王朝——有亡天下——今之国家——之说。现在人人知之，今亦不及。

第九讲　清中叶前的政治思想

清朝入关以后，政治思想，可以说是消沉的时期。这（一）因异族压制，不敢开口。（二）则宋明的学风，流行数百年，方向有些改变了。学者对于（A）国家、（B）社会、（C）个人修养的问题，都有些厌倦，而尽力于事实的考据。考据是比较缺乏思想的——固然，考据家亦自有其思想，但容易限于局部，而不能通观全体。而且清朝人所讲的考据，其材料是偏于古代的，所以对于当时的问题，比较不感兴趣——如此，政治思想，自然要消沉了。

静止的物体，不加之以外力，固然不会动，但是苟加之以外力，外力而苟然达到相当的程度，也没有终于不动的。西力东侵，是中国未曾有的大变局。受了这种刺激，自然是不会不动的。所以近代政治思想的发皇，实在我们感觉着外力压迫之后。

感觉到外力压迫之后，我们的政治思想，应该怎样呢？照现在的人想起来，自然很为简单，只要舍己之短，效人之长就是了。但是天下事没有如此简单。须知西力东侵，是从古未有的变局，既然是从古未有的变局，我们感觉他，了解他，自然要相当的时间。须知凡事内因更重于外缘。同一外力，加于两个不同的物体，其所起的反应就不同，这就显得内在的力量，更较外来的为重要。所以我们﹜在近代，遭遇了一个从古未有的变局，而使我们发生种种反应。当这种情形之下，为什么发生如此样子的反应呢？这一个问题，我们是要将内在的情形，详加探讨，然后才能作答。我们内在的情形，却是怎样呢？

第一，中国因（A）地大，（B）人多，（C）交通不便，（D）各地方风气不同，（E）社会的情形也很复杂，中央政府控制的力量有限；而行政是依赖官僚，官僚是无人监督就要作弊的；与其率作兴事，多给他以舞弊的机会，还不如将所办的事，减至最小限度的好。这是事实如此，不能不承认的。所以当中国的政治，在理论上，是只能行放任主义的；而在事实上，却亦以放任主义为常，干涉主义为变。——变态就是病态，人害了病，总是觉得蹩然不安，要想回复到健康状态的，虽然其所谓健康状态的，或者实在是病态。但是彼既认为健康状态，觉得居之而安，就虽有治病之方，转将以为厉己了。从来行干涉主义的，每为社会所厌苦，务求破坏之，回复到旧状以为快，就是这个道理。事实上，中国是只能行放任主义的，但在人们的思想上，则大不其然。中国思想的中心，是儒家的经典，所称颂的，是封建制度完整时代。此时代的特色，是（甲）大同时代社会良好的规制，尚未尽破坏，（乙）而君主的权力也较大。人民受儒家经典的暗示，总觉得社会应该有一个相生相养、各得其宜、使民养生送死无憾的黄金时代，而此种时代，又可借政治之力以达之，所以无形之中，所责望于政府者甚深。以上所述，是老死牖下，和实际政治无甚接触，而观察力也不甚锐敏的读书人。若其不然，则其人又容易受法家的暗示。法家所取的途径，虽和儒家不同，但其所责望于君主者也大，所以有实际经验，或观察力极锐敏的政治家，对于政府的责望，也总超过其实际所能的限度。

第二，在实际上，君主专制，是行之数千年了，但在理论上，则从来没有承认君主可以专制。其在古代，本来是臣有效忠于君的义务，而民没有的。反之，如儒家所提倡"民为贵，社稷次之，君为轻"等理论，则君反有效忠于民的义务。此等思想，虽然因被治阶级之无能力，而无法使之实现，但在理论上，是从来没有被破坏过的。试看从来的治者阶级，实际虽行着虐民的事，然在口头，从来不敢承认虐民，不但不敢承认虐民，还要装出一个爱民的幌子，便可知道。立君所以为民，这种思想，既极普遍，然则为民而苟以不立君为宜，君主制度，自然可以废除。这只是理论上当然的结论。从前所以不敢说废除君主，只是狃于旧习，以为国不可一日无君，无君便要大乱；因为国不可一日无治，既要有政治，即非建立君主不可。——现在既然看见人家没有君主，也可以致治，而且其政治还较我们为良好，那么，废除君主的思想，自然要勃然而兴了。两间之物，越是被人看得无关紧要的，越没有危险。越是被人看得重要的，其危险性越大。中国的君主，在事实上是负不了什么责任的，然在理论上，则被视为最能负责任，最该负责任的人，一切事情不妥，都要归咎于他。这样的一个东西，当内忧外患纷至沓来之时，其危险性自然很大。

第三，中国人是向来没有国家观念的。中国人对所谓国家和天下，并无明确的分别。中国人最大的目的是平天下。这固然从来没有能做到，然而从来也没有能将国家和天下，定出一个明确的界限来，说我先把国家治好了，然后进而平天下。质而言之，则中国人看治国和平天下，并不是一件极大极难的事，要在长期间逐步努力进行，先达到一件，然后徐图其他的——若以为难，则治之之难，亦和平天下相去无几。总而言之，没有认为平天下比治国更难的观念。因为国就是天下，所以治国的责任，几于要到天下平而后可以算终了。这种观念，也是很普遍的。世界上有哪一种人，哪一块地方，可以排斥于我们的国家以外，（A）我们对于他，可以不负责任，（B）我们要消灭他们以为快，这种思想，中国人是向来没有的。中国人总愿意与天下之人，同进于大道，同臻于乐利。有什么办法，可以使天下的人，同进于大道，同臻于乐利，中国人总欣然接受。

第四，确实，在从前也没有一个真正可称为国家的团体，和中国对立。但是和中国对立的团体，就真个没有了吗？这个自然也不是的。这个对立的团体，却是什么呢？那与其说是国家，无宁说是民族。本来国家是一个自卫的团体。我们为什么不和他们合一，而要分张角立，各结一团体，以谋自卫呢？这个自然也有其原因。原因最大的是什么？自然要说是文化，文化就是民族的成因了。中国所谓平天下，就是要把各个不同的民族同化之，使之俱进于大道。——因为中国人认自己的文化是最优的——所以和别个民族，纷争角立，是中国人所没有的思想。但在事实上，(A)他们肯和我们同化，自然是最好的。(B)如其不能，而彼此各率其性，各过各的安稳日子，那也不必说他。(C)他要来侵犯我们，那就有些不可恕了。(D)他竟要征服我们，那就更其不可恕了。理论上，中国人虽愿与天下各民族，共进于大道，但在事实上则未能。不但未能，而且还屡受异民族的迫害，甚而至于被其所征服。这自然也有激起我们反抗思想的可能，虽然如此，中国人却也没有因异民族的迫害，而放弃其世界大同的思想。中国人和人家纷争角立，只是以人家欲加迫害于我时为限。如其不然，中国人仍愿与世界上人，共进于大道，共臻于乐利；压服他人，羖削他人，甚而至于消灭他人的思想，中国人是迄今没有的。

由第一，所以有开明专制的思想，这是变法维新的根源。由第二，所以民主的思想，易于灌输。由第三，所以中国人容易接受社会主义。由第四，所以民族主义，渐次发生。

这是近代政治思想的背景。

第十讲　近代的政治思想

　　近来讲中国思想的人，往往把明、清间一班大儒，如顾亭林、黄梨洲、王船山等，算入清儒之列。其实这班人，以学术思想论，决然该算入宋、明时代的一个段落中。虽然他们也懂得考据，然而考据毕竟和人的思想无关；况且他们的考据，也多带主观的色彩，算不得纯正的考据。宋、明的学风衰息，而另开出一种清代的学风，一定要到乾、嘉时代的考据，然后可以入数。而这时代的人，却是比较的缺乏思想的。不但说不到政治上的根本问题，对于政治，也比较的不感兴趣，所以我说，清代是政治思想消沉的时期。

　　但是乾隆中叶以后，朝政不肃，吏治败坏，表面看似富强，实则民穷财尽，岌岌不可终日的情形，已经完全暴露。深识远见之士，每多引为深忧。到嘉庆之世，教匪起于西北，艇盗扰于东南，五口通商之役，霹雳一声，《南京条约》，竟是城下之盟，更其不必说了。所以到此时代，而政治思想，遂逐渐发皇。

　　这时代的政治思想，我们可以举一个最大的思想家做代表，那便是龚自珍。他的思想，最重要之点有二：（一）他知道经济上的不平等，即人们的互相剥削——经济上的剥削，是致乱的根源。他卓绝的思想，见之于其大著《平均篇》。本来以民穷财尽为致乱的根源，历代的政治家多有此思想。但是龚氏有与他人截然不同的一点。他人所谓贫，只是物质上的不足，而龚氏却看穿其为心理上的不平。历代承平数世之后，经济上总要蹙然感觉其不足。在他人，总以为这是政治不良，或者风俗日趋于奢侈所致，在龚氏，则看穿了这是社会安定日久、兼并进行日亟所致。所以在他人看了，这只是一个政治上、道德上的问题，在龚氏看了，则成为社会问题。此种卓识，真是无人能及。至于社会问题，应该用政治之力来解决，至少政治应该加以干涉，这是中国人通有的思想，龚氏自然也在所不免的。（二）他总觉得当时的政治，太无生气；就是嫌政府的力量，不足以应付时局。这种思想，也是当时政治家所通有的，但龚氏言之，特别深切著明，其所做的《著议》，几乎全是表见此等思想。将经济上的不平等，看作政治上的根本问题，这种思想，从前的人是少有的。至于嫌政府的软弱无力，不足以应付时局，则是从前的人极普通的思想。康有为屡次上书，请求清德宗变法；他所以锲而不舍，是因为他认为"专制君主，有雷霆万钧之力"。但是专制君主，究竟有没有这个力量呢？这就是开明专制能否成功的根本原因了。关于这一个问题，我的意见是如此的：

中国的政治，是一个能静而不能动的政治。——就是只能维持现状，而不能够更求进步。其所以然，是由于：（A）治者阶级的利益，在于多发财，少做事；（B）才智之士，多升入治者阶级中，或则与之相依附；其少数则伏匿不出，退出于政治之外，所以没有做事的人。君主所处的地位，是迫使他的利益和国家一致的，但亦只能做到监督治者阶级，使其虐民不能超过一定的限度。这些话，从前已经屡次说过了。因此之故，中国政治，乃成为治官之官日多，治民之官日少；做官的人，并不求其有什么本领；试看学校科举，所养所取之士，都是学非所用可知。因此，中国的官吏，都只能奉行故事；要他积极办事，兴利除弊，是办不到的。要救此项弊窦，非将政治机构大加改革不可。用旧话说起来，就是将官制和选举两件事，加以根本改革。若其不然，则无论有怎样英明的君主，励精图治，其所得的效果，总是很小的。因为你在朝廷上，无论议论得如何精详；对于奉行的官吏，无论催促得如何紧密；一出国门，就没有这回事了——或者有名无实，或者竟不奉行。所以中国君主的力量，在实际上是很小的。即他所能整顿的范围，极其有限。所以希望专制君主，以雷霆万钧之力来改革，根本上是错误的。因为他并无此力，开明专制的路，所以始终走不通，其大原因——也可说是其真原因，实在于此。

此等道理，在今日说起来，极易明白，但在当日，是无人能明白的——这是时代使然，并怪不得他们——所以所希望的，尽是些镜花水月。我们试举两事为证：当清末，主张改革的人，大多数赞成（一）废科举，或改革科举；（二）裁胥吏，代之以士人。只此两端，便见到他们对于政治败坏的根源，并没有正确的认识。从前的科举，只是士人进身的一条路。大多数应科举的人，都是希望做官的。你取之以言，他便以此为专业，而从事学习。所以不论你用什么东西——诗赋、经义、策论——取士，总有人会做的。而且总有做得很好的人。大多数人，也总还做得能够合格。至于说到实际应用，无论会做哪一种文字的人，都是一样的无用——诗赋八股，固然无用，就策论也是一样——所以从前的人，如苏轼，对于王安石的改革学校贡举，他简直以为是不相干的事。至于胥吏，从来论治的人，几于无不加以攻击。我却要替胥吏呼冤。攻击胥吏的人，无非以为（一）他们的办事，只会照例，只求无过；所以件件事在法律上无可指摘，而皆不切于实际；而万事遂堕坏于冥漠之中。（二）而且他们还要作弊。殊不知切于事实与否，乃法律本身的问题，非奉行法律的人的问题，天下事至于人不能以善意自动为善，而要靠法律去督责，自然是只求形式。既然只求形式，自不能切合于实际，就使定法时力顾实际，而实际的情形，是到处不同的，法律势不能为一事立一条，其势只能总括的说一个大概，于是更欲求其切于实际而不可得。然而既有法律，是不能不奉行的。倘使对于件件事情，都要求其泛应曲当，势非释法而不用不可。释法而不用，天下就要大乱了。为什么呢？我们对于某事，所以知其可为，对于某事，所以知其不可为，既已知之，就可以放胆去做，而不至陷于刑辟，就是因为法律全国统一，而且比较的有永久性，不朝更夕改之故。倘使在这地方合法的，换一处地方，就变为不合法；在这一个官手里，许为合法的，换了一个官，就可指为不合法；那就真无所措手足了。然则法律怎好不保持统一呢？保持法律统一者谁乎？那胥吏确有大力。从前有个老官僚，曾对我说："官不是人做的，是衙门做的。"他这话的意思，是说：一个官，该按照法律办的事情多着呢，哪里懂得这许多？——姑无论从前的官，并没有专门的智识技能，就算做官的人都受过相当的教育，然而一个官所管的事情，总是很多的，件件事都该有缜密的手续，一个人哪里能懂得许多？所以做官的人，总只懂得一个大概；至于件件事情，都按照法律手续，缜密的去办，总是另有人负其责的。这是中外之所同。在中国从前，负其责者谁呢？那就是幕友和胥吏。幕友，大概是师徒相传的。师徒之间，自成一系统。胥吏则大致是世袭的。他们对于所办的事情，都经过一定期间的学习和长时间的练习。所以办起事来，循规蹈矩，丝毫不得差错。一切例行公事，有他们，就都办理得妥妥帖帖了。——无他们，却是决不妥帖的。须知天下事，非例行的，固然要紧，例行的实在更要紧。凡例行的事，大概是日常生活所不可或缺的，万不能一日停顿。然则中国从前的胥吏幕友，实在是良好的公务员。他们固然只会办例行公事，然而非例行公事，本非公务员之职。他们有时诚然也要作弊，然而没有良好的监督制度，世界上有哪一种人，能保其不作弊的呢？所以中国从前政治上的弊病，在于官之无能，除例行公事之外，并不会办；而且还不能监督办例行公事的人，使之不作弊；和办例行公事的公务员——幕友胥吏，是毫不相干的。至于幕友胥吏的制度，也不能说他毫无弊病。那便是学习的秘密而不公开，以致他们结成徒党，官吏无法撤换他。然而这是没有良好的公务员制度所致，和当公务员的人，也是毫不相干的。

闲话休提，言归正传。内忧外患，既已不可收拾了，到底谁出来支持危局呢？在咸同之间，出来削平大乱，而且主持了外交几十年的，就是所谓湘淮军一系的人物。湘淮军一系的人物，领袖是曾国藩，那是无疑的。曾国藩确是有相当政治思想的人。他的思想，表见在他所作的一篇《原才》里；这是他未任事时的著作。到出而任事之后，他的所以自誓者，为"躬履诸艰，而不责人以同患"。确实，他亦颇能实践其所言。所以能有相当的成功。他这种精神，可以说，还是从理学里来的。这也可说是业经衰落的理学，神龙掉尾，最后一次的表演。居然能有此成绩，那也算是理学的光荣了。然而理学家立心虽纯，操守虽正，对于事实的认识，总嫌不足。其中才力大的，如曾国藩等，不过对于时事，略有认识；无才力而拘谨的人，就再不能担当事务了。实际上，湘淮军中人物，主持内政外交最久的，是李鸿章。他只是能应付实际事务的人，说不上什么思想。

五洲万国，光怪陆离的现象，日呈于目，自然总有能感受之而组织成一种政治思想的。此等思想家是谁呢？第一个就要数到康有为。康有为的思想，在中国，可以说是兼承汉、宋二学之流的。因为他对宋学，深造有得，所以有一种彻底改革的精神。因为他对于汉学，也有相当的修养，又适承道、咸以后，今文家喜欢讲什么微言大义，这是颇足以打破社会上传统的思想，而与以革命的勇气的；所以他能把传自中国和观察外国所得，再加以理想化，而组成一个系统。他最高的思想，表见在他所著的《大同书》里。这是要想把种界、国界、家族制度等，一齐打破的。他所以信此境之必可致，是由于进化的观念。他进化的观念，则表见于其春秋三世之说。大同是他究极的目的，和眼前的政治无关。说到眼前的政治，则他在戊戌变法以前，是主张用雷厉风行的手段，一新天下的耳目，而改变人民的思想的。政变以后，亡命海外，对于政俗二者，都观察得深了，乃一变而为渐进主义。只看他戊戌变法时，上疏请剪发易服，后来却自悔其误，就可知道；他所以坚决主张立宪，反对革命，其原因也在于此。康有为到晚年，对于时局，认识有些不清楚了。他坚决反对对德宣战，甚而至于参与复辟，就是其证据。但他的议论，有一点可以注意的，便是他对于政俗二者，分别得很清楚。他对于政，固然主张改变，然其牵涉到俗的一部分，即主张审慎。至于社会上的事，则主张取放任主义，不加干涉。社会亦如自然物然，有其一定的法则，不是我们要他怎样，就可以怎样的。这在现今，已经是很明白的道理。然在现今，仍有许多人的举动议论，似乎是昧于此理的。那么，他们自以为新，其实思想不免陈旧。像康有为这般被目为陈旧的人，其思想，反有合于新科学了。康有为是颇顽固的，他的世界知识，得之于经验的或者很多，得之于学问的，实在很少，他的见解，怎会有合于新科学呢？那只好说是"真理是具存于天壤的，不论你从哪一方面去观察，总可以有所得"的了。

说戊戌维新的，总以康、梁并称。梁启超，论其魄力的伟大，识力的深沉，都比不上康有为；可是他也有一种长处，那便是疏通知远。他于学问，其实是无所心得的。却是他感觉很锐敏，接触着一种学问，就能去研究；研究了，总能有相当的了解；而且还能引用来批评现实；说得来无不明白易解，娓娓动听。他的情感，亦是很热烈的，还能刺激人，使之兴奋，所以他对于中国的政治，可以说其影响实比康有为为大。尤其是《时务报》和《新民丛报》，在当时，真是风靡全国的。后来严复写信给熊纯如说"任公笔下，真有魔力"。把从甲午以后到民国，约二十年间，风气转变的功罪，都归之于他。在启超，真可以当之而无愧。

但是你要问我："梁启超的政治思想是如何？"那我是回答不出来的。因为他自己并无独到的、固定的政治思想——甚而至于可以说是一切思想，而只是善于了解他人，介绍他人——唯其无独到，所以不固定；也唯其不固定，所以无独到了。然而他对于实际的影响，其势力之雄，功绩之大，自是不可埋没。

我们若将先秦的事比况，则康有为的性质，是近于儒家、阴阳家的；梁启超的性质，是近于杂家、纵横家的；严复、章炳麟的性质，却近于道家和法家。严复译赫胥黎的《天演论》，译斯密雅丹的《原富》，译斯宾塞的《群学肆言》，他对于自然的演变，看得最明白；而也最尊重这种力量，凡事都不主张强为。最注意的，是非铜匠而修理铜盘，在凸出处打一下，凸出处没有平，别的地方，倒又凹凸不平起来了。这是近乎道家的。他又深知政治和社会不同。"政治不是最好的事"，所以主张现在该有魏武帝、诸葛孔明一流人，才可以致治，他的意见，都表见在民国初年写给熊纯如的若干封信里，语重心长，我们现在，每一披览，还深叹他切于事实。大抵法家的长处，就在对于事实观察的深刻清晰。所以不会滥引一种和现状不合的学说来，强欲施行。譬如治病，别的医生往往悬想某种治法，可以收某种功效，而对于病人，却没有诊察精细。法家是无此弊的，所以这一种人，实为决定政策时所不可少。章炳麟，在近代人物中，也是富于此等性质的。只看当立宪之论风起云涌之时，他独对于代议政体，深致疑虑，就可以见得了。

于此，以我浅薄的见解，颇致慨于现代的论政者，更无梁启超、严复、章炳麟其人。现代的政治学家，对于书本上的知识，是比前人进步了。单是译译书，介绍介绍新学说，那原无所不可，然而他们偏要议论实际的政治，朝闻一说，夕即欲见诸施行。真有"子路有问，未之能行，惟恐有闻"的气概。然而天下事，有如此容易的吗？听见一种办法，书本上说得如何如何好，施行起来，可以有如何如何的效验，我们照样施行，就一定可以得这效验的吗？人不是铁，学到了打铁的方法来打铁，只要你真正学过，是没有不见效的。因为铁是无生命的，根本上无甚变化；驾驭那一块铁的手段，决不至于不能驾驭这一块铁。种树就难说些了，养马更难说了，何况治人呢？且如民治主义，岂不是很好的，然而在中国，要推行民治主义，到底目前的急务，在于限制政府的权力，还在于摧抑豪强。用民政策，从前难道没人说过，没人试行过？为什么不能见效？我们现在要行，我们所行的，和昔人同异如何？联邦的组织，怎么不想施之于蒙藏，反想施之于内地？要形成政党，宋朝是最好不过的时代。因为新旧两党，一个是代表国家所要求于人民的，一个是代表人民所要求于国家的。倘使当时的新旧党，能互认敌党的主张，使有发表政见的余地，加以相当的采纳，以节制自己举动的过度，宪政的规模，早已确立起来了。现在人议论宋朝史事的很多，连这都没有见到，还算能引用学理，以批评史实么？